海昏簡牘初論

A First Look at the Haihun Bamboo Manuscripts

朱鳳瀚 主編
柯中華 副主編

北京大學出版社
江西省文物考古研究院
北京大學出土文獻研究所

圖書在版編目(CIP)數據

海昏簡牘初論/朱鳳瀚主編. —北京：北京大學出版社，2021.4
ISBN 978-7-301-32133-1

Ⅰ.①海⋯ Ⅱ.①朱⋯ Ⅲ.①漢墓－簡(考古)－研究－南昌 Ⅳ.①K877.54

中國版本圖書館CIP數據核字（2021）第065377號

書　　　名	海昏簡牘初論
	HAIHUN JIANDU CHULUN
著作責任者	朱鳳瀚　主編
責任編輯	魏奕元
標準書號	ISBN 978-7-301-32133-1
出版發行	北京大學出版社
地　　　址	北京市海淀區成府路205號　100871
網　　　址	http://www.pup.cn　　新浪微博: @北京大學出版社
電子信箱	dianjiwenhua@126.com
電　　　話	郵購部 010-62752015　發行部 010-62750672
	編輯部 010-62756449
印　刷　者	涿州市星河印刷有限公司
經　銷　者	新華書店
	787毫米×1092毫米　16開本　24.25印張　彩插8　370千字
	2021年4月第1版　2021年4月第1次印刷
定　　　價	228.00元

未經許可，不得以任何方式複製或抄襲本書之部分或全部內容。
版權所有，侵權必究
舉報電話：010-62752024　電子信箱：fd@pup.pku.edu.cn
圖書如有印裝質量問題，請與出版部聯繫，電話：010-62756370

彩圖 1　竹簡出土現場情況

彩圖 2　竹簡提取分區情況

彩圖 3　M1:934 分區示意圖

彩圖 4　M1:933-11 竹簡剖面圖

彩圖 5　竹簡剖面繪圖編號示意圖

彩圖 6　竹簡編繩痕迹

彩圖 7　加固中的竹簡

彩圖 8　墊在簡下的竹席照片

彩圖 9　竹席殘塊

彩圖 10　漆箱殘片

彩圖 11　海昏侯墓竹簡潤漲實驗前後對比圖

彩圖 12　採用乙二醛溶液對海昏侯漢墓出土糟朽竹簡進行清洗前的加固

彩圖 13　衣鏡掩正面衣鏡賦

彩圖 14　繪有孔子徒人圖傳的鏡框背板拼合圖

彩圖 15　孔子圖像

彩圖 16　顔回圖像

彩圖 17　子贛與子路圖像

彩圖 18　堂駘子羽與子夏圖像

彩圖 19　孔子圖傳

彩圖 20　顏回圖傳

彩圖 21　子贛圖傳

彩圖 22　子路圖傳

彩圖 23　子羽圖傳

彩圖 24　子夏圖傳

彩圖 25　孔子傳記文

彩圖 26　顏回傳記文

彩圖 27　子贛傳記文

彩圖 28　子路傳記文

彩圖 29　子羽傳記文　　　　　　彩圖 30　子夏傳記文

本書爲國家社科基金重大委托項目"海昏侯墓考古發掘與歷史文化資料整理研究"(16@ZH022)子課題"海昏侯墓出土簡牘研究"和北京大學中央高校基本科研業務費專項資金"西漢海昏侯墓出土簡牘的整理和研究"的成果。

前 言

　　2015年7月在南昌西漢廢帝劉賀墓出土的5200餘枚竹簡和170餘版木牘，較集中地出土於七個長方形漆箱內。漆箱在發掘前即大多朽壞，殘破成塊狀漆皮，漆箱裏的竹簡也被暴露在外。由於漆箱破損，墓葬內的填土、淤泥及其他文物一起附著粘連在暴露的竹簡上。肉眼觀察，這些竹簡編繩全部朽爛，導致外層的竹簡卷束散開並散亂堆積。暴露出的竹簡大多殘碎成塊狀，並嚴重乾縮，表面顏色因氧化而呈灰黑色。木牘所在的漆箱在出土位置上緊鄰西藏椁的文書檔案庫，漆箱朽爛較重，也有若干木牘的碎片散佈於西室，碎片大小不等，文字剝落嚴重。

　　海昏侯墓這批簡牘出土後即被媒體報道並受到學界及社會的廣泛關注。爲使修復、保護與整理、釋讀工作順利進行，在以信立祥先生爲組長的國家文物局海昏侯墓考古發掘專家組的指導下，2015年10月，江西省文物考古研究院會同荆州文保中心開展簡牘的修復、保護工作，並與北京大學出土文獻研究所簽訂了開展簡牘整理、編連、釋讀工作的合作協議。

　　海昏侯墓出土竹簡的室內清理工作，始於2015年11月，至2016年5月剝離竹簡5200餘枚，完簡甚少，木牘亦多殘泐漫漶。海昏簡牘保存現狀的檢驗報告顯示，竹簡的含水率多超過400％，竹纖維內部分子結構已遭到嚴重破壞，存在飽水、乾縮、捲曲、變形、殘碎、腐朽等多種病害，特別是受到土壤、地下水、微生物等綜合作用，導致竹簡變色、發黑。爲了更好地保存原始資料，剝離下來的竹簡在清洗脱色前，用紅外掃描器進行了正反兩面掃描。2016年11月，簡牘的紅外掃描工作全部完成。

爲最大程度提升竹簡的強度與韌性，避免在清洗過程中造成二次損傷，剝離後的竹簡隨即又進行了第二輪加固處理。由於大部分竹簡存在乾縮、捲曲等變形情況，導致文字信息無法順利獲取，爲儘可能復原竹簡形狀，乾縮竹簡的潤漲也成爲保護工作的重要組成部分。在這項工作完成後，纔能進行全部簡牘的彩色、紅外影像的拍攝與各項相關數據的提取工作。

鑒於上述情況，爲儘早掌握簡牘内容、卷次，向學界公佈，並同時爲下一步的修復保護及影像採集工作提供必要的參考信息，北京大學出土文獻研究所與江西省文物考古研究院協作於 2018 年 3 月開始組織精幹力量，根據清理時爲文保目的所掃描的紅外照片，對簡牘等文字資料作初步的編連與釋讀。

經初步判斷，竹簡基本屬於古代書籍；木牘内容除書牘外，尚見有奏牘與詔書；另有孔子衣鏡與 109 枚木楬。所出西漢簡本《詩》《春秋》《論語》及《禮記》類、《孝經》類等儒家文獻，是出土典籍類文獻的一次重大發現，其中《詩》《論語》更有較明確之師承來源，對於研究儒家學說及其經典文本的傳佈、演變有極高的學術價值，歷代學者爭論不絶的一些疑難問題由這些竹書可望得到新的啓示，同時也爲瞭解漢代社會上層的教育、文化、修養以及思想信仰等提供了新的信息。以往出土簡帛中有關西漢時期王、侯一級官方文書與私家文書均較爲罕見，這批簡牘中涉及昌邑王、海昏侯的有關文獻特別是其家内舉行祭祀典禮的資料，爲研究西漢諸王、列侯制度提供了新的重要資料。

2018 年，我們曾在《文物》雜誌該年第 11 期刊出海昏侯墓出土簡牘概述的文章，此後又在 2020 年第 6 期《文物》上發表了對海昏侯墓簡牘的室内清理簡報與部分竹書的階段性研究成果。本書則是項目組對過去兩年多工作所取得階段性成果的較系統之介紹。在最大限度獲取信息、公佈材料的同時，兼顧考古學、歷史學與文獻學等多學科的融合，書中所刊佈的簡牘紅外照片與孔子衣鏡彩色影像多爲首次公佈。鑒於此批簡牘屬於考古發掘出土，本書收入了海昏侯墓的發掘簡報與信立祥先生概括介紹墓葬學術價值的文章。

書中各部分内容的作者分別是：《墓葬發掘概述》楊軍、徐長青，《發掘價值及意義》信立祥，《簡牘清理與保護》管理、胡勝、楊博，《詩》朱鳳瀚，《保傅》韓巍，"儀""祠祝"田天，《春秋》陳蘇鎮，《論語》陳侃理，《〈孝經〉説解》何晉,《悼亡賦》趙化成,《六博》"房中"與《國除詔書》楊博,《易占》李零,《卜姓》《去邑》賴祖龍,"奏牘"王意樂、李文歡,"木楬"韋心瀅,"孔子衣鏡"王意樂、吳振華。書名集字楊博,摹寫孫思雅;全書統稿與參考文獻楊博。

主　編　朱鳳瀚　　　　　　　副主編　柯中華

撰　稿

墓葬發掘概述	楊　軍　徐長青
發掘價值及意義	信立祥
簡牘清理與保護	管　理　胡　勝　楊　博
《詩》	朱鳳瀚
《保傅》	韓　巍
"儀"	田　天
《春秋》	陳蘇鎮
《論語》	陳侃理
《孝經》説解	何　晉
《悼亡賦》	趙化成
《六博》	楊　博
《易占》	李　零
《卜姓》《去邑》	賴祖龍
"祠祝"	田　天
"房中"	楊　博
《國除詔書》	楊　博
奏牘	王意樂　李文歡
木楬	韋心瀅
孔子衣鏡	王意樂　吳振華

釋文凡例

一、簡牘等載體之上原有的標誌符號一仍其舊，以裨研究。重文號後補出重文及標點，外加（）。

二、釋文中原殘缺或漫漶不清處，可據文義、行款等推定字數的，釋文以□表示，一個□代表一字。不能推定字數的，以……表示。疑似爲某字、尚不能確定者，字後加（?）。殘字可確定偏旁的，寫出偏旁，泐損漫漶處以▨表示。

三、除文中有特殊説明外，簡文中的通假字、異體字隨文注出本字、正字，外加（）表示；訛字隨文注出正字，外加〈〉表示；脱文隨文補出，外加〖〗表示；衍文外加{}表示。原簡有殘缺，可據文義或其他文獻擬補者，外加[ ]。

目 錄

上編　海昏侯劉賀墓的考古發掘與出土簡牘綜述

第一章　海昏侯墓的考古發掘 ································· 3
第二章　海昏侯墓考古發掘的價值和意義 ··················· 28
第三章　出土簡牘的現場及室内清理保護 ··················· 39
第四章　海昏侯墓出土簡牘概述 ······························ 55

中編　海昏竹書初論

第五章　海昏竹書《詩》初讀 ·································· 71
第六章　海昏竹書《保傅》初探 ································ 111
第七章　海昏竹書"儀"類文獻初論 ··························· 126
第八章　海昏竹書《春秋》初讀 ································ 134
第九章　海昏竹書《論語》初論 ································ 141
第十章　海昏竹書《孝經》説解簡初論 ························ 164
第十一章　海昏竹書《悼亡賦》初論 ··························· 204
第十二章　海昏竹書《六博》初識 ······························ 214
第十三章　海昏竹書《易占》初釋 ······························ 232
第十四章　海昏竹書《卜姓》《去邑》初釋 ····················· 245
第十五章　海昏竹書"祠祝"簡初論 ···························· 255
第十六章　海昏竹書"房中"書初識 ···························· 268

下編　海昏木牘與孔子衣鏡初論

第十七章　《海昏侯國除詔書》初探 ···························· 279

第十八章　海昏奏牘初讀 …………………………………… 294
第十九章　海昏木楬初論 …………………………………… 319
第二十章　孔子衣鏡初讀 …………………………………… 330

參考文獻 ………………………………………………………… 365
後記 …………………………………………………………………… 375

上 編

海昏侯劉賀墓的考古發掘與
出土簡牘綜述

第一章　海昏侯墓的考古發掘[①]

　　海昏侯墓位於南昌市新建區大塘坪鄉觀西村老裘村民小組東北約500米的墎墩山上，東臨贛江，北依鄱陽湖，南距南昌市區約60公里（圖一·1）。2011年3月23日，墎墩山上的一座古代墓葬遭到盜掘，江西省文物考古研究所（按：今江西省文物考古研究院）聞訊後立即派員進行現場勘查，並及時向國家文物局彙報。國家文物局於2011年4月6日在南昌主持召開了墓葬保護專家論證會，同意江西省文物考古研究所對墓葬進行搶救性考古發掘。經考古勘探和發掘證實，墎墩山古墓係西漢海昏侯劉賀墓。

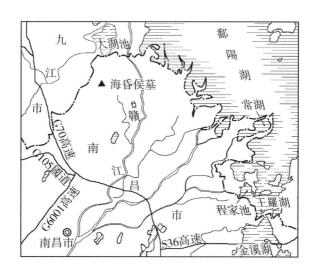

圖一·1　墓葬位置示意圖

[①]　本章曾以《南昌市西漢海昏侯墓》爲題原刊於《考古》2016年第7期，本書收入時作了部分增訂。

一、發掘經過

2011年,對被盜墓葬周圍5平方公里的區域進行全面、系統的考古調查,發現了以紫金城城址、歷代海昏侯墓園、貴族和平民墓地等爲核心的海昏侯國一系列重要遺存(圖一·2)。並對海昏侯墓及其墓園進行重點鑽探。2012—2013年,依據鑽探資料對海昏侯墓園進行發掘。2014年,完成主墓(M1)封土和墓室內填土的發掘。2015年對槨室進行發掘並開始墓內遺物的提取和保護。2016年初,主棺柩清理接近尾聲,室內遺物保護全面展開。

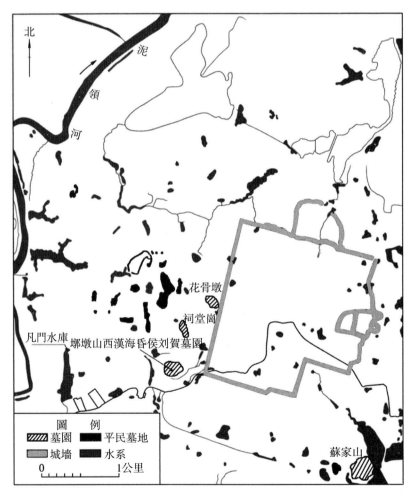

圖一·2 遺迹分佈圖

二、遺迹

2011年至2016年，對墓園、祔葬墓、車馬坑和主墓等進行了勘探和發掘，勘探面積約 400 萬平方米（含紫金城城址），發掘面積約 1 萬平方米。

（一）墓園

墓園呈梯形，以海昏侯墓和侯夫人墓爲中心建成，由墻基和墻體組成。墻基和墻體均夯築，垣墻周長 868、寬約 2 米，占地約 4.6 萬平方米。門址由門道、門墩和夯土基址構成，現發現有東門和北門。東門面闊約 5.7、進深約 1.8 米，北門面闊 10.6—12、進深約 5.7 米。東門、北門外疑似有門闕建築，闕臺爲夯築，對稱分佈。墓園内有 2 座主墓、7 座祔葬墓、1 座車馬坑以及道路和排水遺存（圖一·3）。

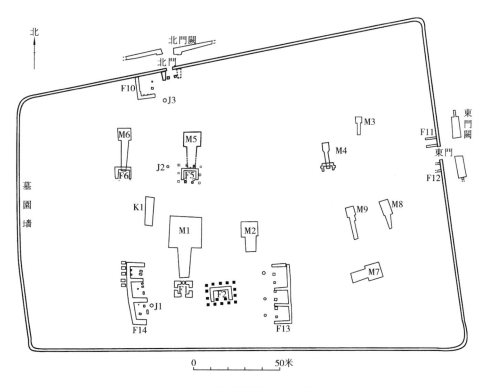

圖一·3　海昏墓園遺迹分佈圖

(二)祔葬墓

7座(M3—M9),M7—M9和M3、M4位於墓園東部道路的南北兩側,M5、M6位於墓園北部。除M7坐東朝西外,餘皆坐北朝南。其中M3、M4位於M1東北,M5位於M1正北,M6位於M1西北,M8、M9位於M1正東,M7位於M1東南。已發掘3座(M3—M5),平面均呈"甲"字形,封土周圍均有排水溝,封土下有夯土基座。原封土範圍以排水溝爲界,夯土基座經兩次修建而成,分別在修建墓葬過程中和墓主下葬後起封土前。

M3 方向170度,封土高約0.5米,墓前有地面建築堆積,未見建築基址。墓室南北長約4.5、東西寬約3.5、深約3.3米,斜坡墓道南北長約5.7、東西寬約1.5—2.3米,總面積約29平方米。墓內棺槨已腐朽,僅存痕迹。出土青銅器、陶器等30餘件。

M4 方向170度,封土高約1.5米,墓前有地面建築遺迹,打破墓道填土。基址平面呈"凹"字形,東、西兩側中部分別有一個方形夯土基礎,東西長約7.9、南北寬約4.95米,面積約39平方米。墓室平面呈正方形,墓內有一棺和一槨,墓室長約4.83、寬約3.97、深約5米,斜坡墓道南北長約5.35、東西寬約2.2米,總面積31平方米。出土青銅器、陶器等30餘件(圖一·4)。

M5 方向184度,封土高約3米,墓前有回廊形地面建築遺迹,結構規整,打破墓道填土。主體夯土基址呈"凹"字形,周邊分佈方形夯土基礎,有的基礎內還殘存柱礎石,東西長約12、南北寬約9米,面積約108平方米。墓室長約6.16、寬約5.54、深約6米,斜坡墓道南北長約12.67、東西寬約2.96—4.7米,總面積93平方米(圖一·5)。墓內有一棺和一槨。出土青銅器、玉器、陶器等400多件。

(三)車馬坑

1座(K1)。位於主墓西部,爲主墓的組成部分,屬外藏槨東側被主墓封土疊壓。平面呈長方形,南北長17.7、東西寬4.24米,坑口距地表深2.5米。坑北有一條不及坑底的斜坡道,長2.08、寬2.18米。坑內木槨和加固木槨的柱子均腐朽殆盡,僅留痕迹。從修建木槨時留下的熟土二層臺和二層臺上腐朽殆盡的槨頂板痕迹判斷,槨室高約1米。坑內有

圖一·4　M4(北→南)

第一章　海昏侯墓的考古發掘　7

图一·5 M5(南→北)

木质彩绘车5辆,分属安车和轺车。马车经过拆卸,被拆卸下的车马器装入彩绘髹漆木箱内放置在椁底板上。坑内有马匹约20匹,骨架已腐朽殆尽,仅存痕迹(图一·6)。

图一·6 K1正射影像(上为东)

(四)主墓

2座,为侯墓(M1)和侯夫人墓(M2),已发掘M1。M1封土高约7米,呈覆斗形。与M2共建于墎墩山顶,东西并列,属同茔异穴合葬墓。封土下有方形大型夯土基座。封土基座共二層,下層基座和 M2 共用(圖一·7)。

圖一·7　**M1 封土夯土基座**(南→北)

M1 和 M2 共用一個禮制性高臺建築,該建築由東西廂房(F13、F14)、寢(F1)和祠堂(F2)構成,東西長約 100、南北寬約 40 米,總面積約 4000 平方米。寢的基址平面呈方形,由 4 座平面呈曲尺形的夯土基址組成,邊長約 10 米,面積約 100 平方米。祠堂為回廊形建築,主體夯土基址呈"凹"形,周邊分佈方形夯土基礎,東西長約 14、南北寬約 10 米,面積約 140 平方米(圖一·8)。廂房分別位於高臺建築的東、西兩側,均為三開間的長方形回廊形建築,每組長約 37、寬約 10 米,面積約 270 平方米。

圖一·8　**M1 前祠堂基址**(北→南)

M1 坐北向南,平面呈"甲"字形,墓室口南北長約 17.2、東西寬約 17.1、深約 8 米,墓道南北長 15.65—16.17、東西寬 5.92—7.22 米,總面積約 400 平方米。槨室由主槨室、回廊形過道、藏槨、甬道和車馬庫構成。槨室中央為主槨室,東西長約 7.4、南北寬約 7、通高約 3 米,面積約 51.8 平方米,高出周圍藏槨約 0.6 米。主槨室由木板隔墻分成東、西室,中間有一門道。東室寬約 4 米,南部東、西兩側為窗,中間為門;西室寬約 2.9 米,南部西側為窗,東側為門,門寬約 0.9 米。

主槨室北、東、西三面按功能區分環繞有藏槨,主槨室與藏槨之間辟有寬約 0.7 米的過道,主槨室和墓道之間有甬道(圖一·9;圖一·10)。

甬道主要爲樂車庫(圖一·11),甬道東、西兩側爲車馬庫,北藏椁自西向東爲錢庫、糧庫、樂器庫(圖一·12)、酒具庫(圖一·13),西藏椁從北向南爲衣笥庫、武庫、文書檔案庫、娛樂用具庫,東藏椁主要爲厨具庫的"食官"庫。

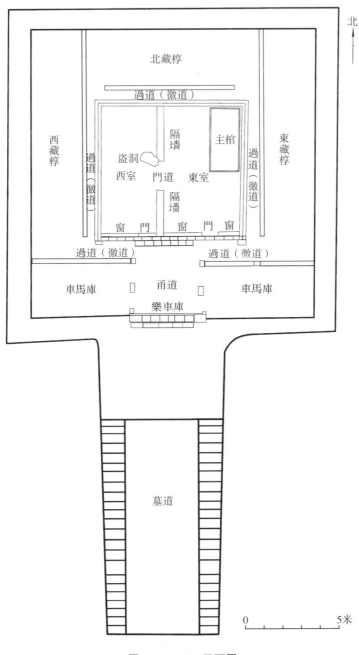

圖一·9　M1平面圖

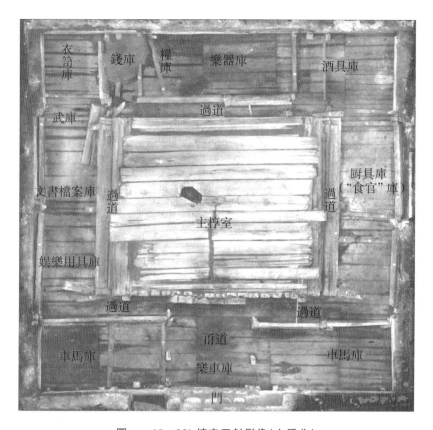

图一·10　M1椁室正射影像(上爲北)

图一·11　樂車庫(南→北)

第一章　海昏侯墓的考古發掘　11

圖一·12　樂器庫(東南→西北)

圖一·13　酒具庫(西南→東北)

　　主棺位於主槨室内東室的東北部,有内、外兩重棺,棺蓋較完整,側面有龍形帷帳鈎。外棺南北長約 3.71、東西寬約 1.44、殘高 0.46—0.96 米,根據倒塌前和板和後擋板高度推測棺原高約 1.36 米。棺床高約 0.26 米,下安 4 個木輪。外棺蓋上有漆畫痕迹(圖一·14),並放置 3 把玉具劍。内棺蓋上彩繪漆畫,並有紡織品痕迹。内、外棺之間的南部有大量金器、玉器和漆器。

　　根據實驗室考古清理結果,内棺内有墓主人遺骸痕迹,頭南足北。頭部南側有數個貼金漆盒,頭部被鑲玉璧的漆面罩覆蓋("温明"),保存有牙

圖一·14　主棺(西→東)

齒。遺骸上整齊排列數件大小不等的玉璧,腰部有玉具劍、書刀各1把以及帶鉤、佩玉等,目前已發現刻有"劉賀"名字的玉印1枚。腹部有食物(香瓜子)殘迹。遺骸下有包金絲縷琉璃席,琉璃席下等距放置20組金餅,每組5枚(圖一·15)。

圖一·15　內棺正射影像(西→東)

三、出土遺物

截至2016年4月,清理遺物1萬餘件(套),有金器、青銅器、鐵器、玉器、漆木器、陶瓷器、竹編器、草編器、紡織品和竹簡、木牘等(按簡牘情況後文詳細介紹)。

(一)青銅器

3000餘件(套),有日用器、樂器、兵器、車馬器、印、銅鏡和銅錢等。日用器有"蒸餾器"、蒸煮器、鋗、壺、鼎、提梁樽、提梁卣、缶、壺、釜、博山爐、燈、燭臺、席鎮、滴漏、權、杵、臼和勺等,樂器有編鐘、錞于、鐲等,兵器有矛、戈、劍等,車馬器有錯金銀、包金、鎏金車馬器。青銅器上常有製造者名字、機構、器物大小、重量、製造時間等文字,"昌邑"文字出現最頻繁。

"蒸餾器"1套(M1:477、474、478)。由釜、"蒸餾筒""天鍋"三部分組成,出土時三器緊鄰,是此次出土的最大的組合器物。圓形釜與"蒸餾筒"有子口相接,"蒸餾筒"爲雙層,底部有箅子,外有對稱的龍形雙流。圓形筒內發現有芋頭殘迹等。從器物結構分析,三部分應爲一件器物。從器內出土物品分析,或許與蒸餾低度白酒有關(圖一·16)。

蒸煮器 1件(M1:221)。整體呈鼎形,圜底下有圓柱承接凹槽形託盤(圖一·17)。類似"火鍋",器腹內有植物果實。

圖一·16 銅"蒸餾器"

圖一·17 銅蒸煮器

鼎 24件。M1:959,鼎蓋缺失。器身爲子口,圜底,三獸足。腹部由右向左刻有"昌邑籍田銅鼎容十升重四十八斤第二"文字(圖一·18)。

圖一·18　銅鼎

提梁樽　10餘件。M1:425，平頂式蓋，蓋頂有半環形鈕。器身呈圓桶形，器底承三獸形小足，近口處有兩對稱半環形鈕銜提梁。器身中部有兩周凸棱，通體鎏金（圖一·19）。

鐎壺　2件。M1:981，弧形蓋，蓋頂有半環形鈕。器身爲子口，圓腹，下有三獸形足，器腹中部有鳥首形流，流口可閉合，與流略呈90度夾角的腹部一側有龍首形長柄。蓋飾柿蒂紋（圖一·20）。

圖一·19　銅提梁樽　　　　　　圖一·20　銅鐎壺

博山爐　8件。由爐蓋和爐體組成。爐蓋有單層、多層之分，爐體有人物、龍形、朱雀等不同形製，裝飾有人物故事、仙山、草木等華麗紋飾。有的鎏金，工藝繁複。M1:1482，爐蓋、爐體、爐座均爲雙層結構，外層均鏤空。鏤空銜接部位對稱堆塑動物圖案。有鎏金痕迹（圖一·21）。

第一章　海昏侯墓的考古發掘　15

图一·21 铜博山炉

雁鱼灯　2件。M1:401,大雁口内叼鱼,通体鎏金(图一·22)。

席镇　64件。有龟形、虎形等。M1:739-2,龟形。龟背填充以兽皮,兽皮上分块缝制成龟背纹,其间鎏金并镶嵌白玉颗粒(图一·23)。

图一·22　铜雁鱼灯　　　　　　　图一·23　铜龟镇

编钟　有甬钟10件、钮钟14件以及铁编磬10余件,出土于墓葬最核心部位的北藏椁。5件甬钟刻有"宫、商、角、徵、羽"五音,其中1件甬钟刻有"宫"音。M1:164-1A～14A,钮钟(图一·24)。出土时完整地悬挂于钟架上,钟架为彩绘木质,两端镶嵌有方形青铜饰件,编钟架上彩绘精美动物纹饰。M1:394,甬钟,刻有编钟重量等铭文(图一·25;图一·26)。与编鐘、編磬同時出土的還有瑟、排簫等樂器和伎樂木俑36件。編鐘、管弦樂器和樂俑組成了一個完整的宴享樂隊。三組懸樂器配置4件鐘簴和2件磬簴。M1:438，鐘簴作帶雙翅的神獸狀，鎏金（圖一·27）。

圖一·24　銅鈕鐘

圖一·25　銅甬鐘

圖一·26　銅甬鐘銘文

圖一·27　銅鐘簴

當盧　80餘件。採用錯金、錯金銀裝飾技法,常見青龍、白虎、朱雀、玄武等四神圖案,並配以孔雀開屏、羽人升天、權杖等題材(圖一·28—29)。

圖一·28—29　銅當盧

傘弓帽　使用鎏金、錯金銀技法裝飾。車衡飾圓柱狀。頂端有錯金裝飾的孔雀開屏圖案(圖一·30),側面錯金裝飾有奔鹿圖案(圖一·31)。

圖一·30　銅車衡飾

图一·31　铜车衡局部纹饰

车轴饰　表面错金装饰有虎形图案（图一·32）。

图一·32　铜车轴饰

(二)漆木竹器

约3000件。有日常生活用具耳杯、盘、奁、笥、樽、盒、几案、托盘、床榻、儀仗架、圍棋盤等，樂器有編鐘架、琴、瑟、排簫、伎樂木俑等，另有彩車、模型樂車以及繪製孔子及其弟子畫像和記載他們生平的衣鏡（屏風）。大量漆器殘片上有"昌邑九年"（圖一·33）、"昌邑十一年"文字。

圖一·33 漆器殘片

漆耳杯 610餘件。內側髹紅漆，外側髹黑漆，外側飾雲氣紋、水禽紋（圖一·34）。

圖一·34 漆耳杯

漆盤 101件。外側、口沿及內底髹黑漆，內壁髹紅漆。內底飾三組雲龍紋（圖一·35）。

漆奩 24件。有蓋。蓋和器身均內側髹紅漆，外側髹黑漆，外側飾精美雲氣紋（圖一·36）。

漆笥 15件。胎質有木胎、夾苧胎，器形有圓形、方形、長方形，有銀邊、貼金飾、鑲嵌寶石等裝飾。M1:727，長方形，盝頂，有座。內飾朱漆，繪雲氣紋，外飾黑漆。器座、器身、器蓋均等距離釦銀邊，正、背及兩側嵌

圖一·35 漆盤

圖一·36 漆奩

四個銅環。通體貼飾金片,題材有仙山、羽人、仙鶴、流雲等圖案(圖一·37)。金鑲玉漆樽1件(M1:1)。圓形。器身等距離鑲嵌金片和玉飾,金片上飾龍紋及其他動物紋。

圖一·37 漆笥

漆瑟　3件。頂部朱書題記"第一廿五弦瑟禁長二尺八寸高七寸昌邑七年六月甲子禮樂長臣乃始令史臣福瑟工臣成臣定造"(圖一·38)。

圖一·38　漆瑟

(三)玉器

500餘件(套)。有璧(圖一·39)、環(圖一·40)、玉人(圖一·41)、韘形佩(圖一·42;圖一·43)、羽觴(圖一·44)、帶鉤(圖一·45)、劍飾(圖一·46)、玉飾(圖一·47)、玉片、玉管、飾件、"大劉記印"(圖一·48)、"劉賀"印章(圖一·49;圖一·50)、琥珀、瑪瑙、綠松石等。

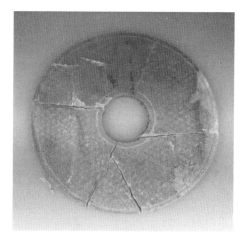

圖一·39　玉璧

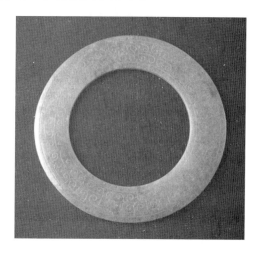

圖一·40　玉環

圖一·41　玉人

圖一·42　玉韘形佩

圖一·43　玉韘形佩

圖一·44　玉羽觴

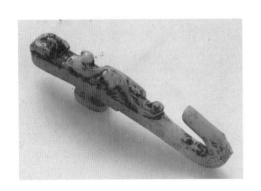

圖一·45　玉帶鉤

圖一·46　玉劍飾

圖一·47　玉飾

圖一·48　"大劉記印"玉印

圖一·49　"劉賀"玉印　　　　　　圖一·50　"劉賀"玉印

（四）金器

478件，約115公斤，有金餅（圖一·51）、馬蹄金（圖一·52）、麟趾金（圖一·53）、金版等。

圖一·51　金餅　　　　　　圖一·52　馬蹄金

圖一·53　麟趾金

(五)簡牘(詳參下文)

(六)陶瓷器

約500件,有日用器皿和建築材料等。日用器皿有陶罐、青瓷罐、青瓷壺、漆皮陶壺等,建築材料有板瓦、筒瓦、瓦當、滴水等。

另有少量銀器如車馬飾件(圖一・54)等,鐵器有帶鈎、刀、劍等。

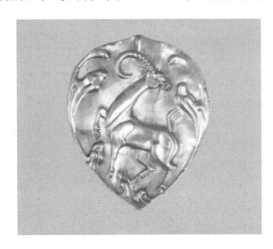

圖一・54　銀當盧

四、小結

根據出土遺物並結合文獻記載,可知南昌西漢海昏侯墓墓主人爲西漢第一代海昏侯劉賀。

海昏侯墓墓園是保存好、結構完整、佈局清晰、擁有祭祀遺存的西漢列侯墓園,爲研究西漢列侯墓園的園寢制度提供了重要資料。

海昏侯墓是我國長江以南發現的唯一一座有真車馬陪葬坑的墓葬,墓葬規模宏大,椁室設計嚴密,結構複雜,功能清晰明確,爲研究西漢列侯等級的葬制提供了難得的資料。

迄今已出土的1萬餘件遺物,形象地再現了西漢時期高等級貴族的生活,具有極高的歷史價值、藝術價值和科學價值。大量工藝精湛的玉器,錯金銀、包金、鎏金銅器,圖案精美的漆器,顯示出西漢時期高超的手工業工藝水準。

以紫金城城址、歷代海昏侯墓園、貴族和平民墓地等爲核心的海昏侯國系列重要遺存，共同構成了一個完整的大遺址單元。這也是我國目前發現的面積較大、保存較好、内涵豐富的漢代侯國聚落遺址，具有重要的研究和展示利用價值。

第二章　海昏侯墓考古發掘的價值和意義①

　　隨著南昌墎墩漢墓一號墓內棺的開啓和墓主玉質私印的發現，南昌西漢海昏侯墓的考古發掘也進入了尾聲。已經確認，該墓的主人就是第一代海昏侯劉賀。

　　劉賀身世顯赫，是雄才大略的漢武帝劉徹之孫，第一代昌邑王劉髆之子。後元二年（前87）即位爲第二代昌邑王，時年五歲。元平元年（前74），因昭帝死無繼嗣，十八歲的劉賀由權臣大將軍霍光擁立爲帝，成爲西漢第九位皇帝，在位僅二十七天，又被霍光發動宮廷政變趕下帝位，成了千夫所指的廢帝。在之後的十一年裏，他被囚禁於昌邑王故宮中，國除爵奪，在嚴密的監視下苦熬歲月。直到元康三年（前63），漢宣帝終於發了善心，將二十九歲的劉賀封爲海昏侯，讓他到荒僻的彭蠡湖畔做一個貶謫貴族。幾年後，又因交接不慎、妄議政事獲罪，被"銷戶三千"，成了一個無足輕重的千戶小侯。不久，像一片飄落的枯葉，劉賀溘然長逝。《漢書》本傳只以"後薨"兩個字將這顆暗淡帝星的最後墜落一筆輕輕帶過。南昌新建區的墎墩山墓地，成了劉賀的最後歸宿。

　　2011年3月，劉賀及其夫人墓因遭盜掘被發現。根據國家文物局指示，江西考古研究所迅即組成墎墩漢墓考古隊，對墎墩漢墓及周圍漢墓群與紫金城址開展了大規模的考古調查、勘探、發掘。在劉賀墓發掘開始後，國家文物局又派出了以信立祥爲組長的專家組，到發掘工地進行現場指導。經過五年多努力，南昌西漢海昏侯墓的考古工作取得了重大成果：在考古學史上第一次揭露出佈局完整清晰的西漢列侯墓園；通過對劉賀

---

　　① 本章曾以《西漢廢帝、海昏侯劉賀墓考古發掘的價值及意義略論》爲題原刊於《南方文物》2016年第3期，本書收入時作了部分修訂。

墓的發掘,搞清了西漢中期列侯墓的標準形製,填補了漢代考古學的一大空白;出土的一萬餘件(套)文物,具有極高的歷史價值、科學價值和藝術價值;由數處海昏侯墓園、貴族墓葬區、平民墓葬區和紫金城遺址構成的漢代大遺址群是目前發現的漢代保存最完整、內涵最豐富的漢代侯國都邑聚落遺址。

一、爲西漢列侯葬制研究提供了典型標本

長期以來,西漢列侯喪葬制度一直是一個難解的學術課題。自1972年馬王堆一號墓即西漢軑侯夫人辛追墓發掘後,一些學者也曾對這一學術課題進行過探索和研究,但諸多問題依然語焉不詳。造成這種情況的原因主要三個。

首先是文獻資料的闕如。相關的文獻記載極其零散,大多散見於《史記》《漢書》各篇及後人的注釋中,而且不成系統。

其次是歷史情況的複雜。西漢實行二十等爵制,列侯爲最高等級,其地位僅次於諸侯王。但列侯並不是一個整齊劃一的封爵,封户的差距極大。小侯封户只有五六百户,如軑侯利蒼封户只有七百户,而大侯封户往往超萬户,如權臣博陸侯霍光的封户就高達二萬户。當然,他們的墓葬也就必然存在著很大差別。特別是擔任朝廷重臣的列侯,大多由皇帝賜塋地陪葬皇陵,由於皇帝的恩寵,其葬制也往往超過律令規定,霍光的葬制就是一個典型。據《漢書‧霍光傳》記載:"光薨,上及皇太后親臨光喪。太中大夫任宣與侍御史五人持節護喪事。中二千石治莫府冢上。賜金錢、繒絮,繡被百領,衣五十篋,璧珠璣玉衣,梓宮、便房、黄腸題湊各一具,樅木外藏椁十五具。東園温明,皆如乘輿制度。載光屍柩以輼輬車,黄屋左纛,發材官輕車北軍五校士軍陳至茂陵,以送其喪。"也就是說,霍光是按照皇帝葬制埋葬的。此外,在西漢王朝二百年的時間裏,墓葬形製的變化也很大。據著名考古學家俞偉超先生研究,西漢的墓葬形製發生過兩次大的變化。秦始皇統一六國後,依靠嚴酷的法制,強行將秦的葬制推行到全國,六國原有葬制迅速消失。西漢王朝建立後,原關東六國地域馬上恢復原有戰國葬制。馬王堆一號墓就是用楚制埋葬的。直到武帝時期,漢家葬制纔推行全國,各等級的墓葬形製也基本確定下來,其最大特徵就是墓室高度居室化和宅院化。其後不久,又發生了磚石結構墓葬取代木

椁墓的巨大變化。

　　再次是考古資料的嚴重不足。西漢的列侯可分爲三種，即王子侯、外戚恩澤侯、功臣侯。從漢武帝開始，凡擔任丞相者一律封侯。終西漢一代，列侯數量相當驚人。《漢書·高惠高后文功臣表》就錄功臣侯162人；西漢一朝，始封王子侯達425人，而且侯爵可以由子孫繼承傳襲。估計整個西漢時期，列侯人數至少在二千人以上。但迄今經過科學考古發掘可以明確認定列侯身份的西漢墓葬只有區區20座左右。這些墓葬不僅大多被盜一空，無法瞭解其棺椁結構，而且幾乎都沒有對墓園做過發掘，認真發掘過墓園的只有富平侯張安世墓，但由於墓園保存不完整，仍然無法瞭解其整體佈局。這些因素，都影響了學界對列侯葬制的研究。

　　突破這一學術課題的最好辦法就是找到一座標型墓即標準的西漢列侯墓，結合文獻記載和有關西漢列侯的喪葬律令進行剖析研究。這一標型墓必須符合下述條件。第一，必須是埋葬在列侯自己侯國內的列侯墓。因爲擔任朝廷重臣的列侯，大多陪葬皇陵，而且往往由於皇帝特許而墓葬越制；而在郡國任職並葬在任職地的列侯墓，由於脫離朝廷監管，也會不按律令規定埋葬。第二，墓葬本體特別是墓園遺迹必須整體保存完好。第三，必須是按漢家制度埋葬的列侯墓。第四，必須是由於列侯本身的政治經歷，不能是承恩特許越制的列侯墓。劉賀墓恰恰符合這四個條件，是個標準的列侯墓。

　　可供對照研究的西漢律令資料，最重要的是2006年湖北雲夢睡虎地M77出土的《葬律》。《葬律》寫在五枚竹簡上，內容是對列侯喪葬的各項規定。墓葬年代爲文景時期，《葬律》可能是惠帝呂后時期由大儒叔孫通主持制定的，比劉賀墓早了一百多年。其間，漢武時期，有可能對這套律令進行過修訂。但無論如何，這部《葬律》對我們的研究仍然是最有價值的資料。

　　下面，讓我們從塋地的選擇、墓園、祠堂、祔葬墓與主墓關係、封土、墓室、棺椁結構、殮服等幾個方面對劉賀墓進行分析研究。

　　劉賀墓園位於一條當地稱爲"墩墩山"的東西向土崗西端頂部，高出周圍地面約25米，地勢高敞開闊。其東約400多米，就是當地稱爲"紫金城"的海昏侯國都城遺址的西城墻。塋地的選擇，《葬律》沒有規定。據《史記·淮陰侯列傳》記載，韓信貧時，爲父母選擇的墓地，地勢高敞，周圍可葬萬家。紫金城遺址以西、以南的漢代貴族墓、貧民墓也都位於高崗上。看來,高敞之地是漢代堪輿術中選擇塋地的最理想之處。

劉賀墓園平面呈梯形,南北寬141—186米,東西長233—246米,總面積約4.6萬平方米,恰恰合漢代大畝的100畝。墓園四面有垣墻,總長868米,設東、北門,門外各有二出闕。兩門之中,東門爲陸路之門,是主門,西門爲水路之門。《葬律》:"中垣爲門,外爲闕,垣四陬爲罘罳。"劉賀墓園設兩門,當是因地制宜,但園墻四角没有罘罳,没有越制。《葬律》:徹侯"塋(塋)東西四十五丈,北南四十二丈,重園垣之,高丈。"如果换算成面積,《葬律》規定的列侯塋地合漢代大畝20畝。據《漢書・李廣傳》載,元狩五年(前118),李廣的堂弟、丞相樂安侯李蔡"坐詔賜冢地陽陵當得二十畝,蔡盜取三頃,頗賣得四十餘萬,又盜取神道外壖地一畝葬其中,當下獄,自殺"。看來,起碼在武帝時期,對列侯重臣陪葬皇陵賜予塋地的面積,執行《葬律》是相當嚴格的。到西漢末,律令廢弛,塋地違制成爲常態。史載漢哀帝時,寵臣董賢塋地"周垣數里",應是極端的例子。劉賀塋地面積,是《葬律》規定的五倍,也許是"視喪事"的朝廷官員考慮到劉賀的兩個剛死的兒子也要葬在園中,同時劉賀妻妾子女衆多,死後都要葬在一起,因而特别批准的。更大的可能是,就封列侯對《葬律》的執行,本來就比京師寬鬆。劉賀塋地東西長,南北窄,符合律令。園墻只有一重,低於《葬律》規定。

劉賀及其夫人兩座主墓位於墓園中部偏南,劉賀墓居西,夫人墓居東,屬於同塋異穴合葬。這一點與西漢帝陵帝西后東的墓位安排完全一致。在兩座主墓的南側,是一片面積達4000平方米平地,上面有寢、祠堂、東西廂房四座祭祀性建築遺存,爲兩墓共用。西廂房因其前面有水井,應爲製作祭品的神厨;東廂房應是祭祀活動服務人員主要是未生子女的劉賀姬妾的住房。寢位於侯墓之南,爲劉賀靈魂寢息之處,爲一座正方形有回廊的四出式房屋建築,邊長10米,面積100平方米。祠堂位於平地中央,北與兩主墓的距離相等,這一點與景帝陽陵的陵廟"德陽廟"位置完全一致。祠堂面南,爲一座長方形的四面有回廊的房屋建築,是劉賀夫婦接受子孫祭祀之處。祠堂東西長14米,南北寬10米,面積約140平方米。《葬律》:"祠舍蓋,蓋地方六丈",即祠堂屋頂面積約合190平方米。如果將140平方米的劉賀祠堂基址面積加上祠堂出檐面積,大致與《葬律》相合。而富平侯張安世墓地祠堂,加散水計算東西進深20米,南北寬18.8米,面積約376平方米,如果再加上已被破壞的西側散水面積,其實際祠堂頂蓋面積將近 400 平方米,遠超《葬律》規定,當是經宣帝特別恩准建造的,不能作爲列侯墓地祠堂的標準。兩漢時期,寢和祠堂都是墓地中的祭祀性建築,但祭祀方式有別。據《漢書·韋玄成傳》記載,西漢帝陵的祭祀制度是"日祭於寢,月祭於廟,時祭於便殿。寢,日四上食;廟,歲二十五祠;便殿,歲四祠"。貴族吏民墓前祠堂,來源於陵廟,寢、祠堂的祭祀也要簡單得多,但性質是一樣的。

除兩座主墓外,劉賀墓園内還有 7 座祔葬墓。按其位置,可以將 7 座祔葬墓分爲兩組。一組位於上述祭祀性建築群之東,3 座墓南北排列,意味著三位墓主人要與兩位主墓的男女墓主同享後人祭祀。從這一特點判斷,這三座墓的墓主都應是女性,其身份爲劉賀的姬妾。另一組共 4 座墓,位於兩座主墓的北側,東西向一字排列,墓道均向南。值得注意的是,靠西面的三座墓的封土南側均建有祠堂。根據我對漢代祠堂後壁畫像石的研究,一組夫婦不管妻妾人數多寡,共用一座祠堂。因此,這組墓葬的墓主不應是劉賀的姬妾,而應是劉賀的兒子。東側的 3 號、4 號、5 號墓已經發掘,其中 5 號墓位於劉賀墓正北,祠堂的規格很高,我推測該墓應爲劉賀長子劉充國之墓。最近,通過實驗室考古,在 5 號墓棺内發現了劉充國私印,完全證實了我的推斷。由此證明,漢代的列侯墓園,在祔葬墓墓主性别、輩分上,與帝陵和諸侯王陵存在著明顯差異。帝陵、諸侯王陵陵園内,除了主墓墓主爲男性外,全部祔葬墓的墓主皆爲女性即主墓墓主的姬妾。而列侯墓園中的祔葬墓,既有侯的姬妾,也有其子孫。就是說,漢代列侯有聚族而葬的葬俗。對這一問題,文獻及《葬律》無載。

劉賀墓由墓葬本體和一個外藏槨構成。外藏槨位於墓葬封土的西北側,内葬實用車馬。《漢書》本傳載霍光墓有樅木外藏槨十五具,近年通過對霍光墓園的鑽探,恰好發現了十五個外藏坑。張安世墓有外藏坑六個,周勃墓園發現十九個外藏坑。這種外藏坑,應就是外藏槨。劉賀墓本體上有高大封土,下爲方形墓室。封土盝頂形,高 7 米,底部東西長 33.6(14.6 漢丈)、南北寬 30 米(13 漢丈)。與《葬律》"墳大方十三丈,高三丈"相符,比《周禮·春官·冢人》鄭玄注引《漢律》"列侯墳高四丈"略低,大概鄭玄所引爲東漢律條。墓壙爲甲字形,墓道向南,長 16 米,墓口方形,邊長約 17 米,至墓底深約 8 米。《葬律》:"羨深淵上六丈。"劉賀墓壙深度小於《葬律》規定,應是當地地下水較高而因地制宜的緣故。墓壙内建有面積達 289 平方米的槨室,槨室由甬道、東西車庫、藏槨、回字形通道和主槨室構成。其最大的特點是高度居室化、宅院化,各部分雖相對獨立,功能分明,但由甬道、通道互相連通,已經不能用"幾重"加以衡量,不符合《葬律》"椁二"規定。其中主椁室位於椁室正中央,底板高出藏椁和通道底板約 0.6 米,頂部高達 3.4 米,高出藏椁和通道頂部約 1 米。主椁室內又分爲東西二室,中有門相通,東室置棺柩,具有"寢"的功能,西室必然是"堂"。很明顯,這象徵著劉賀生前居住的高臺宮室建築。霍光死後,宣帝特賜"梓宮、便房、黃腸題湊",從其順序看,便房就是放置梓宮的獨立木結構椁室。因此,劉賀墓的主椁室就是文獻中的葬具"便房"。藏椁就是庫房,劉賀墓的藏椁由相連的東、北、西三部分構成,內部又分隔成不同的庫。《葬律》中的"藏椁一"應即指的這種木結構內藏椁。從平面結構看,劉賀墓的木結構椁室與 1978 年發掘的河南唐河王莽天鳳五年(18)郁平大尹馮孺人(久)的磚石結構墓幾乎完全一樣,在馮孺人墓主室兩側的側廊入口處,刻有"藏閣"題記,表明這是藏椁之門。幾年前發掘的天津薊縣小毛莊漢墓,平面結構也與劉賀墓相近。

劉賀的木棺爲相套的內外兩棺,外棺外長 3.7、外寬 1.4 米,內棺外長 2.7、外寬 0.8 米,均爲樟木棺。《葬律》:"棺中之廣毋過三尺二寸,深三尺一寸,袤丈一尺,厚七寸,"這裏指的應是內棺內部尺寸。《續漢書·禮儀志》:"諸侯王、公主、貴人,皆樟棺洞朱雲氣畫。"上述劉賀內外棺的尺寸皆爲棺外尺寸,如果減去棺厚,大體與《葬律》相合。兩棺皆爲樟棺洞朱雲氣畫,符合漢代禮制。兩棺相套,置於輁軸之上。《儀禮·既夕禮》:"遷于祖用軸。"鄭玄注:"軸,輁軸也。輁狀如床,軸其輪,輓而行。"輁軸的四輪,爲無輻條的"軽"。按先秦禮制,大殮升棺用軸,朝祖奠用軸,大葬入墓室用軸。

劉賀屍骸置於內棺之內的包金絲縷琉璃席上,不穿玉衣,而是採用多重衣衾裹束的絞衾制,衣衾內有多件玉璧,棺外有荒帷痕跡。《葬律》:"徹侯衣衾毋過盈棺,衣衾斂束。荒所用次也。"劉賀的殮服即葬服與《葬律》一致。已發掘報導的西漢列侯墓,有三例葬服爲玉衣。絳侯周勃夫婦均服銀縷玉衣,當爲皇帝特賜,另兩例不確。其中張安世夫人的玉衣,實際上是瞑目上的玉綴件。另一例爲河北邢臺的南曲煬侯劉遷墓出土的金縷玉衣,共發現玉片 200 餘片,玉片四角的穿孔內,留有金絲和金箔,從玉片數量及金箔情況看,絕不是玉衣,而應是鋪在內棺中的包金絲縷玉席。由此可以認定,制度規定,西漢列侯葬服不用玉衣。

通過上述分析,可將西漢列侯墓的制度歸納爲以下幾點。1. 塋地選擇在高敞之地。當然,平原地區的列侯墓另當別論。2. 有垣墻圍繞的墓園,設門闕,侯與夫人同塋異穴埋葬,共用一個祠堂;子女後代可以祔葬園内。3. 侯墓有外藏槨,封土高 7 米以上。槨室由車庫、内藏槨、便房構成,居室化、宅院化明顯。4. 使用内外兩棺,軡軸承載。5. 葬服不用玉衣,而是採用多種衣衾裹束的絞衾制,衣衾内置大量玉璧。這五點,只是歸納總結出的西漢列侯墓一般特點。但是,由於西漢列侯地位、封戶、財産相差懸殊,在建造墓葬時視情況對制度規定有隆殺也是必然的。

二、文物烘托出的歷史真實

迄今爲止,從劉賀墓中已經出土各類文物一萬餘件(套、組),不僅在已經發掘的列侯墓中首屈一指,甚至超過了很多諸侯王墓。這批文物,真實再現了西漢時期高級貴族的豪奢生活,具有極高的歷史價值、科學價值和藝術價值。

在所有文物中,最受學界關注、價值最高的文物無疑是出土於西藏槨文書檔案庫中的大量簡牘。其中竹簡達五六千枚,經過對 1000 餘枚竹簡的初步釋讀,已經發現了《論語》《易經(易占)》《禮記》等多種儒家經典和醫書、方術等古籍,還有一篇漢賦體的文學作品《墓賦(悼亡賦)》,文情並茂地描繪了花費數百萬爲一位列侯修建豪華墓室的過程。木牘共 80 餘版,其中兩版是劉賀、劉賀夫人元康四年(前 62)分別寫給宣帝和皇太后的奏摺副本的開頭部分。可以斷言,如果簡牘内容全部釋讀出來,一定會震動學界。

這批文物不僅印證充實了我們對一些漢代制度的認識,還使我們瞭解到文獻失載的一些西漢制度。

劉賀墓出土的黃金數量之大令人驚愕,迄今已達 478 件,其中重漢代一斤的金餅 385 件,大馬蹄金 17 件,小馬蹄金 31 件,麟趾金 25 件,金版 20 件,總重量在 100 公斤以上。這批黃金,主要出於便房西室和内外棺之間及内棺琉璃席下面。在其中放置於内外棺之間的四件金餅上,有字迹優美的墨書題記:"南藩海昏侯臣賀元康三年酎金一斤。"由此可以證明,這些黃金,是劉賀爲了向皇帝進獻"酎金"的黃金儲備。酎,是祭祖用的醇酒,正月起釀,八月成酒。西漢制度規定,每年八月,皇帝在長安高廟舉行祭祖大禮時，有封地的諸侯王和列侯必須根據封戶人數多少，向皇帝進獻黃金購買酎酒助祭。如果所獻黃金重量不足或成色不好，王削縣，侯免國，處罰極爲嚴厲。文獻載，僅元鼎五年（前 112）一次因"酎金罪"失侯的列侯就有 106 人。這一由文帝創始的制度，稱作酎金制。這批黃金，證明了直到宣帝時期，酎金制仍在強力執行。

有關西漢諸侯王、列侯的用樂制度，史無明文。但劉賀墓出土的一套禮制樂器，爲我們透露了端倪。在劉賀墓北藏椁的樂器庫中，出土了兩架青銅編鐘和一架鐵編磬，同出的還有二十五弦漆瑟、笙、排簫和多件伎樂木俑，其中鐵編磬是第一次出土。根據漆瑟上的"昌邑十年"題款判斷，這組樂器，應是第一代昌邑王劉髆所用一套完整禮制樂器，鐘磬是主體。其中一架鈕鐘 14 件，一架鎛鐘 10 件，一架鐵磬 14 件。據《周禮·春官·小胥》載："王宮縣，諸侯軒縣，卿大夫判縣，士特縣。"縣，懸也。鄭司農注："宮縣，四面縣；軒縣，去其一面；判縣，又去其一面；特縣，又去其一面。……軒縣三面，其形曲，……軒縣去南面，辟王也。"根據這套樂器可以推定，西漢時期諸侯王樂制以打擊樂器鐘磬爲主，鐘磬採用軒懸的方式，輔助樂器有瑟、笙、排簫等。

東漢的車輿制度，《後漢書》敘述頗詳，而且得到東漢畫像石、畫像磚和墓室壁畫中的大量車馬出行圖的印證。關於列侯的車輿制度，《後漢書·輿服志》載："公、列侯安車，朱斑輪，倚鹿較，伏熊軾，皂繒蓋。"但是，西漢的車輿制度特別是諸侯王、列侯的車輿制度，卻至今瞭解甚少。劉賀墓出土的車馬文物，爲我們探索這一問題提供了一批極爲重要的實物資料。這批車馬文物，可分爲實用車馬和偶車馬兩類。實用車馬出土於外藏椁，共有五車二十匹馬，應皆爲駟馬安車。同出的 3000 餘件車馬銅飾件，相當一部分有華麗的錯金銀圖像，其精美豪華令人嘆爲觀止，遠遠超過富平侯張安世墓所出的同類器物。可以斷言，這種貴族專用的高等級用車，肯定是劉賀爲昌邑王時所使用的。偶車馬分爲偶軺車和偶樂車，6 輛偶軺車出於椁室的東西車庫，兩輛樂車出於甬道。軺車是一種級別較低的立乘小車，駕一馬，可以個人擁有，在高官貴族的車馬出行佇列中只能作爲導車和從車使用。兩輛樂車中，一輛爲載有實用建鼓的鼓車，另一輛爲載有實用銅錞于和銅編鐃的金車。《周禮·地官·鼓人》："以金錞和鼓。"鄭玄注："錞，錞于也。"《淮南子·兵略訓》："兩軍相當，鼓錞相望。"《廣雅》："以金鐃止鼓。"先秦時期，鼓與錞于、編鐃相配，用於軍旅中，在行軍作戰時，指揮軍隊進退，屬於軍禮樂器。擊鼓進軍，擊錞于和編鐃止鼓退軍。劉賀將這種軍禮樂車用於出行，顯然是借用了軍禮。劉賀墓出土的這些車馬文物組合起來，就構成了一套完整的西漢王侯貴族的出行車隊：王侯乘坐的主車即駟馬安車居中，最前面以數輛軺車爲導車，導車之後、主車之前爲鼓車和金車，主車之後爲以數輛軺車爲從車。擊鼓則車行，擊錞于和編鐃則車停。當然，實際的西漢王侯車馬出行佇列要複雜得多，還要加上等級較高的屬官的屬車和大量的騎卒及步卒。這是西漢王侯的車輿制度，到東漢時期稍有變化。在山東長清孝堂山祠堂的"大王車出行圖"上，大王即諸侯王乘坐的駟馬安車主車前，只有鼓車而沒有金車，應是東漢時期諸侯王的車輿制度。

在北藏槨的錢庫中，整齊碼放著成緡的五銖錢，高度達 1.8 米，重達 10 餘噸，五銖錢總數約 400 萬枚。在現場清理時，發現一緡五銖錢恰好是一千枚。證明了唐宋以後以一千枚爲一貫的官定銅幣計量制度，最遲在漢武帝元狩五年（前 118）發行五銖錢時已經形成。最初我們推測，這庫銅錢，應是宣帝賜給的、爲劉賀助喪的賻贈錢。最近，經過對錢庫底部未經擾動的五銖錢堆的清理，發現每五緡五銖錢束紮在一起，束紮繩結紮處封泥印文爲"昌邑令印"，證明這庫五銖錢，是劉賀從昌邑帶到海昏侯國的個人財產。

在東藏槨內，出土了銅籍田鼎和銅籍田燈各一件。籍田鼎刻銘爲："昌邑籍田銅鼎，容十斗，第二。"籍田燈上也有"籍田"刻銘。籍田禮是西漢最重要的禮儀活動之一，從文帝始，每年孟春正月，朝廷都要在長安舉行盛大的籍田禮，皇帝親祀先農後，到籍田躬耕，在京的百官貴族都要參加，意在"祈年"和"勸農"。東漢時期，各郡國都要舉行籍田禮，西漢是否如此，記載闕如。這兩件籍田銅器的發現，證明了西漢時期各郡國（包括侯國）也是隆重舉行籍田禮的。

在《漢書》中，劉賀是個劣跡斑斑、行事荒唐的不肖貴族子弟形象。作爲全新的歷史資料，劉賀墓出土的大量文物，多角度真實再現了劉賀起伏跌宕、命運多舛的一生，從中我們看到了一位與文獻記述完全不同的劉賀。

從西藏槨出土的《論語》《禮記》等儒家經典簡書，證明了劉賀自小就受過良好而系統的儒學教育。在宮廷政變被廢時，隨口就引用《孝經》中的文句，痛責殺氣騰騰的霍光等人："聞天子有爭臣七人，雖無道不失天下!"(《漢書·霍光傳》)説明十八歲的劉賀,早已對這些經典熟記在心。儘管如此,他還終生堅持苦讀。出土於主槨室西室的聖賢像漆鏡架,畫有孔子、子夏、子張等聖賢像,這是迄今發現的最早的孔子像。劉賀將其擺在床榻旁,表明這是他生前最喜愛的常用物品,也證明了他對儒學刻骨銘心的崇奉。簡書中的《墓賦(悼亡賦)》,反映了他對當代文學的喜愛。同出在西室的石硯和墨碇,使人不禁聯想起劉賀被廢後囚禁在昌邑時,頭上簪筆謁見前來視察的山陽太守張敞的情形。這説明,劉賀自幼就受過儒家六藝中"書藝"的嚴格訓練,深諳書道真諦,並終身研習不輟。這些文物,無可辯駁地證明了劉賀絶非是一個粗獷少文的紈絝子弟,而是一個受過系統儒家文化教育的宗室貴胄。

劉賀墓内藏槨出土的漆圍棋盤、漆琴、劍戟、皮質甲冑、西周銅提梁卣、兩件戰國蟠螭紋銅罍、戰國銅劍等文物,反映了劉賀有著廣泛的興趣和愛好,既有琴棋雅興,又喜習武健身,還癡迷於古物的鑒賞收藏。墓中出土的大量銅、漆、玉質酒具,諸如壺、罍、尊、案、盤、杯等,暗示劉賀有著喜歡交接賓友,縱情豪飲的爽朗性格。高貴、儒雅的風度使這位少年昌邑王有著迷人的魅力,在他 18 歲時,身邊已經聚集了二百多名誓死效命的賓客和死士。在霍光發動的宫廷政變中,這批人全部被殺,面對死亡,他們發出了"當斷不斷,反受其亂"的悲壯慨嘆,竟無一人跪地求饒!

值得注意的是,墓中出土 30 餘件紀年款漆器和銅器,全部是昌邑國之物。其中最晚的紀年為"昌邑十一年",其餘分別為"昌邑二年""昌邑三年""昌邑九年"和"昌邑十年"。"昌邑十一年"為武帝後元二年(前 87),其年劉髆薨逝,劉賀即位為第二代昌邑王,時年只有五歲,還是一個未諳世事的稚子。可以斷定,這些文物,都是劉髆置辦的。由此可以看出,與其父劉髆相比,劉賀在昌邑王位的十三年間,行事簡樸低調,絶對沒有惡名,這也正是霍光集團擁立其為帝的冠冕堂皇的理由之一。

發現於主槨室棺外的一顆印文為"大劉記印"的龜鈕玉印,既非官印,又非私印,在漢印中極為罕見,曾引起學界和坊間的多種猜測。既然放在主槨室中,表明該印確為劉賀生前所用;但又置於棺柩之外,意味著該印已經與劉賀最後的身份不符。實際上,這枚印文奇怪的玉印,正是劉賀被廢後囚禁於昌邑王故宫的十一年間,非王非侯非庶民尷尬身份的真實寫照。

四枚寫有"南藩海昏侯臣賀元康三年酎金一斤"題記的金餅,證明墓内的黄金確實是準備進獻皇帝的酎金,但没有進獻成功。元康三年(前

63),正是劉賀被封爲海昏侯之年。據《漢書》劉賀本傳記載,在被封的同時,又受到"不宜得奉宗廟朝聘之禮"的打擊。這就意味著,劉賀不能參加宗廟祭祖大典,無權再向皇帝進獻酎金,迹近宗室除籍。因此,這些酎金只能埋進墳墓。

墓中發現的銅藥杵臼和地黃、五味子等草藥,表明劉賀生前患有嚴重的疾病。《漢書·劉賀傳》記載,劉賀被廢後,囚禁生活的折磨和巨大的政治恐懼很快摧垮了他的身體,嚴重的風濕病使他步履維艱。貶謫到海昏侯國後,濕熱的氣候肯定進一步加重了他的病情,加上新的政治打擊,僅僅過了四年就溘然長逝了。

劉賀是個歷史悲劇人物,他的失敗,絕非不肖所致,而是緣於缺乏政治經驗和權臣當政的時代。史書是勝利者書寫的,對政治失敗者橫加罪名是史書的定勢和常態。因此,《漢書》中對劉賀的記述評價不足憑信。

三、隕落帝星的無奈哀榮

從劉賀墓宏大規模的墓室和精美豪華隨葬品的巨大數量看,他的葬禮似乎極爲隆重,可謂備極哀榮。這與中國歷史上其他廢帝大多死於非命,以庶民禮草草埋葬大相徑庭。但事實恰恰相反,這種表面上的哀榮,實際上是一次新的政治打擊的結果。

西漢制度,列侯死後,其家人無權自行處理喪事。《漢書·景帝紀》:"列侯薨,遣大中大夫弔祠,視喪事,因立嗣。其葬,國得發民挽喪,穿復土治墳,無過三百人畢事。"神爵三年(前59),劉賀死,"上當爲後者子充國;充國死,復上弟奉親,奉親復死"。這一離奇事件立刻成爲劉賀政敵攻擊他的口實,他們認爲這是"天絕之也",主張"暴亂之人不宜爲太祖",建議將海昏國除國絕嗣,並很快得到宣帝批准。這樣,劉賀的家人瞬間都成了庶人,再也無權繼承和享用劉賀作爲列侯的專用財産。這些財産中,當然包括劉賀被廢後經朝廷恩准繼承的劉髆的全部財産。對於前來"視喪事"的太中大夫來說,最簡單的辦法就是將這些財産全部埋入劉賀墳墓中。但是,由於財産太多,只能修造規模宏大的墓室。這也正是表面上劉賀備極哀榮的真正原因。顯然,這是一種無奈的畸形哀榮。如果劉賀地下有知,一定會像自縊前的崇禎皇帝一樣,發出椎心泣血的祈願:願世世毋生帝王家!

第三章　出土簡牘的現場及室內清理保護①

　　南昌西漢海昏侯墓，位於江西省南昌市新建區大塘坪鄉觀西村附近，墓園由兩座主墓、七座陪葬墓、一座陪葬坑、園牆、門闕、祠堂、廂房等建築構成，內有完善的道路系統和排水設施，具有漢代高等級墓葬所包含的許多重要元素，是江西唯一一座具有皇帝身份的王侯等級墓葬，於2015年入選中國十大考古新發現。自2011年發掘以來，海昏侯墓已出土了包括竹木漆器、金屬器、玉器、金器在內的1萬餘件（套）珍貴文物，對研究中國漢代政治、經濟、文化具有重要意義。

　　海昏侯墓本體規模宏大，上有高達7米（相當於漢代的3丈）的覆斗形封土；下有坐北朝南的甲字形墓穴，墓穴內建有的方形木結構槨室面積達400平方米。從整體上看，其結構呈居室化傾向，屬於西漢中晚期採用"漢制"埋葬的列侯墓葬。槨室設計嚴密、佈局清晰，功能明確。由主槨室、過道、回廊形藏槨和甬道構成。回廊型藏槨按功能區分，北藏槨自西向東分爲錢庫、糧庫、樂器庫。西藏槨從北往南分爲衣笥庫、武庫、文書檔案庫、娛樂用器庫。東藏槨主要爲"食官"庫，包括酒具庫和廚具庫。甬道主要爲樂車庫，其東、西兩側爲車馬庫。其中在海昏侯墓主墓西藏槨的文書檔案庫中出土了大批珍貴的竹簡、木牘。其中竹簡較集中出土於五個漆箱中，奏牘、詔書分別出土於緊鄰文書檔案庫的主槨室西室最西側的兩個漆箱內，推測七個漆箱原本應置於一處。

　　由於該墓在2011年遭遇盜掘，加之長期埋藏於地下，受到黴菌等微

---

① 本章部分內容曾分別以《江西南昌西漢海昏侯墓出土竹簡的現場及室內清理保護》《江西南昌西漢海昏侯劉賀墓出土竹簡室內清理保護》爲題原刊於《江漢考古》2019年第S1期、《文物》2020年第6期，本書收入時作了較大的增補與修訂。

生物以及酸鹼水分的浸蝕以及附近鄱陽湖水位起落的影響，這批竹簡的竹木材細胞壁的細微組織受到損害，器物已喪失了原有的機械强度，内部呈海綿狀，色澤和强度與新鮮木材大相徑庭。特別是從發掘到提取前，整個墓室一直暴露在空氣中，環境變化大，失水明顯，竹簡附著的淤泥已逐步硬化，部分竹簡開始乾縮變形爲筒瓦狀，出現了典型的竹木漆器類文物失水變形病害。本文針對竹簡保存狀況，在對其保存狀況及受損原因進行檢測分析的基礎上，對這批珍貴的簡牘採取了一系列現場及室内的清理保護措施。

一、簡牘保存狀況及成因分析

（一）保存狀況及檢測分析

2015年7月6日，荆州文物保護中心及江西省考古研究所海昏侯墓文保組的專業技術人員在墎墩漢墓考古發掘現場西迴廊的清理中發現竹簡（圖三·1）。該批竹簡經過2000多年的地下埋藏，受酸、鹼、水分以及微生物等影響因素協同作用下的腐蝕，其主要化學成分都已發生嚴重的降解，導致竹材細胞壁的細微組織遭受不同程度的損壞。

圖三·1　竹簡出土現場情況

經觀察,該批竹簡均存在飽水、乾縮、捲曲、變形、殘碎、腐朽等病害,且竹簡均存在通體變色的病害。通過選取部分飽水竹簡殘片進行檢測,得知竹殘片含水率高達420%～700%。通過對選取竹簡殘片自然乾燥前後尺寸的檢測,得知收縮率橫向為40%～55%,徑向為14%～21%。通過掃描電子顯微鏡觀察,發現竹材樣品的導管破壞較為嚴重,竹材樣品橫切面上維管束中的纖維明顯被降解,維管束內部的小型薄壁細胞、篩管及其伴胞造成破壞,竹材樣品中出現許多橫向的空隙。

掃描電鏡能譜分析結果顯示,竹簡樣品黑色斑點區域較淺色區域鐵元素含量更高,推測竹簡變色機理與鐵元素有關。由於在缺氧條件下鐵離子以Fe^{2+}形式保存,在接觸空氣後,迅速發生氧化,生成Fe^{3+},進而與木質素降解產生的含苯酚結構的活性物質進行反應,生成黑色物質,導致竹簡變色。

檢測結果表明,海昏侯墓出土的這批竹簡樣品含水率高,內部結構已遭到嚴重破壞,糟朽嚴重,不適合自然乾燥,同時由於竹簡受到土壤、地下水、微生物等綜合作用,導致含有較高鐵離子,竹簡變黑,因此後期需要對竹簡進行脫色處理。

(二)成因分析

竹簡屬於有機質類文物,極易受埋藏環境中各類有害物質的腐蝕以及微生物的分解,使得竹簡中的纖維素與半纖維素產生嚴重的降解而導致糟朽,而這些損壞的空間會被地下水浸入,導致竹簡含水量增高並呈海綿狀,從而喪失機械強度。同時,竹簡在長期的埋藏過程中,埋藏環境相對穩定,文物與環境之間基本已經處於一種相對平衡狀態,環境對文物的腐蝕、降解及同化的過程相對而言要緩慢些。一旦墓葬被打開,文物就從相對密閉的環境轉變為開放環境,原有的平衡被打破,受光照、溫度、濕度、空氣污染物的共同影響,導致竹簡的變形加劇和整體強度下降。同時據史料記載,公元318年江西曾發生一場大地震,使原來的海昏縣淹沒到鄱陽湖中,也使海昏侯墓墓室坍塌,被地下水淹沒,墓室的坍塌也可能對有機質文物的保存狀況產生破壞。

因此,對這批出土飽水竹簡實施從考古發掘現場的穩定維護,保護性提取,到室內的清理保護,再到脫水修復的技術處理,都顯得非常重要。

二、簡牘的現場提取

（一）提取預案

爲採取科學、有效、簡便、快速的搶救性保護措施，儘可能減少因環境突變對出土文物的破壞。由江西省文物考古所與荆州文保中心文保人員成立海昏侯墓竹簡提取項目組，對竹簡提取工作進行了分析討論，並就現場條件制定了專項提取預案，預案内容主要包括可能遇到的難題及應急措施。

荆州技術人員和現場考古工作人員對提取的方法進行了分析討論，同時進行竹簡提取前的準備工作。擬採用的現場提取技術主要爲直接提取法、插板提取法以及套箱提取法等。對與之相對應的工具和材料進行了準備。

竹簡提取工作開始後，項目組人員對發掘現場作了進一步觀察，進行了小範圍實驗，初步確定選用插板提取法將竹簡整體提取。

（二）現場提取

在提取的過程中，發現竹簡保存情況比較複雜，而且數量多、分佈範圍大，且與其他文物相互混合，整體打包提取存在較大難度。若按原定設計的方法進行提取，勢必影響竹簡的安全提取。工作人員根據現場竹簡分佈的具體情況，最後確定以保存竹簡的完整性爲主要原則，將原整體提取方案改爲分四個區域進行（圖三·2），提取時將混有其他文物的竹簡一併取出，在具有一定處理條件的室内再進行整理。

海昏侯墓竹簡的現場提取工作正式開始後，工作人員首先清理淤泥及竹簡周邊的器物，使竹簡完全暴露出來，再進行提取。海昏侯墓爲典型的淤泥墓，泥土遇水粘結度極高，對於海昏侯墓葬的淤泥清理，採用以椰子油、表面活性劑爲主要成分的分離劑，以減少黏性土壤對文物的損壞，縮短操作時長，提高工作效率。由於堆積竹簡的木椁底室底板並非完全平整，提取時需借助刮削得很薄的竹片，從木椁底室底板相對低的一端將簡堆與相鄰底板緩慢剥離，剥離的同時一邊輕輕地插入軟塑膠托板，托板的插入深度，以不傷及竹簡爲原則。從底板相對低的一端開始，從不同方

圖三・2 竹簡提取分區情況

向分別插入托板,待塑膠托板已將竹簡整體托住後,再從塑膠托板下面插入硬質托板,雙手扶穩,將不同分區的竹簡整體提取出來。

由於發掘工作的開展,原來深埋地下相對穩定的保存環境被打破,纖維素和木質素的降解大大加快,竹簡長期暴露在空氣中,失水現象不可避免的出現。工作人員將提取後的竹簡進行了保濕、防黴、防光、防高溫等臨時性簡單技術處理後運至文物保護工作站。

(三)包裝運輸

竹簡現場提取完成後,包裝與運輸是將竹簡安全運到文物保護工作站的關鍵之一。這個節點採取的措施主要是:

1. 保濕處理

先在竹簡表面噴灑清水保濕,以防止水分丟失,從而造成乾縮變形。

2. 表面防護

使用聚乙烯薄膜作爲文物和外包裝材料之間的阻隔物包裹竹簡。

3. 容器包裝

將竹簡保濕後,從托板下部用聚乙烯塑膠薄膜包好後放入底部墊有海綿的包裝箱,再用海綿填實竹簡箱內的所有空間。

4. 信息標識

容器包裝箱外書寫標號。

5. 運輸裝載

竹簡運輸時，爲緩衝運輸過程產生的衝力，保障文物安全。應在包裝箱底部及四周增加 5～10cm 的海綿作爲襯墊進行防震，包裝箱與包裝箱之間也不能例外；對包裝箱進行固定，避免在運輸途中發生碰撞或上下顛簸。

6. 運輸路綫與車速

應選擇路況較好的運輸路綫；途中車輛速度應勻速緩行，應儘量避免緊急轉向或緊急制動。

三、簡牘的室內清理

竹簡長久埋藏於地下，原本成册收卷的面貌早已經解體、散落，有的還出現了嚴重的變形、殘碎和腐朽等病害。一般須將厚度還不到 1mm 的竹片揭剥開來，並保持其現存狀況的完整性，同時不損傷表面墨迹等信息，不擾亂層次和順序，纔能爲册書的復原、文字内容的釋讀提供最大程度的保證。因此室内清理是竹簡保護的關鍵環節。2015 年 11 月起，海昏侯墓文保組開始了針對海昏侯墓出土竹簡的室内清理工作，至 2016 年 5 月份順利完成竹簡的剥離工作，成功剥離竹簡 5000 餘枚。具體工作流程如下：

（一）實驗室清理

1. 清理工序

（1）資料收集

按考古與文物保護工作要求進行信息記録，經清理小組討論確認後方可進行竹簡的揭取。揭取人員要配合繪圖人員和考古人員進行，繪圖人員先編好號，記録人員做好記録，主要是記録竹簡的尺寸，文字的方向，相互間的關係，竹簡的放置情况等，根據保存現狀自上而下一層層揭取。

（2）確定基綫

由於出土竹簡雜亂無章、錯綜複雜，一般做法是，在未清理的竹簡上確定一條基綫，以該基綫爲固定點定位繪製出竹簡的平、剖面圖，爲後續的揭取工作提供依據。

（3）劃分區域

將竹簡表面清理乾凈後，依據竹簡每卷的長短、寬窄、厚薄等表像進行劃分並依次編號，經清理小組討論確定後，即可開始竹簡的揭取工作。

（4）揭取編號

將成册或成堆竹簡的頂部及橫斷面上的淤泥清理乾凈，先仔細查看，找準竹簡之間的層次再著手處理，並以多個角度反復地觀察。

揭取是從上到下一組組揭取，竹簡揭取前，揭取人員將竹木質地刀片輕輕地插入到兩枚竹簡之間的前端，對揭取的竹簡進行鬆動，另一隻手使用毛筆在縫隙中滴入蒸餾水，借助水的滲透潤滑作用將竹木質刀片緩慢向前推進，從中分離出單支竹簡。待全部剥離後方可用薄竹片揭取，之後放入編好號的盤子中。揭取一層就要進行一次繪圖、照相，依次操作直到結束。

（5）清理存放

竹簡揭取後，放入事先預備好的編號整理盤，其編號與揭取時劃分區域的編號相對應，以方便後期保護處理工作。盤中蒸餾水要時刻保持充足。

（6）繪圖整理

此次清理竹簡採用的是正射影像同步繪圖技術，這是近年研究的一種考古繪圖與考古整理技術。具體方法是將發掘出土的竹簡照相後導入電腦存檔編號，然後對導入的圖像進行糾偏、兩點、三點或四點定位保存後，進行繪圖整理。這種無紙化繪圖方法可以有效解決現有手工繪圖中存在的精度差、效率低、使用不便、不易保存、易損傷文物等問題，且集辨識、整理、排序爲一體的考古竹簡的整理方法。與現有傳統的手工紙質繪圖技術與整理技術相比，無需手工測量、無需接觸竹簡就能精確繪圖；能提高效率、精度等，具有便於保存、易於編輯、使用方便、傳輸便捷、綫條流暢等特點。

2. 清理過程

出土竹簡表面均覆蓋著一層厚厚的淤泥，因此竹簡室內清理時首先要做的是整體清淤。用塑膠洗瓶向竹簡表面緩慢噴射去離子水，用細竹簽、牛角刀、純淨水等小心去除覆蓋在竹簡堆積上面的浮土及雜質，並配以軟毛刷輕刷較大的泥塊，用削制好的薄竹片剔除附著在竹簡堆積上的雜物，以便更好地認識竹簡的堆積情況。一層層地清除竹簡表面的淤泥，越接近竹簡時越小心。清理過程中產生的污水，考古人員均進行了浮選和篩選，同時保護人員也收集了部分水樣進行分析測試。

整體清淤後分別對打包後各部分套疊在一起的漆箱進行分解。通過分解，共從五個漆箱内清理出竹簡，分爲五個部分，編號爲 M1:933、M1:933-11、M1:933-13、M1:934 和 M1:935-3。

將每個裝有竹簡的漆箱單獨分離後，分別進行拍照、描述和三維掃描。然後用削好的邊緣光滑的薄竹片沿著漆箱破損處或者邊緣輕輕插入竹簡的底部，將竹簡略微向上抬起，再插入薄的 PVC 板，將漆箱内的竹簡整體抬出。去離子蒸餾水和軟毛筆將成册或成堆竹簡的頂部及橫斷面上的淤泥清理乾净，然後將竹簡整體泡入丙二醇等加固液中進行整體加固。

將整體加固後的竹簡放置於穩定的操作臺面上，揭取前先仔細查看，找準竹簡之間的層次再著手處理，並以多個角度反復地觀察。由於出土竹簡雜亂無章、錯綜複雜，因此首先在未清理的竹簡上確定一條基綫，以該基綫爲固定點定位拍攝正投影照，並繪製出竹簡的平、剖面圖，爲後續的揭取工作提供依據。

對五個部分堆積竹簡分別進行清理，剥離前首先對各部分堆積進行卷數與區域劃分。從頂面和四個側面反復觀察竹簡，依據竹簡每卷的長短、寬窄、厚薄等表像進行劃分並依次編號，確定整體分離卷數。首先從頂面觀察能否整體分離，如 M1:933-13 可以分開爲兩卷，編號爲 M1:933-13 剖面一和 M1:933-13 剖面二。對於從頂面不能整體分離的竹簡從側面觀察其疊壓堆積狀況，根據疊壓狀況分層，然後再根據每層竹簡排列方向、竹簡長短等情況分卷。M1:933 可以分爲五卷，M1:933-11 可以分爲四卷，M1:934 可以分爲八卷（圖三·3），M1:935-3 整體爲一卷。

圖三·3　M1:934 分區示意圖

將竹簡分卷之後，分別拍攝正投影照片，然後開始按分組情況依次分離竹簡。揭取竹簡以之前確定好的基綫爲分界綫，以每卷竹簡的兩端的正投影照爲剖面，從上到下一組組揭取，以每枚竹簡剥離的順序爲編號繪製竹簡剖面圖（圖三·4），按照揭取順序在剖面圖上繪製對應竹簡編號（圖三·5）。

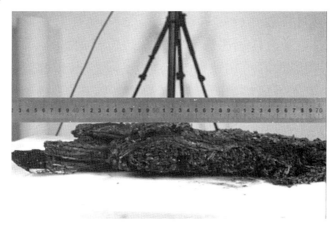

圖三·4　M1:933-11 竹簡剖面圖

圖三·5　竹簡剖面繪圖編號示意圖

繪圖與文字記錄工作貫穿竹簡揭剥工作的始終。此次清理竹簡採用的正射影像同步繪圖技術，是近年研究的一種考古繪圖與考古整理技術。具體方法是將發掘出土的竹簡照相後導入電腦存檔編號，然後對導入的圖像進行糾偏、兩點、三點或四點定位保存後，進行繪圖整理。與現有傳統的手工紙質繪圖技術與整理技術相比，無需手工測量、無需接觸竹簡就能精確繪圖；與傳統紙質繪圖相比，有效提高了工作效率與精准度。揭剥圖與文字記錄是後期整理的基礎，因此在揭取竹簡的過程中，工作人員詳細記錄每枚竹簡的基本信息，包括竹簡的位置、長短、殘完程度、可辨字迹的方向、編繩信息以及特殊現象等，保證了竹簡自身有價值的信息不被遺漏。

竹簡揭取前，揭取人員將竹木質地刀片輕輕地插入到兩枚竹簡之間的前端，對揭取的竹簡進行鬆動，另一隻手使用毛筆在縫隙中滴入蒸餾水，借助水的滲透潤滑作用將竹木質刀片緩慢向前推進，從中分離出單支竹簡。待全部剥離後方可用薄竹片揭取，竹簡揭取後，按順序 15 支一個單位放入事先準備好的盛放有蒸餾水的編號整理盤，其編號與揭取時劃分區域的編號相對應，以便於後期保護處理工作。盤中蒸餾水要時刻保持充足。對於殘斷竹簡，在現場如果能夠判斷出可以拼綴的，編爲一個號放在一起，不能拼綴的則每支殘簡單獨編號。揭取一層就要進行一次繪圖、照相，依次操作直到結束。

3. 清理所得

通過清理與剥離，包括殘簡在內，共清理竹簡 5259 枚（編號），下面按各部分堆積情況依次加以介紹。

（1）M1:934 堆積的清理。這一部分是所有竹簡中保存狀況最好的一部分，根據竹簡疊壓排列情況，共劃分爲八個區，清理出竹簡 791 枚，其中 IV 區、V 區保存狀況較好，剥離出的竹簡保存相對完整，長度均在 23cm 左右，其餘區域的竹簡均存在不同程度的乾縮、殘破、變形等現象。各區剥離竹簡具體資料見表一。

表一　M1:934 堆積分區竹簡數量

竹簡分區	M1:934 I 區	M1:934 II 區	M1:934 III 區	M1:934 IV 區	M1:934 V 區	M1:934 VI 區	M1:934 VII 區	M1:934 VIII 區
數量（枚）	48	75	123	146	73	56	28	242

這部分竹簡的寬度爲 5—8 毫米，厚約 0.5—1 毫米，其中 IV 區、V 區出土的完整竹簡尺寸比較規範，長約 23 釐米，相當於漢尺的一尺。其餘大多殘長 4—27 釐米之間。部分竹簡殘留一或二道編繩痕迹（圖三·6），推測完整簡應爲二道編繩，IV 區竹簡清理中發現了編繩殘斷。除 I 區中 12 號竹簡爲雙面書寫文字外，其餘竹簡文字皆書於竹黄一面，所有竹簡未見明顯契口。

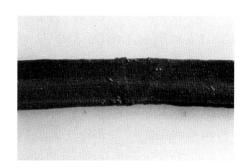

圖三·6　竹簡編繩痕迹

（2）M1:933堆積的清理。這一部分是所有竹簡中數量最多的一部分，共分爲五個區域進行剥離，剥離時連同周圍散亂的殘破竹簡一起清理，共計2350枚，具體資料見表二。

表二　M1:933堆積分區竹簡數量

竹簡分區	M1:933 I區	M1:933 II區	M1:933 III區	M1:933 IV區	M1:933 V區	殘亂竹簡
數量（枚）	385	284	377	679	547	78

這部分竹簡保存情况較差，除78枚相對完整外，其餘均爲殘簡，同時出現了不同程度的乾縮、變形，寬度爲6—8毫米，厚約0.5—1毫米，竹簡長2.5—29.5釐米之間。部分竹簡殘留一或二道編繩痕迹，推測完整簡應爲二道編繩，竹簡文字皆書於竹黄一面，所有竹簡未見明顯契口。清理過程中發現竹席（圖三·7）等殘塊。

圖三·7　竹席殘塊

(3) M1:933-13 堆積的清理。該部分堆積從頂面觀察分界綫後劃分爲剖面一和剖面二兩個區域，其中剖面一清理出 500 枚竹簡，剖面二清理出 390 枚竹簡，總計 890 枚。這部分竹簡中只有 45 枚基本完整，其餘均爲殘簡。這部分竹簡的寬度約爲 7—8 毫米，厚約 1 毫米，其中保存基本完整的竹簡長約 21—23 釐米。部分竹簡殘留一或二道編繩，文字皆書於竹黃一面，所有竹簡均未見明顯契口。

(4) M1:933-11 堆積的清理。這部分竹簡堆積複雜且數量較多，保存狀況較差。竹簡大多出現乾縮、變形、斷裂現象。共分爲四部分清理，共計 1024 枚，具體資料見表三。

表三　M1:933-11 堆積分區竹簡數量

竹簡分區	M1:933-11 Ⅰ區	M1:933-11 Ⅱ區	M1:933-11 Ⅲ區	M1:933-11 Ⅳ區	殘亂竹簡
數量（枚）	75	702	85	138	24

這部分竹簡中只有 26 枚基本完整，其餘均爲殘簡。這部分竹簡的寬度約爲 3—8 毫米，厚約 1 毫米，其中保存基本完整的竹簡長約 19—23.5 釐米。未見竹簡編繩痕迹，文字皆書於竹黃一面，所有竹簡均未見明顯契口。清理過程中發現漆箱（圖三·8）等殘片。

圖三·8　漆箱殘片

(5) M1:935-3 堆積的清理。這部分竹簡在所有堆積中保存狀況最差，所有竹簡均爲殘段，並存在嚴重乾縮現象。清理後共剥離竹簡 204 枚。可辨認字迹的竹簡文字書於竹黃一面。

四、簡牘的室内保護

由於出土竹簡保存狀況異常糟朽,爲了儘可能獲取更豐富完整的文字信息,在竹簡的室内清理過程中,工作人員對於竹簡同步開展了一系列保護工作。

(一)竹簡預加固

針對海昏侯墓出土竹簡異常糟朽的特點,項目組研究了提前加固的方法即將整體清淤後的竹簡直接浸入加固溶液(圖三·9),加固一層揭取一層,直至清理完畢。該方法所需時間相對較短,使用的加固材料對於後期清洗無影響或影響較小,且不影響後期脫水以及其他工作的開展。

圖三·9　採用乙二醛溶液對海昏侯漢墓出土糟朽竹簡進行提前加固

(二)竹簡紅外掃描工作

爲了更好地保存原始資料,剝離下來竹簡在清洗脫色前,用紅外掃描器進行正反面掃描。爲了確保竹簡不在空氣中暴露時間過長以及保存溫度發生變化而發生捲曲變形,此次紅外掃描進行了適當的技術改良,將原有的平面玻璃掃描面改良爲有機玻璃水槽,在裝滿純淨水的玻璃水槽中對竹簡進行紅外掃描,此舉有效保證了在文物保護的前提下對文字信息進行提取。掃描後的竹簡第一時間放入裝滿純淨水的塑膠容器中進行保存,同時保證了室内環境的恒温恒濕,防止竹簡因環境變化而發生狀態改變。2016年11月,5000餘枚竹簡的紅外掃描工作全部完成,掃描後的圖片被及時分類存檔。

(三)剥離後竹簡的加固、潤漲、復形

剥離後的竹簡進行了第二輪加固處理,以保證最大程度提升竹簡的强度、韌性,避免在清洗過程中造成二次損傷(圖三·10)。

圖三·10　二次加固

在紅外掃描過程中,海昏侯墓出土竹簡大部分存在乾縮捲曲變形的情況,導致部分竹簡無法順利獲取文字信息,爲接下來即將開展的文字釋讀帶來了不便。爲儘可能回復竹簡原有形狀,工作人員對於海昏侯墓乾縮竹簡開展了乾縮潤漲實驗:將乾縮變形的竹簡浸泡在2.0%的烷基多苷溶液中完全浸潤後用蒸餾水漂洗數次,清除殘留烷基多苷,再次浸泡於0.5%的槐定鹼溶液中,根據乾縮變形程度調節溶液pH值(不超過10),達到最大值穩定後採用蒸餾水浸泡漂洗至中性蒸餾水存放。實驗結果表明,出土飽水竹簡乾縮變形後,可以採用表面活性劑和生物鹼進行溶脹復形。經潤漲後的竹簡,外形尺寸基本達到乾縮前的水準,微觀形貌也未發生顯著變化,字迹未發生脱落現象,而且從竹簡上書寫文字的筆劃舒展性可以判斷,復形效果良好

（圖三·11）。① 目前對於剥離後竹簡的加固、潤漲及復形工作正在進行中，工作組計畫待竹簡加固潤漲工作完成後正式啓動竹簡的清洗、脱色及第二輪紅外掃描和脱水工作。

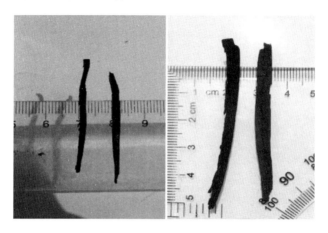

圖三·11　竹簡潤漲實驗前後對比圖

五、結語

通過此次海昏侯墓出土竹簡現場及室内清理工作實踐，對於淤泥墓出土飽水竹簡在現場提取以及室内清理保護等方面都進行了有益的探索，實現了在考古發掘現場對出土有機質文物的有效保護，在工作過程中也有很多心得收穫。

（一）文物保護與室内清理相結合，對於南方淤泥墓出土糟朽竹簡的清理保護進行了有益的探索與嘗試。海昏侯墓屬於典型的南方淤泥墓，由於受到光照、温度及鄱陽湖水位變化的影響，竹簡保存狀況極其糟朽。針對竹簡保存現狀，本次竹簡室内清理過程中及時採取了相應的文物保護措施，如竹簡保存現狀評估、剥離前預加固、潤漲復形、採用玻璃水槽進行文字信息提取等方法，均有效保證了在文物保護的前提下進行竹簡信息提取，避免了竹簡的二次損傷，形成了對於南方淤泥墓出土脆弱質竹簡"邊發掘，邊清理，邊保護"的工作方式。

---

① 吴昊、陳子繁等：《出土飽水竹簡失水乾縮的復形研究——以海昏侯墓葬出土竹簡等爲例》，《文物保護與考古科學》2016年第3期。

（二）由於考古發掘現場的條件限制，在現場對竹簡進行清理，難以準確判斷竹簡之間的相互關係，且不利於竹簡的保護。因此，發現竹簡後，保護人員採取整體提取的方式，將保留了原始堆積狀況的竹簡分區域搬遷至實驗室，會同考古人員一同對竹簡進行實驗室考古清理。[①] 這是考古發掘在實驗室的延續，同時也是考古發掘、文物保護、古文字研究等多學科協作的一次成功實踐。

[①] 胡東波、常懷穎：《簡牘發掘方法淺説——以北京大學藏秦簡牘室內發掘爲例》，《文物》2012年第6期。

第四章　海昏侯墓出土簡牘概述[①]

江西省文物考古研究院於2011年4月開始發掘南昌市西漢海昏侯墓園，2015年7月在廢帝劉賀墓主槨室內西回廊北部發現5200餘枚簡牘（以下言枚數均包含殘斷簡牘），另有109枚木楬出於主槨室（下簡稱海昏簡牘）。[②] 2015年10月，在荆州文物保護中心的指導下，清理保護工作正式展開，發現簡牘原放置在七個漆箱中，漆箱大部已經腐朽，底部以織物承托，出土時仍可見部分織物與竹編織物的殘片。竹簡原放置在五個漆箱内，最小的漆箱内存簡一組，200餘枚；最大的容簡三組，近4000餘枚，竹簡各卷之間雜有部分木牘（圖四·1）。公文奏牘和詔書被分別單獨放在一個漆箱内。

圖四·1　竹簡出土情況

[①] 本章曾以《江西南昌西漢海昏侯劉賀墓出土簡牘》爲題原刊於《文物》2018年第11期，本書收入時作了修訂。

[②] 江西省文物考古研究所、南昌市博物館、南昌市新建區博物館：《南昌市西漢海昏侯墓》，《考古》2016年第7期。

簡牘出土時保存情況較差。據目前統計，存字完整的簡牘不足什一，約有 3600 枚以上的簡牘需在進一步修復與保護之後，纔有條件拍攝正式照片。鑒於此種情況，爲儘早掌握簡牘內容、卷次，向學界公佈，並爲修復保護工作提供便利，北京大學出土文獻研究所於 2018 年 3 月應約提前啓動簡牘整理工作，與江西省文物考古研究院協作組織精幹力量，根據清理時爲文保目的所掃描的影像資料，在研讀內容的基礎上判別簡牘的性質。經初步判斷，竹簡基本屬於古代書籍，無遣策、書信等私人文書，但發現 500 餘枚簡牘與昌邑王國、海昏侯國行政事務、禮儀等有關。木牘 80 餘版，內容除書牘外，尚見有公文書。木楬計有 109 枚，標明隨葬衣、物的內容與數量等。現分類簡述如下：

一、典籍

（一）六藝類

《漢書·藝文志》（下簡稱《漢志》）著録的"六藝"類，主要是儒家經典及其訓傳。海昏簡牘中有《詩經》《禮記》類、祠祝禮儀類、《春秋》經傳、《論語》及《孝經》類等文獻與"六藝"有關。

1.《詩經》

《詩經》現存約 1200 餘枚，三道編繩，每簡容字 20—25 字上下，多已殘斷，幾無完簡。簡文內容分爲篇目與詩文。篇目分欄書寫，每簡一般分有四欄，20 字。簡文見有"■詩三百五扁（篇）"（圖四·2.1），另可見有"頌卅扁（篇）""大雅卅一扁（篇）""風百六十扁（篇）"，據此推算《小雅》應爲 74 篇，這與今傳《毛詩》篇數一致。惟簡本總章數爲 1076 章，與今本 1142 章之間存在不小差距。

《雅》《頌》的分組採取與今本一致的十篇一組的做法，只是不稱之爲"什"而徑稱"某某十篇"，如"鴻鴈十扁（篇）""清廟十扁（篇）"等。一"什"之內的篇序可能與今本存在差異。《國風》的分組則稱"衛十扁（篇）""秦十扁（篇）""陳十扁（篇）"等。

簡本詩文形式是正文附訓詁。開篇在篇題後有類似詩小序的文字。正文隨文訓詁，並非每字、句均作訓解，每章末尾以小黑圓點標記章序、句數，如："曰止曰時，築室於兹。兹，此也。·其三，六句。"每篇末尾彙總章數後以小黑圓點標記總句數和歸納詩旨之文字,如:"《匪風》三章,章四句·凡十二句。刺正(政)。"

簡文用字與今本《毛詩》或有不同,如簡本"維葉崔崔。黃鳥於飛",今本《周南·葛覃》爲"維葉萋萋。黃鳥於飛"。① 崔、萋二字音近同而可通假。

詩經學是漢代的顯學,先後有齊、魯、韓三家詩被立爲學官,而《毛詩》則長期在民間傳授。到東漢末年,鄭玄爲《毛詩》作箋,《毛詩》成爲正宗,而三家詩則先後亡佚。安徽阜陽雙古堆西漢汝陰侯墓出土有西漢早期的《詩經》殘簡。② 近年來,湖北荆州夏家臺墓地出土有戰國楚簡本《詩經·邶風》。③ 安徽大學藏戰國竹簡亦有《詩經》,與《國風》《小雅》部分篇章有關。④《漢書·儒林傳》記昌邑王師王式自稱"以《詩》三百五篇朝夕授王"。⑤ 王式所學爲傳自申公一脈的《魯詩》。簡本的發現,不僅提供了現今所見存字最多的西漢《詩經》文本,更有可能呈現出漢代《魯詩》的面貌,爲研究漢代《詩經》學增加了新的珍貴資料。

2.《禮記》類

海昏簡牘中屬於《禮記》一類的文獻,初步估計總數在 300 枚左右,其中絕大多數爲殘簡。簡背多見斜向劃痕。根據竹簡的形製、容字、文字書體和内容的差異,大致可分爲四組:

第一組,四道編繩,完簡約有 40 餘字,文字間距較小。内容相當於今本《禮記》的《曲禮上》和《曲禮下》兩篇,目前可識讀的文字涉及其中的近 30 章。簡文連抄不分章,亦無章節符號,但從相鄰兩章的銜接處可以看出其"章序"與今本《禮記》一致。其文句和用字大多與今本相同,但也有少量差異,如今本《曲禮上》"太上貴德,其次務施報"一句,⑥簡文作"大上

---

① 《毛詩正義》卷一·二《周南·葛覃》,《十三經注疏》(清嘉慶刊本),北京:中華書局,2009年影印本,第 580 頁。
② 安徽省文物工作隊、阜陽地區博物館、阜陽縣文化局:《阜陽雙古堆西漢汝陰侯墓發掘簡報》,《文物》1978 年第 8 期;胡平生、韓自强:《阜陽漢簡詩經研究》,上海:上海古籍出版社,1988年。
③ 田勇、王明欽:《湖北荆州劉家臺與夏家臺墓地發現大批戰國墓葬》,《中國文物報》2016年 4 月 8 日第 8 版。
④ 黃德寬:《安徽大學藏戰國竹簡概述》,《文物》2017 年第 9 期。
⑤ 《漢書》卷八八《儒林傳》,北京:中華書局,1962 年,第 3610 頁。
⑥ 《禮記正義》卷一《曲禮上》,《十三經注疏》(清嘉慶刊本),第 2664—2665 頁。

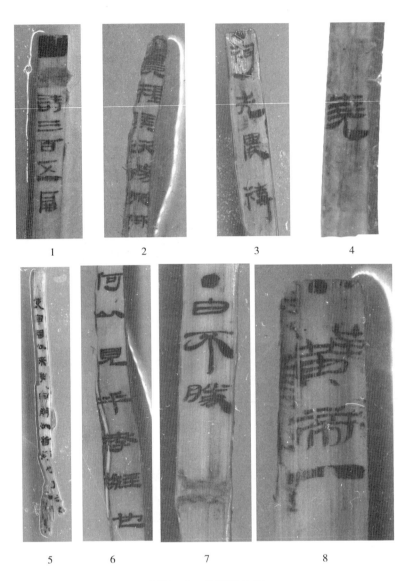

圖四·2 典籍類竹簡
1.《詩經》 2.《禮記》 3. 祠祝 4.《論語》
5.《春秋》 6.《孝經》 7.《六博》 8. 方技

貴禮，其次務施報"，值得注意（圖四·2.2）。

第二組，三道編繩，完簡每簡 26 字。其内容與今本《禮記》相合者有《祭義》《喪服四制》等篇，與今本《大戴禮記》相合者有《曾子疾病》《曾子事父母》等篇，①文字與今本差異較大。另外還有一些文句不見於傳世文

---

① 其中"樂正子春傷其足"一段内容重見於今本《禮記·祭義》和《大戴禮記·曾子大孝》。

獻，可能屬於已亡佚的《禮記》類文獻。

第三組，因殘斷過甚，無法推知其形製，但文字書體和間距與第二組相近。內容相當於今本《大戴禮記·保傅》，文字大多與今本相同。

第四組，出土時與《論語》簡混雜在一起，其形製、容字和書體亦與《論語》完全相同，三道編繩，完簡每簡24字。每章另起一簡抄寫，但不見分章符號。其內容與今本《禮記》相合者首先是《中庸》篇，目前可識讀的文字涉及今本的十餘章，文句大多與今本相同。其次是見於今本《禮記·祭義》和《大戴禮記·曾子大孝》的"公明儀問曾子論孝"一段。① 另外還有少量文句不見於今本大、小戴《禮記》和《論語》，究竟屬於《禮記》佚篇抑或《論語》佚篇尚難確定。

衆所周知，傳世本《禮記》和《大戴禮記》其實是戰國至西漢早期儒家著作的彙編，漢代多稱爲"記"。《漢書·藝文志》"六藝略"中"禮"類之下著錄有"《記》百三十一篇"，應是中秘所藏《禮記》類文獻的彙總。海昏簡牘中的《禮記》類文獻包括形製、書體各異的多個簡本，還有一些不見於傳世文獻的佚文，似說明《禮記》類文獻直到宣帝時期仍處於"單篇別行"的狀態。另外，上述第四組竹簡中《禮記》類簡與《論語》簡形製和書體完全相同且混雜在一起，説明《禮記》中記錄孔子及其弟子言論的內容與《論語》關係密切甚至存在"交集"。

3. 祠祝、禮儀類

海昏簡牘中現存100餘枚與祝禱、祭祀相關的竹簡，可統稱之爲祠祝簡。這類簡兩道編繩，每簡容字28—32字左右。其核心內容是向神祝禱，以求福報。簡文形式與目前已知的秦漢祠祝類文本十分相似，如先以發語詞"皋"開始，再以"敢謁（某神）"點出求禱對象，繼而是祝辭與許諾。具體祝禱對象有先農、五帝等，尤以五帝爲多。祝辭常爲四字韻文，祝禱目的有求雨、祈求豐收、延年益壽、子孫蕃昌等，其中以祝禱農事順利者占多數（圖四·2.3）。

這類竹簡很可能是海昏侯祝官實際使用的文本。首先，簡文中多見"臣祝""祝再拜謝""祝贊曰"等語，"祝"應即海昏侯祝官。其次，簡文中的套語與此前所見的秦漢祠祝類實用文獻十分相近。前文已提及的"皋"

---

① 此段內容今本《禮記》和《大戴禮記》文字略有不同，簡本文字與今本大、小戴《禮記》皆略有差異。

"敢謁某神"及簡文中多見的"(某神)下廷(庭)次席"等語,均見於睡虎地秦簡《日書》甲種馬禖祝篇、①北大秦簡《祠祝之道》等。② 它們的使用方式、性質應大致相同,只是使用者不同而已。目前尚難確定這些文本是重複使用的文獻,還是不同時期祝禱所用文本的集合。

值得一提的是,簡文中提及的五帝,是與五方、五色等相配伍的"五色帝"。五色帝在先秦文獻中就已出現,漢代國家祭祀中有五帝祭祀,但傳世文獻中並未詳載祭祀細節。明確以五色帝爲禱祠對象的文本,於此應爲首見。海昏侯祝官所主持的五色帝祠祭,與漢代國家五帝祭祀的關係,有待於進一步考察。

海昏簡牘中另有100餘枚記錄行禮儀式的文獻,姑名之爲"禮儀簡"。這類竹簡的主要內容,是記錄特定儀式中參與者站立的位置、進退儀節、主持者的號令等。其內容、措辭,與《儀禮》等記載行禮儀節的文獻十分相似。相關竹簡中記錄的主體皆稱"王",此應爲劉賀做昌邑王時行用的禮儀,屬實用文本。

除《儀禮》外,記錄實際行用禮儀的早期文本十分罕見。這批漢代諸侯王實際使用的禮儀尚屬首次發現,意義重大。這既有助於瞭解漢代實際行用的禮儀內容,也可能一窺這些禮儀與經典文本之間的關係。

4.《春秋》

200餘枚竹簡,皆爲殘斷簡,無一完整者。文字大多模糊不清,無法辨識。目前有文字可以辨識的簡殘留40餘枚,其內容多是僖公時期的《春秋》經傳。

簡文有部分內容見於今本《春秋》三傳,但有些內容僅見於《公羊傳》。如簡文"而用師,危不得",《公羊傳》卷一二僖公三十三年夏四月辛巳:"君在乎殯,而用師,危不得葬也……癸巳,葬晉文公。"③《左傳》無此文。《穀梁傳》卷九僖公三十三年夏四月癸巳:"葬晉文公。日葬,危不得葬也。"④

---

① 睡虎地秦墓竹簡整理小組編:《睡虎地秦墓竹簡》,北京:文物出版社,1990年,第228頁。按整理者釋爲"兇席",郭永秉改釋爲"次席"。參見郭永秉:《睡虎地秦簡字詞考釋兩篇》,《古文字與古文獻論集》,上海:上海古籍出版社,2011年,第219—232頁。
② 田天:《北大藏秦簡〈祠祝之道〉初探》,《北京大學學報(哲學社會科學版)》2015年第2期。
③ 《春秋公羊傳注疏》卷一二僖公三十三年,《十三經注疏》(清嘉慶刊本),第4916頁。
④ 《春秋穀梁傳注疏》卷九僖公三十三年,《十三經注疏》(清嘉慶刊本),第5216頁。

無"而用師"之文。又如簡文:"取濟西田。惡取之也？取諸曹。"《公羊傳》卷一二僖公三十一年春:"取濟西田。惡乎取之？取之曹也。"①《穀梁傳》卷九、《左傳》卷一七之文只有"取濟西田"四字。此種情況說明簡文似應出自《公羊傳》。

另需留意的是,簡文與今本《公羊傳》存在較大差異。如簡文:"夏,公子遂如楚乞師。乞,卑辭也。曷爲外内同之也？重師也。"今本《公羊傳》卷一二僖公二十六年:"夏,齊人伐我北鄙。衛人伐齊。公子遂如楚乞師。乞師者何？卑辭也。曷爲以外内同若辭？重師也。"②顯然較簡文爲詳。又如簡文:"使宰周公來聘。宰周公者何也？天子之……"(圖四·2.5)。案今本《公羊傳》卷一二僖公三十年:"冬,天王使宰周公來聘。"③卷一一僖公九年:"夏,公會宰周公、齊侯、宋子、衛侯、鄭伯、許男、曹伯于葵丘。宰周公者何？天子之爲政者也。"④是簡文前、後兩句,在今本《公羊傳》中分別見於兩處。

5.《論語》

《論語》現存竹簡500多枚,三道編繩,簡背有斜向劃痕。每簡容24字,每章另起,未見分章符號。通篇抄寫嚴整,不用重文、合文符號,也未見句讀鈎識。書風總體上莊重典麗,但存在變化,似非出於一手。因保存狀況不佳,完簡極少,可釋讀文字約爲今本《論語》的三分之一。各篇首簡凡保存較爲完整者,背面皆發現有篇題,目前可見有"雍也""子路""堯"(對應今本《堯曰》)和"智道",均是在背面靠近上端的位置刮去一段竹青後題寫(圖四·2.4)。由此推測,此簡本《論語》原是每篇獨立成卷。現存文字較多的篇有《公冶長》《雍也》《先進》《子路》《憲問》等,而對應於今本《鄉黨》《微子》《子張》篇的内容則尚未發現,《顔淵》篇是否留存也還未能確定。

簡本《論語》文本與今本有不少差異,用字習慣亦不盡同,如今本的"知"字在此本中皆作"智","政"皆作"正","能"皆作"耐","室"皆作"窒","舊"皆作"臼";今本中表反問的"焉",此本皆作"安",讀爲"歟"的"與"皆

---

① 《春秋公羊傳注疏》卷一二僖公三十一年,《十三經注疏》(清嘉慶刊本),第4913頁。
② 《春秋公羊傳注疏》卷一二僖公二十六年,《十三經注疏》(清嘉慶刊本),第4907頁。
③ 《春秋公羊傳注疏》卷一二僖公三十年,《十三經注疏》(清嘉慶刊本),第4913頁。
④ 《春秋公羊傳注疏》卷一一僖公九年,《十三經注疏》(清嘉慶刊本),第4890—4891頁。

作"耶"。此外,今本的"如",簡本多作"若","侒"或作"年"。這說明,此本的用字經過有意識地整齊,似與今本《論語》及其源頭"魯論"屬於不同的系統。

最引人注目的是,書中保存有"智(知)道"篇題和一些不見於今本的簡文,表明此本應是《漢書·藝文志》所謂的《齊論》。① 西漢最重要的《齊論》學者王吉,在劉賀爲昌邑王時任其國中尉,承當輔弼,時有諫爭。可以推想,此本應源出於王吉,是《齊論》系統的一個代表性傳本。釐清此本的篇卷、分章結構和文字内容,不僅有助於增進對《論語》含義的瞭解,更將爲研究《論語》學史提供重要的契機。

6.《孝經》類

《孝經》類文獻現存簡 600 餘枚,亦均殘損嚴重。目前看來,其内容與"孝"的説解和闡釋相關。從文字内容上看,"孝""親""兄弟"是高頻詞;從行文結構上看,好些處出現一問一答的行文方式,如"何若則可謂孝?曰事……"説解闡釋的特點頗爲明顯。

簡文不止一處提到"《孝經》"(圖四·2.6),也有文句出自《孝經》,如"服美而弗安,聞樂而……"句,應該是引用《孝經·喪親》"服美不安,聞樂不樂";② 還有對《孝經》文句作解,如"思可道者,言也;行思可樂者,志也;德義可尊者,□也",應該是闡釋《孝經·聖治》"君子則不然,言思可道,行思可樂,德義可尊"内容的。③ 但還不能説這些簡册内容皆爲對《孝經》的直接説解,即便有對《孝經》的説解,亦非注解而是闡釋其意。

簡文中的個别文句,與河北定縣八角廊中山王墓《儒家者言》,④以及甘肅肩水金關漢簡中有關《孝經》的幾條内容,⑤有所關聯或重合,可推測它們大概都屬於西漢時期對"孝"的説解和闡釋。海昏簡牘《孝經》類簡文是迄今出土的此類文獻中最爲豐富的,對研究漢代儒家學説有重要意義。

---

① 楊軍、王楚寧、徐長青:《西漢海昏侯劉賀墓出土〈論語·知道〉簡初探》,《文物》2016 年第 12 期。
② 《孝經注疏》卷九《喪親》,《十三經注疏》(清嘉慶刊本),第 5570 頁。
③ 《孝經注疏》卷五《聖治》,《十三經注疏》(清嘉慶刊本),第 5554 頁。
④ 國家文物局古文獻研究室、河北省博物館、河北省文物研究所定縣漢墓竹簡整理組:《〈儒家者言〉釋文》,《文物》1981 年第 8 期。
⑤ 張英梅:《試探〈肩水金關漢簡(叁)〉中所見典籍簡及相關問題》,《敦煌研究》2015 年第 4 期。

（二）諸子類

海昏簡牘中有體裁近於"政論"的竹簡 50 餘枚，多數簡保存完好，字迹清晰。兩道編繩，每簡容字 32 字左右。簡文主張輕徭薄賦、偃武行文，以仁義治國，反對"毒刑駭法"，橫徵暴斂。簡文以周、秦爲例，指出周用義治天下，累世六七百歲，而秦以"毒刑駭法，二世而刑亡天下"。這與西漢時期政論文字結構相合，思想近於儒家。值得注意的是，簡文中有幾處言及"春秋曰"，但其所引用文句並未見於今本《春秋》經傳，尚有待進一步考察。

（三）詩賦類

海昏簡牘中的詩賦類文獻，約 200 枚，完簡不多。經初步釋讀，知有《子虛賦》及可暫定名爲《悼亡賦》的漢賦。此外，還有一部分歌詩。木牘中亦有詩賦一篇，惜文字漫漶，具體內容有待進一步判斷。

《子虛賦》，現存簡 10 餘枚，殘損亦嚴重，目前可釋讀者 3 枚。文句大多與《史記》《漢書》所引該賦相近，但也有部分詞句不同。海昏簡牘的發現爲《子虛賦》這篇重要文學作品的研究提供了新的材料。

《悼亡賦》現存簡 20 餘枚，兩道編繩。保存字數較多的簡有 15 枚，容字 30 字以上。簡文中咏嘆生病、下葬、弔唁、哭喪、祭祀等相關事宜，且多次出現"君侯""侯"及"夫人"字樣，文句表述似較爲隱晦，其內容是否與"海昏侯"劉賀有關，尚有待考察。

簡本《悼亡賦》《子虛賦》等詩賦，聯繫銀雀山漢簡《唐勒》、尹灣漢簡《神烏賦》與北大漢簡《魂魄賦》，爲深入研究漢賦在西漢中期的發展、演變注入了新鮮資料。簡本歌詩是敦煌漢簡《風雨詩》之後的又一重要發現，爲漢樂府"采風""采詩"的進一步研究提供了契機。

（四）六博

海昏簡牘中見有"六博"棋譜 1000 枚以上，簡文亦多殘斷，完簡甚少。目前可辨者有兩道編繩，書寫字體約有三種以上。棋譜除在大的漆箱集中發現以外，另多見三五枚竹簡散見於《詩經》《禮記》類、祠祝禮儀類、《春秋》《論語》《孝經》類及詩賦、數術、方技等多類文獻之中，個中緣由尚待探究。

《漢志》中並未收録"棋譜口訣"一類文獻。南朝齊、梁間阮孝緒《七録》將《大小博法》《投壺經》《擊壤經》等列入《術伎録·雜藝部》。① 《隋書·經籍志》子部"兵家"類著録有《雜博戲》《太一博法》《雙博法》《皇博法》《博塞經》《二儀十博經》等博戲類文獻6種10卷。② 姚振宗以爲"博弈、擊壤以謂寓意於兵勢,髣髴其倫,遂取以充兵技巧之數"。③

簡文有篇題,惜殘泐。篇題之下記述形式以"青""白"指代雙方棋子,依序落在相應行棋位置(棋道)之上,根據不同棋局走勢,末尾黑圓點後均有"青不勝"或"白不勝"的判定(圖四·2.7)。簡文所記棋道名稱與《西京雜記》所記許博昌所傳"行棋口訣"、尹灣漢簡《博局占》、北大漢簡《六博》等以往所見"六博"類文獻可基本對應。④

據《西京雜記》言,六博"行棋口訣"當時"三輔兒童皆誦之",⑤可見"六博"於漢代盛行的情況。六博遊戲規則約在唐代以後失傳。漢晉墓葬中亦常見六博棋具,包括六博(六根算籌)、博席、博鎮、博局(棋盤)、博棋(棋子)及煢(骰子)等物。漢以降的墓葬還經常出有博局紋鏡、博戲模型,此外畫像石上也時有表現博戲的畫面。過去發現的簡牘文獻,多用六博占卜,惟六博棋譜的發現,海昏簡牘尚是首次,聯繫既往所見六博棋局實物與圖像資料,定會極大促進漢代宇宙觀念、六博遊戲規則等思想文化與社會生活等方面的研究。

(五)數術類

海昏簡牘亦有幾種前所未見的數術類文獻,現存竹簡300餘枚。其中有60餘枚簡是講陰陽五行、五方五帝,明確提到"五行金木水火土","東方青龍西方白虎南方朱鳥北方玄武"等,惜簡文殘損嚴重,其性質需要進一步判斷。

海昏簡牘有《易占》類180餘枚,簡文多殘斷,兩道編繩,容字35字左

---

① 任莉莉:《七録輯證》,上海:上海古籍出版社,2011年,第392—394頁。
② 《隋書》卷三四《經籍志》,北京:中華書局,1973年,第1016—1017頁。
③ 〔清〕姚振宗:《隋書經籍志考證》,王承略、劉心明主編:《二十五史藝文經籍志考補萃編》(第15卷),劉克東、董建國、尹承整理,北京:清華大學出版社,2014年,第1353—1354頁。
④ 連雲港市博物館、東海縣博物館、中國社會科學院簡帛研究中心、中國文物研究所編:《尹灣漢墓簡牘》,北京:中華書局,1997年,第21、125—126頁;北京大學出土文獻研究所編:《北京大學藏西漢竹書(伍)》,上海:上海古籍出版社,2014年,第181—212頁。
⑤ 〔晉〕葛洪:《西京雜記》,周天游校注,西安:三秦出版社,2006年,第204頁。

右。漢易分儒門易和數術易，兩者時有交叉。簡文並不直接抄引《易經》卦爻辭，而是利用《易經》作日常吉凶雜占的數術書，似應題爲《易占》，而非《易經》。阜陽雙古堆西漢汝陰侯墓出土的所謂《易經》，雖然抄引《易經》，下附占斷多與擇日之術有關，其實也是用於同樣的目的，同樣不應稱爲《易經》，而應題爲《易占》。

簡文格式通常包括四部分：一是講卦，説明某卦由某個下卦和某個上卦構成，然後用"某卦，某也"開頭，簡單解釋卦義；二是講象，通常作"某方多少餃，某方多少，干支"，用於裁斷吉凶；三是注明此卦屬於《易經》上經或下經第多少；四是講擇日，通常作四時孟中季吉凶或某月吉凶，往往還配演禽所屬的動物。此外，另可見簡文以卦象配姓氏。

《易占》之外，可見有雜占書 100 餘枚，尚不能確定其書種類。據殘簡識讀，其内容有刑德端令罰與十二時相配占測吉凶，與尹灣漢簡《刑德行時》相近。這些數術類古書的發現與整理，對於深入瞭解漢代數術之學，以及相關的思想史、科技史、社會史的研究均極有意義。

（六）方技類

海昏簡牘中的方技書，大致有"房中""醫方"等幾種，共約 200 枚。"房中"在馬王堆帛書《天下至道談》中記述的"八道"之上增加"虛""實"而成爲"十道"，借"容成氏"之口講"貴人居處安樂飲食"，並可見"・黃帝一"的章題（圖四・2.8）。"醫方"可見部分方名，其中有内容與祛除蠱蟲有關的方法。

海昏簡牘的方技書，是繼馬王堆簡帛古醫書、北大藏西漢醫書、成都天回漢墓醫簡之後又一批重要而豐富的出土醫學文獻，將其與以上醫書進行比較、綜合研究，有助於促進我國早期醫學文獻和醫學史的研究。

二、文書

海昏簡牘中的木牘有近 60 版爲公文書牘，因文字殘甚，多已無法釋讀。其大致可分爲兩類，一類爲海昏侯及夫人分別上書皇帝與皇太后的奏牘，其中可見元康三年至五年年號，推測與"朝獻""秋請""酎金"諸事有關(圖四·3)。

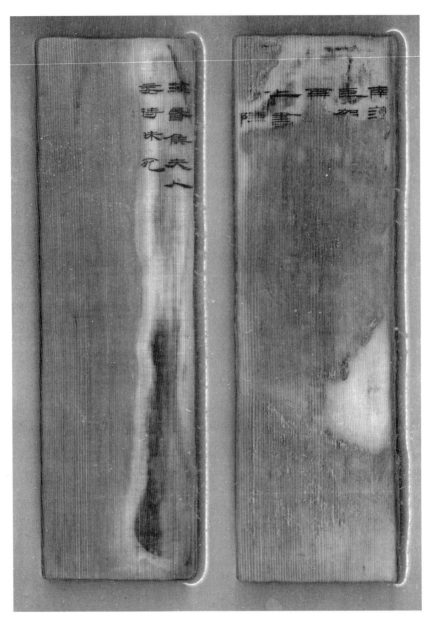

图四·3 奏牍

　　另一類初步判斷似爲朝中關於劉賀去世後海昏侯國存廢的詔書,惜木牘有不少殘損,需要進一步辨明。部分文字依稀可辨有"今賀淫""天子少""列土封""乙巳死"和"葬謹議"等,相關情況詳見本書第十七章的介紹。

三、木楬

海昏侯墓中出土木楬計109枚,爲上部呈半圓長方牌形木牘,多數頂部半圓形部分以墨色塗黑,少數畫成網格狀或畫一横綫表示區隔,上鑽有一孔,其下標識序號,如第一、第二、第十等,目前所見最大編號爲"第百一十"(圖四·4)。此種特殊形製之木牘,可稱作"楬"。類似出土木楬尚見於長沙望城坡漁陽墓與長沙馬王堆一號墓等。①

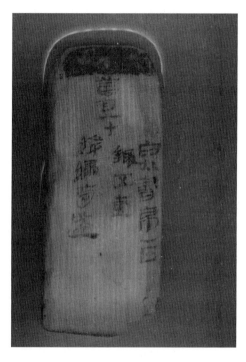

圖四·4　木楬

約半數以上的木楬正反面皆有文字,記録方式以一欄爲主,每行記述一類物品、數量,所載物品多者分寫上下兩欄,但未見超過兩欄以上之形式。亦有極少數不分欄、不分行,天地頂格書寫物品類别、數量之方式。

所記内容大多爲衣物布匹,如"紫丸上衣五""絹丸上衣四""黄丸合袍

---

①　長沙市文物考古研究所、長沙簡牘博物館:《湖南長沙望城坡西漢漁陽墓發掘簡報》,《文物》2010年第4期;湖南省博物館、中國科學院考古研究所編:《長沙馬王堆一號漢墓》(上集),北京:文物出版社,1973年,第112—118頁。

一領""二幅細地宜子孫被""筒布複綺一兩""細練中襌一""烝栗上衣一領"以及少部分器物,如"銅刀一""長安木小盤卅七"等。

四、學術價值

綜上所述,僅就目前所知,海昏簡牘的學術價值約略可以歸納爲以下幾個方面:

首先,墓中所出西漢簡本《詩經》《禮記》類、《論語》《孝經》類等儒家經傳,是出土典籍類文獻一次重大發現,墓中所出《詩經》《論語》亦有較明確之師承來源,對於研究儒家學説及其經典的傳佈、演變有極高的學術價值,歷代學者爭論不絶的一些疑難問題由此可望得到解決或得到新的啓示,從而促進有關學術研究的深入。

其次,墓主時代、身份明確,同墓所出儒家經典、詩賦、數術與方技文獻並重之情形,爲瞭解昭宣時期的思想學術圖景提供了絶佳的資料,也同時爲漢代諸侯王教育、文學、修養以及思想信仰等方面的研究提供了良好的契機。以往出土簡帛中有關西漢中期王、侯一級文書較爲缺乏,簡牘中涉及昌邑王、海昏侯的有關文獻恰可彌補現有記載的不足,更首次發現記載諸侯王、列侯所用具體儀節的資料,可爲西漢歷史特別是有關諸王、列侯制度研究提供新的重要資料。

最後,海昏簡牘數量龐大,爲研究古代簡牘書册的用材、修治、編連、篇題、標點符號等問題提供了豐富的實物資料。結合以往出土簡牘資料,可有力推動古代簡牘書册制度的研究。簡牘書法精美,是研究西漢中期隸書的絶佳材料,結合以往出土簡帛文字資料,必將有助於深化對漢代隸書演變過程的認識。

以上僅是在現有工作基礎上得出的初步認識,隨著全部簡牘的修復、整理工作進一步開展與在此基礎上研究工作的深入,對海昏簡牘的内涵應該還會有新的發現,對其學術價值也會有更深入的認識。海昏侯墓簡牘的整理與研究,必將爲中華民族思想文化寶庫增添珍貴的遺産。

中　編

海昏竹書初論

第五章　海昏竹書《詩》初讀①

　　江西海昏侯墓出土的《詩》簡（下稱"海昏《詩》簡"）約 1200 枚，有三道編繩，完整簡容字 20～25，保存狀況較差，絕大多數簡已殘斷。現僅據此批簡初次清洗後所拍攝之紅外照片中可辨識之簡文對其内涵作初步探討。

　　據《史記·儒林列傳》，西漢早期魯人申公"獨以《詩》經爲訓故以教，無傳，疑者則闕不傳"。"弟子自遠方至受業者百餘人。"②（司馬貞《索隱》："謂申公不作《詩》傳，但教授，有疑則闕耳。"顏師古在《漢書·儒林傳》相近文字下注釋所謂"無傳"曰："口説其指，不爲解説之傳。"③）此即所謂"魯詩"。武帝時，申公已八十餘。據《漢書·儒林傳》，其再傳弟子中有免中徐公、魯徐生，昌邑王師王式又曾從此二人學詩。劉賀嗣立帝位後不久被廢，"昌邑群臣皆下獄誅"，當王式被治事使者查問爲何"亡諫書"時，王式申述道："臣以《詩》三百五篇朝夕授王，……臣以三百五篇諫，是以亡諫書。"由此而得以"減死論"。

　　西漢時學習與傳授《魯詩》者衆，《魯詩》與《齊詩》《韓詩》共立爲學官，《毛詩》未得立。東漢時，鄭玄爲《毛詩》作箋，《毛詩》影響獨大，後《魯詩》與《齊詩》及《韓詩》（内傳）先後亡佚。自南宋始即陸續有學者作漢三家詩輯佚，至清代時尤盛，更有學者專作《魯詩》輯佚，如王謨《魯詩傳》、馬國翰《魯詩故》、陳喬樅《魯詩遺説考》等，所輯除少量《熹平石經》殘石文字外，均爲漢人所引零散文字，其中多有揣測成分。20 世紀 50 年代馬衡撰有《漢石經集存》，④據《隋書·經籍志》所記漢《熹平石經》刻《詩》乃《魯詩》

---

① 本章簡本曾以《西漢海昏侯劉賀墓出土竹簡〈詩〉初探》爲題原刊於《文物》2020 年第 6 期。
② 《史記》卷一二一《儒林列傳》，北京：中華書局，1959 年，第 3121 頁。
③ 《漢書》卷八八《儒林傳》，北京：中華書局，1962 年，第 3608—3609 頁。
④ 馬衡：《漢石經集存》，北京：科學出版社，1957 年。

六卷,參考羅振玉等學者對此石經殘字之論著,考證所見殘石上之《魯詩》文字,並討論了其用字結構同《毛詩》結構上的差異,爲探討《魯詩》提供了重要參考。鑒於海昏《詩》簡出土於海昏侯劉賀墓,此文本傳承關係亦見於史載,故其爲《魯詩》之可能性很大,但其確切情況還有待簡的進一步整理與學界的切磋。

以下對海昏《詩》內涵的介紹與初步研究準備從三個方面進行:

(一)海昏《詩》的目錄

《詩》簡現存狀況較好者,有相當一部分爲置於此竹書前端的總目錄,主要見於紅外照片編號的兩個區間(即 933-11 Ⅱ 區的 172～200,208～216,區號後邊的阿拉伯數字是照片版號,每版有簡 15 枚,含殘簡)。由於目錄簡在出土時呈聚合狀態,所以可以推知,海昏《詩》的目錄也是集中在一起,放在《詩》正文的前面。在這裏暫稱其爲"總目"。由總目即可以得知海昏《詩》的總體狀況,即《詩》的結構:分類、分組與各組內所含詩篇,同一組內詩篇的先後次序,同一篇内各章的次序,總篇數與各類、組詩的篇數、章數及句數。這些情況,顯然有助於對海昏《詩》文本內涵的了解。而且通過將這一部分內容與傳世的今本《毛詩》(按:指《十三經注疏》本《毛詩》,下言《毛詩》均指此本)作比較,在很大程度上即可以認識其間在結構上的差別所在與由此反映出的海昏《詩》文本的特點。

(二)海昏《詩》的正文

海昏《詩》簡本的正文部分主要見於紅外照片編號的三個區間,即 933-13 剖面一區的 62-347 與 933-11 Ⅱ 區的 218～266、933-11 Ⅳ 區的 267～295(區號後的阿拉伯數字是照片版號,每版有簡 15 枚,含殘簡)。從簡的正文部分可以看到依總目錄的次序所排列的各類、各組詩中每篇詩的詩文書寫方式、章句數及注釋形式,並由與《毛詩》的比較而略知海昏《詩》文本與《毛詩》的異同。

(三)海昏《詩》文本與馬衡《漢石經集存》所考證之漢《熹平石經》所刻《魯詩》的關係

二者的關係主要通過用字與篇章結構的比較來了解。此一探討可爲海昏《詩》文本的詩學歸屬提供信息。

但是非常遺憾的是,現所能見到的正文部分簡殘損嚴重程度遠超過總目錄簡,下面的介紹與分析涉及正文的只是一少部分可辨識的簡文。

一

位於海昏《詩》簡前端的總目的格式,應還是按《國風》《雅》《頌》三大部分分類排列。① 《國風》按國別分組,《大雅》《小雅》《周頌》各以十篇或十一篇爲一組,《魯頌》《商頌》均不足十篇,合爲一組。每組目錄各集中於若干簡上,成爲一相對獨立單元。

下面分别列舉總目中《頌》《雅》《風》三類詩簡的部分目錄説明各類詩的目錄形式與分組構成(以下總目中的簡號均屬 933-11 Ⅱ 區編號。簡文釋文中括弧内是今本毛詩用字):

(一)

在總目前端有總記《詩》之篇、章、句數一簡,其上端塗黑方塊(圖五·1):
■詩三百五扁(篇)　凡千七十六章　七千二百七十四言(219)

海昏《詩》總目以"言"稱句。《毛詩》篇數雖亦是三百零五,但有一千一百四十二章,七千二百九十二句。可見海昏侯《詩》簡的文本在某些詩篇所分章數與部分章所含句數上異於《毛詩》。當是在分章與句斷上有所不同。

先看總目中《頌》的目錄(圖五·2),《頌》目錄首簡也是記《頌》的篇、章、句數,上端亦塗黑方塊:

■頌卌扁(篇)　凡七十章　七百卅四言(217)
此篇數、章數皆同《毛詩》,唯句數稍異於《毛詩》之七百三十五句。

簡總目中《周頌》與《魯頌》《商頌》三組的目錄保存較好。現作釋文如下(表一~二,章題括弧内是《毛詩》用字,以下諸表同)。

---

① 此三類《詩》排列的順序,因出土時簡册散亂,已難以確切得知,但在 933-11 Ⅱ 區,總計《詩》篇章句一簡編號爲 219,總計《頌》篇章句數之簡,即《頌》總目首簡爲 217,不知與順序有無關係。

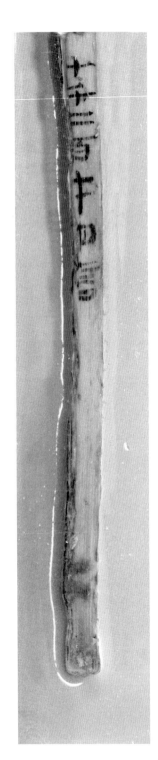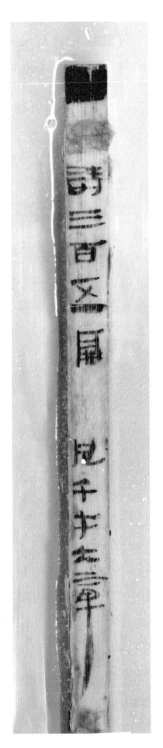

圖五·1（右爲整簡，左爲局部放大）

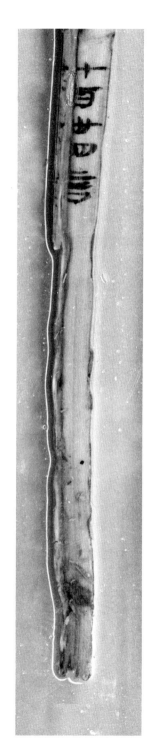

圖五·2（右爲整簡，左爲局部放大）

第五章　海昏竹書《詩》初讀

表一　海昏《詩‧周容(頌)》目錄釋文

■清廟十扁(篇)	●於(穆)清廟八	●維天之命八	●維清□□五	●列(烈)文辟公十三	●天作高山七	●浩(昊)天有成命七	●我將我綢(享)七	●時休(邁)其邦十五	●執強(競)武王十四	●思文后則(稷)八
■臣工十扁(篇)	差(嗟)"臣工十五	●於(噫)嗐(嘻)成王	□□于蜚(飛)八	●豐年多黍七	●有"鼓"瞽"十三	●於與悉(漆)雎(沮)六	●有來雍(雝)十六	●載來見辟王十四	●有"客"十二	●於皇武王七
■文(閟)予小子十一扁(篇)	文(閟)予小子十一	方(訪)予柂(?落)之十二	敬"之"十二	●予期(其)噔(懲)而八	□□□咋……	即(旻)"良旦(耜)廿三	絲衣其杯(紑)九	●於樂(鑠)王□	□萬邦……	文王……
■周容(頌)三十一扁(篇)		●於皇時周七								
220	192	221	153	138	210	235	240	245	187	191

表二　海昏《詩·魯容(頌)》《商頌》目錄釋文

列	第1格	第2格	第3格	第4格	編號
1	●螫(駉)=牡馬八	角弓其解八	天命玄鳥廿二	□皮(彼)景山□	214
2	有雖有□八	□皮(彼)蜚(飛)□八	□□□□		137
3	有駜有駓八	宓(閟)宮有洫(?血)廿一	玄王桓發(撥)		225
4	有單(驒)有騢八	至于文武廿一	帝命不□□		224
5	●有=宓(駜)=九	春秋匪解廿一	受小球大球七		213
6	缺一簡				
7	宓(駜)皮(彼)乘駰九	泰山嚴=八小	武王載旆(?旆)九		190
8	●思樂□水八	保有□□	昔在中葉六		216
9	薄采其茆八	天賜公屯(純)古(嘏)十小	●撻皮(彼)殷武七		215
10	薄采其皋(藻)八	都(徂)來之松十小	維女□□		196
11	翏(穆)=魯侯八	■魯容四扁(篇)	天命多辟五		218
12	明=魯侯八	●阿(猗)耶(與)緞(那)與廿二	天命降監六		212
13	濟=多士八	差(嗟)列(烈)祖廿二	商邑翼=六	■商頌五扁(篇)	211

第五章　海昏竹書《詩》初讀

由海昏《詩》簡本中《頌》這一部分的目録,可以看到海昏《詩》中《頌》的三組之組序、每組篇數、篇序均同於《毛詩》,但有如下不同於《毛詩》之處:

　　1. 海昏詩《詩》總目不設篇目,只設每篇章目。從下面正文部分每組詩前的篇目看,海昏《詩》是有篇名的,一般也是以首句前兩個或幾個字爲篇名,但總目中未出。《周頌》每篇僅一章,然從所出目録形式看,皆是選取首句爲名,故所出亦並非篇名,還是章名,下稱"章題"。章題即每章首句(如首句超過四字,也有只選前四字的,如《周頌·小毖》首句爲"予其懲而毖後患"即以"予期(其)曆(懲)而"爲章題)。如相鄰的上下兩章首句(或前幾句)相同,則下一章依次選取第二句(或相同的前幾句以下一句)爲題。① 每篇章題在首章章題上加●,標誌一篇之開始。

　　2. 總目《頌》這一部分目録前雖有"頌卅扁(篇)",統稱"頌",但《魯頌》在總目中稱"魯容",《周頌》亦稱"周容",只有《商頌》稱"頌"。《毛詩大序》:"頌者,美盛德之形容,以其成功告於神明者也。"孔穎達疏曰:"頌者,美盛德之形容,明訓頌爲容,解頌名也。以其成功告於神明,解頌體也。上言雅者正也,此亦當云頌者,容也。"朱熹《詩集傳》在《頌》開始所作序曰:"蓋頌與容,古字通用,故序(筆者按:指上引《毛詩大序》)以此言之。"

　　3. 從《魯頌》目録中,可知《閟宫》前四章分章與《毛詩》有所不同:

	海昏詩	毛詩
第一章首句與句數	宓宫有洫(二十一句)	閟宫有侐(十七句)
第二章首句與句數	至于文武(二十一句)	后稷之孫(十七句)
第三章首句與句數	春秋匪解(二十一句)	乃命魯公(十二句)
第四章首句與句數	【不虧不崩】(二十一句)	享以騂犧(三十八句)

　　海昏侯《閟宫》的第四章題目雖缺,但由於第三章以"春秋匪解"爲首句,而此句下第五句即"享以騂犧",所以第四章開始亦絶不會是此句。這樣,海昏《詩》之《閟宫》的第一至第四章皆各有二十一句,比《毛詩》這四章

---

① 也有特殊情況,例如下文所示《大雅》目録"生民十篇"中《卬》的章目中第十章章題是"於乎小子",第十二章則用了前兩句"於乎小子,告爾舊止"爲題。因爲第十一章開頭句子並不是"於乎小子",所以第十二章仍可用與第十一章開頭相同句子,但又不能重複,故又加上了第二句。

的句數要整齊。① 朱熹《詩集傳》在《閟宮》後即有評議曰《毛詩》此篇"多寡不均,雜亂無次"。所以海昏《詩》之《閟宮》前四章的分章應該是較合理的。

(二)

下面,再來看一下海昏《詩》簡總目中《大雅》的目錄,這一部分目錄從現有紅外照片看,雖缺簡較多,但可以得知其與《毛詩》一樣也分爲三組,各篇分章的結構也還是大致能看清的。只是由於《詩》簡在初次清洗整理時即多已散亂,距簡册原始狀態相差甚遠,故三組簡的先後次序已難以確知,下面暫按《毛詩》的次序排列《大雅》的三組目錄。

在三組目錄之前,有總計《大雅》篇、章、句數目簡一枚:
■ 大雅卅一扁(篇) 凡二百廿三章 千……百……

由此枚簡可知,海昏《詩》的《大雅》部分,總篇數、章數合於《毛詩》。

以下將總目中可以綴連的《大雅》三組目錄的釋文寫在下面,次序暫依《毛詩》,即"文王十扁(篇)""生民【十篇】""云漢十一扁(篇)"(表三～五)。

由以上總目中《大雅》三組的目錄,可以看到海昏《詩》與《毛詩》中《大雅》詩篇在結構上存在如下差異:

1. 三組《詩》中,"生民十篇""云漢十一篇"兩組所含詩篇與《毛詩》不同。這點可示意如下表六(篇名依海昏《詩》,《毛詩》與之用言不同者在《毛詩》分組欄内用括號標出。海昏《詩》篇名殘缺或篇名有字殘缺則依《毛詩》)。

海昏《詩》這樣分組,與對詩的寫作主旨的理解有無關係,可以探討。大致看來,海昏《詩》的"生民十篇"中,把毛詩小序認爲是"刺厲王""刺幽王"的詩集中到一起;在"云漢十一篇"中把毛詩小序認爲是"美宣王"及"戒成王"的詩集中到一起。當然,每組中也各有少數幾篇不屬於"刺"或"美"這兩個主題的詩。至於海昏《詩》列爲"文王十篇"的一組與《毛詩》"文王之什"同,次序亦近(只是將《靈臺》提前到《思齊》前)。而這一組詩,

---

① 海昏《詩》之《閟宮》的二、三、四章開頭的幾句詩押韻情況是(因正文殘缺,押韻字暫依《毛詩》):第二章:武、緒、野、虞、女(汝)皆押魚部韻;第三章弒、稷押職部韻;第四章崩、騰、明、陵、乘、縢、弓、增、膺、懲、承,皆押蒸部韻。而第三章從中部"秋而載嘗"直到"魯邦是常"諸句,皆押陽部韻。故自"不虧不崩"始斷爲另一章在韻上看也較整齊。

表三　海昏《詩·大雅》"文王十篇"目錄釋文

篇目	首句			字數
文王十扁（篇）	凡六十七章	四百廿言		206
缺一簡				
海=羞王八	乃召司空六	□鹿躍=	成王之□四	205
世之不顯八	救（捄）之茢（陾）=六	渠（虞）業維從四	薇（媚）兹一人四	184
翏（穆）=文王八	乃立高（皋）門六	於臨鼓鍾四	昭兹來□四	232
侯服于周八	棣（肆）不殄厥慍六	●思齊大任六	受天之胡（祜）四	269
毋（無）念爾祖八	吴（虞）芮質厥成六	惠于宗□	……	261
命之不易八	……	唯=在宮	……	363
缺三簡				
天監在下八	□其章四	作之并（屏）之十二	皋（鎬）京□□五	281
大邦有子六		帝省其山十二	考卜隹王五	168
有命自天八	詹（瞻）皮（彼）早（旱）彔（麓）四	維此文王十二	豐水有巳（苢）五	173
缺一簡				
牧野平=八	血（瑟）皮（彼）玉贊（瓚）四	依其在京十二		141
缺三簡				

表四　海昏《詩·大雅》"生民十篇"目錄釋文

首句/題目	第二段	第三段	第四段	簡號
【生民十篇】				
厥初生民十	●民亦勞止	印(抑)威儀八		
延(誕)抹(彌)厥月八	气(汔)可小休十	无(無)強(競)維人八	維此良人六	185
延(誕)示(寘)之益(隘)巷十	气(汔)可小息十	其在于躬(今)八	牽(犬)風有列六小	236
延(誕)實貴服(匐)	气(汔)可小蝎(愒)十	棣(肆)皇天不上(尚)	貪人……	270
缺四簡	天之方虐	念(荏)苒柔木十小	人有杜(土)田八	262
□□□酒四	天之方齋(懠)八	於乎小子十小	扣厥哲□……	167
爾殽既將四	介(价)人維蕃(藩)八	於乎小子告爾久(舊)止十小	□□□□八	172
缺一簡	收(敬)天之怒八	菩(菀)皮(彼)桑柔八	……	142
其□維何四	文王曰次(咨)八	國步無資八	加樂君子六	134
威儀孔□四	而秉義不衡(?)八	憂心□□□八	千祈(禄)百祈(福)六	207
其□維何四	女汃阳中國八	□□□□八	□□□□	186
缺一簡	天兔(酒)女以酒八	如皮(彼)彌(遡)風八	……	237
其僕維何四				
鳧仰(鷖)在涇六				241
鳧仰(鷖)在沙六		天降喪亂八	□□□	242
鳧仰(鷖)在渚六	如蜩如蜣八			
缺二簡				

第五章　海昏竹書《詩》初讀

表五　海昏《詩·大雅》"云漢十一篇"目錄釋文

篇目	章句一	章句二	章句三	章句四	編號
■云漢十一扁(篇)	凡七十五章	五百⋯⋯言			
●到(倬)皮(彼)云漢十	德酒(輶)若毛八	馮(鳳)皇于蜚(飛)六小		王□尹氏八	244
旱既大甚十	中(仲)山父(甫)出祖八	亦傅于天六小		□□□八	166
則不可沮十	四牡和八	馮(鳳)皇鳴矣六小		王奮厥武八	223
則不可推十	●義(奕)〃梁山十二	君子之輿(車)六小		王□□	155
缺二簡					140
散而无友紀十	乾(韓)侯出祖(祖)十二	□□□□		□□□	208
詹(瞻)印昊天十	厥蹶父孔武十二	追(敦)弓既白四		如彼歲旱五	233
●松(崧)高維嶽(嶽)八	薄(溥)皮(彼)乾(韓)城十二	追(敦)弓既□四		浩(皋)差(訛)五	238
再〃申伯八	●竹(篤)公劉十	曾孫維主		維□□□五	243
王命申伯八	于胥斯原十	□□□□		⋯⋯	189
缺一簡					
王遣申伯八	于京斯依十	可〃(可以)濯蘗(辟)五			194
申伯贏(信)休(邁)八	既薄(溥)斯長十	可以濯溉五			195
申伯之德八	于分(邠)斯舘十	江漢易(湯)〃八			222
申伯番〃八	●卷□阿五	江漢之滸八			154
缺一簡	伴換(奐)爾游五	江漢浮八			139
天生烝民八	爾受命長矣	□□□□			209
王命中(仲)山父(甫)八	有逢有翼五	虎拜稽首八			234
肅〃王命八	□娃洋(印)〃五	●赫〃明八			239
人亦有言八					

82　海昏簡牘初論

表六　海昏《詩》與《毛詩》之《大雅》諸篇分組對照表

篇名	海昏《詩》分組	《毛詩》分組	篇名	海昏《詩》分組	《毛詩》分組
生民	生民十篇	生民之什	云漢	云漢十一篇	蕩之什
既醉	同上	同上	崧(崧)高	同上	同上
鳧仰(鷖)	同上	同上	烝民	同上	同上
民勞	同上	同上	韓奕	同上	同上
板	同上	同上	公劉	同上	生民之什
蕩	同上	蕩之什	卷阿	同上	同上
印	同上	同上(抑)	行葦	同上	同上
桑柔	同上	同上	泂酌	同上	同上
瞻印	同上	同上	江漢	同上	蕩之什
加樂	同上	生民之什（假樂）	常武	同上	同上
			召旻	同上	同上

按毛詩小序，主要是美文王及武王，也有一個主旨。如果可以認爲分組與毛詩小序所云作詩意旨有一定關係，則毛詩小序所解作詩之義旨，在其他三家詩（及其他可能存在的諸家詩）中可能亦有類似的説法。

2. 部分詩篇内章句的分法與《毛詩》有所不同。例如海昏《詩》"文王十篇"中第二篇《大明》第四章以"天監在下"爲章題同《毛詩》，但此第四章有八句。第五章首句爲"大邦有子"，且此章僅有六句。由此可知其第五章從"大邦有子"止於"不顯其光"。故此篇之第四、五章的章句分割異於《毛詩》（按：與朱熹《詩集傳》分章同）。又如"云漢十一篇"中《行葦》第四章以"追(敦)弓既堅"爲章題，此句在《毛詩》中是第五章，故海昏《詩》之《行葦》的前三章相當於《毛詩》之一至四章。即海昏《詩》《行葦》比《毛詩》少分出一章。《毛詩》此篇詩末計章句數有言"《行葦》八章，章四句。故言七章，二章章六句，五章章四句"。此"故言"之分章句與海昏《詩》此篇同。①

又如"文王十篇"中的《思齊》篇，按上舉其章目，自作爲章題的首句

---

① 朱熹《詩集傳》在《行葦》篇末注其章句曰："毛七章，二章章六句，五章章四句。鄭八章，章四句。"是以"故言"指《毛詩》原本分章法。

"思齊大任"至此篇末章應有五章,與《毛詩》分四章不同。但與《毛詩》末計章句數時所云"故言五章,【二章章】六句,三章章四句"相同。

此外,再如"生民十篇"之《生民》第四章以"延(誕)實呏服(匐)"爲章題,章八句,而第三章末標明是十句,則此篇三、四章分別爲十句、八句,與《毛詩》三、四章爲八句、十句不同。

3. 章的先後位置有所不同。如"云漢十一篇"中,"云漢"第三章章題是"則不可沮",而此句在《毛詩》中則屬於第四章。由於《云漢》第三、四章各句通章押韻,韻有不同,故估計這兩章海昏《詩》與《毛詩》位置有所顛倒。此十一篇中,《江漢》首章以"江漢易易(湯湯)"爲首句,與《毛詩》以"江漢浮浮"爲首句有别,可知一、二章也是與《毛詩》顛倒的。又,《韓奕》篇中,"乾(韓)侯出祖"在第四章,但在《毛詩》中,這一句在第三章,故這裏的三、四章可能與《毛詩》也有所顛倒。

(三)

由已綴連的海昏簡《詩》總目中《小雅》部分的目錄來看,其分組與《毛詩·小雅》頗相近,亦分爲七組,且各組首篇與《毛詩·小雅》亦同,只是與海昏《詩·大雅》一樣,不稱"某某之什"而是稱"某某十篇"。七組各自所含詩篇,有四組與《毛詩·小雅》同名組相同,即"鹿鳴十扁(篇)"、【節南山十篇】、"谷風十扁(篇)"、【魚藻十四篇】(按:以上加【】號之組名現在簡中尚未見)。以下先將所含詩篇與《毛詩》不同的"甫田十篇"目錄釋文(表七)寫出。

將此"甫田十篇"所含篇目與《毛詩》之"甫田之什"篇目對比,可知,此"甫田十篇"收了"甫田之什"沒有的《湛露》與《彤弓》,但未收《毛詩》"甫田之什"的《裳裳者華》與《青蠅》,而這兩篇則見於另一組與《毛詩》"嘉魚之什"組合不同的"嘉魚十篇"中。但海昏簡《詩》總目中此"嘉魚十篇"目錄缺簡較甚,僅可大致復原如下(表八)。

在此詩篇的章目殘表中,"嘉魚十篇"可見到的詩篇,按《毛詩》篇稱,依序有《嘉魚》《南山有臺》《蓼蕭》《裳裳者華》《菁菁者我》《六月》《采芑》《車攻》《吉日》,未見到的一篇,即是"鴻鴈十篇"未收的《白駒》。

按上述"嘉魚十篇"殘表所示篇、章結構,可見其所收詩篇、章數、章序與《毛詩》之《嘉魚之什》有異,此種情況亦見於"魚藻十篇"章目(按:此組名缺佚,圖五·3,表九)。

表七　海昏《詩·小雅》"甫田十篇"目錄釋文

缺一簡	●到(倬)皮(彼)薄(甫)田十	缺一簡	曾孫來止十	曾孫之稼十	●大田多稼八	既方既早(皁)八	有拿(湆)妻(淒)"九	曾孫來止九	缺二簡	福禄既同九
	●湛"露斯四		在皮(彼)杞棘四	其桐其椅四	●交"桑户(扈)四	有嚶(鶯)其袊(領)四	之并(屏)之乾(翰)四	⋯⋯		⋯⋯
	□之捽(摧)之四		實維何期十二	實維在首十二	●簡(間)丱(關)與(車)之轄(牽)六	依皮(彼)平林六	唯(雖)無指(旨)酒六	⋯⋯		⋯⋯
	受言□⋯⋯		□□生(笙)十四	温"其恭十四	賓既萃(醉)止十四	凡斯(此)歙(飲)酒十四				
	366		283	170	175	159	145	168		125

第五章　海昏竹書《詩》初讀

表八　海昏《詩·小雅》"嘉魚十篇"目錄釋文

■嘉魚十扁(篇)	凡四十七(?)章	……□十五言	●吉日……	362
缺一簡		吉父(甫)嬰(燕)喜八		148
南有杞木四	或黄或白六	穴皮(彼)蜚(飛)雛(隼)十二	□皮(彼)中原六	118
缺四簡				
南山有□	筝(?)楊舟四	之子于苗四	在皮(彼)空□	132
缺一簡				
●蓼皮(彼)秋(蕭)斯六	比勿(物)四秭(驪)八	駕皮(彼)四牡四		226
令(零)洛(露)尼(泥)=六	四牡脩光(廣)八	□□□四		265
缺二簡				

圖五·3（右爲整簡，左爲局部放大）

第五章　海昏竹書《詩》初讀　87

表九　海昏《詩·小雅》"魚藻十篇"目錄釋文

缺一簡				
●魚在"澡〈藻〉四	●有菀〈菀〉之柳六	隰桑有阿	有兔斯首四	204
有鮮〈莘〉其尾四	不尚楬〈愒〉六	其葉有沃四	燔之炙之四	183
衣〈依〉于其蒲四	有鳥高蜚〈飛〉六	其葉有幼〈幽〉四	燔之炮之四	231
●采〈采〉叔〈菽〉八	●非〈彼〉都人士六	心乎愛矣四		268
必〈鼻〉沸渭(?)泉八	特〈臺〉汁〈笠〉緇撮〈撮〉六	●白華……	●漸"之石	260
缺二簡				
汎〈陽〉楊舟八	●終朝采綠四	鼓鍾于宮四	咩〈羣〉羊墳首四	372
渭〈渭〉角弓四	終朝采藍四	焦〈樵〉皮〈彼〉桑新〈薪〉四	其葉青"四	367
缺一簡				
此令兄弟四	其約〈釣〉維何四	有鱸(?)鶯在梁四	何草不玄	282
民之无〈無〉良四	●泛〈氾〉黍苗四	有篇〈扁〉斯石四	非〈匪〉雉非〈匪〉虎四	169
缺一簡				
老馬反為駒四	我任我連〈輦〉四	●緜蠻〈蠻〉黃鳥八	有泛〈氾〉之狐四	174
缺一簡				
雨雪濂"四	肅"乍〈謝〉功四	止于丘側八		144
缺一簡				

由此目録可知，海昏《詩》之《魚藻十篇》中，《都人士》僅有四章，而《毛詩》是五章，這説明海昏《詩》此篇似是四章皆以"非（彼）都人士"爲首句，將《毛詩》四、五兩章歸爲一章。值得注意的是，如依此分章，則《都人士》在此簡本中很可能是有與《毛詩》相同的第一章的。《禮記·緇衣》引此篇詩首章，鄭玄注曰："此詩毛氏有之，三家則亡。"《毛詩·都人士》首章後孔穎達疏云："襄十四年《左傳》引此二句，服虔曰：逸《詩》也，《都人士》首章有之。《禮記》注亦言，《毛詩》有之，三家則亡。今《韓詩》實無此首章。時三家列於學官，《毛詩》不得立，故服以爲逸。"馬衡由《熹平石經》殘石推知其《都人士》亦無首章。由此看來，此篇詩首章在《毛詩》以外諸家《詩》中亡佚的時間，當在西漢末至東漢早中葉期間。

此外，從此目録中可見《白華》第七章章題是"有鷫（？鶩）在梁"，而《毛詩》這一句在第六章，應是海昏《詩》六、七兩章位置與《毛詩》有所顛倒。

（四）

現所見海昏《詩》簡總目中，《風》這一部分的目録相對其他部分保存狀況可謂最差，《周南》《召南》與邶、衛、魏三國《風》更所餘無幾。在《風》的總目前，有標題簡一枚：

■風，百六十扁（篇）　凡四百八十四章　二千四百□□□言（200）

《毛詩》中，《風》的篇數亦是百六十篇，四百八十四章，但句數爲二千六百一十八句，海昏《詩》之《風》的句數缺少較多，可見其句斷與《毛詩》多有不同。

各國《風》前邊亦有題目篇，如：
■魏七扁（篇）　凡十八章　百廿四言　（405，圖五·4）
■秦十扁（篇）　凡廿七章　百七十七言（251，圖五·5）

《毛詩》之《魏風》一百廿八句，《秦風》一百八十一句，皆比海昏《詩》此二國《風》句數多，這與上舉海昏《詩》之《風》標題簡所注明總句數少於《毛詩》相應。

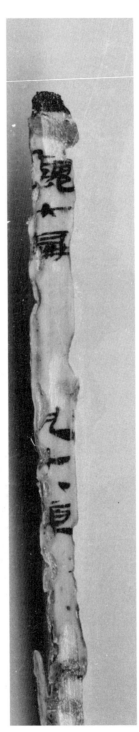

圖五・4(右爲整簡,左爲局部放大)

圖五·5（右爲整簡，左爲局部放大）

第五章　海昏竹書《詩》初讀　91

在殘餘的列國《風》目錄中，《鄭風》稍完整，其釋文如下（表一〇）：

表一〇　海昏《詩·風》之"鄭二十一篇"目錄釋文

缺一簡	●緇衣之宜兮四	緇衣之蓆(蓆)兮四	緇衣之好兮四	缺二簡	毋踰我園八	叔于□五	叔于田五	叔于守(狩)五	●清人在彭四	清人在朝(?消)四	清人在□四	●叔于田□	乘其乘黃十
	乘其乘□	●羔裘如濡四	羔裘豹□四		......兮四	●女曰雞鳴六	弋言加之六	......之六	有女同居六	有女同行六	山有扶濡(蘇)四	山有橋松□	●澤(擇)兮"四
	......	●皮(彼)□童兮四	不□食四		子之......	●子之昌兮四	衣錦頃(褧)衣四	常(裳)錦頃(褧)常(裳)四	東門之□(壇)四	東門之□四	●風雨需(瀟)"四	風雨凄"四	風雨如海(晦)四
		青......	......		......	......	□□□六	令(零)洛(露)襄(瀼)兮六	秦(溱)洧□□十二	流(瀏)其清詼(矣)			
	399	376	353		271	278	151	165+164下	95	94	91	100	78

與《毛詩·鄭風》的篇序相對照，其差別在於：

1. 《清人》夾在了兩個《叔于田》之間，而在《毛詩》中，《清人》是在《羔裘》前的。發生這一變故的原因,也許在於海昏《詩》中《鄭風》有兩首《叔于田》,其後一個《叔于田》首章章題即《毛詩》中《大叔于田》首句,在這裏仍作"叔于田",未加"大"字。前後兩首《叔于田》,中間自然以加一《清人》作間隔,較爲妥當。陸德明釋文曰:"'叔于田',本或作'大叔于田',有誤。"朱熹《詩集傳》亦云:"陸氏曰,首章作大叔于田者誤,蘇氏曰:二詩皆曰叔于田,故加大以別之。不知者乃以段有大叔之號,而讀曰泰,又加大于首章,失之矣。"由海昏《詩》知陸德明及宋人所言符合西漢時文本原貌。

2. 前一個《叔于田》二、三章位置與《毛詩》有所顛倒。

海昏《詩》中《風》這一部分詩與《毛詩》篇序相合,章次與《毛詩》不同者,亦見《王風》目錄(表一一)。

表一一　海昏《詩·風》之"王六篇"目錄釋文

缺一簡	君子脩(陶)=四	●君子陽=四	不日不月八	缺一簡	皮(彼)稷之實十	皮(彼)稷之穗十	●皮(彼)黍離=十	缺一簡
	雉麗(?離)于浮(罦)七	●有兔爰七	難(嘆)其濕肆六		●中谷有推(蓷)六	不流束蒲六	不流束新(薪)六	
	●大車郎=四	皮(彼)采艾兮三	皮(彼)采肅(蕭)兮三		在河之□	……	●[唜]=葛曇(藟)	
					……	……	穀則異……	
	419	380	390		290	247	249	

此目録第三列《葛藟》首章前二字（按：重文）殘半，其字形據正文中《大雅·緜》的篇目（933-13剖面一259）應寫作"緜"即"緜"字，這裏借作"藟"。①

從此目録知海昏《詩》中《王風》所收詩依次爲《黍離》《君子于役》《君子陽陽》《揚之水》《中谷有推（蓷）》《兔爰》《葛藟（藟）》《采葛》《大車》，殘缺的應是末篇《丘中有麻》章目，所收詩篇與篇序均與《毛詩》合。但目録中第一列章題中，最末一簡缺，第二列首個章題是"不流束新"，第二個章題是"不流束蒲"，這兩句是《揚之水》一、三兩章的第二句。可以推測，目録中第一列末尾缺失的一個章題肯定是"揚之水"。《揚之水》在此目録中有三章，與《毛詩》同，不同的是，如依《毛詩》一至三章的章題依次應是"揚之水""不流束楚""不流束蒲"，但此簡文目録中，却是"【揚之水】""不流束新（薪）""不流束蒲"。很顯然，海昏《詩》的《揚之水》前兩章與《毛詩》顛倒了，從《揚之水》全詩三章文句形式重複出現的格局看，這種顛倒似未對詩義有很大影響，只是海昏《詩》與《毛詩》文本之差異。

章序有别於《毛詩》的情況亦見於《秦風》，《秦風》目録殘缺過甚，但僅從目前可聯繫的幾枚簡仍反映出此種情況（表一二）。

此"秦十篇"章數與《毛詩》合，但句數是一百七十七，《毛詩》爲一百八十一。以上目録雖多有缺簡，但從餘簡之聯繫仍可知其所含詩篇與篇序當亦皆合《毛詩》，惟第二列末與第三列第一章所在位置應屬《黄鳥》的二、三兩章，可是從章題看，章序異於《毛詩》，依《毛詩》，此三章章題應是"交交黄鳥""止于桑""止于楚"，但此簡本的三章章題則是"【交交黄鳥】""止於棘""止于桑"，表明《毛詩·秦風》一、二、三章在海昏《詩》此簡本中章序則是三、一、二。章序因文本而有别，其原因或出於對詩義理解之不同，但《黄鳥》三章相互並列，章序對詩義似亦無大影響，因而各文本類似的此種差别，或是傳抄中造成，或是在《詩》簡正文編連時，因各章首句皆同而顛倒。

---

① 參見陳劍：《據出土文獻説"懸諸日月而不刊"及相關問題》，《嶺南學報》2018年第2期。

表一二　海昏《詩·風》之"秦十篇"目錄釋文

	缺三簡		缺二簡	
四牡孔皁十		●有興令（鄭）=四		■秦十扁（篇）
止于棘十二		俴四（駟）孔羣十	……采=八	凡廿七章
我送仇（舅）是（氏）四		止于桑十二	山有包（苞）崔（棣）六	一百七十七言
		脩（悠）=我思四		
199		99	89上	251

以上通過對海昏《詩》總目中《頌》《大雅》《小雅》與《風》的目錄分析，對由目錄中所反映的此簡本《詩》的結構，與其在諸如各組所收詩篇、篇序、章數和章序等方面與《毛詩》的異同做了扼要的分析，現再總括做一下小結：

1. 海昏《詩》在總體結構上與今本《毛詩》接近,表現在:
(1)總篇數與《風》《雅》(《大雅》《小雅》)《頌》等各部分的篇數;①
(2)《頌》《大雅》的章數;
(3)《風》《頌》的分組、組名及每組大部分詩篇的次序。
2. 海昏《詩》與《毛詩》在結構上有以下幾點不同:
(1)海昏《詩》的章、句數與《毛詩》有一定差别,示如下表一三(表内海昏《詩》資料依總目,《小雅》資料亦是由總目推算出來的):

表一三　海昏《詩》與《毛詩》章句數目對比表

		海昏《詩》	《毛詩》
總篇數		305	305
總章數		1076	1149
總句數		7274(言)	7285(句)
頌		40篇70章734言	40篇70章735句
雅	大雅	31篇223章	31篇223章1616句
	小雅	【74篇299章】	74篇372章2326句
風		160篇484章(2400餘言)	160篇484章2608句

(2)《頌》《大雅》《小雅》與列國《風》亦多以十篇爲一組,但在總目中不以"什"爲組名,而明言一組"十篇"或"十一篇"(按:在正文中,在一組後計該組總章、句數時亦有以"什"稱組名的,如"●文王之什┗十扁(篇)┗章……"【933-13 剖面258】);總目録不録篇名,但列出各篇章題、句數,每章多以首句爲章題。每篇在首章章題上標●,以示一篇之開始。

(3)海昏《詩》中《大雅》《小雅》亦於每組首篇首句中擇兩或幾個字爲組名,與《毛詩》同。《小雅》分組近同於《毛詩》,但各組内所包含的詩篇及相互次序多有與《毛詩》不同者。而《大雅》有"云漢十一篇",以"云漢"爲組名,不見《毛詩》,其《大雅》部分的分組、組名、各組所含詩篇及其次序更有異於《毛詩》。海昏《詩》之《大雅》《小雅》在上述諸方面所體現出的與

---

① 由上舉目録中《風》《大雅》《頌》的篇數與總篇數,亦可推出《小雅》當爲七十四篇,與今本毛詩亦同。

《毛詩》文本的差別，對判定該簡本的傳本性質有很重要的意義，這點在下文還要提到。各組所含詩篇即使與《毛詩》相同，但各篇在組內次序亦有所不同，亦見於海昏《詩》的各組《風》中。

（4）同一詩篇中所含章數基本皆同於《毛詩》，但章序則多有差異。如上舉《大雅》的《云漢》、《王風》中《揚之水》、《秦風》中《黃鳥》諸篇所出現的此種情況。

（5）個別詩篇中分章句與《毛詩》有差異，如上舉《大雅·大明》《小雅·都人士》等篇。

二

海昏《詩》正文部分對於了解該簡本之原貌、詩義與注解的師學特點都相當重要，但其保存狀況總體上遠不如前邊的總目，殘損相對嚴重，以至從目前所見，沒有完整的一組。但爲了能較清楚地說明此簡本中正文的佈局、格式與注解方法，下邊選擇一兩組保存較好的詩篇爲例，將所存簡文開列如下，以便達到較直觀的效果。先舉出《風》中的"會（檜）國"一組詩篇（圖五·6，表一四，以下所引簡號皆在933-13剖面一區内。括弧内是《毛詩》用字）：

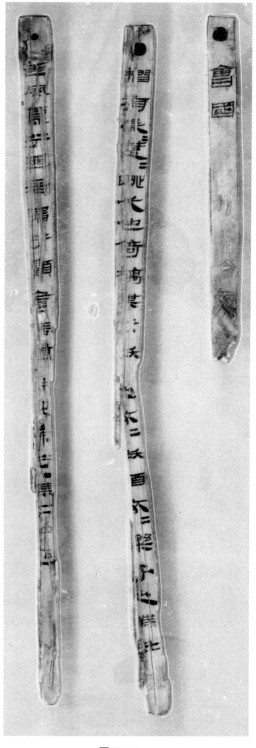

圖五·6

表一四　海昏《詩·風》之《會(檜)國》篇章釋文

會(檜)國		
●會(檜)國		497
羔裘	檿(隰)有【萇(萇)楚】	
素冠	匪風	
羔裘		330
羔裘銷(逍)楏(遥)狐裘以朝幾(豈)不爾思勞心刀(切)"·其一四句		334
羔裘獂(翱)羊(翔)狐裘在堂幾(豈)不爾思我心憂傷·其二四句		474
羔裘如膏日出有召(曜)幾(豈)不爾思中心是到(悼)		475
庶見素冠兮棘人欒欒(樂)兮勞心喘(慱)		339
庶見素畢(韠)兮心撼(蘊)兮鐐(聊)與……		307
庶見素衣兮我心傷悲兮鐐(聊)與同		124
檿(隰)有長(萇)楚"眺亐也倚檹(儺)其□妖(夭)之夭(沃)妖獂夭"樂子之無知		125
缺一簡		496
檿(隰)有長(萇)楚倚檹(儺)其華妖(夭)之夭(沃)樂子之無家·其二四□		472
檿(隰)有長(萇)楚倚檹(儺)其實妖(夭)之夭(沃)樂子之無室·其三四□		332
三章·四句·凡十二句說人		331
匪風發兮匪風而發然者也匪居(車)□……		333
詹(瞻)周道勞心怛(怛)兮·其一四句		335
匪風僄(飄)兮匪居(車)漏兮顧詹(瞻)周道中心弔兮·其二四句		495
誰耐(能)荋(亨)魚渠(溉)之釜……		471
誰將西歸裛(懷)之好音顧相之也·其三∟匪風三章"四句·凡十二句刺上		337
●會(檜)國四扁(篇)章十二冊五句		336

下面再寫出《小雅》"鴻鴈十篇"正文的釋文（表一五）：

表一五　《小雅》"鴻鴈十篇"篇章釋文

【鴻鴈】	【青蠅】	庭燎	□(鶴)鳴	沔水	祈斧(父)		【庭燎】				我兄弟封(邦)人諸友莫弓(肯)念俘(亂)誰無父母何莫念此俘(亂)誰毋父母				
缺一簡	缺一簡		斯芉(干)	我行其野	無羊	約缺四簡以上	……爰及驚(矜)人哀此鰥寡	●夜如何期(其)夜未央庹(庭)僗(燎)之光君子至止鑾(鑾)聲蔣(將)"·其一五句	●夜如何期(其)夜未毅(艾)庹(庭)僗(燎)晄(晰)"君子至止噲(鑾)聲嘒"·其二五句	●夜如何期(其)夜鄉晨廋(庭)僗(燎)有云(煇)君子至止言觀其圻(旂)古者天子爲廋(庭)	佁以佁訯□弱者」其三」廋(庭)僗(燎)三章"五句凡十五句迥道	●……流水朝宗于海水猶有所朝宗鴋彼蚩(飛)雛載蚩(飛)載止□	缺二簡	……彌忘彌猶忘也·其二八句	……民之化(訛)"言"……語	……言也寧莫之徵(懲)我友敬矣讒
486		441	426	427	391			453	461	468	484	476	477		431	420	421

第五章　海昏竹書《詩》初讀

續表

內容	頁碼
……□家有樂氏者爰有樹檀其下	381
約缺四簡	
●祈斧(父)予王之蚤(爪)士胡轉予于□靡所底(底)止底猶止也·其二四句	467
約缺九簡或九簡以上	
……無□我梁此封(邦)之人不可與明"成也言環(旋)言	394
缺一簡	
復我諸父"黄鳥三章"七句凡廿一句家辭	449
對(邦)家·其一六句	450
我行其野偏發(茇)其仕(樗)昏(婚)印(姻)之故言就爾居爾不我畜復我	459
●我行其野言採(采)其蓄昏(婚)印(姻)之故言就爾宿爾不我畜言歸斯	465
缺一簡	
……言採(采)其□不思舊印(姻)求爾新直(特)成不以富亦抵(祇)以	485
缺一簡	
蔦(?)"斯芊(干)幼(幽)"南山如竹諺矣如松茂矣兄及弟矣式相好矣毋相	433
缺二簡	
……橐"風雨儵(攸)除鳥鼠儵(攸)去君之儵(攸)芋」	395
●如蹴斯翼如矢斯勒"隅也如鳥斯騏(革)如揎斯蜚(飛)君之衜(攸)鼇(躋)	447
缺二簡	
●踖(殖)"其虔(庭)宥(有)扣其和扣猶靶(也)款(噲)"其正"長者也囊(戁)其瞑(冥)	455

續表

內容	頁碼
……維蛇其六⌐七句	470
……維熊維羆男子之詳（祥）維虫（虺）維蛇女子之詳（祥）人之言	437
夢見熊羆則男子之詳（祥）也虫（虺）蛇女子之詳（祥）也‧其七⌐七句	434
……載寑（寢）之牀載衣之尚（裳）載弄之章（璋）弄抚也其泣	423
缺一簡	
……載寑（寢）之地載衣之褅（裼）㫃也載弄之瓦母（無）蜚（非）母（無）議（儀）酒食是議	399
母（無）父母飴麗（罹）‧其九斯芉（干）四章七句五章五句‧凡五十三句	446
誰謂爾無羊羣誰謂而（爾）無牛九十其犉（犉）黃牛黑	454
……曰勏爾羊來思其角捷濈爾牛來思其耳濕⌐其一	464
缺一簡	
……呵或吹于池或甯（寢）或訛（吪）爾婺（牧）來思何衰何笠或	440
……唊卅維物爾生（牲）則具‧其二八句	435
……爾婺（牧）來思以薪以烝以雌以雄爾羊來思矜=兢=不歸（騫）	425
逢（？）年或維與（旟）矣大人占之終（眾）維魚矣	445
……與（旟）矣大人占之終（眾）維魚矣⌐……言曰夢見魚則㮣也㮣與室家	444
之羊也‧其四⌐無羊四章‥八□……句道宣丂□	443
●鴻鴈什扁（篇）十章卅六句二百廿一	442

第五章 海昏竹書《詩》初讀 101

由此簡本這兩組詩的正文可知：

（一）海昏《詩》正文以組爲單元。每組前有單獨的幾支簡書組名與篇名目錄，篇名亦是取自首章之首句或首句中詞語。目錄此後諸篇都不再標篇名。①

（二）組名單起一簡，上端標有較大的圓點●以爲一組開始之提示。

（三）每篇中每章上端皆有較小的圓點●標誌起首，末尾標以圓點·，其下注明該章章序與句數。末一章在所記"其×"章序後多有 ∟號，但不再記此章句數。

（四）每篇結尾記篇名、章數、每章句數與總句數。②

（五）一組結束後單起一簡記組名，上端亦標以較大的圓點●以作提示。組名下記所含篇、章、句數。

（六）對詩中詞語與文句所作注解，夾在正文中，注解文字大小同於正文（按：或偶在正文末一字右下角與注解文字末一字右下角加 ∟號以爲間隔）。

（七）每篇末尾在記章、句數後，以極簡短的兩個或幾個字對通篇詩的主旨做概括，例如上舉《檜風》中《楃（隰）有長（萇）楚》篇末尾記"説人"，《匪風》篇末尾記"刺上"，《小雅》之《黄鳥》篇末尾記"家辭"。③

以上所述海昏《詩》正文格式中，篇末記篇名、章數與每章句數，全組詩篇正文末尾記組名與總篇、章、句數，均近同於《毛詩》。但海昏《詩》每組前出組名、篇名目錄，以及注解夾在正文中的方式與《毛詩》有别，篇末有扼要的主旨概括語亦不見於《毛詩》。

由以上所舉海昏《詩》簡本正文之格式，再聯繫上文所舉其總目錄情況，知此簡本不僅眉目清晰，而且結構相當嚴謹，在當時文章主要憑藉講授、記録與輾轉傳抄於簡册之方式流傳的情況下，嚴整的結構應是爲了避

---

① 按：《文物》2018 年 11 期所刊《江西南昌西漢海昏侯劉賀墓出土簡牘》文，言簡本篇題與今本多數取自首章首句不同，而是可取自其他章、句，所云不確，宜更正，其所云篇題實是指"章名"。從簡文可知，其篇名取法應大致同於毛詩。

② "會（檜）國"中《匪風》篇末簡尾部僅注明"其三"，未寫末章句數。在"三"字右下角標有 ∟號。此種情況亦見海昏《詩》中其他諸篇，只是亦有未標 ∟號的。

③ 但有個别詩篇末章詩末書記章句數後恰至簡尾，已無空間，這種情況下概括全篇主旨的兩個字會寫在首章後，如《陳風·東門之池》首章末作"叔姬可與晤歌·其一四句 ∟説人"。而此篇末章即上述情況。

免詩句的散失。

至於海昏《詩》正文中夾帶注解的形式，在以上所引《檜風》與《鴻雁十篇》兩組詩的正文中已可知其大概。由於正文殘損嚴重，不少注解或不得見，或已文句不全，僅據現已能讀到的注解，似可將其注解的内容分爲兩類：

其一，是專對字詞的訓解。例如下表所示（表一六。表中右邊附《毛詩》中毛傳或間舉鄭箋，以兹對照，便於理解海昏《詩》注解與毛詩之差別及其特點。簡號凡未注明所在區者，皆在933-13剖面一區内）：

表一六　海昏《詩》與《毛詩》注解對照表（一）

婦也乃及王=貴=王季也維德□	《大雅·文王》："乃及王季，維德之行。"毛傳："王季，大王之子，文王之父也。"
天之方齊乚齊懠也毋爲……	《大雅·板》："天之方懠，無爲夸毗。"毛傳："懠，怒也。"
乃尉乃止尉邑也乃左乃右乃……（77）	《大雅·緜》："迺慰迺止，迺左迺右。"毛傳："慰，安。"
捄之蛕=捄擣也渡之汈（142）	《大雅·緜》："捄之陾陾。"毛傳："捄，藀也。"
雝谷其章金玉其相=狀也……（71）	《大雅·棫樸》："追琢其章，金玉其相。"毛傳："相，質也。"
水泱=君子至此礿礿如齊韎韐有蛕韎韐士服也以（933-11Ⅱ341）	《小雅·瞻彼洛矣》："瞻彼洛矣，維水泱泱，君子至止，福禄如茨。韎韐有奭，以作六師。"毛傳："韎韐者茅蒐染草也，一曰韎韐所以代韠也。天子六軍。"鄭玄箋云："此諸侯世子也，除三年之喪，服士服。"
窹昧思服悠=哉憂思曰悠（320）	《周南·關雎》："求之不得，寤寐思服。悠哉悠哉，輾轉反側。"毛傳："悠，思也。"
……□喬乚朱鑣褎=乚鑣者所以飭口（102）	《衛風·碩人》："四牡有驕，朱幩鑣鑣。"毛傳："幩，飾也。人君以朱纏鑣，扇汗且以爲飾。鑣鑣，盛貌。"
……以望萉營萉營其邑也不見萉營乚泣之弟（187）	《衛風·氓》："垂彼垝垣，以望復關。"毛傳曰："復關君子所近也。"鄭玄箋云："前既與民以秋爲期，期至故登毁垣，鄉其所近而望之，猶有廉恥之心，故因復關以託號民。云此時始秋也。"孔穎達疏曰："復關者，非人之名號，而婦人望之，故知君子所近之地。"

第五章　海昏竹書《詩》初讀　103

續表

……者氓人之舉也∟女不霜∟霸膩也∟士膩其行(207)	《衛風·氓》："淇水湯湯,漸車帷裳。女也不爽,士貳其行。"毛傳："爽,差也。"
□豹也猶松也遂赤蠹也∟垂帶寰(933)	《衛風·芄蘭》："容兮遂兮,垂帶悸兮。"毛傳："容儀可觀,佩玉遂遂然,垂其紳帶,悸悸然,有節度。"
……也誰蟶懿美蟶∟追張也心焉刀(忉)₌(169)	《陳風·防有鵲巢》："誰侜予美,心焉忉忉。"毛傳："侜,張誑也。"

　　海昏《詩》簡本對詩的字詞作注解的形式大致如以上所舉諸文例。凡屬於此種對字詞的訓解,在文中皆隨句進行,一般皆會先單列出要解釋的字詞,如上舉《衛風·氓》中"以望葆葆其邑也"。如果要解釋的字詞正在句末,則會在一或二字下加重文符號,相當於單列,如上舉《大雅·棫樸》"金玉其相₌狀也"。其注解與《毛傳》有的相同,有的只是所用字詞有別,然其釋義則相近。當然也有如上舉諸例釋義有差別者,或專注的重點不同者,或有爲《毛傳》所未言者。其注解特點是較精練,主要是解釋字詞在詩中的含義,罕見論詩寫作之旨義。

　　其二,對詩句具體文義的說解,此類注解似不多,如下面的例子(表一七):

表一七　海昏《詩》與《毛詩》注解對照表(二)

●尚帝版₌言無常也下民萃鱸(933-11Ⅱ531)	《大雅·板》："上帝板板,下民卒癉。"毛傳："板板,反也。上帝以稱王者也。"
●蕩₌上帝∟言無常也下民之辟疾□(933-11Ⅱ474)	《大雅·蕩》："蕩蕩上帝,下民之辟。"毛傳："上帝,以託君王也。辟,君也。"鄭玄箋："蕩蕩,法度廢壞之貌。"
……皮交非敖萬福來求交非敖者萬物之所求也(933-11Ⅱ312)	《小雅·桑扈》："彼交匪敖,萬福來求。"無毛傳。
琴瑟友之猶鍾鼓樂之也參差(122)	《周南·關雎》："窈窕淑女,琴瑟友之。"毛傳："宜以琴瑟友樂也。"

　　這種對詩句句義的解釋,一般不作發揮,鮮有闡釋與推測寫詩之意旨的。上舉《大雅》中《板》與《蕩》二句例子中,毛傳皆將詩句中的"上帝"聯

繫君王,認爲是以上帝"託君王",亦即認爲詩句是刺當時的君王,與《毛詩序》所云二詩皆"刺厲王"之意旨同。但海昏《詩》的注解則未有將句中的"上帝"與君王相聯繫。

但海昏《詩》的注解是否完全不談《詩》的寫作意旨呢？這當然也不是,上文在歸納海昏《詩》對正文的注解中,曾言及海昏《詩》中常見在每篇詩末用兩個字來概括此篇詩的寫作意旨。除上文"會(檜)國"與"鴻雁十篇"兩組詩釋文中所見這種篇末的概括語外,還可以舉出如下例子(以下簡號凡未注明區號均屬 933-13 剖面一區內):

故漢五章。四句 • 凡廿句 道述□……(75)

其八 • 既醉╚八章。四句 • 凡卅二句 直言(933-11 Ⅱ 568 上)

卬十二章三章。八句╚九章。十句 凡百一十四句 刾(刺)上(933-11 Ⅱ 540)

……復我父 • 其三╚黃鳥三章。七句 • 凡廿一句 家辭(449)

……羊也 • 其四╚無羊四章……句 直宣□□(443)

……二章六句 • 凡廿二句 刺諸侯不朝(416)

……宜其家人其三 • 桃夭 三章。四句 • 凡十二句 説人(311)

……其四╚伯兮四章。四句 • 凡十六句 説人(106)

……有狐□。在皮其厲╚之子憂矣╚之子無帶 • 其三╚有狐三章。四句 • 凡十二句 説人(186)

其二東門之楊二章。四句 • 凡八句 説人(338)

誰將西歸褱之好音願相之也 • 其三╚匪風三章。四句 • 凡十二句 刺上(337)

以這樣的形式概括每一章的寫作意旨是很有特點的,但所點明的意旨,多數也只是講一個較廣泛的寫作目的(如"刺上""説人")或可以説是對寫作意旨的帶有倫理性的分類(比如言該篇爲"家辭"、爲"直言"、爲"道述",亦即講述道理)。這類概括語,大致可歸入就詩解詩的範疇。

本文前面所引《史記・儒林列傳》曾云申公只講授《詩》而"無傳",此簡本如是申公傳本,則上述這些不同形式的注解或爲其弟子所記錄其講授之語。

在目前所能釋讀的正文中,以下兩個隨文的注解較爲別致(表一八,右邊是《毛詩》及傳箋):

表一八　海昏《詩》與《毛詩》注解對照表(三)

由醉之言箪出童殺┗殺不童參爵弗□…(933-11Ⅱ316) ……爵制飾食多是則不敢傳曰衛武公歓酒而酥譽(933-11Ⅱ346)	《小雅・賓之初筵》："由醉之言,俾出童羖。三爵不識,矧敢多又。"毛傳:"羖羊不童也。"鄭箋云:"女從行醉者之言,使女出無角之羖羊,脅以無然之物使戒深也。羖羊之性,牝牡有角。"
……將顛到思予乎・傳曰大夫解居……(161)……婦人不由其道婦人爲作是詩也。(162)	《陳風・墓門》:"顛倒思予。"毛傳無言及解居。

上引《墓門》與《賓之初筵》的注解所引"傳曰"涉及詩寫作之旨意,但未知是否申公之語。《賓之初筵》注解中引《傳》所言,以此篇爲衛武公因飲酒而知錯。朱熹《詩集傳》在這篇詩後評詩之意旨曰:"毛氏序曰,衛武公刺幽王也。韓氏序曰,衛武公飲酒悔過也。今按此詩意,與《大雅・抑》戒相類,必武公自悔之作,當從韓義。"惟此海昏《詩》注解所引《傳》不清楚是否與《韓詩》之傳有關。至於此簡本中《墓門》注解所引"傳曰"言及"晉大夫解居",將詩聯繫及解居,亦見於東漢王逸《楚辭章句》中的《天問章句》,與《毛詩序》以爲"刺陳佗"説不同,唯此處所引"傳"爲何家之説亦尚待考證。

三

海昏《詩》與《魯詩》的關係,上一節從注解角度略有涉及,但現可知確切屬於《魯詩》體系的文本甚難肯定,加之海昏《詩》正文亦殘損過多,所以,從此角度來探討海昏《詩》是否合乎《魯詩》,一時似難以進行。目前如欲對海昏《詩》與《魯詩》的關係作較具體的研究,則需將此簡本與漢《熹平石經》所刻《詩》相印證。

馬衡《漢石經集存》(下簡稱《集存》)力求從兩方面復原《熹平石經》所刻《詩》之面貌,一是用字,二是結構。

在用字上,《集存》舉出若干殘石所餘文字與《毛詩》用字之不同,並判定爲《魯詩》用字。但將海昏《詩》同篇同詩句用字與之相對照,則多有不同,例如(表一九,以下所引石經殘石號皆《集存》中《魯詩》釋文編號,簡號凡不注明所屬區者皆爲933-11Ⅱ區）：

表一九　海昏《詩》與《熹平石經·詩》用字（舉例）對照表

篇名	熹平石經《詩》	海昏《詩》
《大雅·鳧鷖》	來宴（一〇四）	……公尸睞燕（533）
《大雅·板》	是用大諫（一〇六）	遠氏用太讕（468）
《大雅·公劉》	篤公劉于□斯原（一一五）	竹公劉十（243）
《小雅·采芑》	其車三千（五七）	其居三千（490）
《小雅·正月》	心恟恟（六一）	憂心旬=（369）
《小雅·甫田》	羊以社以□□田既（七六）	……以社以方我田溉臧（340）
《小雅·瞻彼洛矣》	□止福□如□□韐有奭（七七）	……水泱=君子至此福禄如齊鞣鉿有蟠……（341）
《周南·漢廣》	泳思江（二）	□其駒漢之廣矣不可佝思（933-13 剖面-243）
《衛風·氓》	匪我愆期（一四）	匪我寋期（933-13 剖面一167）
《王風·葛藟》	緜葛藟（二三）	□系葛虆（249）
《鄭風·蘀兮》	蘀兮（二八）	澤=兮=（78）
《齊風·還》	旋（三五）	子之昌兮（83）
《魏風·伐檀》	不稼不嗇（三七）	不稼不穡（933-11Ⅳ964）
《魏風·碩鼠》	逝將去女（三七）	懲將去女（933-11Ⅳ979）

此外，《集存》據石經用字，言《毛詩》作"維"，石經作"惟"，然海昏《詩》皆作"維"。以往研究者區分各家《詩》，着重於用字之異同，但上述情況説明，難以斷言某家《詩》必用某字。即使《熹平石經》所刻《詩》與海昏《詩》同屬《魯詩》，在傳抄過程中，異體字與假借字的使用也是不可避免的，而在師傳過程中亦有因對字詞理解不同而採用異文之可能。① 此外，石經在所採用的文本上石前，也可能對用字做過一定的規範性處理。所以，本文的特徵與差異或非主要表現在用字上，相對而言，從《詩》的結構上似更能找到諸家不同文本之差異。

馬衡從石經殘文中悉心考證所刻《詩》的篇章結構與《毛詩》之區別，

---

① 虞萬里亦曾指出："相對而言，四家《詩》以師説異同爲重，文字出入爲輕。"參見虞萬里：《從熹平殘石和竹簡〈緇衣〉看清人四〈詩〉研究》，《榆枋齋學林》，上海：華東師範大學出版社，2012年，第109—154頁。

作出如下重要的推斷：

（一）《毛詩·小雅》中"南有嘉魚之什"各篇，《魯詩》多列入"甫田之什"中，如《湛露》次《瞻彼洛矣》之後，《彤弓》次《賓之初筵》之前，又，《吉日》下接《白駒》，與《毛詩》篇第不同。

（二）《魯詩》之《大雅》篇次，《靈臺》在《思齊》之前，以《旱麓》《靈臺》《思齊》《皇矣》爲序；《生民》《既醉》《鳧鷖》《民勞》四篇相次，《桑柔》《瞻卬》《假樂》三篇相次。與《毛詩》篇第不同；《韓奕》《公劉》相次；《板》《蕩》二篇相接，其中當無"蕩之十"。

海昏《詩》的情況是否與馬衡所云相同呢？

在海昏《詩》總目中，《小雅》的"嘉魚十篇""甫田十篇""鴻雁十篇"三組所收詩篇與次序不盡同於《毛詩》。① 現將這兩組詩篇名依次排列在下面（表二〇，右邊是《毛詩》篇序，以便比較）：

表二〇　海昏《詩》與《毛詩》之《小雅》篇目次序對照表

海昏《詩》嘉魚十篇	《毛詩》南有嘉魚之什	海昏《詩》甫田十篇	《毛詩》甫田之什	海昏《詩》鴻雁十篇	《毛詩》鴻雁之什
嘉魚	南有嘉魚	甫田	甫田	鴻鴈	鴻鴈
南山有臺	南山有臺	大田	大田	庭燎	庭燎
蓼蕭	蓼蕭	瞻彼洛矣	瞻彼洛矣	沔水	沔水
裳=者華	湛露	湛露	裳裳者華	鶴鳴	鶴鳴
菁=者莪	彤弓	桑扈	桑扈	祈父	祈父
六月	菁菁者莪	鴛鴦	鴛鴦	青蠅	白駒
采芑	六月	頍弁	頍弁	黃鳥	黃鳥
車攻	采芑	車舝	車舝	我行其野	我行其野
吉日	車攻	彤弓	青蠅	斯芉	斯干
白駒	吉日	賓之初筵	賓之初筵	無羊	無羊

在海昏《詩》中，《毛詩》收入"嘉魚之什"的《湛露》與《彤弓》兩首確在"甫田十篇"，合於馬衡所云漢石經情況，而且這兩首詩在"甫田十篇"中的位置也符合馬衡之推斷。《毛詩》"鴻雁之什"中的《白駒》，在海昏《詩》中亦確在"嘉魚十篇"《吉日》之下。

海昏《詩》總目中《大雅》部分之分組、組名與《毛詩》有所不同，上文已經言及。現將海昏《詩》中《大雅》三組組名、所收詩篇、篇序及其與《毛詩》之異同關係示如下表（表二一）：

---

① 現"鴻雁十篇"目錄中僅未見《青蠅》章目，但其三章位置恰當應在《祈父》與《黃鳥》之間。

表二一　海昏《詩》與《毛詩》之《大雅》篇目次序與分組對照表

海昏《詩》文王十篇	《毛詩》文王之什	海昏《詩》云漢十一篇	《毛詩》分組	海昏《詩》生民十篇	《毛詩》分組
文王	文王	云漢	蕩之什	生民	生民之什
大明	大明	崧高	同上	既醉	同上
緜	緜	烝民	同上	鳧鷖	同上
棫樸	棫樸	韓奕	同上	民勞	同上
旱麓	旱麓	公劉	生民之什	板	同上
靈臺	思齊	卷阿	同上	蕩	蕩之什
思齊	皇矣	行葦	同上	抑	同上
皇矣	靈臺	泂酌	同上	桑柔	同上
下武	下武	江漢	蕩之什	瞻卬	同上
文王有聲	文王有聲	常武	同上	假樂	生民之什
		召旻	同上		

按:《毛詩》"生民之什"中,《既醉》前有《行葦》,《民勞》在第九篇。

　　由此表可知上引馬衡考證《熹平石經》所言及該石經中之《大雅》諸詩篇之位置及次序,以及無"蕩之什"之論斷,皆恰與海昏《詩》中《大雅》目錄所示情況相吻合。①

　　此外,馬衡分析《熹平石經》詩碑篇題,認爲其篇題當寫作"詩國風王國第六""詩小雅鹿鳴之什第十六",即篇題明示其在各組内次序,此點未見於海昏《詩》簡本目錄與正文。但馬氏所指出的"惟每章之末空一格,旁注'其一''其二'字""爲《毛詩》所無",此種章末記章次的格式,正見於海昏《詩》。

　　海昏《詩》與漢《熹平石經》在詩篇結構上的吻合,證明了馬衡對《熹平石經》所刻《詩》結構的推斷絶大多數是正確的,②同時亦爲證明海昏《詩》屬《魯詩》提供了相當重要的證據。

　　本文通過初步綴連後所見對海昏《詩》簡本總目與正文的分析,概括地說明了該簡本的總體結構——分組、篇章佈局與正文及注解的形式,並簡略地從這幾個方面探討了此簡本與《毛詩》在上述諸方面之異同。如本

---

① 《左傳》隱公三年記"君子曰"的有"《雅》有《行葦》《泂酌》"句。學者認爲此二篇可能是相次的(參見趙茂林:《〈魯詩〉〈毛詩〉篇次異同原因考辨》,《孔子研究》2016 年第 1 期),也正合於海昏《詩》中這兩篇詩的次序。

② 馬衡還曾推斷《魯詩》《鄭風》中《羔裘》《遵大路》《有女同車》相次,但上文據海昏《詩》簡本總目,《有女同車》前應還有《女曰雞鳴》。

文開頭所云,以上論述皆僅是以海昏《詩》簡出土後初次清理時所拍紅外照片爲據的。全部《詩》簡尚待進一步的修復、整理、拍照與相關資料的提取,這些工作完成後,應該會對海昏《詩》有更深入的了解。

此外,還需要說明的是,僅就上舉海昏《詩》簡本與《毛詩》對比,即可以看到此簡本存在着較多的異文,限於本文篇幅,未對此作專門的説明。需要注意的是,這些異文並不限於假借字與異體字,也包括音義不同的字,有可能反映了兩種文本中詩義的差别,爲《詩經》學研究開闢了新的研究課題。①

再者,海昏《詩》簡本與《毛詩》以外三家詩的關係,特别是與《魯詩》的關係,雖然通過將海昏《詩》簡本與馬衡《漢石經集存》所鈎沉與整理出的石經本相對照,初步證明海昏《詩》確與石經本在結構上基本相合,爲海昏《詩》與石經本《詩》同屬《魯詩》提供了較重要的證據,但由於熹平石經本皆爲殘石上的文字,海昏《詩》簡本(特别是其詩篇正文)亦甚殘,在這個問題上,也還有待再作更細緻的考證。相信隨着對海昏《詩》簡的修復與整理工作之深入,也將爲上述研究工作提供更多的資料。

附記:趁本書此次再版之機會,筆者對這篇初讀海昏簡牘《詩》的文章中的疏誤做了一些修訂,其間承劉浩同學幫助校對文字音韻,用力甚勤;抱小先生在網上發表的《海昏竹書〈詩〉異文小札》及《續》等系列校讀文章,也對釋文提出若干修正意見,内中凡可採納者均已從改,謹深致謝忱。

---

① 1977年8月阜陽雙古堆一號漢墓出土有《詩》殘簡,其文本亦與《毛詩》等諸家文本有較多異文,整理者已指出研究這些異文的重要性,認爲異文的研究爲探求《詩》義别開門徑,也是研究漢代語言文字的重要素材。參見胡平生、韓自强:《阜陽漢簡詩經研究》,上海:上海古籍出版社,1988年。

第六章　海昏竹書《保傅》初探

　　海昏侯墓出土竹簡中，内容與傳世本《禮記》和《大戴禮記》有關者大約有 300 枚，均爲殘簡，且多數殘損較嚴重。從竹簡的形製、每簡容字、文字書體和内容的差異看來，大致可分爲四組。

　　第一組竹簡，共有四道編繩，完整簡約容 40 餘字，文字間距較小。内容相當於傳世本《禮記》的《曲禮上》和《曲禮下》兩篇，目前可識讀的文字涉及 30 多章。簡文連抄不分章，亦無章節符號，但保存了好幾處前後兩章的銜接處，可以看出其"章序"與傳世本《曲禮》一致。

　　第二組竹簡，共有三道編繩，完整簡每簡約容 26 字，文字間距較大。其内容與傳世本《禮記》相合者有《祭義》《喪服四制》等篇，與傳世本《大戴禮記》相合者有《曾子疾病》《曾子事父母》等篇，文字與傳世本差異較大。另外還有一些文句不見於傳世文獻，可能屬於已亡佚的《禮記》類文獻。

　　第三組竹簡，出土時與《論語》簡混雜在一起，其形製、容字和書體亦與《論語》完全相同。共有三道編繩，完整簡每簡約容 24 字，文字間距較大。每章另起一簡抄寫，但不見分章符號。其内容與傳世本《禮記》相合者首先是《中庸》篇，目前可識讀的文字涉及傳世本《中庸》的十餘章，文句大多與傳世本相同。其次是見於傳世本《禮記·祭義》和《大戴禮記·曾子大孝》的"公明儀問曾子論孝"一段。另外還有少數文句不見於傳世本大、小戴《禮記》和《論語》，究竟屬於《禮記》佚篇抑或《論語》佚篇，尚難確定。

　　本文將要介紹和討論的第四組竹簡，文字内容與收入傳世本《大戴禮記》和賈誼《新書》的《保傅》篇有關，以下簡稱爲"海昏簡《保傅》"。從竹簡形製、每簡容字和文字書體看來，海昏簡《保傅》又可進一步區分爲 A、B 兩組。A 組竹簡主要見於室内清理時所劃分的 933-11Ⅰ區，亦有少數見於 933-11Ⅳ區。竹簡殘損比較嚴重，最長者不過保存原簡的一半。根據殘存竹簡推測，原簡應有三道編繩，每簡容字約 24—26 字。簡文書體較寬矮、方正，筆畫轉折處有明顯的方折。B組竹簡屬於室內清理時所劃分的 934Ⅶ區；亦有三道編繩，每簡容字約 30 字；簡文書體清秀，略顯拘謹，筆畫轉折處較圓潤。

下面先將海昏簡《保傅》A、B 兩組竹簡的釋文按照傳世本《大戴禮記·保傅》的順序寫出（釋文用楷體字，其後用方括號標明所屬分組和簡號）。爲便於讀者將海昏簡《保傅》與傳世本《保傅》進行比較，特將傳世本《大戴禮記·保傅》的相應段落置於每段釋文之後（用仿宋字），並將其中見於海昏簡《保傅》的文字用下劃綫標出。然後用"按語"的形式對重要異文及相關問題略作討論。

　　□□□□□殷周而始君爲天子，①纍（累）世相授；秦爲天子，一世而亡。人性非甚相【B組，934Ⅶ區-2】
　　……道之長，而秦無道之……【A組，933-11Ⅳ區-996】

殷爲天子，三十餘世，而周受之；周爲天子，三十餘世，而秦受之；秦爲天子，二世而亡。人性非甚相遠也，何殷周有道之長而秦無道之暴？其故可知也。

按：傳世本《大戴禮記》"殷爲天子，三十餘世"，《新書·保傅》同，②《漢書·賈誼傳》作"二十餘世"。《漢書》在"殷爲天子"之前又多出"夏爲天子，十有餘世，而殷受之"一句，故下文"殷周之君有道之長"相應改爲"三代之君有道之長"。

傳世各本中殷周爲天子"三十餘世"的世代數，海昏簡《保傅》作"累世相授"，③這是海昏簡與傳世各本最大的不同之處。傳世各本"三十餘世"是指"在位"而言，而"累世相授"則是指君位傳遞而言，故傳世各本"秦爲天子，二世而亡"，海昏簡作"一世而亡"。若就"在位"而言，秦朝爲"二

----

① "殷周而始君"五字，因竹簡殘損及污迹遮蓋僅可見少量筆畫，此據殘筆推斷，未必準確。據每簡正常容字推算，其上應殘缺五字。
② 〔漢〕賈誼撰，閻振益、鍾夏校注：《新書校注》，北京：中華書局，2000 年，第 183 頁。《新書》有些版本與《漢書》同作"二十餘世"。
③ 海昏簡在"殷周而始君爲天子"之前的殘缺文字中或許還有"夏"，其"累世相授"的表述可將夏、殷、周三代包括在内。

世",若就"相授"而言,則僅爲"一世"。

……之,有司齋宿端曼(冕)【A組,933-11Ⅰ區-8】
……故自爲赤子……【A組,933-11Ⅰ區-47】
……公爲大保,周公爲大【A組,933-11Ⅰ區-31】
……馴(訓),此三公之職也。……【A組,933-11Ⅰ區-45】
……擇其所樂,必先有習,乃得……【A組,933-11Ⅰ區-48】

古之王者,太子乃生,固舉之禮。使士負之,有司參夙興,端冕,見之南郊,見之天也。過闕則下,過廟則趨,孝子之道也。故自爲赤子時,教固以行矣。昔者周成王幼在襁褓之中,召公爲太保,周公爲太傅,太公爲太師。保,保其身體;傅,傅其德義;師,導之教順:此三公之職也。於是爲置三少,皆上大夫也。曰少保、少傅、少師,是與太子宴者也。故孩提,三公、三少固明孝仁禮義以導習之也。逐去邪人,不使見惡行。於是比選天下端士,孝悌閑博有道術者,以輔翼之,使之與太子居處出入。故太子乃目見正事,聞正言,行正道,左視右視,前後皆正人。夫習與正人居,不能不正也。猶生長於楚,不能不楚言也。故擇其所嗜,必先受業,乃得嘗之。擇其所樂,必先有習,乃得爲之。孔子曰:"少成若性,習貫之爲常。"此殷周之所以長有道也。

按:"有司齋宿端曼","曼"讀爲"冕"。《新書·保傅》《漢書·賈誼傳》此句皆作"有司齊肅端冕","齊"爲"齋"之借字。"齋肅"與"齋宿"二詞,古書皆常見,"肅"與"宿"文義各有側重。《大戴禮記》此句作"有司參夙興端冕",前人多已指出"參"爲"齊"之形近訛字,"夙"爲"肅"(宿)之同音借字,"興"字蓋涉"夙"而誤衍。[①]海昏簡與《新書》《漢書》文字基本相同,而《大戴禮記》此處錯訛較甚,以致文意不通。

"馴",讀爲"訓",《新書》《漢書》皆作"訓"。北大漢簡《周馴》之"馴"亦讀爲"訓"。《大戴禮記》作"順",亦爲"訓"之借字。

……天子少長,知=(知)非色,則入……【A組,933-11Ⅰ區-65】
……貴仁,則親疏有序……【A組,933-11Ⅰ區-27】
……帝入北學,上貴而尊爵,則貴賤……【A組,933-11Ⅳ區-988

---

① 黄懷信主撰:《大戴禮記彙校集注》,西安:三秦出版社,2005年,第323—324頁。

……+933-11Ⅰ區-11】

……承師問道,退習而□於大=傅=,(大傳)罰其【B組,934Ⅶ區-26】

……上,則百姓黎民化【A組,933-11Ⅰ區-14】

……有道也。及天子既冠成人,免於【A組,933-11Ⅰ區-7】

及太子少長,知妃色,則入於小學。小者,所學之宫也。《學禮》曰:帝入東學,上親而貴仁,則親疏有序,如恩相及矣。帝入南學,上齒而貴信,則長幼有差,如民不誣矣。帝入西學,上賢而貴德,則聖智在位,而功不匱矣。帝入北學,上貴而尊爵,則貴賤有等,而下不踰矣。帝入太學,承師問道,退習而端於太傅,太傅罰其不則,而達其不及,則德智長而理道得矣。此五義者既成於上,則百姓黎民化緝於下矣。學成治就,此殷周之所以長有道也。

按:海昏簡《保傅》本段和下一段中的"天子",《大戴禮記》《新書》《漢書》皆作"太子"。由此觀之,上一段雖因簡文殘缺未出現"天子",但很可能與傳世各本不同,是作"天子"而非"太子"。《保傅》講帝王自幼的教育,是舉周成王爲例;而在文獻記載中,成王即位時還是襁褓之中的嬰兒,故有"三公三少"之設;此時的成王,其身份已經是"天子"而非"太子"。且下文引《學禮》有"帝入東學"等語,"帝"顯然也是指"天子"而非"太子"。因此海昏簡《保傅》全文均作"天子",似與文意更爲相符。而《漢書·賈誼傳》引《保傅》,則將"天子"全部改爲"太子",可能是考慮到賈誼當時爲梁懷王太傅,上疏稱"太子"方能符合其身份。傳世本《大戴禮記》和《新書》,前面的幾段(自"太子乃生"至"及太子既冠成人")或許是受《漢書》影響將"天子"改爲"太子",後半部分則仍保留"天子"。①

"知=(知)非色","知"下重文號當爲誤衍。② "非色",《大戴禮記》《漢書》皆作"妃色";《新書》作"好色","好"當爲"妃"之訛。《漢書·賈誼傳》顔師古注曰"妃色,妃匹之色",似爲望文生義的強解。疑海昏簡作"非"當爲本字,"妃"則是同音假借字。然而"非色"究竟應作何解?一時尚無好的想法,姑且存疑,以俟高明。

《大戴禮記》和《新書》有些傳世版本和注本在"有道也"之下分章。而

---

① 《新書·保傅》最後一段作"太子",與《漢書》同。
② "知知"也有可能讀爲"智知",義爲"其智足以知"。

海昏簡"及天子既冠成人"緊接"有道也"之後,既不另起一行,也無任何分隔符號,可見《保傅》此處原不分章。

  ……宰。天子有過,史必書之,史之義【A組,933-11Ⅰ區-46】
  ……則死,於是有進……【A組,933-11Ⅰ區-60】
  ……□,大夫進謀,士傳……【A組,933-11Ⅰ區-16】
  <u>及太子既冠成人</u>,免於保傅之嚴,則有司過之史,有虧膳之宰。<u>太子有過,史必書之。史之義</u>,不得不書過,不書過則死。過書,而宰徹去膳。夫膳宰之義,不得不徹膳,不徹膳則死。於是有進膳之旂,有誹謗之木,有敢諫之鼓。鼓史誦詩,工誦正諫,〖<u>大夫進謀</u>〗,士傳民語。習與智長,故切而不攘;化與心成,故中道若性。是殷周所以長有道也。

按:"大夫進謀"之"謀"字,因竹簡收縮卷起,僅可見左半"言"旁,估計作"謀"的可能性較大。《新書》《漢書》皆有"大夫進謀"四字,《大戴禮記》無,前人多認爲傳世本《大戴禮記》脫漏此四字。①

  ……朝〖₌(朝)〗日,秋莫(暮)夕月,所以明敬也。春□□學,坐國□,□□而親【B組,934Ⅷ區-28】
  ……戀(鸞)和,步以《□疵(茨)》,趨中《肆夏》,所以明度也。於禽獸也,見其【B組,934Ⅷ區-24】
  ……以禮,收以樂,失度則史書之,工誦……【A組,933-11Ⅰ區-49】
  ……以樂,失度則史書之,工誦……【B組,934Ⅷ區-17】
  ……子不得爲非也。【A組,933-11Ⅰ區-64】
  三代之禮,天子<u>春朝朝日,秋暮夕月,所以明</u>有別也。<u>春秋入學,坐國老</u>,執醬而親饋之,所以明有孝也。行中<u>鸞和,步中《采茨》,趨中《肆夏》,所以明有度也。於禽獸,見其</u>生不食其死,聞其聲不嘗其肉,故遠庖厨,所以長恩且明有仁也。食<u>以禮,徹以樂。失度則史書之,工誦</u>之,三公進而讀之,宰夫減其膳,是<u>天子不得爲非也</u>。

按:"所以明敬也",《新書》《漢書》作"所以明有敬也",《大戴禮記》"有

---

① 黄懷信:《大戴禮記彙校集注》,第349頁。

敬"作"有別"。揆之文意,作"敬"顯然比作"別"更爲合理。

"步以《□疵》"之"疵",《大戴禮記》作"茨",《新書》作"薺",《漢書》作"齊"。"茨""薺""齊"古音皆屬從母脂部,"疵"屬從母支部,音近可通;當以"茨""薺"爲本字,"疵""齊"爲借字。"疵"上一字因污迹遮蓋暫不能識,傳世各本皆作"采"。

"收以樂",《大戴禮記》及《新書》多數版本"收"皆作"徹"(《漢書》無此句),唯潭州本《新書》作"收"。疑海昏簡《保傅》當爲避漢武帝諱而改。

"[天]子不得爲非也",其下爲空白,可見海昏簡於此處分章,"明堂之位"屬下章。海昏簡保存了幾處章末簡,反映出其每章皆另起一行抄寫,章末未寫滿的簡形成"留白",但其章首簡未能保存下來,章首是否有分章符號不得而知。

……者也。常立於前,是周公也;……【B組,934Ⅶ區-9】
……是周公也,誠立而敢斷……【A組,933-11Ⅰ區-9】
……常立於左,是大公也,絜廉而切……【A組,933-11Ⅰ區-12】
……也;常立於右,是召公也,博【A組,933-11Ⅰ區-13】
……者也。常立於後,是【A組,933-11Ⅰ區-6】
……失言而舉無過事【A組,933-11Ⅰ區-75】
□□□□□事。殷周之所以能長久者,其輔翼天子具也。及至秦則不然,其俗【B組,934Ⅶ區-1】
……不然,其俗固非貴【A組,933-11Ⅰ區-59】

《明堂之位》曰:"篤仁而好學,多聞而道慎,天子疑則問,應而不窮者,謂之道。道者,導天子以道者也。常立於前,是周公也。誠立而敢斷,輔善而相義者,謂之充。充者,充天子之志也。常立於左,是太公也。絜廉而切直,匡過而諫邪者,謂之弼。弼者,拂天子之過者也。常立於右,是召公也,博聞强記,接給而善對者,謂之承。承者,承天子之遺忘者也。常立於後,是史佚也。"故成王中立而聽朝,則四聖維之,是以慮無失計而舉無過事。殷周之前以長久者,其輔翼天子有此具也。

及秦不然,其俗固非貴辭讓也,所尚者告得也;固非貴禮義也,所尚者刑罰也。故趙高傅胡亥而教之獄,所習者非斬劓人則夷人三族也。故今日即位,明日射人。忠諫者謂之誹謗,深爲計者謂之訞誣,其視殺人若艾草菅然。豈胡亥之性惡哉？彼其所以習導非其治故也。

按："[慮無]失言"，《大戴禮記》《新書》皆作"失計"。

"殷周之所以能長久者"，傳世各本皆無"能"字。《大戴禮記》"所"誤作"前"，《漢書》"殷周"作"三代"。

"其輔翼天子具也"，傳世各本作"其輔翼天（太）子有此具也"。傳世各本多"有此"二字，則"具"爲名詞，義爲"工具""手段"；海昏簡無"有此"二字，則"具"當爲動詞，義爲"具備"。

"及至秦則不然"，《大戴禮記》作"及秦不然"，《新書》《漢書》作"及秦而不然"。《大戴禮記》《新書》傳世各版本及注本多在此句之前分章，海昏簡此句緊接上句，不分章。

……所以亟絕者，其轍迹可見也。然而弗……【A組，933-11Ⅰ區-50】

……治亂之機，其要在是矣。天下之……【A組，933-11Ⅰ區-63】

……纍數譯而不能……【A組，933-11Ⅰ區-15】

……也。故曰：選左右，蚤（早）隃（諭）教，萬事要。【A組，933-11Ⅰ區-4】

……子正而天下定。《書》曰：一人有慶，兆【A組，933-11Ⅰ區-74】

鄙語曰："不習爲吏，如視已事。"又曰："前車覆，後車誡。"夫殷周所以長久者，其已事可知也，然如不能從，是不法聖知也。秦世<u>所以亟絕者，其轍迹可見也，然而</u>不辤者，是前車覆，而後車必覆也。夫存亡之敗，<u>治亂之機，其要在是矣。天下之</u>命懸於天子，天子之善在於早諭教與選左右。心未疑而先教諭，則化易成也。夫開於道術，知義理之指，則教之功也。若夫服習積貫，則左右已。胡越之人，生而同聲，嗜欲不異，及其長而成俗也，<u>參數譯而不能</u>相通，行雖有死不能相爲者，教習然<u>也。故曰：選左右、早諭教</u>最急。夫教得而左右正，左右正則天子正矣，<u>天子正而天下定</u>矣。《書》曰："一人有慶，萬民賴之。"此時務也。

按："纍數譯"之"纍"，《新書》《漢書》作"累"；《大戴禮記》傳世本多訛作"参",戴震校本改爲"絫",孔廣森《大戴禮記補注》從之;唯王聘珍《大戴禮記解詁》仍作"参",且認爲"参,猶纍也"。① 今得海昏簡之證,知"参"確爲"絫"之誤。

"選左右,蚤(早)喻(諭)教,萬事要",傳世各本皆作"選左右、早諭教最急"(《新書》《漢書》"早"作"蚤")。海昏簡此句連用三個三字短語,句式整齊,且"教""要"古韻同屬宵部,形成韻文。戰國秦漢時期流行的格言、成語、俗諺常常採用短小、整齊的韻文形式。而且此句前面的"故曰"二字,也是戰國秦漢時人引用成語、格言時常用的套語。《新書》《漢書》將"故曰"改爲"故臣曰",其後的"選左右早諭教最急"就變成了賈誼自己的話。總之,海昏簡此句可能是引用當時成語,其文本形式與傳世各本差異明顯,值得注意。

"一人有慶,兆[民賴之]"的"兆"字,《新書》《漢書》同,《大戴禮記》作"萬"。

……君國畜民之道,不見禮義之正,不……【A組,933-11Ⅰ區-34】

……右近臣,鄰愛於疏遠卑賤,不能懲忿窒欲……【A組,933-11Ⅰ區-62】

……得,色不畢(比)順,隱【A組,933-11Ⅰ區-5】

……師,答遠方諸侯,不知文雅之辤,應【A組,933-11Ⅰ區-57】

……誦,不傳不習,凡此其屬,少師之任也。……【A組,933-11Ⅰ區-33】

……而□,飽而强,饑而……【A組,933-11Ⅰ區-51】

……電之□,凡此其屬,大史之任也。【A組,933-11Ⅰ區-72】

天子不論先聖王之德,不知<u>國君畜民之道,不見禮義之正</u>,不察應事之禮,不博古之典傳,不閑於威儀之數,詩書禮樂無經,學業不法,凡是其屬,太師之任也。天子無恩於父母,不惠於庶民,無禮於大臣,不中於制獄,無經於百官,不哀於喪;不敬於祭,不信於諸侯,不誠

---

① 黄懷信:《大戴禮記彙校集注》,第372—373頁;〔清〕孔廣森:《大戴禮記補注》,王豐先點校,北京:中華書局,2013年,第69頁;〔清〕王聘珍:《大戴禮記解詁》,王文錦點校,北京:中華書局,1983年,第56頁。

於戎事,不誠於賞罰,不厚於德,不强於行,賜與侈於近臣,鄰愛於疏遠卑賤,不能懲忿窒欲,不從太師之言,凡是之屬,太傅之任也。天子處位不端,受業不敬,言語不序,聲音不中律,進退節度無禮,升降揖讓無容,周旋俯仰視瞻無儀,安顧咳唾,趨行不得,色不比順,隱琴瑟,凡此其屬,太保之任也。天子宴瞻其學,左右之習反其師,答遠方諸侯,不知文雅之辭,應群臣左右,不知已諾之正,簡聞小誦,不傳不習,凡此其屬,少師之任也。天子居處出入不以禮,冠帶衣服不以制,御器在側不以度,縱上下雜采不以章,忿怒説喜不以義,賦與集讓不以節,凡此其屬,少傅之任也。天子宴私安如易,樂而湛,飲酒而醉,食肉而餕,飽而强,饑而悷,暑而暍,寒而嗽,寢而莫宥,坐而莫侍,行而莫先莫後。天子自爲開門户,取玩好,自執器皿,亟顧環面,御器之不舉不藏,凡此其屬,少保之任也。號呼歌謡,聲音不中律。宴樂雅誦,逆樂序;不知日月之時節,不知先王之諱與大國之忌,不知風雨雷電之眚,凡此其屬,太史之任也。

按:本段内容亦見於《新書·傅職》。"君國",《新書》同,《大戴禮記》傳世各本大多作"國君",前人多認爲乃"君國"二字之誤倒。①

"右近臣",其前當殘缺"左"字,《新書》正作"左右近臣",《大戴禮記》無"左右"二字,前人多以爲脱漏。

"鄰愛",《大戴禮記》同,《新書》作"㥯授"。前人多主張"鄰"應讀爲"吝",《老子》第十五章"猶兮若畏四鄰",郭店楚簡及馬王堆帛書乙本"鄰"皆作"𡿨";《新書》作"㥯",亦爲"吝"之異體。"愛"與"授"或當爲形近互訛,如作本字講,亦可讀通。

"不能懲忿窒欲",《大戴禮記》同,《新書》"窒"作"忘"。

"色不畢順",《大戴禮記》《新書》"畢"皆作"比",二字音近相通。

"飽而强",《大戴禮記》同,《新書》作"飽而强食"。

"大史之任也",其下爲空白,表明海昏簡在此處分章。

……紕,差以千里。故君子慎始。《春秋》之【A組,933-11Ⅰ區-56】

《易》曰:"正其本,萬物理;失之毫釐,差之千里。"故君子慎始也。

---

① 黄懷信:《大戴禮記彙校集注》,第375頁。

《春秋》之元,《詩》之《關雎》,《禮》之《冠》《婚》,《易》之《乾》《巛》,皆慎始敬終云爾。素誠繁成,謹爲子孫,娶妻嫁女,必擇孝悌世世有行義者,如是,則其子孫慈孝,不敢婬暴,黨無不善,三族輔之。故曰:鳳凰生而有仁義之意,虎狼生而有貪戾之心,兩者不等,名以其母。嗚呼!戒之哉!無養乳虎,將傷天下。故曰素成。

按:本段及下段文字又見於《新書·胎教》之開頭,《大戴禮記》較《新書》爲簡略。

"紀"僅存左半,作"糸"旁;此字傳世各本皆作"釐"。"差以千里",《新書》同,《大戴禮記》"以"作"之"。

……月者,王后所求聲音非禮樂,則……【A組,933-11Ⅰ區-52】

……非正味,則大宰倚斗而言曰:不敢以侍王……【A組,933-11Ⅰ區-66】

……中某。大宰曰:"兹(滋)味上某。"然后卜……【A組,933-11Ⅰ區-38】

胎教之道,書之玉板,藏之金匱,置之宗廟,以爲後世戒。青史氏之《記》曰:古者胎教,王后腹之,七月而就宴室,太師持銅而御戶左,太宰持斗而御戶右。比及三月者,王后所求聲音非禮樂,則太師縕瑟而稱不習,所求滋味者非正味,則太宰倚斗而言曰:不敢以待王太子。太子生而泣,太師吹銅曰:"聲中某律。"太宰曰:"滋味上某。"然後卜名。上無取於天,下無取於墜,中無取於名山通谷,無拂於鄉俗,是故君子名難知而易諱也。此所以養恩之道。

按:"大宰倚斗而言",傳世《大戴禮記》"斗"作"升",盧文弨認爲應爲"斗"之誤,其說是;《新書》此句作"太宰荷斗而不敢煎調"。"侍",《新書》同,《大戴禮記》作"待"。

"中某",其後應脫"律"字。

……率小節焉。束髮而就大學=(學)大藝【A組,933-11Ⅰ區-55】

……動而鸞(鷟)〖=〗鳴〖=〗,(鷟鳴)而和應之,其聲曰和=(和)則=(則)敬,此……【A組,933-11Ⅰ區-67】

……佩玉爲度,上有雙珩,下……【A組,933-11Ⅰ區-37】

……趨以《肆夏》,步中規,折還【A組,933-11Ⅰ區-71】

古者年八歲而出就外舍,學小藝焉,履小節焉。束髮而就大學,學大藝焉,履大節焉。居則習禮文,行則鳴佩玉,升車則聞和鸞之聲,是以非僻之心無自入也。在衡爲鸞,在軾爲和,馬動而鸞鳴,鸞鳴而和應。聲曰和,和則敬,此御之節也。上車以和鸞爲節,下車以佩玉爲度;上有雙衡,下有雙璜、衝牙,玼珠以納其間,琚瑀以雜之。行以《采茨》,趨以《肆夏》,步環中規,折還中矩,進則揖之,退則揚之,然後玉鏘鳴也。

按:本段及下段文字又見於《新書·容經》,《新書》的文句順序和上下文與《大戴禮記》差別很大。

"率",《大戴禮記》作"履",《新書》作"蹠";"率"義爲"遵循","履""蹠"皆有"踐行"之義。《大戴禮記》之"學小藝焉""學大藝焉",《新書》作"業小道焉""業大道焉",且位於"蹠小節焉""蹠大節焉"之後,海昏簡此處同於《大戴禮記》。

"動",《新書》作"行"。"鸞(鸞)鳴"二字下應殘缺重文號。"則"下之重文號當爲誤衍。

"珩",《新書》同,《大戴禮記》作"衡"。

"步中規",《大戴禮記》作"步環中規","環"應讀爲"還"。此句《新書》作"步中規,折中矩",無"環""還"二字。

……天文,俯則察地理,前視其睹鸞(鸞)和之聲……【A組,933-11Ⅰ區-68】

……之道也。【A組,933-11Ⅰ區-70】

古之爲路車也,蓋圓以象天,二十八橑以象列星,軫方以象地,三十輻以象月。故仰則觀天文,俯則察地理,前視則睹鸞和之聲,側聽則觀四時之運,此巾車教之道也。

按:"其",《大戴禮記》《新書》皆作"則"。

"之道也"之下爲空白,可見此簡爲本章最末一簡。

若將傳世本《大戴禮記·保傅》的內容與《新書》加以比較,不難發現《大戴禮記·保傅》內容相當駁雜,大致可分爲六個部分:

1. 自"殷爲天子三十餘世而周受之"至"《書》曰:'一人有慶,萬民賴之.'此時務也",内容與《新書·保傅》基本相同,主要是將殷周君主的教育與秦相比,特别是舉周成王爲例,説明周置"保傅"以教導太子(幼主)是其得以享國長久的重要原因。

2. 自"天子不論先聖王之德"至"凡此其屬,太史之任也",其内容見於《新書·傅職》,而没有《傅職》篇開頭自"或稱《春秋》"至"非賢者不能行"的幾段話,其他文字也小有差異。這部分主要是講天子的各種過失、不足與"三公""三少"、太史的責任關係,與第1部分内容有關聯。

3. 自"《易》曰"至"此所以養恩之道",其内容見於《新書·胎教》的開頭,主要是講"胎教之道",與《新書》相比省去了"王太子懸弧之禮"那一段。

4. 自"古者年八歲而出就外舍"至"此巾車教之道也",這兩段文字,第一段還是講貴族教育,尤其是駕車和行步之禮儀,第二段則是講"車教之道",①即路車各部位的象徵意義。這兩段文字又見於《新書·容經》,其中第一段文字差異較大,《新書》較《大戴禮記》内容更爲豐富。而且在《新書》中這兩段文字並不是前後銜接的,中間還隔有其他内容。②

5. "周后妃任成王於身"這一小段文字,内容又屬於"胎教",見於《新書·胎教》篇。與《新書》比較,《大戴禮記》這段文字明顯是與第3部分割裂開來的,顯得非常突兀。

6. 自"成王生"至"其不失可知也",見於《新書·胎教》的後半部分,其内容是以歷代聖君明主爲例,説明選任賢臣的重要性,即"王左右不可不練也"。

因此,傳世本《大戴禮記·保傅》主要是由《新書》的《保傅》《傅職》《胎教》三篇合成,並且加入了《容經》篇的兩段文字,其文字詳略和叙述順序與《新書》不盡相同。當然這裏有一個前提假設,即傳世本《新書》(漢代稱爲《賈誼》《賈誼書》或《賈子》)相關文本的形成年代較《大戴禮記》爲早。

反觀海昏簡《保傅》,很容易看出A、B兩組簡文覆蓋的範圍是不同的。B組簡文雖然殘缺較甚,但其分佈範圍基本與上文所舉第1部分内容重合,也就是説没有超出《新書·保傅》之外的内容。A組簡文則覆蓋

---

① 《新書》"巾車"作"輿教",前人多以"巾"爲衍文。
② 《新書·容經》本身内容就非常複雜,前半部分叙述各種"禮容",後半部分則是一些議論文字的雜抄,並無統一的主旨。

了第1—4部分的全部内容,而屬於第6部分的内容則完全没有發現。①可見海昏簡《保傅》的A、B兩組簡文屬於兩個不同的抄本;B組所屬的抄本,其内容基本與《新書·保傅》重合;A組所屬的抄本,除《新書·保傅》外還加入了屬於《傅職》《容經》和《胎教》前半部分的内容,而没有《胎教》後半部分内容(即第6部分)。從具體文句和用字方面看來,A、B兩組都有與傳世本《大戴禮記》相合之處,也有與傳世本《新書》相合之處,還有少量與傳世本《大戴禮記》《新書》都不相同的重要異文(如開篇第一段)。如果我們承認傳世本《大戴禮記·保傅》是由西漢時期流傳的《賈誼書》中的一些篇章抄撮而成的話,那麼海昏簡《保傅》B組可能代表了《保傅》篇較原始的一種文本形態,而A組則代表了較晚的一種文本形態。

有一點應該順便提及,在933-11Ⅰ區竹簡中,發現有少量簡文與傳世本《新書·過秦》相合,如"二世立於……"(933-11Ⅰ區-43)、"……土息民,以持(待)其……"(933-11Ⅰ區-3)、"……守外附而社稷存……"(933-11Ⅰ區-25)。雖然這些竹簡殘損嚴重,無法確定其形製和容字,但可以看出其文字書體與海昏簡《保傅》兩組簡文都不相同。因此可以肯定,在海昏侯墓隨葬竹簡中,存在一個獨立的《賈誼書·過秦》抄本,而且很可能與《保傅》A組竹簡存放在一起。這爲傳世本《大戴禮記·保傅》來源於《賈誼書》提供了一個有力旁證。

《漢書·昭帝紀》始元五年(前82)六月詔曰:"朕以眇身獲保宗廟,戰戰慄慄,夙興夜寐,修古帝王之事,通《保傅傳》《孝經》《論語》《尚書》,未云有明。"可見至遲在武帝後期,《保傅傳》已經和《孝經》《論語》一起並列爲皇子、諸侯王的啓蒙讀物。《保傅》在昭宣時期的流行程度得到了出土資料的印證,在海昏侯劉賀墓和定州八角廊中山懷王劉脩墓中都發現了内容與《保傅》相關的竹簡。這兩座大墓一南一北,級别相當,下葬時間相去不過數年,②足以證明《保傅》在當時諸侯王階層中流傳之廣泛。

八角廊漢墓出土《保傅傳》簡文未曾發表,據整理者介紹,簡文與《大戴禮記》和《新書》中的相關章節"基本相同","但比《大戴禮記》和《新書》多出'昔禹以夏王'以下的後半部分文字,又比《新書》多出《連語》的兩

---

① 第5部分因過於短小,簡文又殘缺過甚,不能肯定簡文原來一定没有。
② 海昏侯劉賀卒於宣帝神爵三年(前59),中山懷王劉脩卒於五鳳三年(前55)。

節"。① 整理者的這一敘述並不十分清晰,"昔禹以夏王"以下的文字本來就見於《大戴禮記·保傅》和《新書·胎教》的後半部分(即上文所舉的第6部分),並非"多出"的新内容。《新書·連語》原文只有三節,不知整理者所説的"兩節"是其中的哪兩節。不過,即使從如此簡短而含糊的介紹中也可以看出,八角廊漢簡《保傅傳》的内容比海昏簡《保傅》要多,很可能不僅囊括了上文所舉傳世本《大戴禮記·保傅》全部6個部分的内容,還多出了見於傳世本《新書·連語》的兩節文字。② 正是因爲這一點,八角廊漢簡整理者在判斷這篇簡文屬性的時候纔顯得遲疑不決,不能肯定它是出自《大戴禮記》還是《新書》,是合爲一篇還是分爲幾篇。③

將八角廊漢簡《保傅傳》與海昏簡《保傅》合而觀之,我們現在至少已經看到年代相近的三個《保傅》抄本(假定八角廊簡只有一個抄本)。其中,海昏簡《保傅》B組内容最少,A組内容稍多,八角廊簡内容最多。可見即使抛開文句、用字方面的細節不談,僅就更爲重要的内容分合、增減而言,直到宣帝時期,《保傅》篇的文本仍處於一種相當不穩定的狀態。不過,不同文本之間差異雖然很大,但仍是以傳世本《大戴禮記·保傅》的内容爲其核心;换句話説,傳世本《大戴禮記·保傅》似乎代表了《保傅》篇文本演變的方向。而海昏簡《保傅》與傳世本《大戴禮記》和《新書》皆不相同的幾處重要異文則提示我們,《保傅》篇以及《賈誼書》的一些篇章在西漢中後期應該有多個文本系統在平行發展。④

《保傅》篇爲何在武帝後期至昭宣時期突然受到重視?這或許與這一時期的政治局勢有關。"巫蠱之禍"中,太子少傅石德是勸説太子劉據下決心採取行動的關鍵人物。而武帝末年儲位空缺,燕王劉旦等諸侯王爲謀求帝位而積極展開政治運作,他們的"師傅"很可能也在其中發揮了不小的作用。武帝可能由此開始重視"師傅"對於諸侯王教育和監督的重要性,或許在其授意下,一些儒生學者(可能包括諸侯王"師傅"在内)從當時流傳的《賈誼書》中選取與皇子教育相關的一些材料編成了《保傅》篇。

---

① 國家文物局古文獻研究室、河北省博物館、河北省文物研究所定縣漢墓竹簡整理組:《定縣40號漢墓出土竹簡簡介》,《文物》1981年第8期。
② 在傳世本《新書》中,《連語》恰好位於《保傅》之後,可見二者關係密切。
③ 整理者將其定名爲《保傅傳》而非《保傅》,也是出於這方面的顧慮。
④ 即使在《大戴禮記》和《新書》傳世本基本定型之後,二者之間也仍然在不斷互相參校而進行改動。

《保傅》篇編選的宗旨是明確的,即"選左右、早諭教",但在具體操作層面編者應該有較大自由,於是形成了文本形態相差很大的各種版本。昭帝以沖齡即位,霍光等四大臣輔政,這種政治格局與《保傅》篇"三公三少"輔佐成王的內容恰相對應,《保傅》篇的地位由此進一步提高。昭帝始元五年(前82)詔將《保傅傳》列於諸經傳之首,或許可以從這一角度來理解。其後又發生了燕王劉旦勾結上官桀、桑弘羊等謀反被誅,昌邑王劉賀以外藩入繼大統旋即被廢,宣帝劉詢自民間起爲天子,直至霍氏家族伏誅等一系列重大政治事件,《保傅》篇的現實政治意義從不同角度得以彰顯。因此,《保傅》篇在宣帝時期得到更廣泛的傳播,其文本形態也沿著不同軌迹充分發展。傳世本《大戴禮記·保傅》應該是在綜合不同版本的基礎上最終形成。

第七章　海昏竹書"儀"類文獻初論①

　　海昏侯漢墓墓葬結構與隨葬品保存情況較好,利於進行綜合研究。墓主人劉賀《漢書》有傳,生平事迹較詳,這對理解墓葬出土文獻,特別是古書簡極有助益。本章介紹的禮儀類簡册,相當一部分可歸入劉賀爲昌邑王的時期,以往同等級别的西漢墓葬中,未見這類文獻出土。海昏侯漢墓中禮儀簡的發現,對學者理解西漢諸侯王的日常禮儀行事,以及相關文本的流傳,具有重要的意義。

　　海昏侯漢墓竹簡中,存有十數枚記録行禮儀式的文獻,可暫命名爲"禮儀簡"。這類竹簡的主要内容,是記録特定儀式中參與者的進退行事,主持者的號令等。從形式上看,與《儀禮》的一些篇目十分相似。數枚竹簡記録的主體都爲"王",這類文獻應該屬於劉賀爲昌邑王時使用的文本。除《儀禮》外,記録實際行用禮儀的早期文本十分罕見。至於漢代諸侯王實際使用的禮儀,尚屬首次發現。這部分竹簡數量不多,殘損也比較嚴重,現就目前所知的信息略作介紹。

　　"禮儀簡"中至少可區分出兩種文獻。第一種爲昌邑王的"會飲儀"。其中一簡云"右方王會飲(?)義(儀)"(圖七·1),②前有一墨點提示。屬於"王會飲儀"的簡,多記載參與者的站位、進退,主持者的號令等。其中相對較爲完整的簡文(圖七·2)如:

　　　　……踐登東堂。賓者、吏大夫皆反走復立(位)。王西鄉(向)定立。賓者、吏大夫……

---

① 本章精簡版曾以《西漢海昏侯劉賀墓出土"禮儀簡"述略》爲題原刊於《文物》2020年第6期。
② 按"飲"字較爲模糊,據殘存的字形與上下文釋出。

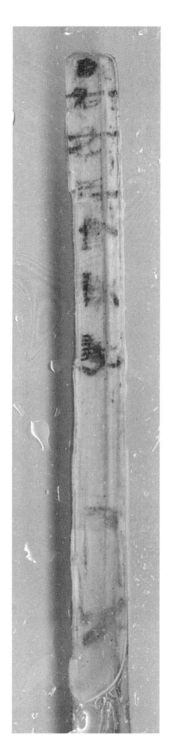

圖七・1（右爲整簡，左爲局部放大）

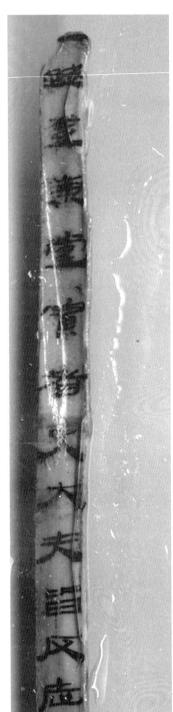

圖七・2（右爲整簡，左爲局部放大）

"吏大夫"應指王廷群吏,即昌邑王宴飲禮的主要參與者。"吏大夫"一詞見於傳世文獻,泛指官吏。如《墨子·號令》有"守入臨城,必謹問父老、吏大夫"云云。① 《儀禮·燕禮》有:"射人請賓,公曰:'命某爲賓。'"② 即指諸侯從參加燕禮的諸大夫中選擇一位"賓",與《鄉飲酒禮》中之"賓"有所不同。③ 簡文中的"賓者",或與《燕禮》相似。此外,"會飲儀"中還有演奏音樂的部分,有簡文云:

　　……反走復立(位)。王定立陛前,南鄉(向)。皆復就立(位)。禮樂進,曰:"請令相行樂器。"……

簡文中的"禮樂",應指樂官之長,與《儀禮》中的"樂正"相當。《儀禮》的《鄉飲酒禮》《燕禮》等篇目所載宴飲中也均有歌唱、演奏樂歌的儀式。除"禮樂"外,主持、輔助儀式進行的官員還有史、相等,由史承擔司儀之職。

第二種文獻,很可能與諸侯王主持的祭祀儀式有關。"禮儀簡"中有一枚記載總字數者,應是某種書的最末一簡(圖七·3):

　　……史、祝贊曰:嗣王某□盡如義(儀)。・凡八百六十五字。

《禮記·曲禮下》云:"踐阼,臨祭祀,内事曰'孝王某',外事曰'嗣王某'。"鄭注:"皆祝辭也。唯宗廟稱孝。天地社稷,祭之郊内,而曰嗣王,不敢同外内。"④ 即云王在祭祀天地神祇的祝辭中,要自稱"嗣王某"。本簡的"嗣王某"如果與《曲禮》所指近似,則相關簡文可能涉及昌邑王主持的祭祀禮儀。

關於海昏侯漢墓"禮儀簡",還有兩個問題值得略作引申。首先是文本本身的形式與性質。"禮儀簡"的用詞和内容,與《儀禮》中《鄉飲酒禮》《燕禮》等篇十分相似,是一種記錄、指導禮儀行事的文本。前述第一類文本具有篇題,第二類文本尚未見篇題,但篇末有字數統計,應當也是一種完整、固定的文本。它們都應是具實用性的範本,指導實際行禮的過程,書寫、使用它們的人或爲昌邑國的祝史。

這兩種文獻,同屬一種之前未見於出土文獻的類型,篇題"王會飲儀"

---

① 〔清〕孫詒讓:《墨子閒詁》卷一五《號令》,北京:中華書局,2001年,第606頁。
② 《儀禮注疏》卷一四《燕禮》,《十三經注疏》(清嘉慶刊本),北京:中華書局,2009年影印本,第2195頁。
③ 按《鄉飲酒禮》鄭注:"主人,謂諸侯之鄉大夫也。……賓、介,處士賢者。"參見《儀禮注疏》卷一四《燕禮》,《十三經注疏》(清嘉慶刊本),第2115頁。
④ 《禮記正義》卷四《曲禮下》,《十三經注疏》(清嘉慶刊本),第2728頁。

圖七・3（右爲整簡，左爲局部放大）

之"儀",就是這類文本的名稱。早期傳世文獻中,也存有這類文本的片段,如《史記・叔孫通列傳》載叔孫通擬定的群臣朝會典禮,云"儀:先平明,謁者治禮,引以次入殿門"。文獻中更常見的説法是"如儀",如《叔孫通列傳》後文有"至禮畢,復置法酒。……御史執法舉不如儀者輒引去"。① 又如《漢書・武五子傳》記載劉賀奔喪,將至未央宫東闕,郎中令龔遂勸他下車。劉賀"到,哭如儀"。② 上引"如儀"之"儀",均應解釋爲某種文本已經寫定的行事規範,而非泛泛的"禮儀"或"儀節"之義。可爲佐證的是,前引《叔孫通列傳》中,還將"禮畢"和"不如儀者"對舉,二者顯然有别。所謂"禮",泛指群臣朝會的典禮,而"儀"則指特定文本。簡文中"嗣王某□盡如儀"的"如儀",與傳世文獻中的"如儀"意思相同,均指符合"儀"類文獻的規定。這類被稱爲"儀"的文獻,内容可能主要爲進退容止、站立位次。③ 海昏侯漢墓的"禮儀簡",可使學者確認"儀"這一文獻種類,進而鈎稽並重新認識傳世文獻中的相關材料。

其次,據海昏侯漢墓禮儀簡可知,至劉賀爲昌邑王時,諸侯王的日常禮儀行事已有固定的文本可以依從。由此似可推斷,至遲至武帝中後期,諸侯國内的各項禮儀的施行,都以成文的"儀"類文獻規範。這類文本如何形成,也是值得考慮的問題。西漢初年,無暇制禮作樂,諸事均屬草創,叔孫通爲高祖擬定朝會禮儀的故事常見於學者引用。④ 叔孫擬定的禮儀,"采古禮與秦儀雜就之",即以秦代儀節參合古代禮書,擬定一套行事規範。此處"秦儀"之"儀",應當也指文本。史籍僅記載叔孫通爲漢廷擬定重大禮儀,諸侯王國如何行事,則付之闕如。至武帝時,禮儀規範可能仍不完備,《移讓太常博士書》即云:"國家將有大事,若立辟雍、封禪、巡狩之儀則幽冥莫知其原。"⑤

---

① 均參見《史記》卷九九《劉敬叔孫通列傳》,北京:中華書局,1959年,第2723頁。
② 《漢書》卷六三《武五子傳》,北京:中華書局,1962年,第2765頁。
③ 如《續漢書・禮儀志》中記載王朝禮儀,有時使用"如禮",有時使用"如儀",二者有所區别。仔細分别,"如儀"者,往往與站位、容止有關,如"上陵"儀式中,云"群臣就位如儀"(《後漢書》志第四《禮儀上》,北京:中華書局,1965年,第3103頁)。這一區别在"大喪"條尤爲明顯,云"哭踊如禮""小斂如禮""執事者如禮",又云"太常、大鴻臚傳哭如儀""吉服入會如儀",參《後漢書》志第四《禮儀下》,第3141—3143頁。聶溦萌最先注意到《續漢書・禮儀志》中"如禮""如儀""如故事"有所區别,2017年12月3日私人郵件。
④ 《史記》卷九九《劉敬叔孫通列傳》,第2722—2723頁。
⑤ 《漢書》卷三六《楚元王傳》,第1970頁。

"儀"類文獻形成的過程中,武帝朝很可能是一個關鍵時期。武帝時代,在諸多方面都力求革除秦制,建立漢家制度。《史記·三王世家》中所載武帝封齊王、燕王、廣陵王之事,可爲一旁證。在群臣冊封諸侯王的奏請中,有"禮儀別奏"之語:

> 四月丙申,奏未央宫。"太僕臣賀行御史大夫事昧死言:太常臣充言卜入四月二十八日乙巳,可立諸侯王。臣昧死奏輿地圖,請所立國名。禮儀別奏。臣昧死請。"①

此處別奏之"禮儀",與諸侯王國的"輿地圖"並舉,所指應爲冊立諸侯王的禮儀行事文本。相似的説法也見於同卷前文,云:"臣請令史官擇吉日,具禮儀上,御史奏輿地圖,他皆如前故事。"②奏上"禮儀"的是史官,也説明"禮儀"就是特定的文本。此外,冊封禮中"他皆如故事",只有冊封"禮儀"需要單獨奏上,説明之前没有成例,禮儀的文本是武帝時期的新創。與之相仿,武帝冊封三王之"策"也在這次"制禮"的舉措之中。這些策書模仿《尚書》等經典,文句古奥。《三王世家》的"太史公曰"以爲"文詞爛然,甚可觀也"。③ 史籍所載武帝之前的諸侯王冊封禮,未見這類文辭,《漢書·武帝紀》曰:

> [元狩六年]夏四月乙巳,廟立皇子閎爲齊王,旦爲燕王,胥爲廣陵王。初作誥。④

既云"初作誥",可見這幾篇策書的形式是武帝時首創。⑤ 在上述大背景下,大規模製作"儀"類文獻,並在諸侯國間普遍使用,很可能也在此時。

最後,還有必要對作爲一種文獻類型的"儀"略作探討。出土文獻中與禮儀相關的文本中,禮書類有武威磨咀子漢簡《儀禮》。⑥ 此外,睡虎地漢墓M77出土了《葬律》,記載的是對諸侯王的喪葬制度的規定。⑦ 海昏

---

① 《史記》卷六〇《三王世家》,第2110頁。
② 《史記》卷六〇《三王世家》,第2110頁。
③ 《史記》卷六〇《三王世家》,第2114頁。
④ 《漢書》卷六《武帝紀》,第179頁。
⑤ 按《三王世家》封齊王策《索隱》云:"又按《武帝集》,此三王策皆武帝手制。"(《史記》卷六〇《三王世家》,第2111頁)此説未見其他證據,可爲參考。
⑥ 參見中國科學院考古研究所、甘肅省博物館編:《武威漢簡》,北京:文物出版社,1964年。
⑦ 湖北省文物考古研究所、雲夢縣博物館:《湖北雲夢睡虎地M77發掘簡報》,《江漢考古》2008年第4期;彭浩:《讀雲夢睡虎地M77漢簡〈葬律〉》,《江漢考古》2009年第4期。

侯漢墓"禮儀簡",應是首次發現指導日常禮儀行事的文本。這批文獻的意義,至少可以從兩個方面考慮。

首先,這批文獻對於理解西漢的禮儀行事本身十分重要。諸侯王國內的禮儀如何實施,傳世文獻中幾乎没有記載。通過上述兩種實用文本,有可能部分復原昌邑國日常禮儀的細節。自先秦至於西漢中期之前,以進退容止爲核心的容禮,一直是儒家禮學中十分重要的組成部分。因文獻闕如,對於早期禮儀行事如何實施,行事與經典文本如《儀禮》之間關係如何,一直缺乏討論的基礎。海昏侯漢墓禮儀簡補充了這方面的文獻,提供了進一步討論的可能性。

其次,這批禮儀簡對理解"儀"類文獻的體例十分重要。無論是中央或地方,在舉行重大典禮時往往有文本可依。中古以後,這些文獻在目録書中單獨成爲"儀注"一類,不但是實際行事的指導,也是禮典編纂的基礎。[1] 在秦與西漢,這類文獻則被稱爲"儀"或"禮儀"。[2] 不過,現存的早期"儀"類文獻多爲前代學者從古書中重新輯出,内容破碎,也難以討論它們在不同時代間的變化。因此,學者在討論早期禮儀類文獻時,不得不倚重經典文本,如《儀禮》或《禮記》中的相關篇目。通過海昏侯漢墓禮儀簡的發現,學者有可能認識西漢"儀"類文獻的形態,將中古的儀注類文本上溯至西漢,並討論這類文本形成與發展的過程。

---

[1] 最新的研究可參見聶溦萌:《中古的儀注文書與禮典編纂》,"社會史視野下的魏晉制度變遷"工作坊會議論文,上海,華東師範大學,2019 年 5 月 13 日。

[2] 除前文所引外,《漢書·禮樂志》也提及叔孫通"制禮儀""定儀法",賈誼"草具其儀",均以"儀""禮儀"爲名。參見《漢書》卷二二《禮樂志》,第 1030 頁。

第八章 海昏竹書《春秋》初讀

圖八·1

　　海昏侯墓"春秋"類簡册，集中出土於一個漆盒中。經初步整理，共得簡205枚。其中有幾枚前後二簡粘連，分離後還可再得若干枚。簡兩面有字，分正、反兩面拍攝，共410簡，形成文保照片28張。其中22張每張15簡，2張（正305，反306）每張16簡，2張（正313，反314）每張19簡，2張（正329，反330）每張5簡。簡的保存情況極差，皆爲殘斷簡，無一完整者，且朽爛嚴重，文字大多模糊不清。正面保存情況稍好，有部分文字尚可辨識。反面情況甚差，可辨識的文字寥寥無幾。

　　簡文的内容顯然與《春秋》有關。如簡文："免牲，猶三望。"（見圖八·1）今本《春秋》三傳皆有此文。《公羊傳》卷一二僖公三十一年夏四月："四卜郊，不從，乃免牲，猶三望。"①《穀梁傳》卷九、《左傳》卷一七之文同。簡文："六年春王正月夏公會齊侯□□。"《公羊傳》卷一〇僖公："六年春王正月。夏，公會齊侯、宋公、陳侯……"②《穀梁傳》卷八、《左傳》卷一三之文同。但簡文有些内容僅見於《公羊傳》。如簡文："而用師危不得。"《公羊傳》卷一二僖公三十三年夏四月辛巳："君在乎殯而用師，危不得葬也。……癸巳，葬晉文公。"③《左傳》無此文。《穀梁傳》卷九僖公三十三年夏四月癸巳："葬晉文公。日葬，危不得葬也。"④無"而用師"之文。又如簡文："取濟西田惡

---

① 《春秋公羊傳注疏》卷一二僖公三十一年，《十三經注疏》（清嘉慶刊本），北京：中華書局，2009年影印本，第4913頁。
② 《春秋公羊傳注疏》卷一〇僖公六年，《十三經注疏》（清嘉慶刊本），第4886頁。
③ 《春秋公羊傳注疏》卷一二僖公三十三年，《十三經注疏》（清嘉慶刊本），第4916頁。
④ 《春秋穀梁傳注疏》卷九僖公三十三年，《十三經注疏》（清嘉慶刊本），第52116頁。

取之也取諸曹。"《公羊傳》卷一二僖公三十一年春:"取濟西田。惡乎取之? 取之曹也。"①《穀梁傳》卷九、《左傳》卷一七只有"取濟西田"四字。②此證:簡文應爲《公羊傳》。

目前能查到出處的簡文,都見於今本《公羊傳》僖公部分。案《漢書·藝文志》:"《公羊傳》十一卷。"③《公羊傳》卷一一僖公十六年正月戊申朔條注:"本或從此下別爲卷。案《七志》《七録》,何注此十一卷《公羊》,以閔附莊故也。後人以僖卷大,輒分之爾。"④據此可知,在早期的十一卷本《公羊傳》中,僖公部分爲一卷。據此判斷,"春秋"類簡册不是完整的《公羊傳》,只是其中的僖公卷。

經比對,簡文的内容與今本有所不同。現詳細列舉如下:

簡文:"則齒寒矣虞郭之相救非相爲賜也則今日郭亡而明日虞□□。"(圖八·2)

今本《公羊傳》卷一〇僖公二年夏五月:"宫之奇果諫:'記曰:唇亡則齒寒。虞、郭之相救,非相爲賜,則晉今日取郭,而明日虞從而亡爾,君請勿許也。'"⑤

簡文:"六年春王正月夏公會齊侯□□。"

今本《公羊傳》卷一〇僖公:"六年春王正月。夏,公會齊侯、宋公、陳侯、衛侯、曹伯伐鄭,圍新城。"⑥

簡文:"君之子□□也歲未逾年之君也殺未。"

今本《公羊傳》卷一一僖公九年冬:"晉里克弑其君之子奚齊。此未逾年之君,其言弑其君之子奚齊何? 殺未逾年君之號也。"⑦

簡文:"應(?)之曰賴社稷之神靈(?)□。"

今本《公羊傳》卷一一僖公二十一年:"楚人謂宋人曰:'子不與我國,吾將殺子君矣。'宋人應之曰:'吾賴社稷之神靈,吾國已有君矣。'"⑧

---

① 《春秋公羊傳注疏》卷一二僖公三十一年,《十三經注疏》(清嘉慶刊本),第4913頁。
② 《春秋穀梁傳注疏》卷九僖公三十一年,《十三經注疏》(清嘉慶刊本),第5215頁;《春秋左傳正義》卷一七僖公三十一年,《十三經注疏》(清嘉慶刊本),第3975頁。
③ 《漢書》卷三〇《藝文志》,北京:中華書局,1962年,第1713頁。
④ 《春秋公羊傳注疏》卷一一僖公十六年,《十三經注疏》(清嘉慶刊本),第4896頁。
⑤ 《春秋公羊傳注疏》卷一〇僖公二年,《十三經注疏》(清嘉慶刊本),第4881頁。
⑥ 《春秋公羊傳注疏》卷一〇僖公六年,《十三經注疏》(清嘉慶刊本),第4886頁。
⑦ 《春秋公羊傳注疏》卷一一僖公九年,《十三經注疏》(清嘉慶刊本),第4891頁。
⑧ 《春秋公羊傳注疏》卷一一僖公二十一年,《十三經注疏》(清嘉慶刊本),第4900頁。

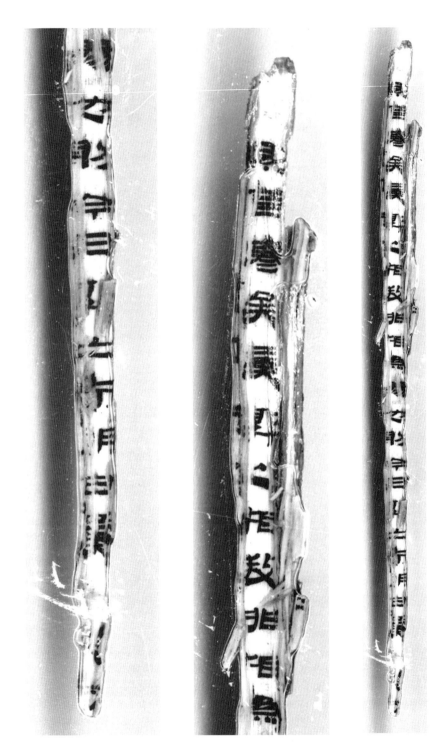

圖八·2(右爲整簡,左爲局部放大)

簡文:"夏公子遂如楚乞師乞卑辭也曷爲外内同之也重師也。"

今本《公羊傳》卷一二僖公二十六年:"夏,齊人伐我北鄙。衛人伐齊。公子遂如楚乞師。乞師者何？卑辭也。曷爲以外内同若辭？重師也。"①

簡文:"楚殺大夫得臣也衛(？)。"

今本《公羊傳》卷一二僖公二十八年夏四月:"楚殺其大夫得臣。衛侯出奔楚。"②

簡文:"□諸天子之側(？)者也□。"

簡文:"可知(？)矣歸(？)於者非。"

今本《公羊傳》卷一二僖公二十八年六月:"歸之于者,執之于天子之側者也,罪定不定已可知矣。歸于者,非執之于天子之側者也,罪定不定未可知也。"③

簡文:"之□不(？)得反於是已。"

今本《公羊傳》卷一二僖公二十八年冬:"文公逐衛侯而立叔武。叔武辭立而他人立,則恐衛侯之不得反也,故於是已立,然後爲踐土之會,治反衛侯。"④

簡文:"使宰周公來聘ヽ宰周公者何也天子之。"(ヽ爲分段符號)

今本《公羊傳》卷一二僖公三十年冬:"天王使宰周公來聘。"⑤

今本《公羊傳》卷一一僖公九年夏:"公會宰周公。宰周公者何？天子之爲政者也。"⑥

簡文:"取濟西田惡取之也取諸曹曷(？)。"

今本《公羊傳》卷一二僖公三十一年春:"取濟西田。惡乎取之？取之曹也。曷爲不言取之曹？諱取同姓之田也。"⑦

簡文:"免生猶三望ヽ□。"

今本《公羊傳》卷一二僖公三十一年夏四月:"四卜郊,不從,乃免牲,猶三望。曷爲或言三卜,或言四卜？三卜禮也,四卜非禮也。"⑧

---

① 《春秋公羊傳注疏》卷一二僖公二十六年,《十三經注疏》(清嘉慶刊本),第4907頁。
② 《春秋公羊傳注疏》卷一二僖公二十八年,《十三經注疏》(清嘉慶刊本),第4910頁。
③ 《春秋公羊傳注疏》卷一二僖公二十八年,《十三經注疏》(清嘉慶刊本),第4911頁。
④ 《春秋公羊傳注疏》卷一二僖公二十八年,《十三經注疏》(清嘉慶刊本),第4911頁。
⑤ 《春秋公羊傳注疏》卷一二僖公三十年,《十三經注疏》(清嘉慶刊本),第4913頁。
⑥ 《春秋公羊傳注疏》卷一一僖公九年,《十三經注疏》(清嘉慶刊本),第4890—4891頁。
⑦ 《春秋公羊傳注疏》卷一二僖公三十一年,《十三經注疏》(清嘉慶刊本),第4913頁。
⑧ 《春秋公羊傳注疏》卷一二僖公三十一年,《十三經注疏》(清嘉慶刊本),第4913頁。

簡文:"●卅有三年夏四月丁巳,晉人及□戎□□。"

簡文:"鄭佰□子訐曰千里而襲。"

簡文:"曰吾非敢哭師也吾哭臣之。"

簡文:"而用師危不得。"

今本《公羊傳》卷一二僖公:"三十有三年春王二月,秦人入滑。齊侯使國歸父來聘。夏四月辛巳,晉人及姜戎敗秦于殽……秦伯將襲鄭,百里子與蹇叔子諫曰:'千里而襲人,未有不亡者也。'……秦伯怒曰:'爾何爲哭吾師?'對曰:'臣非敢哭君師,哭臣之子也。'……君在乎殯而用師,危不得葬也。"①

簡文:"□也●曰霜不殺草李梅實。"

今本《公羊傳》僖公三十三年十二月:"隕霜不殺草,李梅實。何以書?記異也。何異爾?不時也。"②

兩種文本,除了簡文字句比較簡略外,也有存在較大差別之處。如:簡文"則今日郭亡",今本作"則晉今日取郭"。簡文"君之子□□也歲未逾年之君也殺未",似無今本"其言弒其君之子奚齊何"一句。簡文"夏公子遂如楚乞師",今本"夏"字後多"齊人伐我北鄙"和"衛人伐齊"兩句。簡文"使宰周公來聘"和"宰周公者何也天子之"兩句,前者見於今本僖公三十年,後者見於今本僖公九年。簡文"卅有三年夏四月丁巳",今本作"辛巳",③且多"春王二月,秦人入滑"和"齊侯使國歸父來聘"兩句。簡文"曰霜不殺草李梅實"有重文符號,今本則無。

《公羊傳》相傳係孔子弟子子夏所傳。《公羊傳序》徐彥疏引戴宏序曰:"子夏傳與公羊高,高傳與其子平,平傳與其子地,地傳與其子敢,敢傳與其子壽。至漢景帝時,壽乃共弟子齊人胡母子都著於竹帛。"④胡母氏的學生除公孫弘外都不見記載。所謂《春秋胡母章句》或"胡母生條例"不

---

① 《春秋公羊傳注疏》卷一二僖公三十三年,《十三經注疏》(清嘉慶刊本),第 4915—4916 頁。
② 《春秋公羊傳注疏》卷一二僖公三十三年,《十三經注疏》(清嘉慶刊本),第 4916 頁。
③ 案饒尚寬編著:《春秋戰國秦漢朔閏表》(北京:商務印書館,2006 年,第 25 頁)僖公三十三年四月己巳朔,無丁巳,應以辛巳爲是。
④ 《春秋公羊傳注疏》,《十三經注疏》(清嘉慶刊本),第 4759 頁。

曾立於學官,只在民間流傳,①影響有限。與胡母子都同時或稍晚,董仲舒對《公羊》學進行了重要闡釋和發揮,形成新學派,且代代相傳,在漢代影響甚大。《漢書·儒林傳》載,仲舒弟子嬴公"守學不失師法",嬴公授眭弘,眭弘又授嚴彭祖、顏安樂,由此形成《公羊》嚴、顏之學,並皆立於學官。② 據同書《眭弘傳》,弘於昭帝元鳳三年(前78)被殺,五年後,宣帝即位。則嚴、顏之學當形成於昭帝時。而海昏侯劉賀生於武帝時,即父位爲昌邑王,昭帝崩後即位爲帝,旋即被廢爲庶人,宣帝時又封爲海昏侯。從時間上看,他所接觸的《公羊》學應是嚴、顏之學。因此,其墓中出土的《公羊傳》有較大可能屬於嚴氏或顏氏。

　　簡文中有些内容,如"□□□□反命""□□立於門北(?)""□●謂期□□主""出襄公則□□□""師也曷附(?)子曰""何(?)以□貶(?)也,文公""不習也故□□以□""惡(?)矣●五月壬□會(?)□侯(?)□子玄子明於□□□□"等,即不見於今本《公羊傳》,也不見於《穀梁傳》和《左傳》。案《漢書·儒林傳》:嚴彭祖、顏安樂"俱事"眭弘(字孟),但"各持所見",其後"各顓門教授"。③ 嚴、顏兩家各有章句。《後漢書·樊儵傳》:"受《公羊嚴氏春秋》……删定《公羊嚴氏春秋章句》,世號'樊侯學'。"④同書《張霸傳》:從樊儵"受《嚴氏公羊春秋》……以樊儵删《嚴氏春秋》猶多繁辭,乃減定爲二十萬言,更名'張氏學'"。⑤ 何休《公羊傳序》批評當時《公羊》學者"講誦師言至於百萬,猶有不解"。徐彦疏:"言由莊(嚴)、顏之徒解義不是,至地(他)問難,遂爾謬説至於百萬言。其言雖多,猶有合解而不解者。"⑥可見,嚴、顏兩家的章句有數十萬甚至百萬字。但自何休《公羊解詁》問世後,嚴、顏章句逐漸失傳。簡文中的上述文字,或許與之有關。

　　簡文中還有部分内容,字與字間距很大。如"□　□　□　□十　有　二""□　□　□　王　子　□""公　□　年""十　月　""□

---

① 東漢李固《祀胡母先生教》:"胡母子都……深演聖人之旨,始爲《春秋》製造章句……當學《春秋胡母章句》,每讀其書,思睹其人。"(參見[唐]許敬宗編,羅國威整理:《日藏弘仁本文館詞林校證》,北京:中華書局,2001年,第466頁)漢末何休則"略依胡母生條例"作《公羊》何氏注,參見《春秋公羊傳注疏》,《十三經注疏》(清嘉慶刊本),第4760頁。
② 《漢書》卷八八《儒林傳》,第3616—3617頁。
③ 《漢書》卷八八《儒林傳》,第3616頁。
④ 《後漢書》卷三二《樊儵傳》,北京:中華書局,1965年,第1122、1125頁。
⑤ 《後漢書》卷三六《張霸傳》,第1241—1242頁。
⑥ 《春秋公羊傳注疏》,《十三經注疏》(清嘉慶刊本),第4760頁。

冬　□　冬齊""月　公
于　□　□"(圖八·3)、
"八　月　公""三　月　己"
"五　月　辛"等等。由於文
字模糊,且不完整,無法判斷
其内容。但從可辨識的文字
看,顯然也與《春秋》有關,推
測可能是《春秋經》。案《漢
書·藝文志》:"《春秋古經》十
二篇,《經》十一卷。"本注曰:
"公羊、穀梁二家。"① 知《公羊》
家所傳,除"《公羊傳》十一卷"
外,還有單獨成書的"《經》十
一卷"。《春秋經》文極爲簡
單,每條不過數字。抄寫者可
能是爲了避免所有文字都集
中於簡端,故意拉大間距。但
也有幾枚簡,字間距很大,字
型也很大,如"□　晉　□
□　□"(圖八·4)"齊　□"
"　晉　卓(?)　"等,既不見
於《春秋經》,也不見於《公羊
傳》,其性質還有待研究。

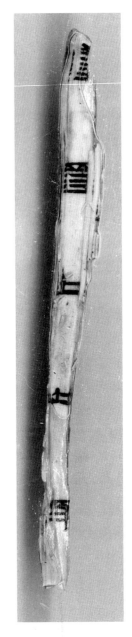

圖八·3　　　　圖八·4

---

① 《漢書》卷三〇《藝文志》,第1712頁。

第九章　海昏竹書《論語》初論①

　　海昏侯劉賀墓出土簡牘包含了大量西漢儒家經傳抄本,從《詩》《禮》《春秋》到《論語》和《孝經》類文獻,種類豐富,數量龐大。這樣豐碩的考古收穫出人意外,却也在情理之中。

　　漢武帝晚年到昭帝時期,宗室近親已經開始接受儒學教育。劉賀之父第一代昌邑王劉髆,是漢武帝的寵妃李夫人所生。武帝愛母及子,十分愛護劉髆,天漢四年(前97)立他爲昌邑王後,任命"通五經,以《齊詩》《尚書》教授"的大儒夏侯始昌爲昌邑太傅,②負責教導。劉髆與武帝在同一年(前87)去世,劉賀繼承王位,時年不過五六歲,而身邊大臣中也已經有多位爲世所重的儒生,如王式、龔遂、王吉等。劉賀的老師王式,是《詩經》與《春秋》穀梁學大師魯申公的再傳弟子,自稱曾"以《詩》三百五篇朝夕授王",他有多位弟子後來成爲五經博士。③ 劉賀受徵入朝繼位時的郎中令龔遂"以明經爲官",對劉賀多有勸誡,有一次還提出在王國郎署中挑選品行端正、學通經義者爲貼身侍從,時時用《詩》《書》禮儀薰陶教化。④ 昌邑中尉王吉也"兼通五經,能爲騶氏《春秋》,以《詩》《論語》教授",且多用《詩》《書》《春秋》勸諫。⑤ 劉賀入繼大統時,只是十八九歲的青年,表現得舉止輕浮,胸無城府,主要是因爲年輕,缺乏處世經驗,而非没有受到儒家教育。

　　劉賀從皇帝位上被廢以後,即返回昌邑國,軟禁在原來的宫殿中,直

---

① 本章部分内容曾以《西漢海昏侯劉賀墓出土〈論語〉"曾皙言志"簡初釋》爲題原刊於《文物》2020年第6期。
② 《漢書》卷七五《夏侯始昌傳》,北京:中華書局,1962年,第3154頁。
③ 《漢書》卷八八《儒林·王式傳》,第3608—3610頁。
④ 《漢書》卷八九《龔遂傳》,第3637—3638頁。
⑤ 《漢書》卷七二《王吉傳》,第3061—3066頁。

到十多年後改封爲海昏侯。他遷往海昏時，身邊雖不再有大儒，但所帶昌邑舊物中還有少年時讀過的儒家典籍。這些書籍在劉賀死後隨葬於地下，是很自然的事。

解釋了劉賀墓隨葬儒書的原因後，更應該深入到書的文本結構和内容上去。現在學者對於西漢經學的瞭解，主要來自西漢末年乃至東漢人的概括性描述。正如錢穆已經指出的，西漢經學高度發達，衆説紛紜，至漢宣帝石渠閣會議以後纔整合形成家派。[①] 各家派經傳説的特徵和自戰國至西漢的傳授譜系，是宣帝以後儒生的追述。這些追述是在新出現的家法宗派觀念影響下產生的，一定會有失真。要瞭解西漢經學的真實狀況，必須研讀出土的漢代儒書，特别是抄寫於宣帝時代及以前的經學文獻。

在出土漢代儒書中，《論語》有自身的特點，利於經學史的探討。《論語》非經，却是學經的基礎，傳習很廣。已出土的竹簡《論語》就有三批，時代集中在昭宣時期，此外還有散見於西北邊塞漢簡中的斷簡殘篇。出土《論語》諸書各自帶著《漢書·藝文志》所謂齊《論語》或魯《論語》的某些特徵，但又存在區別於該系統的地方，無法用西漢末年以後人們所述的家法來概括。這恰是經學在西漢中期的實際面貌。

海昏侯劉賀墓出土竹簡本《論語》包含今本所無的《知道》篇，符合《漢書·藝文志》所謂齊《論語》的特徵。但它不等於《漢志》中的齊《論語》，更不是劉向校録的中秘藏本，而應該看作可能與王吉或昌邑王師王式有關的一個特殊文本。由此出發來觀察其特點，纔能準確認識它與後來的各家《論語》的關係，理解它在《論語》學中的位置，進而更新對漢代《論語》學的認識。

由於竹簡保存狀況不佳，仍需等待加固後進一步揭剥、脱色，拍攝正式照片，海昏侯《論語》的整理工作還只開了一個頭。現在先根據初步釋文，談談對這個本子的印象，然後試著舉一些例子，與各本相比較，來説明此本的特點，略窺這一時期《論語》學的發展情況。

---

① 錢穆：《兩漢博士家法考》一〇《宣元以下博士之增設與家法興起》，《兩漢經學今古文平議》，北京：商務印書館，2001年，第205—220頁。

一、特色與性質

　　初步統計，劉賀墓出土《論語》現存竹簡 500 多枚，大部分有殘缺。從少數基本完整的簡可以看出，每簡容 24 字，三道編繩，簡背有斜向劃痕。各篇首簡凡是保存較爲完整的，背面都發現有篇題，如"雍也""子路""堯"（對應今本《堯曰》）和"智道"等，都是在背面靠近上端的位置刮去一段竹青後題寫的。由此推測，此書原來很可能是每篇獨立成卷的。篇中分章抄寫，每章另起一簡，但未見分章符號。文字書寫嚴整，不用重文、合文符號，也未見句讀鉤識。書風總體上莊重典麗，但不同篇章之間存在變化，可能不是出於一手。

　　劉賀墓《論語》簡保存狀況不佳，完整簡少而殘缺嚴重，可釋讀文字約爲今本的三分之一。現存文字較多的有《公冶長》《雍也》《先進》《子路》《憲問》等篇，而對應於今本《鄉黨》《微子》《子張》篇的內容則尚未發現，《顏淵》篇是否存在也還不能確定。另外，全書尚未發現大題，"論語"這個書名是整理時根據內容擬定的。

　　此《論語》的文本與宋以後的通行本（以下稱"今本"）有不少差異，用字習慣亦不相同。如今本的"知"字在此本中皆作"智"，"政"皆作"正"，"能"皆作"耐"，"室"皆作"窒"，"氏"皆作"是"，"舊"皆作"臼"，"爾"皆作"壐"或"璽"；今本中表示反問的"焉"，此本皆作"安"；今本讀爲"歟"的"與"，此本皆作"耶"。此外，今本的"如"，簡本多作"若"；今本的"佞"，簡本或作"年"。簡文還諱"邦"字，一律改用"國"，如云"壹言喪國"，與今本不同。全書各篇用字習慣的一致，說明此本的用字應被有意識地整齊過，而整齊後的結果又與今本差別較大。

　　最引人注目的是，書中保存有"智（知）道"篇題（圖九·1）和一些不見於今本的簡文，符合《漢書·藝文志》所謂的"齊《論》"的某些特徵。學者此前多將此本稱爲"齊論語"，①筆者也曾經推測它可能源出於西漢最重要的"齊《論》"學者王吉，是《齊論》系統的一個代表性傳本。② 這樣説並

---

① 楊軍、王楚寧、徐長青：《西漢海昏侯劉賀墓出土〈論語·知道〉簡初探》，《文物》2016 年第 12 期。

② 江西省文物考古研究院、北京大學出土文獻研究所、荆州文物保護中心：《江西南昌西漢海昏侯劉賀墓出土簡牘》，《文物》2018 年第 11 期。

非没有依據,但却可能誤導讀者將此本等同於漢成帝時劉向校書所見的"齊《論》",而忽略了此本的特殊性。這種特殊性恰恰説明,在昭宣到元成這一漢代經學發展的關鍵時期中,《論語》文本的變化十分複雜,不是《漢書·藝文志》概括的三個系統能夠涵蓋的。

《漢書·藝文志》著録有齊、魯、古三個系統的《論語》文本和解説。第一種爲"古"《論語》,凡二十一篇。《漢志》自注:"出孔子壁中,兩《子張》。"顔師古注引如淳曰:"分《堯曰》篇後子張問'何如可以從政'已下爲篇,名曰'從政'。"曹魏末年,何晏等撰《論語集解敘》云:"分《堯曰》下章'子張問'以爲一篇,有兩《子張》,凡二十一篇,篇次不與齊、魯《論》同。"據此,古《論語》與漢魏之際通行的魯《論語》最顯著的差別,是把第二十篇《堯曰》的最後一章取出獨立成一篇,有的本子題名"子張",有的本子題名"從政"。除了篇數增加一篇,二十篇的次序也有獨特之處,現在所知只有南朝梁代皇侃所説的"篇次以《鄉黨》爲第二篇,《雍也》爲第三",其他是否還有參差,已不得其詳。皇侃還稱"篇内倒錯不可具説",可知古《論》的章序和分章也與魯《論》、齊《論》多有不同。據説孔安國爲古《論》做了傳,但却並不通行。

第二種爲"齊"《論語》,二十二篇。《漢志》自注:"多《問王》《知道》。"這條自注應該本於西漢成帝時劉向校書時所作的"别録",反映出劉向定爲"齊《論》"的本子要比"魯《論》"多出兩篇,内容在二十篇以外。其中"問王"已經學者證明爲"問玉"之誤,① 後面我們就直接稱此篇爲《問玉》了。

第三種爲"魯"《論語》,二十篇,以張禹所傳爲代表。《漢志》"論語類"還著録有《魯安昌侯説》,就是張

圖九·1
《智(知)道》篇題簡

───────
① 《漢藝文志考證》卷四,〔宋〕王應麟:《漢制考 漢藝文志考證》,張三夕、楊毅點校,北京:中華書局,2011年,第188頁。近來又有學者在漢代邊塞中發現可能屬於《論語·問玉》篇的殘簡,參見王楚寧、張予正:《肩水金關漢簡〈齊論語〉整理》,《中國文物報》2017年8月11日第6版。

禹對魯《論》的解説。張禹師授漢成帝，又拜相封侯，在儒生中最爲尊貴。因此，他所傳的《論語》後來被稱爲"張侯《論》"，大行於世，使得其他各家漸漸衰微。① 儘管成爲魯《論》的大宗，張禹之學其實淵源並不單純。《漢書·張禹傳》開頭説他從"琅邪王陽（即王吉）、膠東庸生問《論語》"，結尾時又説他"先事王陽，後從庸生"。王陽、庸生兩位都是《漢書》中確指的齊《論》大師，而傳文却没有提到張禹在魯《論》方面有何師承。何晏《論語集解叙》説張禹"本受魯《論》，兼講齊説"，與《漢書》本傳不合。皇侃在《論語義疏》的序言中更指明張禹魯《論》之學得自夏侯建，② 又疏解何晏叙云："張禹從建受魯《論》，兼説齊《論》，又問庸生、王吉等，擇其善而從之。"宋人邢昺《論語疏》大體承襲此説。這當然不是有什麽確鑿的早期史料依據，不過是牽合《漢書》，坐實何晏叙中的話罷了，是不足憑信的。總之，目前尚不清楚東漢以後成爲魯《論》代表的"張侯《論》"源頭所在，但"張侯《論》"中包含所謂齊《論》的因素，則是可以肯定的。它没有吸收《問玉》《知道》兩篇，不具備《漢志》所謂齊《論》的主要特徵，因而仍被歸入魯《論》系統。

"張侯《論》"後來成爲魯《論》的主流，也是今本《論語》的主要源頭。東漢末年，鄭玄注《論語》即以此爲底本，將之視作魯《論》。他有時據古文本《論語》改訂文字，故注中多有"魯讀某爲某，今從古"之説。③ 曹魏之末，何晏等人彙集衆説編撰《論語集解》，也是以"張侯《論》"爲基礎，由此形成了今本的祖本。《集解》本從篇章和文句的主體上承自魯《論》，又囊括鄭玄等各家傳注，不免吸收了若干齊《論》、古《論》的因素，但很多地方没有遵從鄭玄"改魯從古"。隋唐以後，齊《論》、古《論》失傳，以至於吐魯

---

① 《漢書》卷八一《張禹傳》，第3352頁。
② 〔梁〕皇侃：《論語義疏》，北京：中華書局，2013年，自序第4—5頁。
③ 鄭注今佚，"改魯從古"的注文見於陸德明《論語音義》所引及近代發現的唐寫本《論語》鄭注，參見王國維：《書〈論語鄭氏注〉殘卷後》一文以及王素後來的整理和研究，王素編著《唐寫本論語鄭氏注及其研究》，北京：文物出版社，1991年。何晏《論語集解叙》云"鄭玄就魯《論》篇章，考之齊、古，以爲之注"；陸德明《論語音義》亦云"鄭校周之本，以齊古讀正，凡五十事"（參見〔唐〕陸德明：《經典釋文》，上海：上海古籍出版社，1985年影印本，第1350頁），但所引僅有以古校魯，未見注明齊《論》異文。吳承仕推測"或齊《論》初無異本，非同於魯則同於古耳"（參見〔唐〕陸德明撰，吳承仕疏證：《經典釋文序録疏證》，張力偉點校，北京：中華書局，2008年，第125頁），可備一説。我認爲何晏《集解叙》所謂"考之齊、古"主要是指參考齊《論》、古《論》的解説，現在可以確信用於校訂文字的則只有古《論》。

番出土的鄭玄注因與通行本不同,而被時人標注爲"孔氏本",當作古《論》了。①

以上基於《漢書·藝文志》及其後的記載,介紹《論語》文本、解説的系統及其變遷,大致可以説明西漢末年以後的情況。但如果向前追溯,則可以發現,《漢書·藝文志》將古、魯、齊三派區别得涇渭分明,掩蓋了此前《論語》的不同文本和解説長期並存、交織互動的歷史。據《漢志》的歸納,《論語》三派之間篇章數目互異,齊《論》、魯《論》的解説又各自分家:

> 漢興,有齊、魯之説。傳齊《論》者,昌邑中尉王吉、少府宋畸、御史大夫貢禹、尚書令五鹿充宗、膠東庸生,唯王陽名家。傳魯《論語》者,常山都尉龔奮、長信少府夏侯勝、丞相韋賢、魯扶卿、前將軍蕭望之、安昌侯張禹,皆名家。張氏最後而行於世。

據此,齊《論語》的解説只有王吉一人形成家派,王吉字子陽,《漢書》又稱他爲"王陽";而魯《論語》則有龔、夏侯、韋、扶、蕭、張,家派衆多。皇侃《論語義疏》序中引劉向《別録》説:"魯人所學,謂之魯《論》;齊人所學,謂之齊《論》。"以傳習者的籍貫劃分學派。實則《漢書·藝文志》提到的齊《論》大師中,五鹿充宗爲晉人;魯《論》大師中,蕭望之是齊人,張禹是晉人(河内),龔奮出身不詳,很可能也非魯人。武帝尊儒以後,招攬經師會聚到長安,各地儒生紛紛進京求學,師徒相授也已經突破地域限制。《漢書·王吉傳》記載他"少時學問,居長安"。王吉被推爲齊《論》名家,其子王駿却傳魯《論》,《漢志》著録有《魯王駿説》二十篇。張禹同樣也是在長安求學的。可見,學派以籍貫分,只是大略言之,並不切合實情。不僅如此,各家之間未見有不容逾越的門户界限,學者可以左右採獲,不必專守。讀《漢書·張禹傳》可知,魯《論》各家中後來影響最大的"張侯《論》",在文本和解説上應是張禹"採獲所安",自行辨析抉擇的結果。對上述不同於《漢志》和劉向《別録》的史實,王素早有準確的論述。只是他將《漢志》的齊《論》、魯《論》之分當做西漢中期已經存在的事實,因而將魯地以外的人傳習魯《論》都看作學風"由齊轉魯"的結果,②這可能不是正確的解釋。上述現象其實説明,晚至在元帝時期,《論語》的篇章、文本尚未最終固定爲

---

① [日]金谷治:《鄭玄與〈論語〉》,王素編著《唐寫本論語鄭氏注及其研究》,第237—238頁。

② 王素:《河北定州出土西漢簡本〈論語〉性質新探》,載中國社會科學院簡帛研究中心編輯《簡帛研究》(第三輯),南寧:廣西教育出版社,1998年,第463頁。

齊、魯兩個系統，學者在劃分章句、選擇文本和解說時還相當自由。

《論語》篇數在漢代已經大致上穩定下來，齊、魯、古三派都只是在二十篇的基礎上略有增改，至於如何增改則尚在變動中。這一點，從劉賀墓出土《論語》中可以窺見端倪。《漢書·藝文志》稱齊《論》"多《問玉》《知道》"。據此，當是《問玉》在前，爲第二十一篇，《知道》在後，爲第二十二篇。但劉賀墓出土《論語》中發現一枚簡，背面靠近簡首處寫有"起智道廿一"五字（圖九·2），應是使用者後加的，墨色較淺，書風草率，不同於正面文字。這五個字標明了此本《論語》中《知道》的篇序應是第二十一篇，緊接著前二十篇，而不是排在《問玉》篇之後。翻檢劉賀墓竹簡《論語》的初步釋文，也沒有發現可以確定屬於《問玉》篇的文句。根據這兩個現象推測，此本《論語》很可能不包含《問玉》，是一個二十一篇本。

圖九·2　"起智道廿一"簡背局部

如果上面的推測成立，則劉賀墓出土的這部《論語》還不是《漢書·藝文志》所謂的齊《論語》。它有《知道》却無《問玉》，可能體現了齊《論語》形成過程中的一個中間形態，說明齊《論語》是在《論語》二十篇的基礎上，陸續加入其他來源的孔門言行，分階段形成的。因此，在考察西漢後期以前的《論語》文本、解說時，不應該先區分齊《論》、魯《論》、古《論》。將這些後來纔明確化的概念套用到此前的文本上，削足適履，會妨礙我們對《論語》學發展的認識。正確的方式應該是反過來，從分析西漢中期抄本出發，考察《論語》文本的變化。

二、與其他西漢中期竹簡本的比較

劉賀墓出土《論語》反映出齊《論語》的篇次在西漢中期尚未定型。這種未定狀態，在其他出土《論語》本中也能見到。結合海昏簡本，考察這些西漢中期《論語》竹簡本的特殊形態和顯著異文，可以揭示出《論語》文本發展過程中的一些有趣的變化。

(一) 定州漢墓竹簡《論語》(二十篇殘本)

在劉賀墓《論語》之前,最重要的出土《論語》是定州中山懷王劉脩墓出土的竹簡本《論語》。劉脩卒於漢宣帝五鳳三年(前55),是爲此簡抄寫年代的下限。這批竹簡出土前經盜墓者焚燒,保存狀況不佳,後又遭唐山大地震損毁,未能發表清晰的照片。從公佈的部分摹本來看,字體已是成熟的漢隸,完全脱去篆書和古隸的形體和筆法,抄寫年代不會早於武帝以前,應是昭宣時期的抄本,大約與劉賀墓出土《論語》同時或稍晚。① 簡文共録得釋文7576字,不足全書的二分之一,多存古字,不少分章與基於魯《論》篇章的今傳本不同,而異於今本的字詞中又有一些符合鄭玄注《論語》時所謂的"魯讀"。

由於簡文所呈的現象撲朔迷離,這部《論語》屬於哪個系統也有多種觀點。參與整理的李學勤最早提出此本與今本差異較多,不是魯《論》,而考慮到古《論》當時流傳不廣,故此本更可能屬於齊《論語》系統。② 整理報告執筆者劉來成則認爲,簡文多保留古字,是因爲魯《論語》也是從古文隸定而成,不免留下古文的痕迹。他又指出此簡與魯《論》大師蕭望之的奏議同出,應非偶然。可見,他傾向於認爲此簡是魯《論》。③ 王素則明確主張此本是一個"融合本",以魯《論》爲底本,校以齊《論》,是經學學風"由齊轉魯"潮流下的産物。④

上述三種觀點,都是以當時《論語》已經存在齊、魯、古三個系統爲前提的,所下結論都有難以自圓其説之處。對於前兩說,王素已經做了有力的批評:齊《論》説難以解釋簡文爲何没有《問玉》《知道》兩篇,魯《論》説則要面對簡文與鄭玄所謂"魯讀"異大於同的困難。他還令人信服地否定了

---

① 參見河北省文物研究所定州漢墓竹簡整理小組:《定州西漢中山懷王墓竹簡〈論語〉釋文選》《定州西漢中山懷王墓竹簡〈論語〉介紹》,《文物》1997年第5期。這部《論語》的整理本又見河北省文物考古研究所定州漢墓竹簡整理小組:《定州漢墓竹簡〈論語〉》,北京:文物出版社,1997年;中國簡牘集成編輯委員會編:《中國簡牘集成》第18册,蘭州:敦煌文藝出版社,2005年,第1409—1560頁。

② 李學勤:《定縣八角廊漢簡儒書小議》,《簡帛研究》(第一輯),北京:法律出版社,1993年,第260頁。

③ 河北省文物研究所定州漢墓竹簡整理小組:《定州西漢中山懷王墓竹簡〈論語〉簡介》,《文物》1997年第5期。

④ 王素:《河北定州出土西漢簡本〈論語〉性質新探》,《簡帛研究》(第三輯),第459—470頁。

此簡本爲古《論》的可能性。① 不過,他的魯、齊"融合本"説也有缺點。王素提出的以齊校魯的明確證據,是簡本《堯曰》篇末用雙行小字補注了"孔子曰不知命"章。② 此章爲"張侯《論》"所無,在東漢見於古《論》。陸德明《論語音義》在"孔子曰不知命無以爲君子也"下引鄭玄注云"魯讀無此章,今從古",③是其明證。何晏《集解》在這一章也只收録了孔安國、馬融兩位古《論》傳習者的解説,而未見齊《論》包含此章的證據。王素僅以古《論》在當時没有流傳爲由,斷定定州簡本的此章不是來自古《論》,而是來自齊《論》。他還認爲此章是作爲原文二章以外的附録,故而用了雙行小字,寫在簡的最下部。王先生排除古《論》的理由並不充分。退一步説,假設此章確是從齊《論》中抄入的,反而可以説明此簡的其他部分没有受到齊《論》的影響,因爲它的格式在全書中是絶無僅有的。可惜目前還看不到雙行小字抄寫此章的筆迹風格與其他部分是否一致,但採用特殊格式,且不計入本篇的章數統計,都説明它更像是全書抄寫完以後另外補入的部分。因此,不能根據這個後加的段落,斷定全書其他部分的編寫情況和性質。

排除上述既有觀點後,定州漢簡《論語》的性質已經清楚了。它不是齊、魯、古三種《論語》中的任何一種或其變型,而是三《論》特徵和區分確立以前的一種古本《論語》。④ 其他抄寫於同一時期《論語》書,也有類似的性質。

順便説明,海昏漢簡《論語》中是有"不知命"章的,僅存一枚下方殘斷的簡,其文如下:

    孔子曰:"不智(知)命,無以爲君子也。不智(知)禮,無以立也。不智(知)言,無……"(圖九·3)

---

① 王素:《河北定州出土西漢簡本〈論語〉性質新探》,《簡帛研究》(第三輯),第460—463頁。
② 王素:《河北定州出土西漢簡本〈論語〉性質新探》,《簡帛研究》(第三輯),第465頁。
③ 陸德明:《經典釋文》,第1391頁。
④ 整理小組最早提出這是一部"古本《論語》",但又説它是"魯論、齊論、古論三論並行時的一個本子"(國家文物局古文獻研究室、河北省博物館、河北省文物研究所定縣漢墓竹簡整理組:《定縣40號漢墓出土竹簡簡介》,《文物》1981年第8期),可見當時所説的"古本"只是相對於今本而言的泛稱。筆者在此用"古本"一詞,是指此本的傳抄要早於齊、魯、古三論概念的形成。這與當初整理者的看法是不同的。

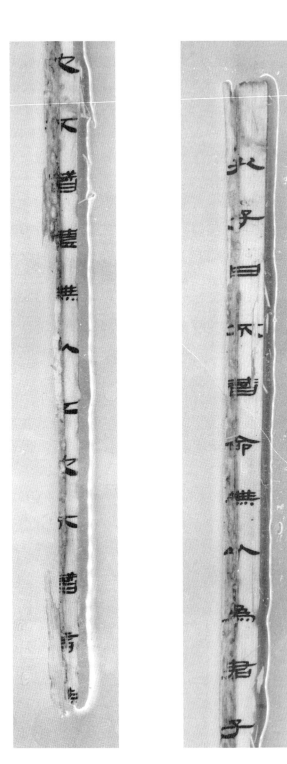

圖九・3 《智(知)道》篇"不知命"章(右爲整簡,左爲局部放大)

簡文與今本及定州本的補入部分没有大的差異。此簡前後的簡都屬於《堯曰》,筆迹也與此相同。可以推測,這一章在海昏本中已經正式歸入《堯曰》篇。這個特徵,按照鄭注和何晏集解來看,是屬於古《論》的。我們當然不能據此斷定海昏侯本就是古《論》。

(二)平壤貞柏洞漢簡《論語》(《先進》《顔淵》二篇)

20世紀90年代初,在朝鮮平壤市樂浪地區統一街建設過程中發現的貞柏洞364號墓,出土了約120枚《論語》竹簡。同墓所出的還有《樂浪郡初元四年縣别户口多少簿》,由此估計,此墓墓主應該是漢元帝初元四年(前45)或之後不久下葬的樂浪郡屬吏。《論語》簡的抄寫年代,也應在宣帝到元帝之間,與定州漢墓竹簡《論語》年代相近或稍晚。竹簡未見在朝鮮國内公開發表,爲學界所知的僅有日本和韓國學者披露出來的39枚簡。其中,屬於《先進》篇的31枚,17章557字,《顔淵》篇8枚,7章144字。根據介紹和推測,尚未發表的簡也都屬於這兩篇。①

根據學者對已發表簡文的校讀,可以看出平壤簡本《論語》與今傳本在文義上差異不大,但它在用字上與今本還是有不少出入。② 有些是平壤簡本獨有的特徵,比如"沂"寫作"濺","哂"寫作"訊",用作連詞的"而"以"如"字表示,等等。③ 還有一些是與定州簡本、海昏簡本兩個同時期抄本或其中一本相同的,比如《先進》篇"顔淵死子哭之慟"的"慟",三個漢簡本都作"動",用作"你"的"爾"字,三本都作"壐";《先進》篇"子貢侃侃如"的"侃"未見於海昏本,但平壤本與定州本都作"衎";表示排行的"仲",平壤本、定州本都作"中"。這些現象説明,西漢中期流行的《論語》文本既有共同的早期文本特徵,又有各自的特點,僅用齊、魯、古三分法來劃定它們的性質、來源是行不通的。

平壤本《論語》還有一處異文值得注意。《先進》篇"季路使子羔爲後

---

① 參見李成市、尹龍九、金慶浩:《平壤貞柏洞364號墓出土竹簡〈論語〉》,《出土文獻研究》(第十輯),北京:中華書局,2011年,第174—206頁。
② 參見單承彬:《平壤出土西漢〈論語〉竹簡校勘記》,《文獻》2014年第4期。
③ 魏宜輝:《漢簡〈論語〉校讀劄記——以定州簡與朝鮮平壤簡〈論語〉爲中心》,《域外漢籍研究集刊》(第十輯),北京:中華書局,2014年,第312—313頁。

(今本作"費")宰"章,①"季路"在今本中作"子路",定州本此處已殘損,整理者的釋文作"子路",可能是參考了今本。舊說以爲,子路此時爲季氏宰,引薦子羔爲季氏采邑費的邑宰。不過,如果這裏要說子路引薦,不當稱"使"。比較《雍也》篇中"季氏使閔子騫爲費宰"章,其中以季氏魯國卿大夫和封君的身份,用"使"字方爲恰當。《白虎通·社稷》引《論語》此章亦作"季路",②可知這條異文至東漢初年仍然存在,並且被主流學者所採用,不是平壤本偶然的改動。我推測,此章的"季路"本來也應作"季氏",後來可能因下文有子路的辯解,而被當作"季路"之訛,繼而又改作"子路"。可惜海昏簡本中尚未找到此句,但海昏《論語》簡文中"季氏"皆作"季是"。"是"字是有可能被誤當作"路"的殘文的。

平壤出土漢簡《論語》的另一個特徵是,它僅有《先進》和《顔淵》。如果這就是墓中隨葬《論語》的全部,那麼可以說《論語》二十篇此時還未被視爲絕對不可分割的整體,而是像其他古書一樣,可以單篇別行。海昏侯漢簡也是每篇獨立成卷,分別題名,不著篇次。③ 這也使傳習者有可能更改篇序和增入新篇章。

從上面簡單的分析來看,西漢中期的《論語》文本存在各不相同而又不同於今本的用字習慣,文本相對穩定但又尚未固化,篇章組合上仍有較強的靈活性,也存在單篇別行的情況。當時《論語》的流傳狀況,遠不是三《論》並行可以概括的。

三、獨特的異文:以"曾晳言志"簡爲例

以目前的印象,海昏漢簡《論語》與今本文句相似程度較高,差異多表現在虛詞和用字習慣上;但也有一些實質性異文,表達的意思與今本有重要差別,值得儘早介紹出來,提供給學界討論。

這裏要介紹的簡文,屬於今本《先進》篇的最後一章。這一章的內

---

① 後,今本作"費",學者已有說,不贅。見單承彬:《平壤出土西漢〈論語〉竹簡校勘記》,《文獻》2014年第4期。

② 〔清〕陳立:《白虎通疏證》卷三《社稷》,北京:中華書局,1994年,第88頁。這條引文蒙北京大學歷史學系博士生厲承祥提示,謹此致謝。

③ 前文提到,有一枚簡簡背寫有"起智道廿一"五字,字體草率,應是使用者後加的。《智(知)道》篇正式的篇題"智道"二字下並沒有序數。

容是孔子讓曾點(字晳)、仲由、冉求、公西赤四位弟子各言其志,説説如果爲人所知,獲得任用,想要有何作爲。前三人都談到如何治國,只有曾點説:

> 莫春者,春服既成,冠者五六人,童子六七人,浴乎沂,風乎舞雩,詠而歸。

四人言畢,孔子唯獨贊賞曾點之志,感嘆道:"吾與點也。"此語被宋儒用於推説孔子的志趣,做了影響深遠的闡發。但今本《論語》中的這段話在情理上原有難解之處,反映的孔子志趣在全書中也顯得特殊。海昏侯漢簡《論語》此處恰與今本有多處異文,可作不同於以往的解讀,破解今本的疑難。下面先疏通簡文,然後探討其中的異文。

海昏漢簡《論語》此簡共 24 字,首尾完整,釋文作:

> 童子六七人容乎近風乎巫𥂛洍而逯子喟然曰吾與箴也三(圖九·4)

今試加句讀:

> ……童子六七人,容(頌)乎近(沂),風(諷)乎巫𥂛(雩),洍(滂)而逯(饋)。"子喟然曰:"吾與箴也。"三……

"童子六七人"在簡首,當接"冠者五六人"。"容乎近",讀爲"頌乎沂",指在沂水岸邊朗誦。"風乎巫𥂛","風"通"諷","巫𥂛"就是今本的"舞雩",是魯國舉行求雨祭祀的場所。"洍而逯","洍"讀爲"滂",是下大雨的樣子,"逯"讀爲"饋",指饋饗神靈的祭祀。"喟然"下今本有"嘆"字,文意無差。"箴"字原簡中裂,綴合後字形清晰(圖九·5),與《史記·仲尼弟子列傳》中曾晳之名"蒧"是同一個字的異體,段玉裁認爲都是"黵"的省寫,今本《論語》用"點"字,則是同音假借。① "三"下一句作"三子者出,曾晳後",見於另一枚簡。根據以上解讀,曾晳所言之志是主持祈雨的雩祭之禮,禮成而雨澍。這與今本及漢代以來的通行解説相去甚遠,需要進一步辨析。

海昏簡本作"容乎近"的地方,《論語》今本、定州漢簡本及《史記·仲尼弟子列傳》作"浴乎沂",平壤貞柏洞漢墓出土《論語》作"浴乎濺"。② "濺"

---

① 〔漢〕許慎撰,〔清〕段玉裁注:《説文解字注》十篇上《黑部》,上海:上海古籍出版社,1988年影印本,第 488 頁上。

② 定州漢簡本據河北省文物考古研究所定州漢墓竹簡整理小組《定州漢墓竹簡論語》,第 53 頁。今本據《論語注疏》卷一一《先進》,《十三經注疏》(清嘉慶刊本),北京:中華書局,2009年影印本,第 5430 頁。

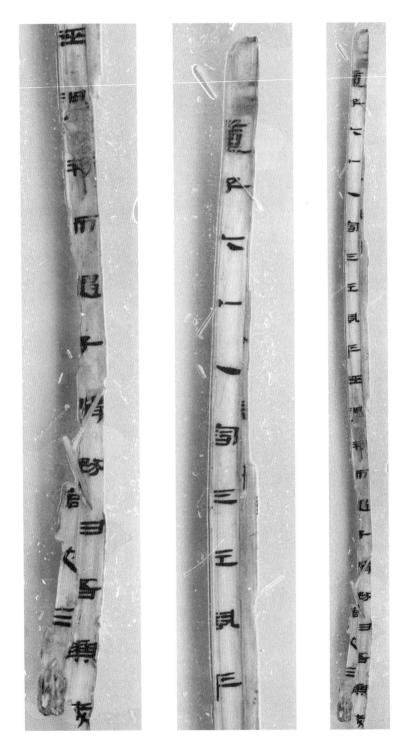

圖九·4 "曾晳言志"簡(右爲整簡,左爲局部放大)

通"沂",指魯國都城郊外的河流沂水。①"浴"字舊有洗澡、涉水、盥濯手足三種解釋。東漢至唐代的經學家一般認爲"浴"是洗澡,後文"風乎舞雩"的"風"讀如本字,指在風中晾乾身體。何晏《論語集解》録東漢初年包咸之説云:

> 莫春者,季春三月也。春服既成,衣單袷之時。我欲得冠者五六人,童子六七人,浴乎沂水之上,風涼於舞雩之下,歌詠先王之道,而歸夫子之門。②

圖九·5 綴合後的"箴"字

皇侃《論語義疏》也據此闡釋經文。這可以反映東漢以降的主流意見,但並不是所有人共同的看法。東漢王充在《論衡·明雩篇》中轉述當時《論語》學者的通説:"浴者,浴沂水中也;風,幹身也。"隨之批評道:"周之四月,正歲二月也,尚寒,安得浴而風乾身?"王充故意將暮春三月(建辰)説成是周正四月、夏正二月(建卯),是爲了配合古書所記雩祭的時間,前人已經駁斥其非。③ 但即便按照包咸之説定在三月,在華北要下河洗澡並在風中裸身晾乾,仍然不近情理。因此,王充將曾點所説的事解釋爲雩祭,認爲"浴乎沂"指"涉沂水也,象龍之從水中出也"。但"涉"與"浴"意思差別很大,其説難以讓人信服。又有學者將"浴"解釋爲在水邊祓除。蔡邕《月令章句》引述《論語》此文之後,説:"今三月上巳祓禊於水濱,蓋出於此。"④這是將"浴乎沂"當作祓除儀式,只需洗濯手足。朱熹在《論語集注》中採用此説,云:"浴,盥濯也,今上巳祓除是也。"他又補充説,沂水"地志以爲有溫泉焉,理或然也",顯然是爲了應對天涼不宜洗濯的質疑。⑤

---

① 參見魏宜輝:《漢簡〈論語〉校讀劄記——以定州簡與朝鮮平壤簡〈論語〉爲中心》,《域外漢籍研究集刊》(第十輯),第 312—313 頁。

② 《論語注疏》卷一一《先進》,《十三經注疏》(清嘉慶刊本),第 5430 頁。

③ 參見黃暉:《論衡校釋(附劉盼遂集解)》卷一五《明雩篇》,北京:中華書局,1990 年,第 673—678 頁;〔清〕趙翼:《陔餘叢考》卷四"浴乎沂風乎舞雩"條,北京:中華書局,1963 年,第 76—77 頁。

④ 《後漢書·禮儀志上》劉昭注引,《後漢書》,北京:中華書局,1965 年,第 3111 頁。

⑤ 〔宋〕朱熹:《論語集注》卷六《先進》,《四書章句集注》,北京:中華書局,1983 年,第 130 頁。

韓愈則索性認爲"浴"是"沿"的訛字,①改字作解,失於武斷。清代以來學者多取朱熹之説。可是,"浴"解作盥濯祓除也很牽强。《説文》:"浴,洒身也。"這裏的"洒"是古"洗"字,在《説文》中與"滌"互訓。可見,許慎認爲"浴"本義是用水洗去身體上的污垢,不能理解爲僅用手足接觸流水。這樣,"浴乎沂"與暮春天氣的矛盾仍然難以解決。因此,簡本的"容"字不宜直接根據今本讀爲"浴",而應該尋找其他更合理的解釋。

將"容"讀爲"頌",指鄭重地朗誦,是比較自然的。"頌""容"兩字古書經常通用,段玉裁論之已詳。②"公"爲見母東部字,"谷"爲見母屋部字,聲母和主要母音相同,作爲聲符在戰國秦漢時期常被混用。"頌"籀文作"額",從"容",而"容"字《説文》古文作"宏",從"公"得聲。與"頌"相通的還有"訟"字,《説文》古文作"䛦","從言谷聲"。寫成從"谷"的"容"字和"浴"一樣是餘母字,聲符相同,被漢代人讀爲"浴",是情有可原的;但若讀爲"頌",則不會有春涼難以洗澡的疑難,更爲合理。

"容(頌)乎近"的"近"字,左半殘缺,右半部分"斤"下有一捺筆,據此推測左邊應是"辶"旁。"近"可以按照通行本讀爲"沂"。

"風乎巫雩"的"風",古人已經提出當讀爲諷誦的"諷"。王充解釋"風乎舞雩"説"風,歌也",③同爲東漢人的仲長統也説"諷於舞雩之下,詠歸高堂之上",④都是讀"風"爲"諷"。"巫雩",今傳各本都作"舞雩"。"雩"是"雩"的異體字;"巫"通"舞",也可讀如本字。《論語·顏淵》篇記"樊遲從游於舞雩之下"事,可知"舞雩"爲地名,應是舉行雩祭的場所,古人認爲在魯城門外沂水南岸。⑤曾皙説要在沂水邊朗誦,在雩祭之所歌唱,所指的應是行雩祭之禮。

"沔而逞"的"沔"字從紅外掃描影像可見左邊是"水"旁,但右半部分被污物遮擋,經江西文物考古研究院重新清洗拍照,可以認定從"丙"(圖九·6)。

---

① 《論語筆解》録韓愈説,見程樹德《論語集釋》卷二三《先進下》,北京:中華書局,1990年,第808頁。韓愈將暮春三月理解爲周正三月、夏之正月,那當然絶無下水洗浴的道理,也談不上洗濯祓除了。不過,正月天氣寒冷,與原文所説"春服既成"矛盾,"周三月"之説應是誤解。
② 段玉裁:《説文解字注》七篇下《宀部》,第340頁上;九篇上《頁部》,第416頁上。
③ 黄暉:《論衡校釋》卷一五《明雩篇》,第675頁。
④ 《後漢書》卷四九《仲長統傳》,第1644頁。
⑤ 《水經注》云:"沂水北對稷門,……門南隔水有雩壇,壇高三丈,曾點所欲風舞處也。"參見陳橋驛校證:《水經注校證》卷二五,北京:中華書局,2007年,第593頁。

"沰"字不見於字書,很難解釋。如從今本讀爲"詠",在文字學上可以講通,①但聯繫上下文並考慮意符"水"旁,我傾向於讀爲"滂"。②滂,指雨水豐沛的樣子。前文既然講行祈雨之禮,此處以大雨落下爲結果,文意順暢。"遝"是"歸"的異體,《論衡·明雩篇》引此作"詠而饋",③《論語》鄭玄注本亦作"饋",鄭注云:"饋酒食也。魯讀'饋'爲'歸',今從古。"④可見鄭玄看到的古文《論語》作"饋",今本作"歸"是依據了鄭玄所謂的魯《論》。簡文中的"遝"應讀爲"饋",指祈雨如願後進行祭祀,用酒食饋饗神靈。

圖九·6 "沰"字右半部分照片

從在水邊壇上諷誦求雨之辭,大雨應禱而至,於是祭祀饋饗,構成了一個完整的雩禮過程。這是曾皙自述如果得到知用想要做的事。孔子問諸生之志,子路等三人都高談治國之術,而曾皙的回答過去被認爲只是沐浴、風涼、歌詠等行遊之事,顯得答非所問,十分特殊。程顥因此對曾點評價極高,說他特立獨行而不掩飾,"真所謂狂矣",而又"與聖人之志同,便是堯、舜氣象也"。⑤朱熹進一步闡發,說"曾點之學,蓋有以見夫人欲盡處,天理流行,隨處充滿,無少欠闕,故其動靜之際,從容如此",⑥認爲狂放作答,顯示出天理戰勝人欲之後的從容態度,這樣灑脫放達的氣象,正合聖人之道。程朱的闡發對宋明儒者影響很大,但清代以後受到學者批評,以爲流於虛浮。⑦錢穆也認爲這"有失《論

---

① 從"丙"得聲的字有通假爲"永"聲字的例證。如《詩·衛風·考槃》"永矢弗諼""永矢弗告"、《木瓜》"永以爲好",阜陽漢簡本"永"皆作"柄"。參見胡平生、韓自強:《阜陽漢簡詩經研究》,上海:上海古籍出版社,1988年,第9—10頁。
② 從"丙"得聲的字與從"方"得聲的字通假,例子很多,此不贅述。
③ 黃暉:《論衡校釋》卷一五《明雩篇》,第676頁。
④ 參見陸德明:《經典釋文》,第1374頁。
⑤ 〔宋〕程顥、程頤:《二程遺書》卷一二《明道先生語二》"戌冬見伯淳先生洛中所聞"條,《二程集》,王孝魚點校,北京:中華書局,2004年,第136頁。
⑥ 〔宋〕朱熹:《論語集注》卷六《先進》,《四書章句集注》,第130頁。
⑦ 參見程樹德:《論語集釋》卷二三《先進下》,第816頁。

語》原旨",將之歸咎於禪學的影響。① 現在我們知道,程朱稱許曾點只是依據了漢代學者對《論語》的讀法之一。海昏侯漢簡《論語》體現了漢代的另一種讀法,曾晳要做的是通過祭祀之禮,在春旱時求得澍雨,造福於民。這個回答更加平實切題,也符合本章後文中孔子所主張的"爲國以禮"。

比較上面這段短短的簡文,也可以説明,齊、魯、古三系之分難以解釋出土西漢《論語》各本與今本之間的異文。此簡"容乎近"一句,今本和定州簡本作"浴乎沂",平壤本"浴乎濺",互不相同;今本"詠而歸"處,三個漢簡本又都作"歸"或"䌛",不作"饋",異於鄭玄所謂的古文本。可見,此章在漢代至少存在用字用詞不同的四個文本。齊、魯、古三系的區分和定型在西漢中期還没有完成。如果分析更多的異文,《論語》文本和篇章結構的發展變化以及漢儒對孔門思想的不同理解會更加清晰起來。

《論語》文本在何晏《集解》以後逐漸定於一尊。宋以後學者研讀的《論語》正文都源出於《集解》。如果《集解》對異文的選擇不當,那麽後人對《論語》義理的解釋就有可能建立在誤讀的基礎上。思想的創見固然往往源自誤讀,但從源頭上澄清誤解,仍然是思想史研究的任務。這樣做並不貶損後世創説的意義,却有助於把某個時代的思想歸還到它本來所屬的時代。這是研究西漢中期《論語》文本的學術意義之一。

四、《知道》篇舉隅

劉賀墓出土《論語》中特有的《知道》篇,是學界尤爲關心的。不過,要厘清此篇的結構、内容却相當困難。因爲,《論語》簡出土時與一些性質不明的竹簡混雜難分,字迹也相近。這些竹簡有的抄寫有與今本《禮記》中《中庸》《祭義》等篇相同的文句,有些内容則不見於今本《論語》和《禮記》。後者中應有一部分屬於《知道》篇,只是這部分的起訖目前只能從出土位置來推測,很難準確地劃分出來。

現在能夠確知是《知道》篇内容的,首先是已經發表的含有"智道"篇題的一簡,應是這一篇的首章(圖九・7),簡文作:

---

① 錢穆:《從朱子論語注論程朱孔孟思想歧點》,《勸讀論語和論語讀法》,北京:商務印書館,2014年,第150—158頁;又,錢穆:《論語新解》,北京:九州出版社,2011年,第340頁。

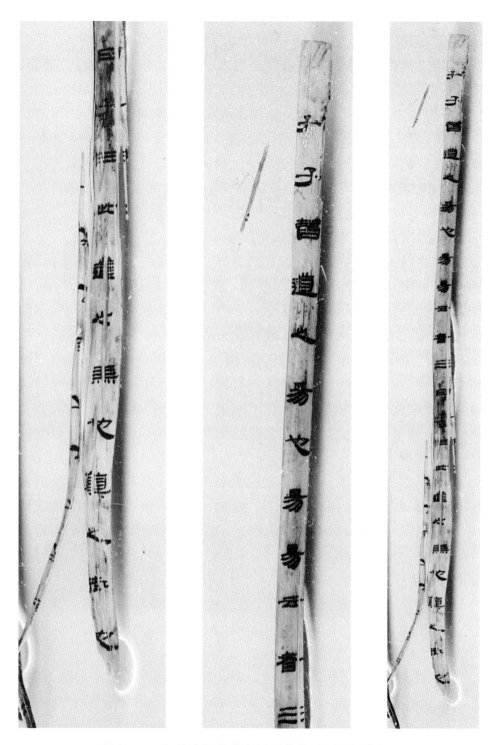

圖九·7 《智(知)道》篇首章(右爲整簡,左爲局部放大)

第九章 海昏竹書《論語》初論

> 孔子智（知）道之易也，"易易"云者三日。子曰："此道之美也，莫之御也。"

此前學者已經指出，這段文字也見於肩水金關遺址出土的《論語》殘簡，在《孔子家語·顏回》中又有化用本章後半部分的内容。① 《韓詩外傳》中也有"孔子知道之易行"一語，可見是此語在西漢流傳頗廣。

此外，前文提到還有一簡簡背草書"起智道廿一"五字，可知應歸入《知道》篇。此簡所在的一章共有三簡，背面劃痕可以連屬，其文云：

> 后軍問於巫馬子期曰："'見其生，不食其死。'謂君子耶？"曰："非也，人心也。"后軍曰："脂也不與焉。"巫馬子寬曰："弗思也。"后軍退而思之三月，曰："脂亦弗食也。"（圖九·8）

文中涉及兩個人物。后軍名脂，其人不詳。《史記·仲尼弟子列傳》記孔子弟子有后處，字子里，可能與他有關。另一位巫馬子期，即巫馬施，比孔子小30歲。《仲尼弟子列傳》稱他字子旗，《孔子家語·弟子解》則稱他字子期。此章下文中的巫馬子寬，應該也是他，"寬"與"施"可以互訓。巫馬子期在孔門弟子中表現不算突出，在《論語》二十篇中僅見於《述而》"陳司敗問於孔子"章。此外，《吕氏春秋·察賢》有他與宓子賤的對比，《韓詩外傳》卷二載有他與子路的對話，《孔子家語·弟子解》也記載有他與孔子的問答。在《知道》篇的這一章中，他處於比較重要的位置，回答后軍的問題並且最終說服了他。

巫馬子期告訴后軍，見到動物的活著的樣子，就不忍心吃它，這並非君子所獨有，而是人人都有的心理。起初，后軍不信，巫馬子期便讓他回去思考。過了三個月，后軍終於同意了，說自己也不忍心。此章主旨是人人皆有惻隱之心，故事雖然獨特，但所談的命題在儒家學說中是常見的。《孟子·梁惠王上》云：

> 君子之於禽獸也，見其生，不忍見其死；聞其聲，不忍食其肉。是以君子遠庖厨也。

《大戴禮記·保傅》述三代之禮曰：

> 於禽獸，見其生不食其死，聞其聲不嘗其肉，故遠庖厨，所以長恩，且明有仁也。

---

① 楊軍、王楚寧、徐長青：《西漢海昏侯劉賀墓出土〈論語·知道〉簡初探》，《文物》2016年第12期。

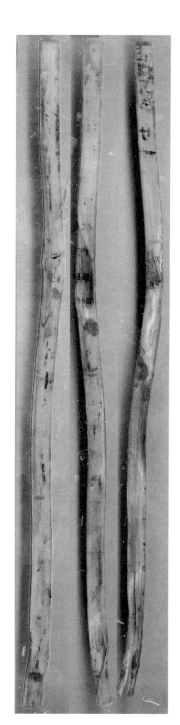

8a "后軍問於巫馬子期"章正面　　　8b "后軍問於巫馬子期"章背面

圖九·8　"后軍問於巫馬子期"章

《賈誼新書》中的《禮》篇有類似的話,稱:

> 聖王之於禽獸也,見其生不忍見其死,聞其聲不嘗其肉,隱弗忍也。故遠庖厨,仁之至也。

馬王堆帛書《五行》第十五章"説"的部分也有"見亓(其)生也,不食亓(其)死也"之語,池田知久指出是根據了《孟子》。① 孟子所言意在解釋和闡發齊宣王見到將用於釁鐘的牛以後生出不忍之心,是仁的表現,而又歸結到《禮記‧玉藻》中的"君子遠庖厨"。孟子在特定的語境下説出"見其生不忍見其死",應是原創。《知道》篇此章中,后軍針對"見其生,不食其死"一語,提問是否專就"君子"而言。可知此章是基於"君子之于禽獸也,見其生,不食其死"這句現成的話而創作的,很可能是戰國中期以後"思孟學派"的儒者在《孟子》的基礎上進一步發揮,而僞託成孔子弟子的對話。

戰國秦漢之際,流傳著很多關於孔門言行的記述,有不少現在還保留在《禮記》《韓詩外傳》《説苑》《新序》《孔子家語》等各類傳世文獻中,也見於定州漢墓出土的《儒家者言》、北大漢簡《儒家説叢》等。它們的體裁和内容有很多與《論語》相似之處,却不屬於今本《論語》的範圍。如果《論語》的篇章在西漢中期還没有最終固定,這些孔門言行不是没有可能被加入到《論語》中來。今本《堯曰》中的"不知命"章以及《漢書‧藝文志》所謂齊《論》中的《問玉》《知道》兩篇中的各章,很可能就是在西漢中期被編入《論語》的某些傳本。

《論衡‧正説》中有一段關於《論語》學發展的話,與《漢書‧藝文志》的記述頗爲不同,十分重要。其文曰:

> 夫《論語》者,弟子共紀孔子之言行,初(原作"敕")記之時甚多,數十百篇,以八寸爲尺,紀之約省,懷持之便也。以其遺非經,傳文紀識恐忘,故但以(原作"以但")八寸尺,不二尺四寸也。漢興失亡,至武帝發取孔子壁中古文,得二十一篇,齊、魯(此下原有"二"字)、河間九篇:三十篇。至昭帝,始(原作"女")讀二十一篇。宣帝下太常博士,時尚稱書難曉,名之曰"傳",後更隸寫以傳誦。初,孔子孫孔安國以教魯人扶卿,官至荆州刺史,始曰《論語》。今時稱《論語》二十篇,又失齊、魯、河間九篇。本三十篇,分布亡失,或二十一篇。目或多或

---

① [日]池田知久:《馬王堆漢墓帛書五行研究》,王啓發譯,北京:綫裝書局、中國社會科學出版社,2005年,第286頁。

少,文贊或是或誤。

這段話文字頗有訛誤,今據武内義雄,將"敕"改爲"初","女"改爲"始",據孫人和,删去"魯"下的"二"字,稍加疏通。① 大意是説,孔門弟子記載師門言行,原本數量很多,達到數十百篇。漢代以後,經過亡佚,又從孔子壁中得到二十一篇,在齊、魯、河間找到其他九篇,合爲三十篇。但由於昭帝時用漢隸釋讀轉寫的只有二十一篇,其餘各篇就亡佚了,只剩下二十篇或二十一篇。

王充的這段話應是站在當時世傳不廣的古《論》學立場上説的,所敘述的《論語》學發展史與本於劉向《別録》、劉歆《七略》的《漢書·藝文志》可謂迥異。王充認爲《論語》完全是漢興以後重新發現的古文本,自不可信,但他説《論語》的定型晚至宣帝以後,是可以在出土漢簡《論語》中得到印證的。

王充又説,原來的齊、魯、河間九篇"分布亡失",反映出《論語》二十篇固定下來,經歷了篇章從多到少的淘汰過程。這點也值得重視。前面提到,海昏《論語》簡出土時與今天歸入《禮記》的某些篇章以及一些暫不知歸屬的簡混雜在一起,難以區分。既然《論語》曾被稱爲"傳",與上述内容本非涇渭分明,那麽,出土時混雜難分的狀態,正反映出西漢中期儒家傳記類文獻的實際情況。

隨著資料整理工作的推進,今後要繼續發現和分析劉賀墓出土《論語》的文本特徵,還要思考它與同出儒家傳記類文獻的關係,分析它們在内容、形製和出土位置等方面的關聯,以期獲得更加深入、可靠的新認識。

新材料的獨特價值,尤其在於其中呈現的新現象溢出了舊的框架。學者應該努力把捉這些"溢出"的現象,提出新問題和新解釋,創造出新學問。上面的討論試圖説明,齊、魯、古三《論》的劃分不符合西漢中期的情況,應從出土的文本出發討論學術史的變遷,理解學派區分觀念的形成,而不是反過來。

工作尚未到位,以上所論還十分粗淺,懇請讀者方家批評指正。

---

① 參見[日]武内義雄:《論語的新研究》,《武内義雄全集》第一卷《論語》篇,東京:角川書店,1978年,第75頁;孫人和:《論衡舉正》,上海:上海古籍出版社,1990年,第134—135頁,又見黄暉:《論衡校釋》卷二八《正説篇》所引,第1137—1138頁。

第十章　海昏竹書《孝經》說解簡初論

漢宣帝地節四年（前66）春二月下詔曰：

　　導民以孝，則天下順。今百姓或遭衰絰凶災，而吏繇事，使不得葬，傷孝子之心，朕甚憐之。自今諸有大父母、父母喪者勿繇事，使得收斂送終，盡其子道。①

詔令說百姓遭遇祖父母或父母喪事之時，不得對他們施加徭役之事，要讓百姓能爲親人收斂送終，盡其子道，不能傷了孝子之心。國家行政中作爲常法的徭役制度，在此讓步於百姓私人的喪葬之事，在這位西漢皇帝看來有著充分的理由："導民以孝，則天下順。"

實際上，前此不久的上一年也即地節三年十一月，宣帝詔中已自謂"導民不明"，其詔曰："朕既不逮，導民不明，反側晨興，念慮萬方，不忘元元。唯恐羞先帝聖德，故並舉賢良方正以親萬姓，歷載臻茲，然而俗化闕焉。傳曰：'孝弟也者，其爲仁之本與！'其令郡國舉孝弟、有行義聞于鄉里者各一人。"②自謂多年來雖有舉賢良方正之措，但風俗教化尚缺。孝悌乃爲仁之本，故宣帝特別在此強調獎掖孝悌者，令郡國舉孝悌。

史載宣帝在地節二年霍光死後"始親政事"，③此距他在昭帝元平元年（前74）昭帝去世後即位已長達七年之久，這之前政事一直由大將軍霍光把持，霍光在地節二年三月去世。霍光在昭帝崩於元平元年四月之後，於當年七月立宣帝之前，曾在六月立昌邑王劉賀爲君，但劉賀僅在位二十

---

①　《漢書》卷八《宣帝紀》，北京：中華書局，1962年，第250—251頁。
②　《漢書》卷八《宣帝紀》，第250頁。
③　《漢書》卷八《宣帝紀》，第247頁。

七天便被霍光以"淫亂"之由廢去，霍光轉而在七月立宣帝，贊其"師受《詩》《論語》《孝經》，操行節儉，慈仁愛人，可以嗣孝昭皇帝後，奉承祖宗，子萬姓"。① 第二年也即宣帝本始元年(前73)五月，可能因爲有鳳凰集於膠東、千乘之吉兆，朝廷賜爵各級官吏，此外還"賜天下人爵各一級，孝者二級"，②民衆之中"孝者"受到朝廷特別的重視。可見漢廷對孝的重視與提倡，並非師受《孝經》的宣帝在當政後的個人特色政治，這大概是西漢建國以來政治中一以貫之的政治理念。

由此上溯，我們也能看到，昭帝元鳳元年(前80)詔曰"務修孝弟以教鄉里"，③武帝在位期間更是多次强調孝悌。建元元年(前140)夏四月詔曰："扶世導民，莫善於德。然則於鄉里先耆艾，奉高年，古之道也。今天下孝子順孫願自竭盡以承其親，外迫公事，内乏資財，是以孝心闕焉。朕甚哀之。民年九十以上，已有受鬻法，爲復子若孫，令得身帥妻妾遂其供養之事。"元光元年(前134)冬十一月，《漢書》載"初令郡國舉孝廉各一人"，顔師古注："孝謂善事父母者。廉謂清潔有廉隅者。"④這就是《後漢書》所謂"孝廉之貢，發於孝武"。⑤ 元朔元年(前128)冬十一月武帝同意有司奏請"令二千石舉孝廉，……不舉孝，不奉詔，當以不敬論。不察廉，不勝任也，當免；元狩元年(前122)夏四月詔謂"朕嘉孝弟力田"，下令賜孝者、年九十以上者帛；元狩六年六月詔"諭三老、孝弟以爲民師"，曉諭民衆以三老、孝悌爲師。⑥ 文帝十二年(前168)詔曰"孝悌，天下之大順也，……遣謁者勞賜三老、孝者帛人五匹，悌者、力田二匹，……以户口率置三老、孝

---

① 《漢書》卷八《宣帝紀》，第238頁；又見《漢書》卷六八《霍光金日磾傳》，第2947頁。
② 《漢書》卷八《宣帝紀》，第242頁。
③ 《漢書》卷七《昭帝紀》，第225頁。
④ 《漢書》卷六《武帝紀》，第156、160頁。
⑤ 《後漢書》卷四六《郭陳列傳》陳忠上疏，北京：中華書局，1965年，第1561頁。"孝廉"之舉，對兩漢的選仕有重大影響，徐天麟《東漢會要》説："漢世諸科，雖以賢良方正爲至重，而得人之盛，則莫如孝廉，斯以後世之所不能及。"〔宋〕徐天麟：《東漢會要》卷二六《選舉上》，上海：上海古籍出版社，1978年，第391頁。
⑥ 《漢書》卷六《武帝紀》，第167、174、180頁。

悌力田常員,令各率其意以道民"。① 高后元年(前 187)春正月,朝廷開創性地設置二千石的孝悌力田官,以勸勉民衆行孝、重農;②更早在惠帝四年(前 191)則"舉民孝弟力田者復其身",③免除孝悌力田者的徭役。也正是從惠帝開始,西漢皇帝死後諡號均加"孝"以稱。④這表明西漢皇帝重視"孝悌"的那些話,並非只是詔令中的政治修辭,而是實實在在對當時的政治、制度有著影響。

可見,在宣帝之前,"導民以孝"以順天下的政治理念,不斷被最高統治者予以強調,并被貫徹執行於國家政治事務中。宣帝在位期間,朝廷賜帛孝悌者之事,屢見書於史籍。在這之後,平帝元始三年(3)設立學官,"郡國曰學,縣、道、邑、侯國曰校。校、學置經師一人。鄉曰庠,聚曰序。序、庠置《孝經》師一人"。在基層的鄉、聚的學校庠、序中專設教授《孝經》的經師;兩年後,又徵召通《孝經》能教授的經師往教於京師。⑤ 這又在學術的層面大大加強了對孝的教導,提升了《孝經》一書的地位。

東漢一代,無論在學術、政治上,對孝愈加提倡,繼續"導民以孝",如靈帝中平元年(184)有人對蓋勳説,涼州之所以多叛亂,是由於此地"寡於學術",於是提出"多寫《孝經》,令家家習之,庶或使人知義"。⑥ 清人周壽昌對《後漢書》荀爽説"漢制使天下誦《孝經》"作補正説:"《孝經》在兩漢殆人人可誦。……至後漢,《孝經》學益盛。《儒林傳》自期門羽林之士悉令

---

① 《漢書》卷四《文帝紀》,第 124 頁。漢廷重視"三老",也是政治上重孝的表現,《孝經·廣至德章第十三》:"君子之教以孝也,非家至而日見之也。教以孝,所以敬天下之爲人父者也。"謂統治者通過"敬天下之爲人父者"來教以孝。故鄭注云:"天子父事三老,所以敬天下老也。"〔清〕皮錫瑞:《孝經鄭注疏》,吳仰湘點校,北京:中華書局,"十三經清人注疏"2016 年,第 104 頁;《白虎通》"論養老之義"云:"王者父事三老、兄視五更者何?欲陳孝弟之德以示天下也。故雖天子必有尊也,言有父也。必有先也,言有兄也。"則又與《孝經·感應章第十六》"故雖天子,必有尊也,言有父也;必有先也,言有兄也"相關聯。〔清〕陳立:《白虎通疏證》卷五,吳則虞點校,北京:中華書局,1994 年,第 248 頁。

② 《漢書》卷三《高后紀》吕后元年正月詔曰:"初置孝弟力田二千石者一人。"顏師古注:"特置孝弟力田官而尊其秩,欲以勸厲天下,令各敦行務本。"二千石相當於郡守的官秩,故顏師古謂"尊其秩"。第 96 頁。

③ 《漢書》卷二《惠帝紀》,第 90 頁。

④ 《漢書》卷二《惠帝紀》贊稱"孝惠内修親親",於"孝惠皇帝"之稱,顏師古注曰:"孝子善述父之志,故漢家之諡,自惠帝已下皆稱孝也。"第 92、86 頁。其影響,西漢末王莽時期及於匈奴:"單于咸立五歲,天鳳五年死,弟左賢王興立,爲呼都而尸道皋若鞮單于。匈奴謂孝曰'若鞮'。自呼韓邪後,與漢親密,見漢諡帝爲'孝',慕之,故皆爲'若鞮'。"《漢書》卷九四下《匈奴傳下》,第 3828—3829 頁。《漢書》卷六八《霍光金日磾傳》云:"漢之傳諡常爲孝者,以長有天下,令宗廟血食也。"這是説以孝爲諡,也是希望長有天下而不絶祀。後嗣能祭祀先祖,這本身就是孝行,所謂不孝有三,無後爲大。第 2938 頁。

⑤ 《漢書》卷一二《平帝紀》,第 355、359 頁。

⑥ 《後漢書》卷五八《虞傅蓋臧列傳》,第 1880 頁。

通《孝經》章句,司隸有《孝經》師,《蓋勳傳》宋梟曰:'涼州寡於學術,屢致反暴,今欲多寫《孝經》,令家家習之。'雖被詔責,要可見漢制之誦《孝經》遍天下也。"①《後漢書》記載對功臣外戚子弟還專門設校舍,選能力強的經師教學,"匈奴亦遣子入學"。② "以孝理天下"已成為對統治者的要求,③《孝經》成為了國家政教的價值源泉。所以對於孝悌之事,在中央則有司徒"議其制,建其度",在地方則有三老掌教化,"孝子順孫,貞女義婦,讓財救患,及學士為民法式者,皆扁表其門,以興善行"。④ 上至官宦,下至庶人,社會各階層不少涉及孝行的事迹被載於史籍。他們之中,或因孝而被薦舉被稱譽,被樹為榜樣,如:"(韋)彪孝行純至,父母卒,哀毀三年,不出廬寢。服竟,羸瘠骨立異形,醫療數年乃起。好學洽聞,雅稱儒宗。建武末,舉孝廉,除郎中,以病免,復歸教授。安貧樂道,恬於進趣,三輔諸儒莫不慕仰之。"⑤或違悖孝行,載為反面典型,如:"民有趙宣葬親而不閉埏隧,因居其中,行服二十餘年,鄉邑稱孝,州郡數禮請之。郡內以薦蕃,蕃與相見,問及妻子,而宣五子皆服中所生。蕃大怒曰:'聖人制禮,賢者俯就,不肖企及。'"⑥此外,在其他一些文獻和東漢的碑刻、畫像石中,對《孝經》和"孝"的重視也有不少記載和表現。

　　總之,對孝的重視和提倡,在東漢社會及其政治中愈加普及和深化。將理念和政治聯結起來的是制度。選仕制度,無疑是眾多制度中對社會影響最深廣的制度之一。雖然西漢文帝時"以户口率置三老、孝悌力田常員",但史無詳記,具體情況還不清楚;東漢和帝(89—104年在位)時採用丁鴻和劉方的上言,系統制定了按照人口等因素來確定舉孝廉人數的制度:"時大郡口五六十萬舉孝廉二人,小郡口二十萬并有蠻夷者亦舉二人,帝以為不均,下公卿會議。鴻與司空劉方上言:'凡口率之科,宜有階品,蠻夷錯雜,不得為數。自今郡國率二十萬口歲舉孝廉一人,四十萬二人,六十萬三人,八十萬四人,百萬五人,百二十萬六人。不滿二十萬二歲一

---

① 〔清〕周壽昌:《後漢書注補正》卷六,《續修四庫全書》二七二,上海:上海古籍出版社,2002年影印本,第156頁。
② 《後漢書》卷七九上《儒林列傳上》,第2546頁。
③ 《後漢書》卷四七《班梁列傳》班超贊和帝"陛下以至孝理天下,得萬國之歡心",第1585頁;卷七五《劉焉袁術吕布列傳》陳宮亦告曹操"孝理天下",第2452頁。
④ 《後漢書》司馬彪《百官志》第二四、二八,第3560、3624頁。
⑤ 《後漢書》卷二六《伏侯宋蔡馮趙牟韋列傳》,第917頁。
⑥ 《後漢書》卷六六《陳王列傳》,第2159—2160頁。

人,不滿十萬三歲一人。'帝從之。"①幾十年後,順帝永建年間(126—131)左雄上疏陳事説:"郡國孝廉,古之貢士,出則宰民,宣協風教。若其面牆,則無所施用。孔子曰'四十不惑',禮稱'强仕'。請自今孝廉年不滿四十,不得察舉,皆先詣公府,諸生試家法,文吏課牋奏,副之端門,練其虛實,以觀異能,以美風俗。"②順帝從之。左雄建言舉孝廉要有年滿四十的年齡之限,並且要進行考核,"諸生試家法,文吏課牋奏",要有真才實學纔能得到薦舉。有意思的是,左雄自己就是通過舉孝廉而上來的。這一制度若不是在當時得到了普遍執行流弊所至已影響到選官的質量,左雄是不會對此特别建言的。後來尚書張盛上奏廢除左雄建言的考課制度,雖然没有成功,但黄瓊却上奏説服皇帝專門增設了孝悌之科,③對孝悌之人的録用和重視,作了專門的制度上的保證和加强。④ 從西漢惠帝時開始有舉孝悌力田,到武帝時舉孝廉,發展到了東漢此時增設專門的孝悌之科。

在漢代的政治中,爲什麽會如此重視"孝"? 西漢帝國建立之前,儒家已大力倡孝,《孝經》便是其成果,它可以看作是孔子及其弟子對孝的系統闡述。在《孝經》中,"孝"被視作可以訓導天下的"至德要道",認爲"孝,德之本也,教之所由生也",天子之孝便是將此德教"加於百姓,刑於四海",因爲"孝"是天經地義,人民可以以之爲則,而人民"事親孝"則"忠可移於君","事兄悌"則"順可移於長",十分有利於統治和教化。⑤ 把孝作爲政教的根本,是因爲孝不僅是對個人倫理的教導,更是天下政治的綱紀。這應該是漢代重孝最重要的原因。不過《孝經》記載,孔子説這些都是過去

---

① 《後漢書》卷三六《桓榮丁鴻列傳》,第1268頁。
② 《後漢書》卷六一《左周黄列傳》,第2020頁。
③ 《後漢書》卷六一《左周黄列傳》載:"瓊以前左雄所上孝廉之選,專用儒學文吏,於取士之義,猶有所遺,乃奏增孝悌及能從政者爲四科,事竟施行。"第2035頁。
④ 此前西漢宣帝地節三年十一月雖有詔"其令郡國舉孝弟、有行義聞於鄉里者各一人",但應該是臨時性的,此後再未見單獨有舉孝悌之科的記載。《漢書》卷八《宣帝紀》,第250頁。
⑤ 《孝經·開宗明義章第一》:"子曰:'先王有至德要道,以順天下,民用和睦,上下無怨,汝知之乎?'曾子避席,曰:'參不敏,何足以知之!'子曰:'夫孝,德之本也,教之所由生也。'"本文依古文讀"順"爲"訓"。《天子章第二》:"子曰:'愛親者,不敢惡於人;敬親者,不敢慢於人;愛敬盡於事親,而德教加於百姓,刑於四海,蓋天子之孝也。'"《三才章第七》:"子曰:'夫孝,天之經也,地之義也,民之行也。天地之經而民是則之,則天之明,因地之利,以順天下,是以其教不肅而成,其政不嚴而治。'"《廣揚名章第十四》:"子曰:'君子之事親孝,故忠可移於君;事兄悌,故順可移於長;居家理,故治可移於官。'"又《士章第五》云:"以孝事君則忠,以敬事長則順。"本文所引《孝經》,未特别注明時,均引自《孝經注疏》,《十三經注疏》(清嘉慶刊本,北京:中華書局,2009年影印本),因爲引用頻繁,爲避免冗複,不再加注頁碼。

的先王用來訓導人民的,說的是往昔的明王以孝治天下,可見在孔子及其弟子的時代,甚至包括戰國至秦較長時期的國家治理中,"導民以孝"並没有深入到政治生活中且對民衆産生普遍性的影響。① 只有到了漢代,"孝"纔真正在實踐的層面上被運用到國家治理中,並成爲了社會倫理的核心内容之一。《孝經》從中央太學到郡縣鄉學均得以教習,在漢代臣下的上奏中往往也與《春秋》並引,《孝經》無疑成爲了推行這種政治理念與實踐的理論來源和重要支撑。

所以,在漢代,對《孝經》和"孝"進行説解便成爲必然,這不僅是政治上的需要,也是學術思想自身發展的需要。這些説解,對我們今天去理解漢代政治中的"導民以孝",具有重要的意義。

借助《漢書·藝文志》"六藝略"中"孝經"類的如下著録,我們來瞭解一下漢代學術對《孝經》的説解情況:

《孝經古孔氏》一篇。(二十二章)

《孝經》一篇。(十八章,長孫氏、江氏、后氏、翼氏四家)

《長孫氏説》二篇。

《江氏説》一篇。

《翼氏説》一篇。

《后氏説》一篇。

《雜傳》四篇。

《安昌侯説》一篇。

《五經雜議》十八篇。(石渠論)

《爾雅》三卷二十篇。

《小爾雅》一篇,《古今字》一卷。

《弟子職》一篇。

《説》三篇。

最後總計説:"凡《孝經》十一家,五十九篇。"②

但依以上所列,乃十三家五十六篇。關於家數,清代沈欽韓謂"《説》

---

① 《孝經·三才章第七》子曰"先王見教之,可以化民也",《孝治章第八》子曰"昔者明王之以孝治天下也",《聖治章第九》子曰"昔者周公"云云、《諫静章第十五》子曰"昔者天子有争臣七人"云云、《感應章第十六》"昔者明王事父孝"云云,均證以往昔,雖可以視作儒家托古的一貫傳統,但之所以托古,正是因爲不滿當時政治在這方面有所缺失,所以托古以進行間接批評。

② 《漢書》卷三〇《藝文志》,第1718—1719頁。

三篇"即《弟子職》之師説,①王先謙《漢書補注》亦認同此説:"此《弟子職説》,王應麟以爲《孝經説》,非。各本誤提行。"②在此基礎上陳國慶進一步認爲:"《小爾雅》一篇,《古今字》一篇,《説》三篇,本不分行,正十一家。今皆另提行故計十三家,五十六篇,多三家,少三篇。"③此前顧實雖然没有説明依據但也如此認爲。④ 這種解釋很有道理。李零先生提出了另一種觀點:"小計'十一家',是以《孝經古孔氏》一種,加傳今文本《孝經》的長孫、江氏、后倉、翼奉四家,再加《五經雜議》《爾雅》《小爾雅》《古今字》《弟子職》《(弟子職)説》六種。"⑤《長孫氏説》二篇、《江氏説》一篇、《翼氏説》一篇、《后氏説》一篇、《雜傳》四篇、《安昌侯説》一篇被他歸爲《孝經》的"説解六種"同一類中,但不知爲何將後兩種去除而不納入統計十一家之中。

關於篇數,五十六篇少三篇,李零先生認爲:"'《爾雅》三卷二十篇',從小計篇數看,應是同一書的兩個本子,三卷是帛書,二十篇是竹書,後書蒙上省'爾雅'。"⑥即"《爾雅》三卷二十篇"當作"《爾雅》三卷,[《爾雅》]二十篇"。如果將此"三卷"作"三篇"統計進去,正好五十九篇。筆者很認同這個解釋。

上面十一家中,《爾雅》《小爾雅》《古今字》《弟子職》及《説》,完全與《孝經》没有關係,因此宋人晁公武批評説"《藝文志》獨以《爾雅》附'孝經'類,《經籍志》又以附'論語'類,皆非是";⑦明人焦竑謂"《爾雅》《小爾雅》入'孝經'非,改'小學'。《弟子職》入'孝經'非,還《管子》";⑧清人章學誠

---

① 〔清〕沈欽韓:《漢書疏證》卷二四,《續修四庫全書》二六六,上海:上海古籍出版社,2002年影印本,第674頁。
② 〔漢〕班固撰,〔清〕王先謙補注:《漢書補注》卷三〇《藝文志》,上海師範大學古籍整理研究所整理,上海:上海古籍出版社,2008年,第2942頁。
③ 陳國慶編:《漢書藝文志注釋彙編》,北京:中華書局,1983年,第86頁。
④ 顧實《漢書藝文志講疏》:"今計《爾雅》《小雅》《今古字》合一家,《弟子職》及《説》合一家,故合計十一家,五十六篇,少三篇。"上海:上海古籍出版社,1987年,第81頁。按:其"《今古字》"當爲"《古今字》"之誤;"《小雅》"即"《小爾雅》",顧實依錢大昕説以爲"爾"乃後之俗儒所增入,不可據。
⑤ 李零:《蘭臺萬卷:讀〈漢書·藝文志〉》(修訂版),北京:生活·讀書·新知三聯書店,2013年,第58—59頁。
⑥ 李零:《蘭臺萬卷:讀〈漢書·藝文志〉》(修訂版),第57頁。
⑦ 〔宋〕晁公武撰,孫猛校證:《郡齋讀書志校證》卷四,上海:上海古籍出版社,1990年,第146頁。
⑧ 〔明〕焦竑:《國史經籍志》附錄卷六《糾繆》,明徐象橒"曼山館"刻本,中國國家圖書館藏。

亦謂《小爾雅》《古今字》二書不當入於"孝經"(類),①認爲《爾雅》《小爾雅》當入"小學"類:"《漢志》於此一門,本無義理,殆後世流傳錯誤也。蓋'孝經'本與'小學'部次相連,或繕書者誤合之耳。"②

這些書爲什麽没有著録在"六藝略"的"小學類"中,而要著録在"孝經"類中呢? 到底是失誤還是另有原因呢? 如果考慮到《孝經》在漢代社會的重要性及其流傳,筆者認爲也許可以這樣來解釋:因爲《孝經》已成爲了漢代社會十分普及的童蒙讀本,③所以將《爾雅》、《小爾雅》講訓詁的書、有今文和古文古今字形對照的《古今字》、教育弟子如何事師的《弟子職》及其《説》,作爲輔助閲讀的工具書和童蒙學習篇章放在了一起。古人不拘,此處的分類,並不完全按書籍的性質和類别,還考慮到了現實學習需要的實用。

《小爾雅》又見於今《孔叢子》,《弟子職》又見於《管子》,章學誠以"别裁"論之,④可謂洞見,但他將"孝經"類中有《爾雅》《小爾雅》,解釋爲由於"孝經"與'小學'部次相連而繕書者誤合,則並不令人信服,因爲在"《爾雅》《小爾雅》"和"小學"類之間還存在著《弟子職》及《説》,後二者顯然不能歸類於"小學"之中,它們與"小學"中的其他圖書差别很大。其實仔細考察,《爾雅》《小爾雅》和"小學"中著録的圖書也是存在差别的,將它們視作同類歸入到"小學"類中的論點值得商榷,持此論者有以今律古之嫌。"小學"類中著録的圖書,可以説都是字書,如《史籀》是秦大篆的字書,《八體六技》是包含多種字體的字書,《蒼頡》是秦小篆的字書,《凡將》《急就》《元尚》《訓纂》《别字》等則是漢代的字書,這些書主要是用於識字、寫字,所以收字很多,還收不同時期不同形體的字,總的目的在於學習讀、寫;而《爾雅》《小爾雅》是訓詁之書,相當於今天所説的詞典,主要解釋經書中字詞的含義。在童蒙教育的《孝經》學習中,顯然解釋字詞含義的《爾雅》《小

---

① 章學誠《校讎通義·漢志六藝第十三》一一,見〔清〕章學誠著,葉瑛校注:《文史通義校注》中附《校讎通義》卷三,北京:中華書局,1985 年,第 1026 頁。

② 〔清〕章學誠:《校讎通義·焦竑誤校漢志第十二》之六,見葉瑛《文史通義校注》中附《校讎通義》卷二,第 1011 頁。

③ 農書《四民月令》載:"十一月,研水凍,命幼童讀《孝經》《論語》篇章。"可見《孝經》在漢代社會普及成爲了幼童的啓蒙讀物之一。〔漢〕崔寔著,石聲漢校注:《四民月令校注》,北京:中華書局,2013 年,第 71 頁。

④ 〔清〕章學誠:《文史通義·别裁第四》,見葉瑛《文史通義校注》中附《校讎通義》卷一,第 972 頁。

爾雅》比動輒彙集上千單獨漢字的那些字書對學習的幫助更大,後者往往是以後要專門考試爲"史"的學童纔必須學習的内容。這就是它們之間最重要的區别。

"孝經"十一家中,《五經雜議》是雜議泛論五經經義的書,内容來源於西漢宣帝時在石渠閣對五經異同的討論,之所以歸屬於此,一個原因是因爲石渠論中關於五經中某部專經的内容,已歸屬到了相應類别之下,如關於《尚書》的有《奏議》四十二篇在"書"類下,關於《禮》的也有《奏議》三十八篇在"禮"類下,關於《春秋》的有《奏議》三十九篇在"春秋"類下,關於《論語》的有《奏議》十八篇在"論語"類下,《五經雜議》因爲它泛論五經,又適合童蒙教育,可以起到經學概論的作用,對學童有一個基礎性的框架性教育。當然也不排除泛論五經時,有時也可能涉及《孝經》内容。

之所以進行以上繁瑣的討論,是爲了把"孝經"類中《五經雜議》以下的圖書分離開去,讓我們没有牽掛地將目光集中關注在真正與《孝經》有關係的前面部分著録的圖書。這部分的著録中,"《孝經古孔氏》一篇",二十二章,即孔壁所出古文《孝經》,《隋書·經籍志》:"《古文孝經》,與《古文尚書》同出,……合爲二十二章,孔安國爲之傳。至劉向典校經籍,以顔本比古文,除其繁惑,以十八章爲定,鄭衆、馬融,並爲之注。又有鄭氏注,相傳或云鄭玄,其立義與玄所注餘書不同,故疑之。梁代,安國及鄭氏二家,並立國學,而安國之本,亡於梁亂。陳及周、齊,唯傳鄭氏。至隋,秘書監王劭於京師訪得《孔傳》,送至河間劉炫。炫因序其得喪,述其議疏,講於人間,漸聞朝廷,後遂著令,與鄭氏並立。儒者諠諠,皆云炫自作之,非孔舊本。"①宋人王應麟《漢藝文志考證》:"許沖上父《説文》云:'古文《孝經》,昭帝時魯國三老所獻,建武時議郎衛宏所校。'按《志》云'孔氏壁中古文',則與《尚書》同出也。蓋始出於武帝時,至昭帝時乃獻之。"②《古文孝經》或如王應麟所言本爲一本,或昭帝時另有一獻本。孔傳古文本今可見者有日本足利本(今學者多疑其僞,非孔傳舊本),鄭注今文本今可見有敦煌本。

其中"《孝經》一篇",十八章,此即今文《孝經》,爲顏芝所藏本,漢初其

---

① 〔唐〕魏徵等:《隋書》卷三二《經籍志》,北京:中華書局,1973年,第935頁。
② 〔宋〕王應麟:《漢藝文志考證》卷四,《漢制考 漢藝文志考證》,張三夕、楊毅點校,北京:中華書局,2011年,第185頁。

子顔貞出之,據説爲河間獻王在漢武帝建元初獻給朝廷,①此即上面《隋志》所言劉向用來比校古文《孝經》的今文《孝經》"顔本"。今文《孝經》有長孫氏、江翁、翼奉、后倉四家師説,即《漢志》中所載《長孫氏説》二篇、《江氏説》一篇、《翼氏説》一篇、《后氏説》一篇。此外還有《雜傳四篇》,可能是把很多人的説解雜集在一起;還有《安昌侯説》一篇,是安昌侯張禹對《孝經》的説解。以上六種,都是西漢對今文《孝經》的説解。今文《孝經》後經劉向作爲底本,並參照古文《孝經》進行了"除其繁惑"的整理,以十八章爲定,一直流傳至今。但上述六種關於《孝經》的"説"却都已亡佚,到了清代馬國翰輯佚有《孝經長孫氏説》一卷、《孝經后氏説》一卷、《孝經安昌侯説》一卷,雖均稱一卷,但每卷所輯僅寥寥幾條,有的還難確認爲佚文。②

不惟《孝經》有"説","孝經"類中還有《弟子職》有"説","詩"類中也有《魯説》《韓説》,"論語"類中有《齊説》《魯夏侯説》《魯安昌侯説》《魯王駿説》《燕傳説》,可見"説"可能是西漢經學中的一種解經形式。那麽,這種經"説"是一種什麽樣的形式?有何特點?從馬國翰所輯的幾條佚文,已很難知悉。

1973年河北定縣(今定州)八角廊西漢墓出土的簡書中有一種被整理者命名爲《儒家者言》,③其中第三、二十二、二十三、二十四章文字與"孝"有關。這四章中,第三章是與"曾子芸瓜"事相關的文字,其事又見載於《説苑·建本》《韓詩外傳》等;第二十二章的内容,一部分可見於《吕氏春秋·孝行覽》,其中簡1848"父母全而生之",以及第二十三章"子惡言不出於口,縈(忿)言不反於己",是與樂正子春傷足一事相關的文字,其事又見載於《大戴禮記·曾子大孝》《曾子本孝》和《禮記·祭義》中;第二十四章中既有引《孝經》語句也有相關的説解内容,如簡866"膚,受諸父母。曾子",可能是引《孝經·開宗明義章第一》"身體髮膚,受之父母,不敢毀傷"而以曾子事來説解,簡1831"何謂身體髮膚弗敢毀傷?曰:樂正子",

---

① 〔日〕林秀一:《孝經述議復原研究》引孔安國《古文孝經序》,喬秀岩、葉純芳、顧遷編譯,武漢:崇文書局,2016年,第348頁。

② 〔清〕馬國翰:《玉函山房輯佚書》卷四〇,光緒九年(1883)長沙嫏嬛館補校刻本。其中《孝經長孫氏説》輯佚一卷僅1條、《孝經后氏説》輯佚一卷僅3條、《孝經安昌侯説》輯佚一卷有6條。

③ 國家文物局古文獻研究室、河北省博物館、河北省文物研究所定縣漢墓竹簡整理組:《〈儒家者言〉釋文》,《文物》1981年第8期。以下引《儒家者言》釋文不再注明出處。

其"身體髮膚弗敢毁傷"出自《孝經·開宗明義章第一》"身體發膚,受之父母,不敢毁傷","曰:樂正子"則可能是用樂正子春之事來作説解的内容。① 這種"何謂……曰……"的句式結構顯示了其明顯的説解特徵。《史記·仲尼弟子列傳》謂曾子"作《孝經》。死於魯",②《漢書·藝文志》云"《孝經》者,孔子爲曾子陳孝道也",③王應麟謂《孝經》"當是曾子弟子所爲書",④故《孝經》及其説解多有曾子言行,而樂正子春是曾子的弟子,其他傳世文獻中也多載他的孝行,樂正子春或者其弟子,也可能參與了《孝經》一書的整理。⑤

無獨有偶,同於 1973 年在甘肅居延南部漢代肩水金關遺址考古發掘出土的漢簡,被整理出版的《肩水金關漢簡(叁)》中,著録的第 31 號探方(T31)所出簡中,也有内容與《孝經》及其説解有關,⑥據劉嬌研究,這樣的内容共有 7 段,⑦和八角廊漢簡一樣,也有引《孝經》語句或又作説解的内容,如簡 44A+55A"上而不驕(驕)者,高而不危;制節謹度而能分施者,滿而不溢。《易》曰:'亢龍有每(悔)。'言驕(驕)溢也。亢之爲言",其中引用了《孝經·諸侯章第三》"在上不驕,高而不危;制節謹度,滿而不溢"句中的語句;簡 104A"□侯柏(伯)子男乎? 故得萬國驩(歡)心以事其先王,是以天下無畔國也。爵",是引用《孝經·孝治章第八》"而況於公侯伯子男乎? 故得萬國之歡心以事其先王"並作説解;簡 141"《行葦》",則兄弟具(俱)尼矣。故曰先之以博愛而民莫遺其親",則是在説解之後引用了《孝經·三才章第七》"先之以博愛而民莫遺其親"句。此外,與簡 86"□則民目説矣"相關的内容亦見於海昏侯簡文。⑧

---

① 蘇成愛據東漢應劭《風俗通義》相關内容,在此第二十四章内容的基礎上作了增補調整,謂之爲西漢"經傳合璧的《孝經》",但他所復原的那種"經傳合璧"式的本經在西漢幾乎不見他例,故其説有待商榷。參見蘇成愛:《〈儒家者言〉"未解章"初揭——現存最早經傳合璧的〈孝經〉抄本》,《文獻》2020 年第 1 期。
② 《史記》卷六七《仲尼弟子列傳》,北京:中華書局,1959 年,第 2205 頁。
③ 《漢書》卷三〇《藝文志》,第 1719 頁。
④ 王應麟:《漢藝文志考證》卷四,第 188 頁。
⑤ 胡平生:《〈孝經〉是怎樣的一本書》,《孝經譯注》,北京:中華書局,1996 年,第 8 頁。
⑥ 參見甘肅簡牘博物館等編:《肩水金關漢簡》(叁)(上册)"肩水金關 T31",上海:中西書局,2014 年,第 215—227 頁。
⑦ 劉嬌:《漢簡所見〈孝經〉之傳注或解説初探》,《出土文獻》(第六輯),上海:中西書局,2015 年,第 297—303 頁。
⑧ 《肩水金關漢簡》(叁)(上册)"肩水金關 T31",第 221 頁。

上述八角廊和肩水金關漢簡的相關內容，胡平生、劉嬌都推測"可能是《孝經》的傳注或解說"，"它們反映了漢代《孝經》傳注或解說類作品的原始面貌"。① 這對我們瞭解《孝經》"說"類解經的特點，有了比馬國翰所輯三家《孝經》說稍多一點的材料，但還不能說材料足夠。

　　令人驚喜的是，自 2011 年開始在江西南昌新建區發掘的海昏侯劉賀墓中，於 2015 年出土了不少簡牘，共約 5200 餘枚。這批簡牘原放置在四個漆箱中，竹簡放在三個漆箱內，但這些漆箱大部分都已腐朽。② 在發掘中由於對簡牘整體提取困難，所以以保證竹簡的完整為原則，最後分為了四個區域進行提取。③ 這批簡冊中有不少關於《孝經》和"孝"的說解內容的簡冊，就筆者在其整理過程中所見，它們與八角廊和肩水金關漢簡的相關內容相似，而數量要多得多，尚未綴合之前包括殘簡在內共約 660 枚，來源於兩個區（原始編號為Ⅰ區、Ⅲ區），Ⅰ區有 354 枚簡，原始編號為 001—354；Ⅲ區有 316 枚簡，原始編號為 670—985。一些簡反面亦有文字書寫，一些簡有反印文。這兩個區的簡冊都殘損嚴重，收縮變形扭曲厲害，Ⅰ區簡尤甚，Ⅲ區簡在文字的完整性上比Ⅰ區好一些，在文字數量上也更多一些，其中混入了幾枚顯然不屬於此的簡策，從幾處都有"白不勝"的文字以及特別的分隔符號看，似為"六博"內容。雖然海昏侯墓出土的這些簡冊殘缺情況嚴重，但總體上看內容還是比八角廊和肩水金關漢簡要豐富得多，可謂極有價值。今擇其內容，約略述之。

　　先看海昏侯簡中已有與八角廊、肩水金關漢簡相關的內容：

　　　　不在側，求而殺之，未嘗可得□□□□□□不□【Ⅰ-4-(6)-051】④

　　　　女非天子之民【Ⅰ-3-(3)-033】

---

① 胡平生《孝經譯注》說"這些竹簡有可能是《孝經》的傳注或解說"，第 9 頁；劉嬌：《漢簡所見〈孝經〉之傳注或解說初探》亦認為"八角廊漢簡《儒家者言》的三章（尤其是第 24 章）和肩水金關漢簡所見的兩種關於《孝經》的材料，很可能是對《孝經》的傳注或解說"，第 303 頁。

② 江西省文物考古研究院、北京大學出土文獻研究所、荊州文物保護中心：《江西南昌西漢海昏侯劉賀墓出土簡牘》，《文物》2018 年第 11 期。

③ 管理、吳昊等：《江西南昌西漢海昏侯墓出土竹簡的現場及室內清理保護》，《江漢考古》2019 年 S1 期。

④ 因為海昏侯簡還沒有整理完畢正式發佈，所以本文暫用筆者使用的臨時編號，編號四部分分別表示區號—圖版號—簡策序號—簡策原始編號，例如【Ⅰ-4-(6)-051】表示Ⅰ區第 4 圖版從左往右數第 6 支原始編號為 051 的簡。因為剛開始整理釋讀，釋文不一定準確。釋文中"/"表示前後為斷簡。

與？殺天子之民者，其罪奈何？曰□□之父母，猶弗得毀傷，而兄（況）【Ⅰ-2-(9)-024】

三簡所記爲"曾子芸瓜"之事，八角廊漢簡第三章是與此同似的内容，二者有"之，未嘗可得""之民與""殺天子之民者，其罪"三處相同。推測這些内容應該是引曾子之事來説解《孝經·開宗明義章第一》"身體髮膚，受之父母，不敢毁傷"的，八角廊漢簡簡 866"膚，受諸父母。曾子"可能也與此有關。曾子此事詳載於《説苑·建本》："曾子芸瓜而誤斬其根。曾晳怒，援大杖擊之。曾子仆地。有頃，乃蘇，蹙然而起，進曰：'曩者，參得罪於大人，大人用力教參，得無疾乎？'退屏鼓琴而歌，欲令曾晳聽其歌聲，令知其平也。孔子聞之，告門人曰：'參來勿内也。'曾子自以無罪，使人謝孔子。孔子曰：'汝不聞瞽叟有子名曰舜？舜之事父也，索而使之，未嘗不在側，求而殺之，未嘗可得，小箠則待，①大箠則走，以逃暴怒也。今子委身以待暴怒，立體而不去，殺身以陷父不義，不孝孰是大乎？汝非天子之民邪？殺天子之民罪奚如？'"②又《韓詩外傳》載："曾子有過，曾晳引杖擊之。仆地，有間乃蘇，起曰：'先生得無病乎？'魯人賢曾子，以告夫子。夫子告門人：'參來勿内也。'曾子自以爲無罪，使人謝夫子。夫子曰：'汝不聞昔者舜爲人子乎？小箠則待，大杖則逃。索而使之，未嘗不在側；索而殺之，未嘗可得。今汝委身以待暴怒，拱立不去。汝非王者之民邪，殺王者之民，其罪何如？'《詩》曰：'優哉柔哉，亦是戾矣。'又曰：'載色載笑，匪怒伊教。'"③按：《孝經·開宗明義章第一》子曰"身體髮膚，受之父母，不敢毁傷"，既然身體受之於父母，那子女可否被父母殺身以死？這裏記載的就是孔子對《孝經》經文的補充，闡述這種情況下子女要作逃避，一是因爲己身被殺會陷父母於不義，此即大爲不孝，二是子女也是天子的子民，殺之亦爲犯罪。因爲《孝經·聖治章第九》子曰："天地之性，人爲貴。"這一點，後來在東漢章帝時的經義講議中有進一步的闡釋："父煞其子當誅何？以爲'天地之性，人爲貴'。人皆天所生也，託父母氣而生耳。王者以

---

① 《儒家者言》第三章有此殘句，作"小箠則待笞"，"待"後有"笞"字。
② 〔漢〕劉向撰，向宗魯校證：《説苑校證》卷三《建本》，北京：中華書局，1987 年，第 61 頁。
③ 〔漢〕韓嬰撰，許維遹校釋：《韓詩外傳集釋》卷八第二十五章，北京：中華書局，1980 年，第 296—297 頁。按："小箠則待"舊本有"笞"字，許維遹删；"汝非王者之民邪，殺王者之民"舊本作"非王者之民"。

養長而教之,故父不得專也。"①

Ⅲ區簡682也有與Ⅰ區簡051相同的內容:

側,求而殺之,未嘗【Ⅲ-25-(13)-682】

海昏侯簡中載曾子言事的還有不少,如:

不親,不敢【Ⅰ-1-(4)-004】

不審,不敢言大。故人之生也【Ⅰ-1-(7)-007】

□矣/能致其敬□□□/□□□□□/□□/□□□/疾病焉,有【Ⅰ-4-(7)-052】

蘭茝(芷)之室,久而弗聞□/□□□□□□□□□不□□【Ⅰ-18-(9)-264】

如入魚次之室,久而弗聞□……/吏(使)民之力,不過歲三日□【Ⅰ-18-(11)-266】

Ⅲ區也有基本相同的內容:

□□則光大矣。高明光大,不在乎它,存於加【Ⅲ-28-(14)-729】

斿(游),則□然如入蘭茝之室,久而【Ⅲ-29-(2)-732】

□故與小人斿(游),則□然如入魚次之室,久而弗聞,則與之化矣。與君【Ⅲ-30-(11)-756】

以上文字內容可見於《大戴禮記·曾子疾病》載曾子曰:"親戚不説,不敢外交;近者不親,不敢求遠;小者不審,不敢言大。故人之生也,百歲之中,有疾病焉,有老幼焉,故君子思其不復者而先施焉。……君子尊其所聞,則高明矣;行其所聞,則廣大矣。高明廣大,不在於他,在加之志而已矣。與君子游,苾乎如入蘭芷之室,久而不聞,則與之化矣;與小人游,貸乎如入鮑魚之次,久而不聞,則與之化矣。是故君子慎其所去就。與君子游,如長日加益,而不自知也;與小人游,如履薄冰,每履而下,幾何而不陷乎哉!"②上面052簡由6枚殘斷簡排爲一列拍照,疑前面有部分斷簡不屬於此處。其中"光""廣"二字可通;"鮑魚之次"孫詒讓《大戴禮記斠補》作"鮑魚之肆";③"與小人游"句《群書治要》引作:"與小人游,膩乎如入魚

---

① 〔清〕陳立:《白虎通疏證》卷五《論父煞子》,第216頁。
② 〔清〕王聘珍:《大戴禮記解詁》卷五《曾子疾病》,王文錦點校,北京:中華書局,1983年,第97頁。
③ 〔清〕孫詒讓:《大戴禮記斠補》,雪克點校,濟南:齊魯書社,1988年,第211頁。

次之室,久而不聞,則與之化矣。"①值得注意的是,前面簡 024 有"弗得毁傷",此處簡 756"久而弗聞"均不避漢昭帝劉弗陵諱,昭帝在武帝後元二年(前 87)即位,第二年改元"始元",在元平元年(前 74)去世,此年宣帝即位,第二年改元"本始",海昏侯劉賀在宣帝神爵三年(前 59)去世,離昭帝即位過去了二十多年,或者可以推測這些海昏侯簡抄寫於昭帝之前,可能在武帝晚期,從這些簡出土的物理狀態上看,它們確實也不像新抄寫的整齊完整的新簡。

又:

□□□□/□□不中道則【Ⅰ-15-(10)-220】

羊(翔)周還(旋),寬(俛)折從命,色不和說,未成於弟也。弟兄之道,雖義不同【Ⅰ-19-(7)-277】

雖志不同,義必【Ⅰ-18-(15)-270】

《大戴禮記·曾子事父母》:"單居離問於曾子曰:'事父母有道乎?'曾子曰:'有。愛而敬。父母之行,若中道則從,若<u>不中道則</u>諫,諫而不用,行之如由己。從而不諫,非孝也;諫而不從,亦非孝也。'"又:"單居離問曰:'事兄有道乎?'曾子曰:'有。尊事之以爲己望也。兄事之不遺其言。兄之行若中道,則兄事之;兄之行若<u>不中道則</u>養之。"又:"單居離問曰:'使弟有道乎?'曾子曰:'有。嘉事不失時也。弟之行若中道,則正以使;弟之行若<u>不中道則</u>兄事之。'"又:"曾子曰:'夫弟者,不衡坐,不苟越,不干逆色,<u>趨翔周旋,俛仰從命,不見於顔色,未成於弟也</u>。'"②簡 220"不中道則"在《大戴禮記·曾子事父母》中出現在三處,不知當歸何處。此講"事父母""事兄""使弟"之道,亦即孝悌之道。

Ⅲ區也出現了同樣的內容:

諫而不從,亦非孝也。從而親□害/□而□言而□不者臣下之【Ⅲ-35-(14)-834】

未成於弟也。弟兄之道,雖義不同,憂必同,雖志不同,義必正。《詩》曰:兄【Ⅲ-43-(5)-945】

其中簡 834 分爲上下兩個斷簡,疑下部斷簡不屬於此處。Ⅰ區簡和

---

① 〔唐〕魏徵等:《群書治要》卷三五,王雲五主編"叢書集成初編",上海:商務印書館,1936年,第 612 頁。

② 王聘珍:《大戴禮記解詁》卷四《曾子事父母》,第 86—87 頁。

Ⅲ區簡出現了內容同似的現象,這並非偶然,又如:

孝子輕唯而重若(諾),輕唯失也,重【Ⅰ-23-(8)-338】

孝子輕唯而重若(諾),輕唯失也,重若(諾)□/必□□夆(蓬)生麻中,不扶而直;白【Ⅲ-37-(9)-859】

Ⅰ區簡 338 的內容與Ⅲ區簡 859 上部斷簡相同。簡 859 爲上、下兩個斷簡,下部斷簡內容見於《大戴禮記·曾子制言上》:"曾子曰:'蓬生麻中,不扶自直;白沙在泥,與之皆黑。'"① 疑下部斷簡不歸屬於此。

與曾子相關的還有:

夫孝,置之而塞乎天地,衡之而衡乎天下,施之後世而無朝夕。《詩》曰【Ⅲ-40-(11)-906】

內容見於《大戴禮記·曾子大孝》:"曾子曰:'夫孝,置之而塞於天地,衡之而衡於四海,施諸後世而無朝夕,推而放諸東海而準,推而放諸西海而準,推而放諸南海而準,推而放諸北海而準。《詩》云:"自西自東,自南自北,無思不服。"此之謂也。'"② 又見於《禮記·祭義》:"曾子曰:'夫孝,置之而塞乎天地,溥之而橫乎四海,施諸後世而無朝夕,推而放諸東海而準,推而放諸西海而準,推而放諸南海而準,推而放諸北海而準。《詩》云:"自西自東,自南自北,無思不服。"此之謂也。'"③ 從"衡之而衡乎天下"一句看,海昏侯簡文本似與《大戴禮記》更爲親近。

又:

將徹,不請所予,問【Ⅰ-24-(5)-350】

□乎,曰亡矣,將以復進也,此所【Ⅰ-23-(14)-344】

□志矣,事親如曾子者也。故曾子【Ⅰ-21-(3)-303】

此引《孟子》以說曾子之孝。《孟子·離婁上》:"曾子養曾皙,必有酒肉,將徹,必請所與,問有餘,必曰有。曾皙死,曾元養曾子,必有酒肉,將徹,不請所與,問有餘,曰亡矣,將以復進也。此所謂養口體者也。若曾子,則可謂養志也。事親若曾子者可也。"④ 清人陳澧指出"《孟子》七篇中,多與《孝經》相發明者",⑤ 其實這也不奇怪,《孟子》一書可能原本就有

---

① 王聘珍:《大戴禮記解詁》卷五《曾子制言上》,第 90 頁。
② 王聘珍:《大戴禮記解詁》卷四《曾子大孝》,第 84 頁。
③ 《禮記正義》卷四八《祭義》,《十三經注疏》(清嘉慶刊本),第 3649 頁。
④ 《孟子注疏》卷七下《離婁章句上》,《十三經注疏》(清嘉慶刊本),第 5921 頁。
⑤ 〔清〕陳澧:《東塾讀書記(外一種)》,北京:生活·讀書·新知三聯書店,1998 年,第 5 頁。

説《孝經》的相關内容。①

海昏侯簡除了有上述關於曾子的内容,曾子弟子樂正子春傷足之事的内容也有記載:

樂正子/春下堂而傷其足,傷俞(愈)□【Ⅲ-37-(5)-855】

正子曰:"天之所生,無人爲大,父母全而……歸之,可謂孝矣。"【Ⅲ-34-(3)-808】

故君子頃步不敢忘父母。今予壹舉而傷足,是忘孝道也,吾是以□【Ⅲ-32-(11)-786】

燕器/□□出,故孝子惡言不出於口,煩言不反於己。不敢以父母之遺【Ⅲ-31-(15)-775】

《大戴禮記·曾子大孝》:"樂正子春下堂而傷其足,傷瘳,數月不出,猶有憂色。門弟子問曰:'夫子傷足瘳矣,數月不出,猶有憂色,何也?'樂正子春曰:'善如爾之問也。吾聞之曾子,曾子聞諸夫子曰:"天之所生,地之所養,人爲大矣。父母全而生之,子全而歸之,可謂孝矣;不虧其體,可謂全矣。故君子頃步之不敢忘也。"今予忘夫孝之道矣,予是以有憂色。'故君子一舉足不敢忘父母,一出言不敢忘父母。一舉足不敢忘父母,故道而不徑,舟而不游,不敢以先父母之遺體行殆也。一出言不敢忘父母,是故惡言不出於口,忿言不及於己。然後不辱其身,不憂其親,則可謂孝矣。'"②《禮記·祭義》亦有基本相同的記載:"樂正子春下堂而傷其足,數月不出,猶有憂色。門弟子曰:'夫子之足瘳矣,數月不出,猶有憂色,何也?'樂正子春曰:'善如爾之問也!善如爾之問也!吾聞諸曾子,曾子聞諸夫子曰:"天之所生,地之所養,無人爲大。父母全而生之,子全而歸之,可謂孝矣。不虧其體,不辱其身,可謂全矣。故君子頃步而弗敢忘孝也。"今予忘孝之道,予是以有憂色也。壹舉足而不敢忘父母,壹出言而不敢忘父母。壹舉足而不敢忘父母,是故道而不徑,舟而不游,不敢以先父母之遺體行殆。壹出言而不敢忘父母,是故惡言不出於口,忿言不反於身。不辱其身,不羞其親,可謂孝矣。'"③其中"忿言不反於身"王引之謂"反"當依《大戴禮記》作"及",然而八角廊及海昏侯墓簡文均作"反",不知是因

---

① 參見陳壁生:《孝經學史》,上海:華東師範大學出版社,2015年,第25—29頁。
② 王聘珍:《大戴禮記解詁》卷四《曾子大孝》,第85頁。
③ 《禮記正義》卷四八《祭義》,《十三經注疏》(清嘉慶刊本),第3470頁。

"反""及"二字形似而訛而有一誤，還是本有版本差異。大、小戴《禮記》中的相關詞句，分別都有相較之下和海昏侯簡更同似的詞句，目前還很難說海昏侯簡的上述內容，到底和哪一種有著繼承關係。稍簡的內容又見於《呂氏春秋·孝行覽》："樂正子春下堂而傷足，瘳而數月不出，猶有憂色。門人問之曰：'夫子下堂而傷足，瘳而數月不出，猶有憂色。敢問其故？'樂正子春曰：'善乎而問之。吾聞之曾子，曾子聞之仲尼，父母全而生之，<u>子全而歸之</u>，不虧其身，不損其形，可謂孝矣。君子無行咫步而忘之。余忘孝道，是以憂。"①又，"惡言不出於口，煩言不及於己"又見於《大戴禮記·曾子本孝》："孝子惡言死焉，流言止焉，美言興焉，<u>故惡言不出於口，煩言不及於己</u>。"②東漢應劭《風俗通義·過譽》亦云："《孝經》：'身體髮膚，受之父母，不敢毀傷，孝之始也。'樂正子春下堂而傷足，三月不出，既瘳矣，猶有憂色。身無擇行，口無擇言，脩身慎行，恐辱先也。"③此外，Ⅰ區亦有內容可能相同的殘簡：

/□□□/□□□□/子全而歸之【Ⅰ-15-(15)-225】

不辱其身【Ⅰ-15-(12)-222】

又：

樂正子春之□病，復加一飯，必駃然俞（愈），復損一飯，必駃然俞（愈）【Ⅰ-5-(10)-070】

復加一衣，必駃然俞（愈），復損一衣，必駃然俞（愈）。/樂正子春之於親【Ⅰ-5-(14)-074】

上述內容雖然出自《春秋公羊傳》昭公十九年："其'譏子道之不盡'奈何？曰：<u>樂正子春之視疾也，復加一飯，則脫然愈，復損一飯，則脫然愈；復加一衣，則脫然愈，復損一衣，則脫然愈</u>。"④但内容仍然與孝有關，《公羊傳》以之爲"譏子道之不盡"作解，則"視疾"爲視其親疾，簡074"樂正子春之於親"句當是對所引《公羊傳》討論的"子道"和孝進行說解的內容。

海昏侯簡不惟引《公羊傳》，亦有引《詩》相關內容：

---

① 許維遹：《呂氏春秋集釋》卷一四《孝行覽》，梁運華整理，北京：中華書局，2009年，第309頁。
② 王聘珍：《大戴禮記解詁》卷四《曾子本孝》，第79頁。
③ 〔漢〕應劭撰，王利器校注：《風俗通義校注》卷四《過譽》，北京：中華書局，2010年，第180頁。
④ 《春秋公羊傳注疏》卷二三昭公十九年，《十三經注疏》（清嘉慶刊本），第5049頁。

苞方體(體),維葉苊═(苊苊),戚═(戚戚)兄弟,莫遠具璽(爾)【Ⅲ-33-(4)-794】

《傳》曰:恩及行葦,則兄弟(俱)璽(邇)矣。仁以小成,義以大成,仁兄(況)乎大,義兄(況)【Ⅲ-31-(5)-765】

乎小,行葦且妟(愛)之,而兄(況)乎人乎?天下且讓之【Ⅲ-30-(8)-753】

□專妟(愛),悬(忌)始至也。曰□德之妟(愛)物也,恩及行葦。其"及行葦"奈何也?【Ⅲ-34-(11)-816】

曰:恩及行葦,則兄弟具(俱)璽(爾)矣。故曰:先之以博愛,而【Ⅲ-28-(12)-719】

民莫遺其親/而兄(況)於觴酒豆肉乎?故【Ⅲ-25-(12)-681】

簡794內容出自《詩·大雅·行葦》,漢儒多以爲《行葦》爲公劉之詩。今本《毛詩》作:"**方苞方體,維葉泥泥;戚戚兄弟,莫遠具爾。**"陸德明《經典釋文》:"泥,乃禮反,張揖作'苊苊',云'草盛也'。"該篇《序》云:"《行葦》,忠厚也。周家忠厚,仁及草木,故能内睦九族,外尊事黄耇,養老乞言,以成其福祿焉。"①謂仁及草木,更何況於人,何況於兄弟父母。簡765"《傳》曰:恩及行葦,則兄弟(俱)璽(爾)矣"説的也是這個意思。劉向《古列女傳》亦謂"恩及草木",②東漢王符《潛夫論·德化》:"《詩》云:'敦彼行葦,羊牛勿踐履。方苞方體,惟葉柅柅。'又曰:'鳶飛厲天,魚躍於淵。愷悌君子,胡不作人?'公劉厚德,恩及草木,羊牛六畜,且猶感德,仁不忍踐履生草,則又況於民萌而有不化者乎?"③又《邊議》:"公劉仁德,廣被行葦,況含血之人,已同類乎?"④劉向習《魯詩》,陳喬樅《魯詩遺説攷》謂以上"所引是《魯詩》説",⑤王先謙亦襲其説。⑥則簡765中的"《傳》"可能指《魯詩》之《傳》,那它和《漢書·藝文志》"詩"類中的《魯故》《魯説》有何關係呢?我認爲簡765中的"《傳》"可能即《魯説》。

---

① 《毛詩正義》卷一七《大雅·行葦》,《十三經注疏》(清嘉慶刊本),第1150頁。
② 〔漢〕劉向《古列女傳》卷六《辯通傳·晉弓工妻》:"君聞昔者公劉之行乎?羊牛踐葭葦,惻然爲痛之。恩及草木,豈欲殺不辜者乎!"《四部叢刊初編》影印長沙葉氏觀古堂藏明刊本。
③ 〔漢〕王符著,〔清〕汪繼培箋,彭鐸校正:《潛夫論箋校正》,北京:中華書局,1985年,第373頁。
④ 彭鐸:《潛夫論箋校正》,第272頁。
⑤ 〔清〕陳喬樅:《魯詩遺説攷十六》,見《清經解續編》卷一一三三,南菁書院刻本。
⑥ 〔清〕王先謙:《詩三家義集疏》卷二二,吳格點校,北京:中華書局,1987年,第884頁。

《漢書·藝文志》"詩"類著録三家《詩》的著作中有"故""傳""説"三類，分別具體來説。《魯詩》有《魯故》《魯説》而無"《魯傳》"。《魯故》下顔師古注云："故者，通其指義也。它皆類此。今流俗《毛詩》改'故訓傳'爲'詁'字，失真耳。"可見這裏釋"故"爲"通其指義"並非指義理説解，而是和《毛詩故訓傳》中的"故"類同，謂訓詁。故於申公《魯故》，《漢書·藝文志》云"漢興，魯申公爲《詩》訓詁"，《儒林傳》也説"申公獨以《詩經》爲訓詁以教"，於《韓詩》中的《韓故》王先謙亦謂"此韓嬰自爲本經訓故"。至於《魯説》，王先謙《漢書補注》則謂"弟子所傳"，同樣於《韓詩》中的《韓説》亦謂"此其徒衆所傳"。據此可以説，"故"是就本經作訓詁，"説"是弟子徒衆傳其師説。沈欽韓於《漢書·藝文志》"孝經"類中《弟子職説》下亦云："説，即其師説。"①可見"故""説"有別。於《韓詩》，也有《韓故》《韓説》，雖然此外還有《韓内傳》《韓外傳》，但《漢書·儒林傳》載："嬰推詩人之意，而作《内》《外傳》數萬言，其語頗與《齊》《魯》間殊。"所以"内傳""外傳"和"傳"可能不僅在名稱上相異，而且實質上也並非一類，可以另行看待。因此可以説，《韓詩》亦只有《韓故》《韓説》而無"《韓傳》"。於《齊詩》，則有《齊后氏故》《齊后氏傳》《齊孫氏故》《齊孫氏傳》，可見"故""傳"一定有別。那麽《魯詩》《韓詩》都有"故"有"説"，爲何《齊詩》有"故""傳"而無"説"呢？我認爲《齊詩》這裏的"傳"其實和"説"應該是同一類型的解經形式，只是名稱不同而已。

　　"傳"之爲名，散言之時，作爲一個通名的統攝性很强，可以用來指代多種不同的詮釋形式，例如"傳"可用來指代"故"，義爲訓詁，申公作《魯故》，《漢書·楚元王傳》謂申公"爲《詩傳》，號《魯詩》"，顔師古注："凡言傳者，謂爲之解説，若今《詩毛氏傳》也。"②何休《公羊傳注》引《魯詩傳》、班固《白虎通義》引《詩傳》，③所引可能也指申公《詩傳》。此外，顔師古注言《詩毛氏傳》，乃《詩毛氏故訓傳》之簡稱，可見"傳"甚至可用來指稱"詁訓傳"這種有多個指意複雜的名稱。對於《毛詩》之《毛詩詁訓傳》，其體例名義，馬瑞辰《毛詩詁訓傳名義考》作了詳盡的闡釋，兹引如下：

　　　　單詞則爲詁，重語則爲訓。詁第就其字之義旨而證明之；訓，則

---

① 沈欽韓：《漢書疏證》卷二四，見《續修四庫全書》二六六，第 674 頁。
② 《漢書》卷三六《楚元王傳》，第 1922 頁。
③ 《春秋公羊傳注疏》卷三隱公五年，《十三經注疏》（清嘉慶刊本），第 4793 頁；陳立：《白虎通疏證》卷九《姓名》，第 418 頁。

兼其言之比興而訓導之,此詁與訓之辨也。毛公傳《詩》多古文,其釋《詩》兼詁、訓、傳三體,故名其書爲《詁訓傳》。嘗即《關雎》一詩言之:如"窈窕,幽閒也","淑,善;逑,匹也"之類,"詁"之體也。"關關,和聲也"之類,"訓"之體也。若"夫婦有別則父子親,父子親則君臣敬,君臣敬則朝廷正,朝廷正則王化成",則"傳"之體也。而餘可類推矣。"訓""詁"不可以該"傳",而"傳"可以統"訓""詁",故標其總目爲《詁訓傳》,而分篇則但言《傳》而已。①

如馬瑞辰説,"傳"可以統"訓""故(詁)",當亦可以統"説"。所以馬瑞辰認爲《漢書·藝文志》"詩"類所載《魯故》《魯説》,都可以稱之爲《魯傳》。② 但在對言之時,如《齊詩》有《齊后氏故》《齊后氏傳》,則"傳""故"有別,"傳"在這裏是作爲一個專名有著它特定的含義,正如《毛詩詁訓傳》馬瑞辰之釋,"傳"在這裏是一種突破訓詁而引申開去的説解:"蓋詁訓第就經文所言者而詮釋之,傳則並經文所未言者而引伸之,此詁訓與傳之別也。"③

那麽簡765的"《傳》",在這裏是作爲專名,還是作爲通名?我認爲兩種可能性都存在。作爲專名,它應該和《齊后氏傳》《齊孫氏傳》的"傳"同類而和"詁"有區別,如馬瑞辰所説是就"經文所未言者而引申之"。但《漢書·藝文志》"詩"類中關於《魯詩》却並没有相關的"傳"類著作,所以我更傾向於將之視爲通名。那麽作爲通名它是代指《詩》之《魯故》還是《魯説》?考慮到"故"與"説"的區別,結合簡765"《傳》"的內容,我認爲當指代《魯説》。實際上,如上所述,"傳"即便作爲一個專名,它和我們已知一些"説"的特徵看起來也是類同的,例如《禮記正義·郊特牲》"社祭土而主陰氣也"以下疏文録《五經異義》兩引今文《孝經説》,一曰:"今《孝經説》曰:'社者,土地之主。土地廣博,不可徧敬,封五土以爲社。'"二曰:"今《孝經説》:'稷者,五穀之長,穀衆多,不可徧敬,故立稷而祭之。'"④ 又如馬國翰《玉函山房輯佚書》所輯有《孝經后氏説》,其一爲:"聖王之自爲動静周旋,奉天承親,臨朝享臣,物有節文,以章人倫,蓋欽翼祇栗,事天之容也;

---

① 〔清〕馬瑞辰:《毛詩傳箋通釋》卷一《毛詩詁訓傳名義考》,陳金生點校,北京:中華書局,1989年,第5頁。
② 馬瑞辰:《毛詩傳箋通釋》卷一《毛詩詁訓傳名義考》,第4頁。
③ 馬瑞辰:《毛詩傳箋通釋》卷一《毛詩詁訓傳名義考》,第4—5頁。
④ 《禮記正義》卷二五《郊特牲》,《十三經注疏》(清嘉慶刊本),第3138頁。

温恭敬遜,承親之禮也;正躬嚴恪,臨衆之儀也;嘉惠和說,饗下之顏也。舉錯動作,物遵其儀。故形爲仁義,動爲法則。孔子曰:'德義可尊,容止可觀,進退可度,以臨其民,是以其民畏而愛之,則而象之。'"①所輯《孝經安昌侯說》,其一曰:"愛生於真,敬起自嚴。孝是真性,故先愛後敬也。"其一曰:"天子諸侯各有卿大夫,此章既云言行滿於天下,又引《詩》云'夙夜匪懈,以事一人',是舉天子卿大夫也。天子卿大夫尚爾,則諸侯卿大夫可知也。"②這些"說"都符合馬瑞辰解釋"傳"爲"並經文所未言者而引伸之"的特徵。或許正因爲"說"有此特點,在此基礎上它可以逐漸向飾文繁複的"章句"靠近,甚至發展爲"章句"。略舉其例。《漢書·儒林傳》謂丁寬"作《易說》三萬言,訓故舉大義而已,今《小章句》是也",可見丁寬以"說"爲名的《易說》,在經文的訓詁上較簡,而在經文的引申上甚繁,後來變成了"章句"。《漢書·藝文志》"論語"類有張禹"《魯安昌侯說》二十一篇",《匡張孔馬傳》載"初,禹爲師,以上難數對己問經,爲《論語章句》獻之",《魯安昌侯說》《論語章句》孰先孰後史未明載,若以引申複雜程度和丁寬《易》說例之,《論語章句》當從《魯安昌侯說》發展而來,不過《藝文志》未著錄《論語章句》,又頗疑二者爲一書。"章句"發展到後來極引申之能事便多附會。

簡 816 與簡 719 及簡 681 前半斷簡可編連,③內容與簡 794、簡 765、簡 753 亦相關。簡 765、簡 753"《傳》曰"云云,如上所述可能是《詩傳》,簡 816、簡 719、簡 681 則明顯是對《孝經·三才章第七》"是故先之以博愛,而民莫遺其親"的說解。當然,如果宏觀來看,將簡 816 和簡 719、簡 681 看作是引《孝經》來說解《詩》之《行葦》,將它們看作《詩傳》的一部分,也不無道理。

Ⅰ 區也有一枚簡的內容,和上述 Ⅲ 區簡 794、簡 765 編連後的其中一部分內容完全重合:

---

① 〔清〕馬國翰:《玉函山房輯佚書》卷四〇《孝經后氏說》,此西漢匡衡上疏引孔子曰"德義可尊,容止可觀,進退可度,以臨其民,是以其民畏而愛之,則而象之"(內容見今《孝經·聖治章第九》)所作說解。馬國翰云:"據《儒林傳》,后蒼授匡衡。知匡衡述經義皆本蒼說。"

② 〔清〕馬國翰:《玉函山房輯佚書》卷四〇《孝經安昌侯說》,此兩條爲馬國翰輯自《孝經正義》所引舊說,分別說解《孝經·天子章第二》"子曰:'愛親者,不敢惡於人;敬親者,不敢慢於人。'"和《卿大夫章第四》"言滿天下無口過,行滿天下無怨惡"一段。

③ 簡 681 後半斷簡"而兄(況)於觴酒豆肉乎?故"當不歸屬於此。

兄弟,莫遠具壐(爾)。《傳》曰:恩及行葦,則兄弟具(俱)壐(爾)矣。仁以小成,義以【Ⅰ-1-(14)-014】

又:

何謂公矦(侯)柏(伯)子男?曰:周爵五等,公矦(侯)柏(伯)子男。天子之三公稱公【Ⅰ-3-(5)-035】(見圖一〇·1)

王者之後稱/公,其餘/大國稱矦(侯),小/若可(何)謂能致其和?曰:嚴客(恪)【Ⅰ-4-(11)-056】

國稱/伯子男。公矦(侯)百里,柏(伯)七十【Ⅰ-4-(10)-055】

里,子男五十里,不滿五十里者,附於諸侯,曰附庸,此之謂小國【Ⅰ-5-(7)-067】

□□明王之治天下也,不敢……【Ⅰ-7-(3)-103】

……兄(況)於公矦(侯)伯子男【Ⅰ-7-(2)-104】

簡103、簡104內容見於《孝經·孝治章第八》:"子曰:'昔者明王之以孝治天下也,不敢遺小國之臣,而況於公侯伯子男乎?故得萬國之懽心,以事其先王。治國者,不敢侮於鰥寡,而況於士民乎?故得百姓之懽心,以事其先君。治家者,不敢失於臣妾,而況於妻子乎?故得人之懽心,以事其親。夫然,故生則親安之,祭則鬼享之,是以天下和平,災害不生,禍亂不作。故明王之以孝治天下也如此。《詩》云:"有覺德行,四國順之。"'"簡035只能依稀辨識爲以上文字,可與簡056編連,簡056由4個斷簡排列,最下面第4斷簡內容當不歸屬於此,見後面所述,這樣簡056可與簡055、簡067編連,整個內容根據後面Ⅲ區的內容可知這是用來說解簡103、簡104上《孝經》"明王之以孝治天下也,不敢遺小國之臣,而況於公侯伯子男乎"內容的,其所依據爲《春秋公羊傳》隱公五年所載:"諸公者何?諸侯者何?天子三公稱公,王者之後稱公,其餘大國稱侯,小國稱伯子男。"以及《禮記·王制》所載:"天子之田方千里,公侯田方百里,伯七十里,子男五十里。不能五十里者,不合於天子,附於諸侯,曰附庸。"

同樣,Ⅲ區有和上述Ⅰ區幾乎一樣的內容:

●何謂公矦(侯)柏(伯)子男?曰:周爵五等,公矦(侯)柏(伯)子男。天子之三公稱公,王者【Ⅲ-25-(5)-674】

之後稱公,□□□國稱矦(侯),小國稱伯子男,□矦(侯)……【Ⅲ-26-(7)-692】

五十里,不滿五十里者,附於諸矦(侯),曰附庸,此之謂小國。故

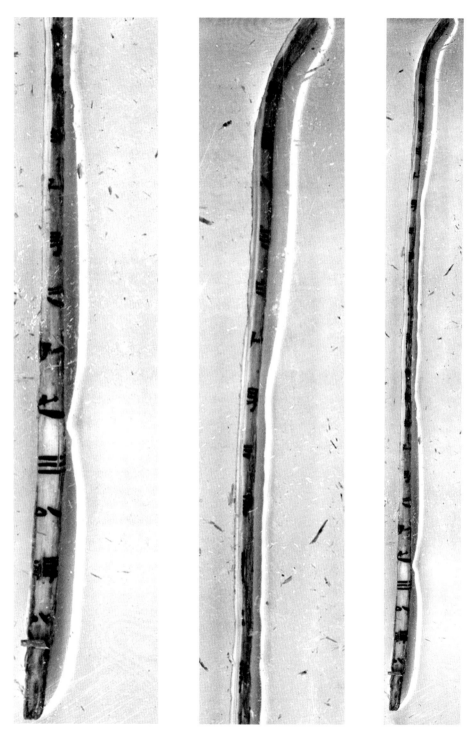

圖一〇·1（右爲整簡，左爲局部放大）

曰明王【Ⅲ-26-(11)-696】

　　□……遺小國之臣，而兄（況）於公矦（侯）伯子男乎？故得萬國之蘿（歡）【Ⅲ-26-(6)-691】

簡696"故曰"下"明王"和簡691的內容，無疑即《孝經·孝治章第八》"明王之以孝治天下也，不敢遺小國之臣，而況於公侯伯子男乎？故得萬國之懽心"一段。簡674頂頭有明顯的分隔符號●，表明這是獨立一章的起始處，最後以"故曰"作結而引《孝經》，非常明顯，這是用來說解《孝經》的，雖然引用了《公羊傳》《禮記》中的材料，但却不與《公羊傳》《禮記》直接相關。

不屬於簡056的第4斷簡內容"若可（何）謂能致其和？曰：嚴客（恪）"，可與下面簡068前兩斷簡編連：

　　成人之道也，/故凡將/在乎□之□子德刑乎內【Ⅰ-5-(8)-068】

這樣編連後出現在Ⅰ區的內容，也幾乎相同地出現在Ⅲ區簡上：

　　何若則可謂能致其和？曰：嚴客（恪），非所以事親也，成人之道也，故凡將【Ⅲ-27-(3)-703】

雖然可能語出《禮記·祭義》："孝子之有深愛者必有和氣，有和氣者必有愉色，有愉色者必有婉容。孝子如執玉，如奉盈，洞洞屬屬然如弗勝，如將失之。嚴威儼恪，非所以事親也，成人之道也。"①但仍然與"孝"和《孝經》相關，《孝經·紀孝行章第十》詳細記載了如何"事親"："子曰：'孝子之事親也，居則致其敬，養則致其樂，病則致其憂，喪則致其哀，祭則致其嚴。五者備矣，然後能事親。"簡703所說解的"致其和"並沒有在《紀孝行》中直接出現，"嚴客（恪），非所以事親也"是從反面來說不能怎樣"事親"。正面來說解《紀孝行章第十》中"事親"的內容，Ⅲ區有三枚簡：

　　何若則可謂能致其敬？曰：孝子之事親也，發言陳【Ⅲ-28-(11)-726】

　　何若則可謂能致其樂？曰：柏俞有過，其母答之，泣下泠裣（衿），其母曰："它【Ⅲ-37-(15)-865】

　　於志，不見於色而深受其罪，使可哀憐，上也；父母怒之，作於志，不見【Ⅲ-42-(7)-932】②

　　□色，次也；父母怒之，作於志，見於色，下也。故孝子□□□□□□【Ⅲ-43-(2)-942】（見圖一〇·2）

---

① 《禮記正義》卷四七《祭義》，《十三經注疏》（清嘉慶刊本），第3459頁。
② "作於志"前疑脫"不"字。

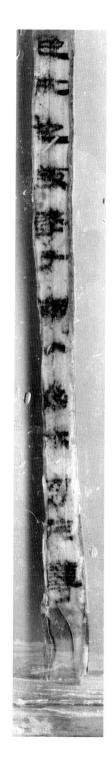

圖一〇·2（右爲整簡，左爲局部放大）

第十章　海昏竹書《孝經》説解簡初論　189

●何若則可謂能致其憂？曰：父母有□，必先知之，動乎氣，瘱（應）乎心。故曰【Ⅲ-27-(2)-702】

分別對《孝經》中的"致其敬""致其樂""致其憂"作了説解。"致其樂"部分的説解，引用了伯俞孝行的故事。《説苑·建本》："伯俞有過，其母笞之，泣。其母曰：'他日笞子，未嘗見泣，今泣，何也？'對曰：'他日俞得罪，笞嘗痛；今母之力衰，不能使痛，是以泣也。'故曰父母怒之，不作於意，不見於色，深受其罪，使可哀憐，上也；父母怒之，不作於意，不見於色，其次也；父母怒之，作於意，見於色，下也。"①這部分的内容，也重複見於Ⅰ區簡：

●何若則可謂能致其樂？曰/倫/有過，其母笞之，泣下泠裣（衿），其母【Ⅰ-15-(8)-218】

曰："它日笞子=(子，子)未嘗汲（泣）也。今汲（泣），何也？"曰："它時倫之笞，嘗疾矣，今【Ⅰ-18-(5)-260】

母之力，不吾能疾也，吾是以汲（泣）也。"故父母喜之則喜，輕勸而不【Ⅰ-19-(4)-274】

□父母怒之，不作於志，不見於色，而深受其罪，使可哀憐，上□【Ⅰ-18-(12)-267】

●何若則可謂能致其嚴？曰禮【Ⅰ-24-(6)-351】

從簡702和簡218、簡351頂頭有分隔符號●看，推測"致其和""致其敬""致其樂""至其憂""致其嚴"可能都是獨立成章的。

又：

爭臣五人，雖無道，不失其國，故社稷不危。大夫有爭臣三人，雖【Ⅰ-13-(2)-182】（見圖一〇·3）

□令（命），安得爲孝乎【Ⅰ-12-(9)-174】

……失天下，故□□不□，諸矦（侯）有爭臣【Ⅲ-36-(10)-845】

Ⅰ區簡182、簡174的内容見於《孝經·諫争章第十五》："子曰：'參，是何言與，是何言與！言之不通邪！昔者，天子有爭臣七人，雖亡道，不失天下；諸侯有爭臣五人，雖亡道，不失其國；大夫有爭臣三人，雖亡道，不失其家；士有爭友，則身不離於令名；父有爭子，則身不陷於不誼。故當不誼，則子不可以不爭於父；臣不可以不爭於君；故當不誼則爭之。從父之

---

① 向宗魯：《説苑校證》卷三《建本》，第62頁。

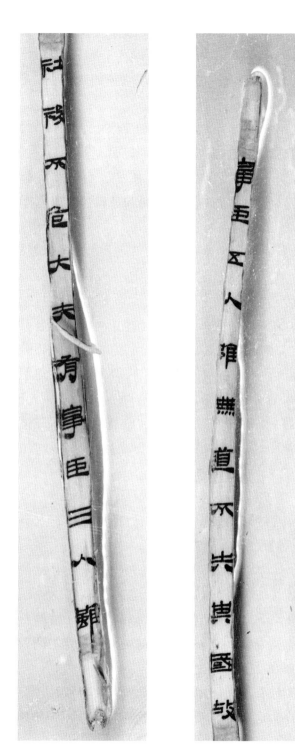

圖一〇·3（右爲整簡，左爲局部放大）

命,又安得爲孝乎!'"Ⅲ區簡845亦有此章内容。相對於《孝經》原文,簡182多了"故社稷不危"一句,簡845多了"故□□不□"一句,增加的這兩句,如果不是《孝經》版本上的歧異,那麼一定是對《孝經》的説解。

又:

> 思可樂者,忠也。德義可尊者,道【Ⅰ-23-(15)-345】

按:《孝經·聖治章第九》:"君子則不然,言思可道,行思可樂,德義可尊,作事可法,容止可觀,進退可度,以臨其民,是以其民畏而愛之,則而象之。"簡345中"忠也""道[也]"分別是對"[行]思可樂"和"德義可尊"説解。同樣但更完整一些的内容也出現在Ⅲ區:

> 思可道者,信也;行思可樂者,忠也;德義可尊者,道也;作事可【Ⅲ-44-(7)-962】

上述相關内容也出現在今本《古文孝經·孝優劣章第十二》内:"君子則不然,言思可道,行思可樂,德誼可尊,作事可法,容止可觀,進退可度,以臨其民,是以其民畏而愛之,則而象之。"其"言思可道,行思可樂"孔傳:"言則思忠,行則思敬,不虛言行也。思可道之言,然後乃言,言必信也。思可行之事,然後乃行,行必果也。合乎先王之法言,故可道;合乎先王之德行,故可行也。"於"德誼可尊,作事可法"孔傳云:"立德行義,不違道正,故可尊也。制作事業,動得物宜,故可法也。"① 簡962對《孝經》的説解,與今所見孔傳,略有相同。

又:

> 地之經而民是則之。《詩》曰:"弗識弗知,順帝之則。"此之謂也。可謂則天【Ⅲ-44-(11)-966】

"地之經而民是則之"出自《孝經·三才章第七》:"曾子曰:'甚哉,孝之大也!'子曰:'夫孝,天之經也,地之義也,民之行也,天地之經而民是則之,則天之明,因地之利,以順天下,是以其教不肅而成,其政不嚴而治。'"所引《詩》見《詩·大雅·皇矣》,今本《毛詩》作"不識不知,順帝之則"。此雖引《詩》,但主旨仍在説解《孝經》"則天"之義。

Ⅰ區和Ⅲ區的簡,在内容上重複出現的情況還有許多,例如:

> □□則民目説矣;就仁去不仁,則民心説矣。三/者存乎身,唯

---

① 林秀一:《孝經孔傳述議讀本》卷四《孝優劣章第十二》,見其《孝經述議復原研究》附録,第441頁。

（雖）不【Ⅰ-2-(3)-018】

仁去不仁，則民心說矣，三者存乎身，唯（雖）不在上位/之志而已【Ⅲ-28-(13)-728】

謂之素行/□□□□□□□【Ⅲ-25-(15)-684】

簡728上部斷簡當與簡684相接，其下部斷簡"之志而已"不歸屬於此，當接簡729下。上述内容可見《韓詩外傳》卷一第二十四章："傳曰：衣服容貌者，所以說目也。應對言語者，所以說耳也。好惡去就者，所以說心也。故君子衣服中，容貌得，則民之目悦矣。言語遜，應對給，則民之耳悦矣。就仁去不仁，則民之心悦矣。三者存乎身，雖不在位，謂之素行。故中心存善，而日新之，則獨居而樂，德充而形。《詩》曰：'何其處也，必有與也。何其久也，必有以也。'"①又見於《説苑·修文》："衣服容貌者，所以悦目也。聲音應對者，所以悦耳也。嗜慾好惡者，所以悦心也。君子衣服中，容貌得，則民之目悦矣。言語順，應對給，則民之耳悦矣。就仁去不仁，則民之心悦矣。三者存乎心，暢乎體，形乎動静，雖不在位，謂之素行。故忠心好善，而日新之。獨居樂德，内悦而形。《詩》曰：'何其處也？必有與也。何其久也？必有以也。'惟有以者爲能長生久視，而無累於物也。"②此外《春秋繁露》亦曰："故君子衣服中而容貌恭，則目悦矣；言理應對遜，則耳悦矣；好仁厚而惡淺薄，就善人而遠僻鄙，則心悦矣。故曰：'行思可樂，容止可觀。'此之謂也。"③"行思可樂""容止可觀"見於《孝經·聖治章第九》，從《春秋繁露》較完備的内容來看，此處簡文似可看作是説解《孝經》的。從文本上看，簡文與《韓詩外傳》的關係更親密。

又：

故曰：孝子之守如神。孝子忠敬，不貳（貳）其德以事親者，其如神乎【Ⅰ-3-(7)-037】

孝子之守如神。孝子忠敬，不貳（貳）其德以事親者，其如神乎？故□□子【Ⅲ-28-(2)-717】

又：

章榮，下服聽，天下譽矣。人臣孝則事君忠，處官廉，臨難死矣。

---

① 許維遹：《韓詩外傳集釋》卷一，第25頁。
② 向宗魯：《説苑校證》卷一九《修文》，第481頁。
③ 〔清〕蘇輿：《春秋繁露義證》卷一一《爲人者天》，鍾哲點校，北京：中華書局，1992年，第320頁。

士【Ⅰ-5-(15)-075】

> 臣孝則事君忠,處官廉,臨難死矣。士民孝則耕芸疾,守戰固,不罷北。【Ⅲ-36-(13)-848】

内容亦見於《吕氏春秋·孝行覽》:"凡爲天下,治國家,必務本而後末。所謂本者,非耕耘種殖之謂,務其人也。務其人,非貧而富之,寡而衆之,務其本也。務本莫貴於孝。<u>人主孝則名章榮,下服聽,天下譽。人臣孝則事君忠,處官廉,臨難死。士民孝則耕芸疾,守戰固,不罷北。</u>夫孝,三皇五帝之本務,而萬事之紀也。"①分别從人主孝、人臣孝、士民孝三個層次來説明爲天下、治國家必以孝爲本。《孝經·聖治章第九》説聖人之政教,"其所因者本也"。

又:

> 父母之喪,衰冠、繩纓、菅/屨,三日/而鬻(粥),三月而……【Ⅰ-9-(15)-135】

> ……鬻(粥),三月而沐,其(期)十三月而練冠,三年【Ⅲ-38-(5)-870】

《禮記·喪服四制》:"<u>父母之喪,衰冠、繩纓、菅屨,三日而食粥,三月而沐,期十三月而練冠,三年而祥。</u>"②二簡文字雖完全與《禮記》相同,但考慮到《孝經》亦有《喪親章第十八》"孝子之喪親也……三日而食"相關内容,所以上述内容看作是用來説解《孝經》也是可以的。此外,還有不少簡文亦與《禮記》喪、祭的内容相關,此不再引。

如此多的舉例,足以説明Ⅰ區和Ⅲ區簡册在内容上的這種重複不是偶然的,我認爲有兩種可能,一是Ⅰ區和Ⅲ區埋葬有相同的篇籍,二是埋葬有在内容有較大重複的不同篇籍。我認爲第一種可能性最大。無論如何,這提醒我們儘管Ⅰ區和Ⅲ區的簡在内容上相似甚或有不少相同,但却應該各自單獨編連整理,不能混同。這從另一個側面也説明了,在墓主生活的時代這些篇籍既日常又重要。

在漢代,對《孝經》及"孝"的解説,無疑就屬於既日常又重要的範疇。對《孝經》進行明顯的説解的簡,如:

> ……之謂也。故曰:居家理,故治可移於官。□□□□【Ⅲ-31-

---

① 許維遹:《吕氏春秋集釋》卷一四《孝行覽》,第 306—307 頁。
② 《禮記正義》卷六三《喪服四制》,《十三經注疏》(清嘉慶刊本),第 3862 頁。

【Ⅰ-5-(13)-773】

此説解《孝經·廣揚名章第十四》"居家理,故治可移於官"句。又有不引《孝經》文字,但明顯也可見是説解《孝經》的:

民弗親者,未之有也。教其士民敬其君長而民弗順者,未之有【Ⅰ-5-(12)-072】

按:《孝經·廣要道章第十二》:"子曰:'教民親愛,莫善於孝;教民禮順,莫善於悌。'"重點在孝、悌,孝在於"親",悌在於"順"。簡072的重點在"弗親""弗順",這是從反面來説解《孝經》孝、悌之義。《孝經·廣揚名章第十四》子曰:"事兄悌,故順可移於長。"

孝、悌不可分。海昏侯簡亦有專言"悌"者:

羊(翔)周還(旋),夃寃(俛)折從命,色不和説,未成於弟也。弟兄之道,雖義不同【Ⅰ-19-(7)-277】

未成於弟也。弟兄之道,雖義不同,憂必同,雖志不同,義必正。《詩》曰:"兄【Ⅲ-43-(5)-945】(見圖一〇·4)

二簡重複的内容,部分又見於《大戴禮記·曾子事父母》:"夫弟者,不衡坐,不苟越,不干逆色,<u>趨翔周旋,俛仰從命,不見於顏色,未成於弟也</u>。"①其後"弟兄之道"云云,即説解"悌"的内容,引《詩》不知爲何句,疑爲《小雅·斯干》"兄及弟矣,式相好矣,無相猶矣"。

又:

何若則可謂弟(悌)？曰:弟(悌)者,謂弟之以共(恭)敬承兄也,謂之弟(悌)。故弟之事兄【Ⅲ-39-(2)-882】(見圖一〇·5)

綜上所述,對海昏侯這批簡册,大致可以作以下分析:

(一)Ⅰ區和Ⅲ區的簡册分屬兩部獨立的篇籍,兩部篇籍可能是同一部書。

(二)簡文未避諱漢昭帝劉弗陵"弗"字,推測簡册當抄寫於昭帝之前可能在武帝晚期,不過可能一直使用到海昏侯劉賀在宣帝神爵三年(前59)去世,然後隨葬於墓中。但有時避諱也不是能用來判斷抄寫年代的絶對標準,這些簡册也有可能抄寫於昭帝、宣帝時期。

(三)内容較多涉及或引用他書,粗略統計有12種,包括《詩》《易》《孟子》《吕氏春秋》《孝經》《大戴禮記》《禮記》《春秋公羊傳》《春秋穀梁傳》《韓

---

① 王聘珍:《大戴禮記解詁》卷四,第87頁。

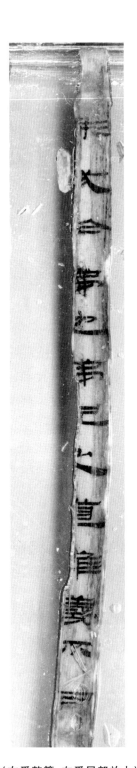

圖一〇·4（右爲整簡，左爲局部放大）

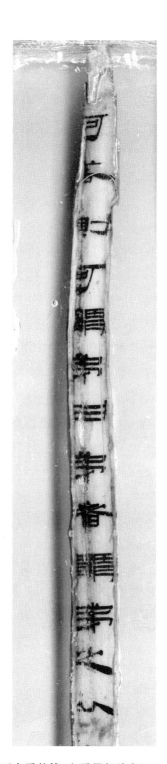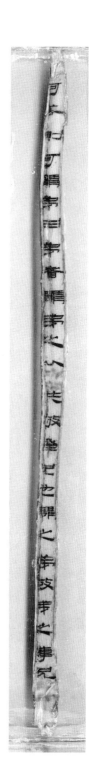

圖一〇·5（右爲整簡，左爲局部放大）

第十章　海昏竹書《孝經》說解簡初論

詩外傳》《説苑》《春秋繁露》。

（四）從内容上看幾乎都是對《孝經》和"孝"的説解。從人物出現的頻次看，除去"子曰"，則以曾子、樂正子春爲主，而此二人正是行孝的楷模。從引書上看也能説明這一點：①涉及篇章最多的是《孝經》，粗略看已涉及今文《孝經》總共 18 章中的 12 章；②其次涉及篇章最多的是《大戴禮記》，分別是《曾子本孝》《曾子大孝》《曾子事父母》《曾子制言》《曾子疾病》，全部是關於曾子和孝的内容，没有例外；③《禮記》中多次涉及的《祭義》篇，與《孝經·喪親章第十八》和孝也緊密相關；④涉及其他的書亦多與説解《孝經》和"孝"相關，例如《吕氏春秋·孝行覽》《説苑·建本》篇。

（五）這些對《孝經》和"孝"的説解，特點是：①在形式上常以"……，故曰……""……奈何，曰……""何謂……曰……""何爲……曰……""何以……曰……""何若則可謂……曰……"的句式結構展開，如簡 699"●何若則可謂終於立身？曰……"【Ⅲ-26-(14)-699】，這是對《孝經·開宗明義章第一》"終於立身"的説解；又如簡 711"何若則可謂孝？曰：孝者，謂……"【Ⅲ-27-(11)-711】。其中"何若則可謂……曰……"的形式最多。②很少有純粹字詞的訓詁，以經義的説解、闡發、引申爲主。③可以引用小故事以事解經，如"曾子芸瓜""伯俞有過"之事。④從多處有篇章分隔符號●來看，内容有所分章或者分篇，但没有發現章題或篇題。⑤看不出是按《孝經》一書之内的篇章順序或一章之内的文字順序在依次説解。⑥説解没有過度引申，尚未超越《孝經》本身。未見長篇大論，或本就如此，或與這些簡册太過殘缺有關。⑦不單列經文，而是在需要時引用經句，引經時可作簡省，引經是爲了説解經義。

海昏侯簡中這麽多的内容，都基本是對《孝經》和"孝"的説解，從它們分屬Ⅰ區、Ⅲ區兩處來看當獨立爲書，這是何書？它和本文前述《漢書·藝文志》"孝經"類中那六種《孝經》説可有關係？

《藝文志》中對今文《孝經》的六種説解《長孫氏説》《江氏説》《翼氏説》《后氏説》《雜傳四篇》《安昌侯説》，其中長孫氏無考，其説《孝經》，推測當在武帝建元時《孝經》獻上朝廷之後，似無所傳；《雜傳四篇》，可能是把未形成師授門派的其他許多人的説解雜集在一起。真正值得注意的是《江氏説》《翼氏説》《后氏説》《安昌侯説》四家，安昌侯張禹的時代稍晚，主要生活在元帝、成帝期間，成帝時受到重用，任丞相，封安昌侯，所以和海昏侯簡能一起考察的是前三家。其中江翁失其名，或稱江公，昭宣時博士，精於《魯詩》,曾在宴會上言辱海昏侯劉賀的老師王式,後張長安、唐長賓、褚少孫師事王式,三人後來均以《魯詩》之學而名,則王式亦當精《魯詩》,或許因此引起江翁的嫉妒。① 江翁與后蒼、翼奉基本都生活在同一時期,即武帝末至昭帝、宣帝時期。后蒼爲武帝時博士,後爲少府,生活在昭、宣時代,曾與劉向商討校讎圖籍。翼奉治《齊詩》,師於后蒼,主要生活在昭、宣、元時期。

《漢書·儒林傳》:"后蒼字近君,東海郯人也。事夏侯始昌。始昌通五經,蒼亦通《詩》《禮》,爲博士,至少府,授翼奉、蕭望之、匡衡。奉爲諫大夫,望之前將軍,衡丞相。"② 可見夏侯始昌授后蒼,后蒼授翼奉,授受清楚。西漢經學守師法,則《后氏説》《翼氏説》當都源自夏侯始昌,而夏侯始昌是海昏侯劉賀的父親也即第一代昌邑王劉髆的太傅。海昏侯簡可能抄寫於昭帝之前的武帝末年,而這正是夏侯始昌爲昌邑王劉髆太傅的時段,劉髆封爲昌邑王在天漢四年(前 97),約十年後幾乎與武帝同時去世。《漢書》説"始昌爲太傅,年老,以壽終",③ 不知他死在劉髆去世之前還是之後,總之是武帝末年或昭帝時。劉髆死後劉賀繼位時年紀尚幼,不知此時夏侯始昌是否仍爲昌邑王太傅,師於夏侯始昌的族子夏侯勝,在昌邑王嗣立後,曾數諫劉賀,或許此時夏侯始昌已去世,王式爲劉賀師。"夏侯始昌授后蒼"必在夏侯始昌去世之前,這樣,后蒼的《孝經》説,就可以成於早至武帝末年晚至於昭、宣之時的這一時期。海昏侯劉賀在宣帝神爵三年(前 59)去世,在此之前,已知當時名家的《孝經》説只有《江氏説》《后氏説》《翼氏説》三家,從和海昏侯的關係看,江氏曾侮辱海昏侯劉賀的老師王式,不管在此之前還是之後,《江氏説》恐怕都不會進入海昏侯的書架,而后蒼是海昏侯劉髆太傅夏侯始昌的弟子,翼奉又是后蒼的弟子,則《后氏説》《翼氏説》與這批海昏侯簡中説解《孝經》和"孝"篇籍之間的關係,就不免讓人產生聯想,可以説,海昏侯簡中説解《孝經》和"孝"的篇籍,和夏侯始昌至后蒼至翼奉這一師受脈絡之下而有的《孝經》説可能有著特別的緊密關係。

實際上,我們考察後來張禹的《安昌侯説》,也能發現它與上述師受脈

---

① 《漢書》卷八八《儒林傳》,第 3610 頁。
② 《漢書》卷八八《儒林傳》,第 3613 頁。
③ 《漢書》卷七五《眭兩夏侯京翼李傳》,第 3154 頁。

絡之間的暗綫。據《漢書·儒林傳》，后蒼不僅授翼奉，還授蕭望之、匡衡。宣帝時，蕭望之爲太子（即後之元帝）太傅。張禹曾從施讎學《易》，從王陽、膠東庸生學《論語》，"甘露中，諸儒薦禹，有詔太子太傅蕭望之問。禹對《易》及《論語》大義，望之善焉，奏禹經學精習，有師法，可試事"。① 後張禹試爲博士，元帝時受詔授太子《論語》，成帝時受到重用，任丞相，封安昌侯。可見張禹主要以《論語》名家，且師受有源，但其《孝經》説，《漢書》並未記載來源。而宣帝時蕭望之爲太子（元帝）太傅，精於《孝經》，曾試問張禹並加賞識，張禹在元帝時亦爲太子（成帝）之傅，張禹《孝經》會舍蕭望之后蒼之學而就他人之學嗎？故推測《安昌侯説》與夏侯始昌《孝經》説一脈亦有關聯。有意思的是，宣帝嗣位前就已"師受《詩》《論語》《孝經》"而被霍光稱道，宣帝亦使精通《詩》《論語》《孝經》的蕭望之爲太子（元帝）太傅以教之，元帝亦使精通《論語》《孝經》的張禹爲傅以教太子（成帝）。從這一點看，海昏侯墓中出土有《論語》和《孝經》説解的内容也就不奇怪了。②

若然，《漢書·藝文志》"孝經"類雖有《孝經》説六種，但却都産生於武帝末年至昭、宣、元這幾十年間，而對《孝經》説解的海昏侯簡和河北以及遠在甘肅的相關簡册，亦屬於這一時期，③在已知極其豐富的漢簡材料中，並未發現其他時期有這類内容，所以這些簡策與《漢書·藝文志》中的《孝經》説，二者之間不會没有關係。在這一時期中，影響最大、授受綿延的無疑乃夏侯始昌至后蒼至翼奉、蕭望之、匡衡這一學脈，這是當時《孝經》學的大宗、主流。所以，如果武斷一點進行推測，我認爲這批海昏侯簡中關於《孝經》和"孝"的説解，如果不是夏侯始昌的《孝經》説，便可能是《后氏説》或者《翼氏説》。

對《孝經》和"孝"的説解，其意義不僅凸顯在經學上，在漢代政治中也影響甚大。當然，經學與政治二者時常彼此交融。總觀海昏侯簡對"孝"

---

① 《漢書》卷八一《匡張孔馬傳》，第3347頁。
② 《漢書》載廣川繆王太子亦"師受《易》《論語》《孝經》皆通"，可見漢及王國太子師受《論語》《孝經》似爲普遍情況。《漢書》卷五三《景十三王傳》，第2428頁。
③ 《肩水金關漢簡（叁）》所見《孝經》解説殘簡，可能爲宣帝至哀帝時期的材料；八角廊漢簡《儒家者言》中與《孝經》有關的内容，出土於漢宣帝五鳳三年（前55）下葬的中山懷王劉脩墓，簡册的抄寫不避昭帝諱，很有可能抄寫在這之前。海昏侯在宣帝神爵三年（前59）去世，有關《孝經》的簡册在文字上亦不避昭帝諱。

的説解，基本還没有超越《孝經》自身對"孝"的闡釋，但在漢代後期政治生活中對"孝"的説解，却不局限於此。《後漢書》載東漢章帝時韋彪對國家人才選拔上議："夫國以簡賢爲務，賢以孝行爲首。孔子曰：'事親孝，故忠可移於君。'是以求忠臣必於孝子之門。"①"事親孝，故忠可移於君"出自《孝經·廣揚名章第十四》，被作爲人才選拔的理論依據，這可以理解。但在桓帝延熹九年（166），荀爽把漢代"使天下頌《孝經》，選吏舉孝廉"却作了這樣的解釋：

> 臣聞之於師曰："漢爲火德，火生於木，木盛於火，故其德爲孝，其象在《周易》之《離》。"夫在地爲火，在天爲日。在天者用其精，在地者用其形。夏則火王，其精在天，温暖之氣，養生百木，是其孝也。冬時則廢，其形在地，酷烈之氣，焚燒山林，是其不孝也。故漢制使天下誦《孝經》，選吏舉孝廉。②

荀爽因至孝被舉，拜郎中。他對木德爲孝，以及四時中夏爲孝、冬爲不孝的説解，已完全脱離了《孝經》，是《孝經》中根本没有的内容。此前西漢董仲舒《春秋繁露》也曾將五行和忠臣孝子之行聯繫起來，③但遠没有後來荀爽闡釋得這樣直接。這些内容均尚未在海昏侯簡中有所反映。《後漢書》又載，順帝時會稽郡上虞人孟嘗在郡中作户曹史，當時郡内發生了這樣一件事：

> 上虞有寡婦至孝養姑。姑年老壽終，夫女弟先懷嫌忌，乃誣婦厭苦供養，加鴆其母，列訟縣庭。郡不加尋察，遂結竟其罪。嘗先知枉狀，備言之於太守，太守不爲理。嘗哀泣外門，因謝病去，婦竟冤死。自是郡中連旱二年，禱請無所獲。後太守殷丹到官，訪問其故，嘗詣府，具陳寡婦冤誣之事，因曰："昔東海孝婦，感天致旱，于公一言，甘澤時降。宜戮訟者，以謝冤魂，庶幽枉獲申，時雨可期。"丹從之，即刑訟女而祭婦墓，天應澍雨，穀稼以登。④

上虞的這名寡婦孝養其公婆，但却受冤而死，感天致旱，待申冤之後，天乃大雨。孟嘗向後來郡守的建言，所稱"東海孝婦"一事載於《漢書》：

> 東海有孝婦，少寡，亡子，養姑甚謹，姑欲嫁之，終不肯。姑謂鄰

---

① 《後漢書》卷二六《伏侯宋蔡馮趙牟韋列傳》，第917—918頁。
② 《後漢書》卷六二《荀韓鍾陳列傳》，第2051頁。
③ 蘇輿：《春秋繁露義證》卷一一《五行之義》，第320—323頁。
④ 《後漢書》卷七六《循吏列傳》，第2472—2473頁。

人曰:"孝婦事我勤苦,哀其亡子守寡。我老,久累丁壯,柰何?"其後姑自經死,姑女告吏:"婦殺我母。"吏捕孝婦,孝婦辭不殺姑。吏驗治,孝婦自誣服。具獄上府,于公以爲此婦養姑十餘年,以孝聞,必不殺也。太守不聽,于公爭之,弗能得,乃抱其具獄,哭於府上,因辭疾去。太守竟論殺孝婦。郡中枯旱三年。後太守至,卜筮其故,于公曰:"孝婦不當死,前太守彊斷之,咎黨在是乎?"於是太守殺牛自祭孝婦冢,因表其墓,天立大雨,歲孰。①

分别發生在西漢、東漢的這兩個故事,情節竟然幾乎一模一樣,讓人驚訝現實中有如此的巧合存在。可見,到東漢這種對"孝"的闡釋,是從西漢一直發展而來。《漢書》《後漢書》記載的這兩個故事的同似,顯示了兩漢政治中對"孝"認知上的同似,這種把孝和政治緊密聯繫的認知和在此基礎上的説解,進一步促成並彰顯了以孝治天下、導民以孝的漢政特徵。

漢武帝之孫劉賀被霍光立爲皇帝,僅在位二十七天就被霍光廢去,其原因除了霍光、劉賀之間有權力爭奪衝突,劉賀自身言行也表現出與漢代政治的要求不相合拍外,其中最大的問題也是後來成爲霍光廢除劉賀的首要罪證之一便是對先帝昭帝不盡孝道,霍光等人向皇太后奏曰"天子所以永保宗廟總壹海内者,以慈孝禮誼賞罰爲本",而劉賀在昭帝死後的服喪期間,"亡悲哀之心,廢禮誼,居道上不素食,使從官略女子載衣車,内所居傳舍",霍光責斥劉賀"失帝王禮誼,亂漢制度",群臣亦皆曰:"五辟之屬,莫大不孝。周襄王不能事母,《春秋》曰'天王出居于鄭',繇不孝出之,絶之於天下也。宗廟重於君,陛下未見命高廟,不可以承天序,奉祖宗廟,子萬姓,當廢。"②

皇太后准詔後,霍光隨即命劉賀起拜受詔,在此情急之下,劉賀竟然脱口説出了這樣一句話來挽救自己:

> 聞天子有爭臣七人,雖無道,不失天下!③

這句話出自《孝經·諫諍章第十五》。但這句話没能挽救他。霍光廢除劉賀後,旋即立宣帝,在述説理由時竟也以《孝經》説事,稱宣帝"師受

---

① 《漢書》卷七一《雋疏于薛平彭傳》,第3041—3042頁。
② 《漢書》卷六八《霍光金日磾傳》,第2939—2946頁。"五辟之屬,莫大不孝"乃引《孝經·五刑章第十一》:"子曰:'五刑之屬三千,而罪莫大於不孝。'"
③ 《漢書》卷六八《霍光金日磾傳》,第2946頁。

《詩》《論語》《孝經》,操行節儉,慈仁愛人"。① 劉賀、宣帝都熟悉同樣的《孝經》,然而二人却在政治上有不同的結局。劉賀被廢的重要原因之一,是他的行爲"亂漢制度",如果繼續執政將有悖於已有的漢政傳統,這漢政的核心之一便是"孝",不孝即"絶之於天下"。這也正印證於劉賀被驅逐强送出宮時對群臣所説的一句話:"愚戇不任漢事。"②

---

① 《漢書》卷八《宣帝紀》,第238頁。
② 《漢書》卷六八《霍光金日磾傳》,第2946頁。

第十一章　海昏竹書《悼亡賦》初論[①]

一、"悼亡賦"簡的保存狀況、基本内容及作者

這批簡出土於海昏侯墓西回廊今謂"文書檔案庫"之中，編號爲Ⅳ區1—30枚，隸書墨寫，部分簡已斷裂或扭曲變形。完整的簡長23釐米，有兩道編繩，從痕迹看，先寫文字後編繩，致使繩下文字多漫漶不清。有的簡正面、背面留有斷續淺色字迹，個别具備較完整的反書字形，當爲簡文脱墨印染所致。這批簡有4枚似屬於"占卦"類簡（或與"悼亡賦"有關）；另有8枚簡因嚴重殘損或字迹漫漶，大部分文字難以釋讀；有6枚簡亦因殘損、斷裂，可斷續釋讀部分文字，文句難以通讀；保存較好、字數較多的有12枚簡（部分亦殘損），字數較全者在30字以上。"悼亡賦"簡總字數800多字（包括無法釋讀者在内）。

這批簡初稱爲"築墓賦"，從釋讀的情況看，内容與築墓關係不大，南昌海昏侯墓展覽中已將這批簡命名爲"悼亡賦"，可從。"悼亡賦"簡出自海昏侯墓，簡文中多次出現君侯、侯、夫人字樣，與列侯身份相合；簡文提到生病、禱祠、小殮、大殮、哭喪、弔唁、墓室狀況及部分葬品等；簡的文句表述隱晦，充滿悲情，内容當與"海昏侯"劉賀有關。也就是說，被悼亡者當爲"海昏侯"劉賀。"悼亡賦"簡的撰寫時間爲劉賀死後至下葬之前。

"悼亡賦"簡以漢代流行的賦體形式陳述，採用戰國以來騷體"兮"字助詞引文，其後以四、五、六字爲句，但有時也超出六字。韻腳爲複韻母ang（昂），如旁、長、廣、央、堂等，皆屬陽部韻，簡文斷句當考慮這一格式。

關於"悼亡賦"的作者。"悼亡賦"簡原編號最後一枚即第30簡有"□

[①] 朱鳳瀚、信立祥、田天、楊博等先生在文字釋讀方面提供了很好的意見，筆者謹致謝忱！

子上拜頓書"(前有殘缺)字句,是否表明爲劉賀之子所書呢?經綜合分析,似難以得出這樣的結論。原因有三:其一,《漢書·武五子傳》記載,劉賀有"妻十六人,子二十二人,其十一人男,十一人女"。其中,長子劉充國死後已葬入海昏侯墓園,其墓(5 號墓)已發掘,出土有"劉充國印",發掘者判斷其年齡約爲 13—15 歲,①該年齡段是否有能力作賦還是問題,而其他兒子年齡當更小。其二,《漢書》記載其子劉充國、劉奉親皆死於海昏侯劉賀之後。② 海昏侯墓主槨室西室中出土了《海昏侯國除詔書》木牘 20 多枚,部分保存較好。其中編號 10 木牘記載"九月乙巳死,廖聞車□",編號 24、編號 25 兩枚木牘則記載了"國除詔書"下發時間爲"十月甲申(17 日)"和"十月丙戌(19 日)"。負責整理與研究這批木牘的楊博認爲:"從九月乙巳劉賀去世到十月丙戌詔書下達至海昏侯國的時間僅四十餘日。"③也就是說,劉賀死後,豫章太守廖上奏朝廷到群臣下議,再到宣帝批復及詔書下發的時間很有限。這樣看來,劉賀死後,其子劉充國、劉奉親不過數日或十數日便離奇死亡。在這麼短的時間内,又遇大喪,即便長子劉充國有能力作賦,但是否來得及亦屬疑問。其三,"悼亡賦"簡中相關稱謂皆爲"君侯""侯""夫人",不見"先父""亡父""母"之類的尊稱,"悼亡賦"若爲其子所作,這樣的稱謂似非合適。

綜上所述,"悼亡賦"簡的作者不大可能是劉賀之子,而更可能是海昏侯國僚屬某人。

二、"悼亡賦"簡選讀及相關問題

"悼亡賦"簡與其他簡牘整體打包裝箱提取,然後在實驗室清理、辨

---

① 海昏侯墓園内五號墓發掘簡報尚未刊出,可參見相關媒體報導。

② 《漢書·武五子傳》:"豫章太守廖奏言:'舜封象於有鼻,死不爲置後,以爲暴亂之人不宜爲太祖。海昏侯賀死,上當爲後者子充國;充國死,復上弟奉親;奉親復死,是天絶之也。陛下聖仁,於賀甚厚,雖舜於象無以加也。宜以禮絶賀,以奉天意。願下有司議。'議皆以爲不宜爲立嗣,國除。"

③ 參見本書第十七章。該詔書記載,從劉賀死日到國除詔書下發的時間不過 40 餘日,因而楊博曾懷疑劉充國、劉奉親或死於劉賀之前,但"國除詔書"對此並不明確,似不能輕易推翻《漢書》的説法,故仍存疑。本文認爲,考慮到班固在撰寫《漢書》時應看到了漢室檔案庫所存"國除詔書"原文,故在無確鑿證據的情況下還應尊重《漢書》的説法,即劉充國、劉奉親死於劉賀之後,但兩子的死亡時間與劉賀死日很近。

認、分提、拍照並編號。因此,其提取與編號已充分注意到"悼亡賦"的簡序問題。但由於該簡保存狀況不佳,亦未發現簡背劃痕,有關簡序排列在參考原編號的基礎上,還應依據內容而爲之。又因約近半數簡文保存狀況較差,目前的釋讀及排序只是初步的。

前文已經提到,"悼亡賦"簡描述了從生病、禱祠、小殮、大殮、哭喪、弔唁等過程,最後涉及墓室狀況及部分葬品等,按照這個邏輯過程可大體知曉"悼亡賦"簡的基本順序。以下,根據前述內容先後,選取部分字數較多的簡加以介紹,並就關聯的問題談點初步認識。

原編號第3枚簡,前後皆有殘缺,暫定爲首簡:"徙(?)年七歲有餘兮,薄命壽不得長,八月戊寅旦兮,身惡意非常,病始未甚批(?)……"(圖一一·1)首字不清,略有漫漶,南昌海昏侯墓展覽曾釋讀爲"乃"字,細審似爲"徙"字。文獻記載,漢昭帝於元平元年(前74)四月十七日去世,因無子嗣,大將軍霍光等迎昌邑王劉賀繼皇帝位,但僅27天便被廢黜,後再度回到山東昌邑老家並失去諸侯王資格。漢宣帝繼位後,於元康三年(前63)三月下詔徙封劉賀爲海昏侯(豫章郡海昏縣),食邑四千户,直至漢宣帝神爵三年(前59)病逝。簡文"徙年七歲有餘兮",但從宣帝元康三年至神爵三年,前後皆算在内也只有五年,不排除簡文記述有誤。此字或可釋爲"從"字,但釋"從"則與下文"薄命壽不得長"等句不好通讀,故此字釋讀暫作存疑。"悼亡賦"接著說"八月戊寅旦兮,身惡意非常",看來是八月戊寅日凌晨生病或病情加重,神志有些恍惚。"悼亡賦"簡未見劉賀死亡日期之記載。不過,前面已經提到的《海昏侯國除詔書》,其中編號10木牘記載"九月乙巳死,廖聞車□",負責整理與研究這批木牘的楊博認爲當指劉賀死日,[①]可從。漢武帝太初元年行"太初曆",以正月爲歲首,宣帝神爵三年(前59)八月戊寅爲八月十一日,九月乙巳爲九月八日,也就是説,從宣帝神爵三年八月十一日生病至九月八日死亡,大約有將近一月的時間。海昏侯墓劉賀遺骸中曾檢出香瓜子,發掘者認爲劉賀當死於夏季。現在看來,應更晚一些,已進入秋季。今南昌一帶香瓜成熟季節大致爲六至八月,而漢代當地香瓜成熟季節或比現代經過改良的品種要晚熟一些,再加上可以儲存一段時間,所以二者並不矛盾。

原編號第1枚簡:"□□人爲絶腸,疾幸深悷遽(?)兮,醫巫不離旁,禱

---

① 參見本書第十七章。

  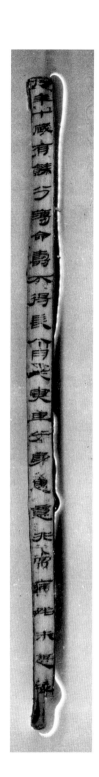

圖一一·1（原編號 3，右爲整簡，左爲局部放大）

祠使貞祝兮,不惑牛與羊,命芻……"其中,"矣幸深悛遽(？)兮"的"矣"當爲海昏侯劉賀。"悛遽(？)"一詞,後一字因在編繩下漫漶不清,但保留左下筆道走折旁。張衡《西京賦》"百禽悛遽,駿犨奔觸",李善注引薛綜曰:"悛,猶怖也。"又《集韻》"盧登切,音棱,驚也"。依《西京賦》詞語,此或補爲"悛遽"。這枚簡是説海昏侯病重,遭遇深深之恐懼,醫巫爲之禱祠,祈求病情好轉。

關於其病因,原編號第 2 枚簡:"□向能從矣行,維其□卯日兮,削甚何羊＝(詳詳),君矣幸□剌(刺)兮,心悲又搖腸,出汗□……"(圖一一・2)其中的"削甚何羊羊(詳)"句,"削甚"即削去恩惠之大半,劉賀徙封海昏侯食邑四千户,這是漢宣帝特賜的恩惠。大約在劉賀病亡同年,揚州刺史柯奏劉賀與故太守卒史孫萬世來往,言辭不慎,漢宣帝詔令削去劉賀食邑三千户。這對原本體弱多病、鬱鬱寡歡的劉賀打擊甚大,或爲病重乃至死亡的重要原因之一。"削甚何羊＝(詳詳)"應是自問句,是説爲何被削的不明不白。後兩句"君矣幸□剌(刺)兮,心悲又搖腸",即描寫了劉賀內心之感受。"搖腸"一詞,古漢語未見,也不好解釋。前引第 1 枚及後引第 24 枚簡皆有"絶腸"一詞,不排除爲誤寫的可能性。"絶腸"即"斷腸",三國魏曹植《慰子賦》:"惟逝者之日遠,愴傷心而絶腸。"晉袁宏《後漢紀・明帝紀上》:"臣内省視,氣力羸劣,日夜寖劇,終不望復見闕庭,奉承帷幄。辜負重恩,銜恨黄泉,言之絶腸。"

原編號第 7 枚簡:"□已吟兮,辟(璧)玉陳一旁,厚賜十襲衣兮,四具□□□□□□□□東南隅兮";第 8 枚簡:"舉之入周室兮,昆弟號泣行,搯棺上踊之兮,死□曰以□□□□□。"(圖一一・3)這兩枚簡及其他幾枚簡,是爲海昏侯劉賀死後小殮、大殮、哭喪之描述。所謂小殮,即爲死者穿衣,在正寢;大殮是爲入棺之葬儀。據《儀禮・士喪禮》和《禮記・喪大記》記載,大斂的時間是在小斂的次日,地點是在堂前的東階上(《儀禮・既夕禮》"大斂於阼")。但大殮之後至下葬尚有較長時日。《禮記・王制》"天子七日而殯,七月而葬;諸侯五日而殯,五月而葬;大夫、士、庶人三日而殯,三月而葬"。大殮之後需移棺柩於"殯宫"(《儀禮・既夕禮》"遂適殯宫,皆如啓位"),停殯期間孝子守靈及親友弔唁。以上爲周制,漢制或有所變化。這裏的"舉之入周室兮",也可能大殮就在"周室"進行。所謂"周室",即周圍之室,當即邊室,或謂之厢房。"辟(璧)玉陳一旁",海昏侯劉賀墓棺柩之中正有玉璧多枚。關於"厚賜十襲衣兮",漢制只有皇帝及諸

 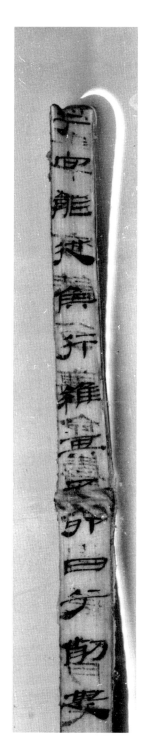 

圖一一・2（原編號 2，右爲整簡，左爲局部放大）

圖一一·3（原編號8，右爲整簡，左爲局部放大）

侯王最高等級纔能使用玉衣，而列侯只能身著衣服之類下葬，是謂"衣衾"之制。雲夢睡虎地M77出土的漢簡《葬律》記載："徹（列）侯衣衾毋過盈棺，衣衾斂束。"①衣爲衣服，衾爲被服，斂束爲捆紮束帶。至於衣服穿多少，只説毋過盈棺，並没有詳細規定。馬王堆一號漢墓爲軚侯夫人，身穿19層衣服。這裏説"厚賜十襲衣兮"，使用的正是列侯"衣衾"之制。大斂時，孝子等要跳起腳來哭，叫"踊"。"昆弟號泣行，搤棺上踊之兮"，正是大殮及停殯哭喪之禮儀。這裏的"昆弟"，劉賀繼昌邑王位時年僅五歲，是否有兄弟姊妹未見記載，"昆弟"或指海昏侯劉賀之子嗣。

原編號第22枚簡："……宿産而下牀，夫人懼以悲兮，君矦泣數行，從此不得復言兮，死於□四方□□□。"描述的是夫人哭喪告别之情形。《漢書·文帝紀》："七年冬十月，令列侯太夫人，夫人……"顔師古注引如淳曰："列侯之妻稱夫人，列侯死，子復爲列侯，乃得稱太夫人。"這裏的夫人，或爲海昏侯劉賀之正妻。前述《海昏侯國除詔書》編號第9枚木牘中有劉賀"妻子死未葬常飲酒醉歌鼓吹"文句，但這位妻子可能是劉賀16位妻子之一。"宿産而下牀"似説産後不久便遭遇君侯之死，而爲之恐懼與悲傷。"君矦泣數行，從此不得復言兮"，從前後句關聯情形看，前半應爲動賓倒裝句，即不是"君矦泣"，而是"泣君矦數行"的意思。

原編號第24枚簡："……絶腸，厚費數百萬兮，治冢廣大長，繢錦周壙中兮，組璧飭廬堂，西□□□□兮。"（圖一一·4）這枚簡描述了海昏侯墓冢及墓室之情形，其中的揚、長、堂皆押韻，應斷開讀。海昏侯墓位於今南昌市新建區大塘坪鄉觀西村之墎墩山，包括墓園及墓園内海昏侯主墓及夫人墓、家族祔葬墓、祠堂等。海昏侯劉賀及夫人墓爲異穴並葬，上有封土（墓冢）。海昏侯墓規模宏大、結構複雜、隨葬品豐富。"悼亡賦"簡描述"厚費數百萬兮，治冢廣大長"，正是劉賀墓的真實寫照。該墓儘管隨葬物品極爲奢華，但不使用黄腸題凑、玉衣等，總體上符合列侯葬制。②從墓葬規模看，劉賀主墓必是在徙封海昏侯不久即開始營建的。"繢錦周壙中兮"之"繢錦"亦作"錦繢"，即爲色彩艷麗的織錦，這裏是説壙中（具體應指椁室内）張掛色彩艷麗的絲織品。可惜的是，包括海昏侯墓在内，這類絲織品很難保存下來，但考古發現則有迹象可尋。如河南省安陽市安豐鄉

---

① 彭浩：《讀雲夢睡虎地M77漢簡〈葬律〉》，《江漢考古》2009年第4期。
② 高崇文：《西漢海昏侯陵墓建制瑣談》，《南方文物》2017年第1期。

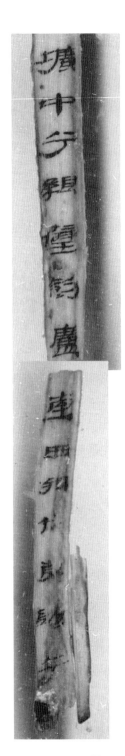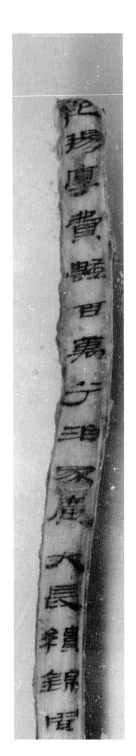

圖一一·4（原編號24，右爲整簡，左爲局部放大）

西高穴村曹操高陵,墓内後室墻壁上留有鐵釘或釘眼痕迹,被認爲曾有絲織品張掛。[①] 廣州南越王墓内前室佈滿雲氣紋圖案壁畫,是爲仿絲織品而作。關於"組璧飾盧堂",海昏侯墓主椁室分爲東西兩大部分,東部放置棺柩,象徵後寢;西部擺放繪有孔子像的漆銅穿衣鏡以及几案、耳杯、染爐等接待賓客、宴飲之用具,象徵著前堂。不過,"悼亡賦"所描述的墓冢墓室,僅見於此簡。鑒於海昏侯主墓建造工程已歷數年,海昏侯劉賀病重及死後方加速完工,因而該簡並非築墓或下葬過程之描述,而是下葬之前墓室未完工大致之情形。

[①] 信立祥先生考察該墓時發現並告知。

第十二章　海昏竹書《六博》初識①

六博是戰國秦漢時期盛行的一種棋盤遊戲,當時人們不僅用六博來娱樂,還用博局圖來辟邪、用六博來占卜。現存較早的六博資料出自湖北江陵雨臺山戰國楚墓 M314② 及荆州紀城一號楚墓等戰國墓葬中。③ 六博起源已然無稽,但是傳世文獻中有大量關於六博及其相關事件的記述,另有棋具、博局紋鏡、畫像石、六博俑和博鎮等種類豐富、④數量繁多的考古實物資料不斷湧現。出土文獻中亦可見記載隨葬有六博的遣册,如湖北雲夢大墳頭一號漢墓出土木牘、江陵鳳凰山八號漢墓竹簡、湖南長沙馬王堆三號漢墓遣册、廣西貴縣羅泊灣一號南越墓簡牘等。近年來,又有尹灣漢墓簡牘《博局占》和北京大學藏西漢竹書《六博》等以"博局占"爲主要内容的竹書公佈。遺憾的是專門記述六博遊戲方法的文獻尚所見不多,北大秦簡《隱書》中第二個謎語的謎底即是六博,此外的材料則較爲零散。

六博是學界長期以來關注的熱點問題,成果衆多,如楊寬先生利用傳世文獻對六博的研究,⑤傅舉有先生對出土秦漢博具的整理,⑥曾藍瑩先生對博局設計和行棋順序的研究,⑦黄儒宣先生對博局的分類,⑧李零先

---

① 本章第一部分曾以"海昏竹書《六博》的博道"爲題於 2020 年 5 月 27 日由《中國文字》接受刊登,擬於 2021 年夏季號(總第五期)發表。本書收入時有增補。
② 湖北省荆州地區博物館:《江陵雨臺山楚墓》,北京:文物出版社,1984 年,第 103—104 頁。
③ 梁柱、陳文學、田桂平:《湖北荆州紀城一、二號楚墓發掘簡報》,《文物》1999 年第 4 期。
④ 李零:《中國方術正考》,北京:中華書局,2006 年,第 132 頁。
⑤ 楊寬:《六博考》《六博續考》,《楊寬古史論文選集》,上海:上海人民出版社,2003 年,第 441—448 頁。
⑥ 傅舉有:《論秦漢時期的博具、博戲兼及博局紋鏡》,《考古學報》1986 年第 1 期。
⑦ 曾藍瑩:《尹灣漢墓〈博局占〉木牘試解》,《文物》1999 年第 8 期。
⑧ 黄儒宣:《六博棋局的演變》,《中原文物》2010 年第 1 期。

生對六博的系統研究等。① 近來周小鈺、②桂志恒先生又分別對傳世及出土文獻所見六博材料進行了系統而翔實的整理。③

六博的遊戲方法已經失傳,惟《西京雜記》記許博昌所傳"行棋口訣"云:"方畔揭道張,張畔揭道方,張究屈玄高,高玄屈究張。"又曰:"張道揭畔方,方畔揭道張,張究屈玄高,高玄屈究張。"④尹灣漢墓簡牘《博局占》發現以後,李學勤先生即根據《博局占》討論了一些關於六博的基本問題,指出許博昌的口訣就是指博局上的九種位置。⑤ 李零先生也對《博局占》提到的九個位置進行過詳細的分析。⑥ 博局上的九種位置就是博戲中棋子行走的路綫,又可稱爲博道。北大漢簡《六博》與《博局占》在博道命名、占卜事項和卜問結果等方面頗爲相似。海昏竹書中亦有"六博"發現,⑦更是出土文獻中"六博棋譜"的首次發現,⑧可惜海昏簡牘出土時整體保存情況較差,絕大部分簡牘殘碎、腐朽,⑨存在諸多病害,剥離完畢的五千餘枚竹簡,完簡不足什一,⑩《六博》亦不例外。可暫定爲《六博》的千餘枚竹簡散佈在全部五個漆箱之内,幾無完簡,簡文殘斷不能綴連成局,所見篇題亦多殘泐。以下僅就目前所見作一初步揣測,以供學界批評。

---

① 李零:《中國方術正考》,第 132—139 頁。
② 周小鈺:《先秦秦漢六博材料整理及相關問題研究》,碩士學位論文,復旦大學中國語言文學系,2018 年。
③ 桂志恒:《戰國秦漢六博資料的整理與研究》,碩士學位論文,吉林大學古籍研究所,2018 年。
④ 〔晋〕葛洪:《西京雜記》,周天游校注,西安:三秦出版社,第 204 頁。
⑤ 李學勤:《〈博局占〉與規矩紋》,《文物》1997 年第 1 期。
⑥ 李零:《跋中山王墓出土的六博棋局——與尹灣〈博局占〉的設計比較》,《中國歷史文物》2002 年第 1 期。
⑦ 王楚寧、楊軍:《海昏侯墓竹書〈五色食勝〉爲"六博棋譜"小考》,復旦大學出土文獻與古文字研究中心網站,2016 年 10 月 27 日,http://www.gwz.fudan.edu.cn/Web/Show/2923。
⑧ 江西省文物考古研究院、北京大學出土文獻研究所、荆州文物保護中心:《江西南昌西漢海昏侯劉賀墓出土簡牘》,《文物》2018 年第 11 期。
⑨ 管理等:《江西南昌西漢海昏侯墓出土竹簡的現場及室内清理保護》,《江漢考古》2019 年第 S1 期。
⑩ 楊博:《給海昏簡牘"治病"》,《人民日報》2019 年 12 月 28 日第 5 版(文化遺産)。

一

海昏六博簡文可粗分爲兩類,一類記述的似是開局時或其他特定情況下的棋盤局勢;另一類是在此局勢之後的具體行棋步驟。前者以"青先行·""白先行·"起始,後者以"·青不勝""·白不勝"結尾。

寬式釋文(括號内編號爲出土號,下同)第一類如:

(1)青先行·青立左詘、有内專内長,白立右專、立右曲、卧右張、有内張(933Ⅴ區2077)(見圖一二·1)

(2)……内專内長,白伏左方、伏右方、立右詘、立右高、卧右詘、有内長……(933Ⅴ區2067)

第二類如:

(3)……青出道,白出道,青皮長内專,白皮長内專,青入張出曷,白入張出……(934Ⅷ區163)

(4)……專皮長,白詘下張,青詘出道,白下曷下專,青詘,白歸曲,青下左道下曷·白不勝(934Ⅷ區066)

(5)青下專皮長,白詘出道,青詘,白詘,青下道,白歸曷,青入道皮長,白歸曲下曷,青食下道·白不勝。(934Ⅷ區071)

(6)白下專出曷,青下專皮長,白居,青居,白垂長反曷,白下張詘,青外詘出專·白不勝(934Ⅷ區175)

(7)青反曲,白下專,青下曷上張,白皮長,青高下道,白居,青入道歸曷,白反曲皮長,青食長,白反食曲,青皮長,白入道下專,青下曷,白兩道,青歸曲·白不勝。(933Ⅴ區1898)

(8)食,青居下曷,白居入道,青上曲·白不勝。(933Ⅴ區2090)(見圖一二·2)

(9)青居下專,白下曷垂長,青居,白反道出專,青反道,白高,青入道下張,白入道詘·青不勝。(933Ⅴ區2102)(見圖一二·3)

(10)……反曲,青上張,白出曷,青皮長,白居上曲,青……□長,白詘高,青歸曷皮長,白下道下張·青不勝。(933Ⅴ區2159)

如前所述,學者已注意到許博昌"行棋口訣"與《博局占》、北大漢簡《六博》所載博局博道的對應,爲便於説明問題,可總結如下表。

圖一二・1（右爲整簡，左爲局部放大）

第十二章　海昏竹書《六博》初識

圖一二・2(右爲整簡,左爲局部放大)

圖一二·3（右爲整簡，左爲局部放大）

表一　六博棋道用字對照表

文獻	博道							
許博昌	方	畔	揭	道	張	究	屈	玄	高
《博局占》	方	廉	楬	道	張	曲	詘	長	高
北大《六博》	方	兼	揭	道	張	曲	詘	長	高
海昏六博			曷	道	張	曲	詘	長	高

據發掘簡報與《五色炫曜——南昌漢代海昏侯國考古成果》一書公佈的《六博》殘簡，王楚寧、楊軍先生釋讀簡文爲"白詘内道青高下專白食青白"，最早提出此與《六博》有關，判斷"詘""道""高"等爲六博相應的棋道位置當無疑義。"專"字爲團之省文，意可與訓爲界的"畔"相通。周小鈺先生則指出"專"字很可能是"尃"，讀爲"博"，即"六博"之"博"，並認爲有待材料的進一步公佈後方可定論。① 應該說周小鈺先生指出不可單憑一枚殘簡立論是有其道理的。

也正如周先生指出的那樣，所謂"專"也很可能是"尃"。爲便利討論這一問題，筆者將簡文所見有關字形匯爲下表：

表二　簡文中所謂"專"與"尃"字的寫法

---

①　周小鈺：《先秦秦漢六博材料整理及相關問題研究》。

"尃""專"兩字傳世與出土文獻中有很多相混的例子,湯餘惠先生曾提出戰國時期"專"上從"叀",字上呈正三叉形,與"尃"上從"甫"正斜互見有別。① 周先生已經提到過"叀"旁省作"由"也延續到漢隸中,因此兩字的區別主要還是觀察字的上部。"專"字上部一律是橫豎兩直筆,如馬王堆帛書的"󰀀"、武威漢簡的"󰀁"。② "尃"字的字形稍複雜,有作兩直筆,如北大簡《六博》的"博"寫作"󰀂";③也有作"父"形如馬王堆帛書的"󰀃"。此外馬王堆的"專"字有作"󰀄","博"寫作"󰀅"。④這樣看海昏《六博》簡文中的當爲"尃"而非"專"。

回到簡文語境中,以上字形似還是均指同一個博道,以目前所見出現頻率看該字似釋爲"尃"更妥。值得注意的是,海昏《六博》簡文的字體不少於三種,推測書手當有多人,簡文中"左"字亦常見訛作"在","居"有寫作"屍"的。故不能排除由於書手書寫習慣不同而致訛混的可能。

另需注意的是由簡文中限定博道位置的詞語,亦可證明"尃"爲一個博道用字。其在尚待清洗保護處理的殘簡中也大量得見,爲便於討論,可先將目前所見全部海昏《六博》簡文有關博道位置列爲下表:

表三 海昏《六博》棋道用字限定表

方 位	博道									
	居	方	尃（畔）	曷（揭）	道	張	曲（究）	詘（屈）	長（玄）	高
左	左居	左方	左尃	左曷	左道	左張	左曲	左詘	左長	左高
右	右居	右方	右尃	右曷	右道	右張	右曲	右詘	右長	右高
兩	兩居		兩尃	兩曷	兩道	兩張	兩曲	兩詘		兩高
內	內居		內尃	內曷	內道	內張	內曲	內詘	內長	
外	外居	外方	外尃	外曷	外道	外張		外詘	外長	外高

---

① 湯餘惠:《戰國銘文選》,長春:吉林大學出版社,1993年,第79頁。
② 徐无聞主編:《秦漢魏晉篆隸字形表》,北京:中華書局,2019年,第209頁。
③ 北京大學出土文獻研究所編:《北京大學藏西漢竹書(伍)》,上海:上海古籍出版社,2014年,第197頁。
④ 陳松長:《馬王堆簡帛文字編》,北京:文物出版社,2001年,第124、88頁。

第十二章 海昏竹書《六博》初識 221

首先,如圖九·2,完整的博局,每種博道均有四個位置上下,"專"同樣見有左、右、内、外四種位置。"兩"的含義是指左右、内外抑或是其他有待索解。惟表三可見諸道亦多有左、右、内、外等限定,筆者猜測這樣是爲了明確其在博局中的唯一位置,以便於對局者、旁觀者甚或書手的抄寫描述。

其次,"專"爲魚部字,尹灣漢簡《博局占》、北大簡《六博》的"廉""兼"均爲談部字。談魚通轉的情況,孟蓬生先生著力尤多,幾可定論。① "專"是敷紐,唇音,而"廉"是來紐,"兼"爲見紐,一在舌頭,一在舌根。魏建功先生"鼻通相轉"例曾指出"古唇音明紐與喉音曉紐相通""蓋閉唇自鼻出爲明,開唇自口出爲曉,雖曰兩位,初民實以開閉相對",② 由是則唇音和喉音相通似比較清楚。此外,魚部字對應的聲紐中確實存在唇音和牙音相通的例子,李家浩先生《讀郭店楚墓竹簡瑣議》中所舉的五個例子,基本上都是魚部字,如《窮達以時》中的"告故",裘錫圭先生認爲當讀作"造父","故"爲見紐魚部字,"父"爲非紐魚部字,則魚部的牙音同唇音字有相通的可能。③ 如是,海昏簡牘的"專"字似可爲魚部的牙音同唇音相通提供新的例證。

另簡文"白出專""青出專""白下專""青下專"與"白出曲""青出道""青下曷""白下道"的語句相類。"專"的位置,由上引簡(4)"白下曷下專"、簡(7)"白入道下專"、簡(9)"白反道出專"來推測,其似應與"道""曷"相鄰,這樣看"專"理解爲"畔"的可能性更大。④

---

① 參見王志平、孟蓬生、張潔:《出土文獻與先秦兩漢方言地理》,北京:中國社會科學出版社,2014年,第182—204頁。
② 魏建功:《古音系研究》,北京:中華書局,1996年,第204頁。
③ 李家浩:《讀〈郭店楚墓竹簡〉瑣議》,《郭店楚簡研究》(中國哲學第二十輯),瀋陽:遼寧教育出版社,1999年,第354—355頁。
④ "專"爲魚部,"畔"爲元部,韻部可以相通,聲紐都是唇音,是兩字亦可通讀。"專"爲"敷"之古字,清錢大昕《古無輕唇音》中明指"敷"古讀"滂"。"畔"通"泮",《衛風·氓》"隰則有泮",鄭箋云:"泮,讀爲畔。""泮"滂紐元部,"滂"滂紐陽部,聲紐相同、韻部可通。然而六博棋道用字,尹灣《博局占》與北大《六博》近同,二者又同屬出土材料,沒有傳抄問題;惟《西京雜記》的作者,或謂劉歆,或謂葛洪,其中所引許博昌口訣,歷經近二千年傳抄翻刻,不排除有訛誤之可能,故筆者傾向於"專"與"廉""兼"相通(當然由"張""道""方"來看,訛誤可能並不算大)。若"畔"字傳抄不誤,"廉""畔"均有表邊緣義,《儀禮·鄉飲酒禮》"設席于堂廉",鄭玄注:"側邊曰廉。"畔,《説文·田部》"田界也"。二者在博局中應即指中間方框的四條邊。"專""廉""畔"理解爲義近關係似更穩妥。

上述兩類簡文,另有一個顯著的區別是"方"僅在第一類簡中出現,①在記述具體行棋步驟的第二類簡文中完全不見"方"道。個中緣由雖亦需要簡册進一步整理後索解,但若循此揣測,行棋步驟中並無棋道"方",似乎是説"方"道在行棋中被有意繞開。

問題在於"方"雖原意可能是指博局中間的方框,如尹灣《博局占》(圖一二·4),但從《孔子家語·五儀解》王肅注"此具博三十六道也"②以及博局占的干支排佈來看,博局中應該有四個名"方"的棋道。上引海昏簡文(2)也見到了"左方""右方",簡文中還見有"外方",在北大漢簡《六博》和尹灣漢墓《博局占》中,"方"位的干支排列也是在中間方框四邊的中點上。

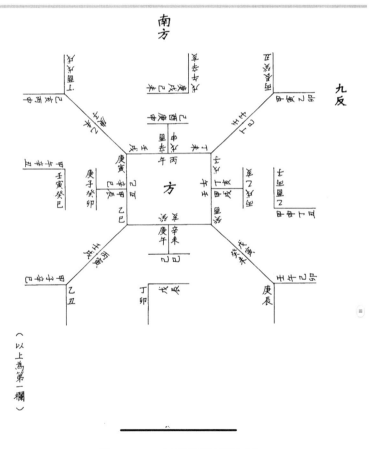

圖一二·4　尹灣漢簡《博局占》

---

① 可惜此類竹簡殘損嚴重,需要修復後再行處理。
② 楊朝明、宋立林主編:《孔子家語通解》卷一《五儀解》,濟南:齊魯書社,2013年,第67頁。

由上述,這裏還可以提出的一個假設是,"居"近似於"方",是記述行棋步驟簡文中的一個博道。與其他博道相同,簡文中亦可見有對"居"左、右、內、外、兩的限定,此其一。其二,簡(8)(9)"青居下曷"、簡(8)"白居入道"等來推測,"居"與"曷""道"相鄰,似以近"方"道爲妥。另外《楚辭·卜居》蔣驥注:"居,謂所以自處之方。"① "方"還有表"處所"義,《易·繫辭上》有"卦之德方以知",韓康伯注云"圓者運而不窮,方者止而有分",孔穎達疏:"言'方者止而有分'者,方謂處所,既有處所,則是止而有分。"② "居"亦可表"處所",《詩·唐風·蟋蟀》"職思其居",孔穎達疏:"居謂居處也。"③

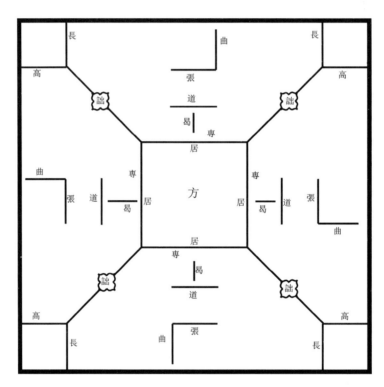

圖一二·5　海昏竹書《六博》博道復原推測

---

① 〔清〕蔣驥:《山帶閣注楚辭》卷五《卜居》,于淑娟點校,上海:上海古籍出版社,2019年,第152頁。
② 《周易正義》卷七《繫辭上》,《十三經注疏》(清嘉慶刊本),北京:中華書局,2009年影印本,第168—169頁。
③ 《毛詩正義》卷六·一《唐風·蟋蟀》,《十三經注疏》(清嘉慶刊本),第766—767頁。

其次，居，見母魚部，兼，見母談部，談魚通轉，這樣看居似亦有兼（畔）道之可能。窒礙在於上引簡文（2）"……内專内長，白伏左方、伏右方、立右詘、立右高、卧右詘、有内長……"，"專""方"復現，而"居""專"又均應各自作爲一個獨立的博道，目前所見簡文中只有"居""方"互斥，是故居（方）、專（兼、畔）似仍爲較合理的看法。

當然，另有一種可能即居並不是"方"。"居""家"爲同源字，前引《六博》簡文中表示具體行棋步驟的簡文用字，如"立、伏、卧、有，上、下、出、入、歸、反、垂、皮、食"等，①多見於《孫子兵法》《尉繚子》《六韜》等兵書，筆者前文也提到過《六博》與兵書的關係。② 由此看，"居"的"家"義或可理解爲兩軍對壘的本陣。《論語·季氏》"丘也聞有國有家者"，③"家"即爲卿大夫的采邑。這從第一類簡文中首先需要排列本陣棋子中亦可見一斑。可爲此説佐證的是，簡文中有殘損的篇題簡"……□□□環方布□·青先行"（933Ⅱ區 625），"環方"是否即言青、白雙方擺陣結束之後，對博階段的三十六道中，並無方道，即有可能類似圖一二·2 的形式。

由上所述，海昏竹書《六博》對博階段的博道用字似當爲居、專（畔）、曷（揭）、道、張、曲（宪）、詘（屈）、長（玄）、高。

二

簡文中表示行棋步法的詞語亦有一定之規，兩類竹簡中也存在一些差異。首先，第一類竹簡中以立、伏、卧、有爲專用詞語，如表四所示其記述方式一般是在博道前加有左、右、内、外的限定，此似亦説明其意在博局局勢的描述而非具體的行棋步法。

---

① 諸字餘容筆者下文詳細討論。
② 江西省文物考古研究院、北京大學出土文獻研究所、荆州文物保護中心：《江西南昌西漢海昏侯劉賀墓出土簡牘》，《文物》2018 年第 11 期。
③ 《論語注疏》卷一六《季氏》，《十三經注疏》（清嘉慶刊本），第 5476 頁。

表四　海昏《六博》第一類竹簡行棋步法統計表

博道		步法										
		立			伏			卧			有		
		青	白	不詳	青	白	不詳	青	白	不詳	青	白	不詳
方	外				伏外方	伏外方							
	左					伏左方	伏左方						
	右					伏右方	伏右方						
專		立□專											
	內										有內專	有內專	
	外								卧外專				
	左					伏左專							
	右	立右內專	立右專										
曷	左							卧左曷					
	右		立右曷										
道	右		立右道										
張	外							卧外張			有內張	有內張	有內張
	左							卧左張					
	右							卧右張	卧右張				
曲	左							卧左曲					
	右	立右曲	立右曲										

續表

博道		步法											
		立			伏			卧			有		
		青	白	不詳	青	白	不詳	青	白	不詳	青	白	不詳
詘			立詘										
	外		立外詘						卧外詘				
	内		立内詘										
	左	立左詘	立左詘	立左詘				卧左詘	卧左詘				
	右		立右詘					卧右詘	卧右詘				
長	内										有内長	有内長	
高	外	立外高											
	右		立右高	立右高									

其次,就上表所見仔細觀察,步法與博道的對應關係似爲:

立:尃、曷、道、曲、詘、高;

伏:方、尃;

卧:尃、曷、張、曲、詘;

有:尃、張、長。

若變換角度,博道與步法的對應則爲:

方:伏;

尃:立、伏、卧、有;

曷:立、卧;

道:立;

張:卧、有;

曲:立、卧;

詘：立、卧；
　　長：有；
　　高：立。
　　因爲目前統計取樣尚不完善，是否可以確認"方"→"伏"、"長"→"有"、"高"→"立"等博道與行棋術語間存在對應關係，是值得注意的問題。
　　第三，左、右、内、外的區位限定，博局青白雙方均可使用，如青、白均是既能"卧左詘"，又可以"卧右詘"。毋庸贅言，博局中的棋道本身即是雙方均可落棋的。這也從側面提醒我們注意推究簡文記述所反映的觀察者視角。
　　若更進一步，由圖一二·1尹灣漢簡《博局占》，上標南方，則是否記録者北邊坐，青的本陣是"左"邊，白的本陣是"右"邊，靠近裁判的"内"邊是北，遠離的"外"邊是南。是故在起始佈陣時，如簡(1)(2)所見青棋佈陣以"左"爲主，白棋在"右"。

三

　　第二類簡文中表示具體行棋步法的術語，上引簡文中可不憚繁縟羅列如次：
　　　　簡(4)：皮、下、出、歸；
　　　　簡(5)：下、皮、出、歸、入、食；
　　　　簡(6)：下、出、皮、垂、反；
　　　　簡(7)：反、下、上、皮、歸、食、入；
　　　　簡(8)：食、下、入、上；
　　　　簡(9)：下、垂、反、出、入；
　　　　簡(10)：反、上、出、皮、歸、下。
　　彙總來看，所見有上、下、出、入、歸、反、垂、皮、食等九字。其中"食"字，《楚辭·招魂》"呼五白些"，王逸注："射張食棊，下兆於屈，故呼五白，以助投也。"[1]學者多已注意到此句説的是當棋子成爲梟棋之後，恰好走

---

① 〔宋〕洪興祖：《楚辭補注》卷九《招魂》，白化文等點校，北京：中華書局，1983年，第212頁。

到張道就能吃掉對方的棋子,得到倍勝的結果。① 此外,馬王堆三號漢墓出土的博具盒中除有十二枚大棋子外,還有二十枚長 2.9、寬 1.7、厚 1 釐米的小棋子,遣册記載爲"象直食其(棋)廿",②可以證實六博行棋中有"食","食"即是指吃掉對方棋子的步驟。

垂,《説文·土部》:"遠邊也。"長道確實處在博局的"遠邊"。《爾雅·釋詁下》:"疆、界、邊、衛、圉,垂也。"③《荀子·臣道》"邊境之臣處,則疆垂不喪",楊倞注:"垂與陲同。"④《莊子·逍遥遊》"其翼若垂天之雲",崔注:"垂,猶邊也。"⑤故這裏的"垂"意爲邊。

問題在於"皮"字,皮、罷音同,均爲並母歌部,此類簡牘中常見將繁寫字簡寫的,如上舉"居"寫作"尸"。罷,《説文·网部》:"遣有罪也。"段玉裁注:"引申爲止也。"⑥《論語·子罕》:"夫子循循然善誘人,博我以文,約我以禮,欲罷不能,既竭吾才。"⑦又,通"疲",有疲乏之義。《左傳》成公七年"余必使爾疲於奔命而死"。⑧ 因博局尚待恢復,其具體含義有待進一步探究。

需要説明的是,除上述術語外,簡文中常見分别以青、白直接繫聯博道的,如青居、白居、青尃、白尃等。一個值得注意的現象是,青居、白居,青詘、白詘,青高、白高,即居、詘、高三道目前簡文中在百餘次,其餘尃、曷、道、張、曲、長等六道直接繫以青、白的一般不超過五次,以二、三次最爲常見。這與表五中術語的使用頻率恰相對應。上居、出居,下詘、反詘,下高、出高的用法也是青、白分别僅見一兩次。這似乎説明簡文對於這些術語的使用是有一定之規的。

---

① 周小鈺:《先秦秦漢六博材料整理及相關問題研究》。
② 傅舉有、陳松長:《馬王堆漢墓文物》,長沙:湖南出版社,1992 年,第 76 頁。
③ 《爾雅注疏》卷二《釋詁下》,《十三經注疏》(清嘉慶刊本),第 5602 頁。
④ 〔清〕王先謙:《荀子集解》卷九《臣道》,沈嘯寰、王星賢點校,北京:中華書局,1988 年,第 251 頁。
⑤ 〔清〕郭慶藩:《莊子集釋》,王孝魚點校,北京:中華書局,1961 年,第 2—3 頁。
⑥ 〔漢〕許慎撰,〔清〕段玉裁注:《説文解字注》七篇下《网部》,上海:上海古籍出版社,1988 年,第 1423 頁上。
⑦ 《論語注疏》卷九《子罕》,《十三經注疏》(清嘉慶刊本),第 5409 頁。
⑧ 《春秋左傳正義》卷二六成公七年,《十三經注疏》(清嘉慶刊本),第 4132—4133 頁。

表五　海昏《六博》第二類竹簡行棋步法統計表（後附數字爲目前所見頻次）①

步法	博道								
	居	專	曷	道	張	曲	詘	長	高
上 230	上居 1	上專 12	上曷 4	上道 8	上張 111	上曲 56		上長 6	
下 728		下專 170	下曷 142	下道 85	下張 92	下曲 101	下詘 4	下長 4	下高 6
出 555	出居 1	出專 165	出曷 109	出道 103	出張 15	出曲 60		出長 3	出高 2
入 290			入曷 10	入道 93	入張 113	入曲 2		入長 40	
歸 179		歸專 21	歸曷 59	歸道 9	歸張 9	歸曲 42		歸長 1	
反 643		反專 6	反曷 42	反道 48	反張 41	反曲 96	反詘 4	反長 23	
垂 135								垂長 111	
皮 164								皮長 141	

若循此推究，可能的解釋是"居"若果爲"方"，則其與"高"均爲博局中兩處由張起始的最遠道，"詘"更值得注意，上引《楚辭》"呼五白些"，王逸注："五白，簙齒也。言已棋已梟，當成牟勝，射張食棋，下兆于屈，故呼五白，以助投也。"説的似乎是我方棋子已成"梟"棋，需要投出"五白"的花色，方能射到"張"道，吃（食）掉對方的棋子。屈即詘，"下兆于屈"更是指明我方"梟"棋預先停留在"屈"道。這樣來看，"居""高""詘"均爲博局中的重要位置。

上述八字術語，惟有長全部使用，特別是垂、皮二字，次數均在百餘次以上，與上、下、出、歸等數量懸殊。其他諸道中，下專、下曷、出道、入張、下曲的使用頻次最高。此外上下、出入、歸反、垂皮與左、右、内、外是否存

---

① 步法統計總數包含殘簡，是故與分數的總和無法對應。

在聯繫,也是值得探究的問題。

　　以上僅是根據目前所見情況所作部分揣測,且問題遠遠多於所得。相信隨著海昏簡牘修復、整理工作的進一步開展與在此基礎上研究工作的繼續深入,海昏簡牘《六博》應該還會有新的發現,這對於明確六博等棋類遊戲的專屬用字、恢復六博的遊戲方法進而了解西漢時期的社會生活當大有裨益。

第十三章　海昏竹書《易占》初釋

　　海昏侯墓出土竹簡有一種用易卦占卜時日吉凶的簡文。這篇竹簡，上下有兩道編繩，編痕壓蓋文字，顯然是先寫後編。全篇六十四卦，共六十五簡（歸妹有兩簡）。現存簡文，多數保存完整，少數殘斷泐損。

　　簡文格式，包括卦名、卦辭、象辭三部分，內容很有特點。

　　簡文卦名與早期寫法不同。商代西周用十位數表示陰陽爻，到了戰國時期，從十位數字卦發展出一、六或一、八式的陰陽爻。馬王堆帛書和雙古堆漢簡仍然用一、六或一、八式的陰陽爻。這篇簡文與西漢早期不同，第一次用橫綫斷連表示陰陽爻，類似傳世《易經》。這是比樂浪式盤所見橫綫斷連式易卦更早的發現，非常重要。簡文卦辭並非《周易》卦辭，而是先講上下卦構成，然後釋某卦爲某義，非常簡短，有些好像同義反覆。

　　簡文象辭也非《周易》象辭，而是先講某方某數"餃"某方某數，"餃"可讀交，表示相配；然後講所當干支如何、卦序如何；最後斷四時吉凶如何，四時分孟仲季，並且配有動物名。

　　簡文所見動物，有些見於十二屬（後世叫十二生肖），有些見於三十六禽，還有一些兩者均未見。十二屬，簡文有雖無猿、猴，未見犬、狗，其他都有。三十六禽，簡文除與十二屬重合的動物，還有蟹、豹、蛟、魚、鴈、豻、狼。

　　過去，人多以爲三十六禽是隋唐纔有，頂多可以上溯到魏晉南北朝，三十六禽是十二屬的擴大和補充，即十二月配十二支，每月再分孟仲季，由此構成三十六之數。現在看來，未必如此。因爲早期時令書（如子彈庫帛書《五行令》）也好，出土日書（如放馬灘秦簡《日書》、睡虎地秦簡《日書》）也好，不但早就有十二屬之外的多種動物，而且十二屬也未完全定型。我們不能排除，十二屬反而是從一大批動物中反覆篩選，最後定型。

　　這篇簡文，性質應與雙古堆漢簡題爲《周易》者最爲接近。後者亦拿

《周易》當曆日類的占卜書用。漢易流行象數易和卦氣説。古人以六十四卦配四時、十二月、二十四節氣、三十六禽、七十二候，反映出易學向日者之術靠攏的大趨勢。

筆者認爲，這篇簡文與儒門易應有所區別，恐怕不宜稱爲《易經》。特別是，此書只有卦名、卦序，並無經文，稱爲《易經》就更不合適，故今題《易占》，不稱《易經》。

簡文豐富了我們對漢代數術的知識，很多問題還值得進一步研究。這裏粗做釋文，僅供讀者參考。

1. ䷀，屯（純）建₌（建建—乾。乾）者，建（健）也。象：北方一餃北方一，辛壬癸丑，上經一，中（仲）冬舢龍吉，夏凶。

案：舢，几與九形近易誤，疑本從九，字同舩，讀爲虯。《説文解字·虫部》《廣雅·釋魚》以虯龍爲龍子有角者。龍見十二屬。

2. [䷁，屯（純）]巛₌（巛巛—坤。坤）者，巛（順）也。象：西方三]餃西方三，丁庚乙癸丑未，上經二，季冬牛吉，六月凶。

案：牛見十二屬。

3. ䷂，晨（震）下臽（坎）上，屯₌（屯。屯）者，萅₌（萅萅—蠢蠢）也。象：東方二餃東方十一。己未，上經三，豕東北卦穛（權）吉，禾時凶。

案：豕見十二屬。穛，疑讀權，爲權且之義。禾時，適宜種禾的時節。

4. [䷃，臽（坎）]下根（艮）上，蒙₌（蒙。蒙）者，勝也。象：東方三餃北方十二，戊辰，上經四，豺孟春卦吉，七月、八月凶。

案：豺見三十六禽。

5. ䷄，建（乾）下臽（坎）上，[需₌（需。需）者，□也]。象：南方四餃北方三，丁酉，上經五，中（仲）春兔吉，秋日凶。

案：兔見十二屬。

6. ䷅，臽（坎）下建（乾）上，訟₌（訟。訟）者，頌（頌）也。象：東方五餃北方十，丁卯，上經六，龍季春吉，秋凶。

案：頌，疑讀頌。龍第二次出現。

7. ䷆，臽（坎）下巛（坤）上，師₌（師。師）者，將也。象：東方十四餃北方八，戊申，上經七，季秋蠐東南卦吉，九月、十月凶。

案：蠐，蠐螬，金龜子的幼蟲。

8. ䷇，巛（坤）下臽（坎）上，比₌（比。比）者，二也。象：南方二餃西方

第十三章　海昏竹書《易占》初釋　233

六,丙申,上經八,孟夏吉虵,冬凶。

案:虵同蛇。蛇見十二屬。

9.[䷈],建(乾)下巽上,小=畜=(小畜。小畜)者,小□也。彖:南方三餃西方十八,壬戌,上經九,貳中(仲)夏卦吉,冬凶。

案:貳,屬於蟲類。

10.䷉,説(兑)下建(乾)上,履=(履。履)者,禮也。彖:南方四餃西方十二,庚子,上經十,羊季夏吉卦,冬凶。

案:羊見十二屬。

11.[䷊],建(乾)下巛(坤)上,泰=(泰。泰)者,□也。彖:南方十五餃西方十九,甲戌,上經十一,鵠西南卦吉,啓鞫時凶。

案:鵠與鴈近。鞫時,適宜審訊犯人的時節。

12.䷋,巛(坤)下建(乾)上,負=(負負—否。否)者,負也。彖:西方十一餃西方三,丙戌,上經十二,孟秋龜吉,春凶。

案:龜與鱉近。鱉見三十六禽。

13.䷌,麗(離)下建(乾)上,同人。人同,天下一心也。彖:西方九餃南方十一,戊寅,上經十三,中(仲)秋雞吉,春凶。

案:雞見十二屬。

14.䷍,建(乾)下麗(離)上,大=有=(大有。大有)者,大有天下者也。彖:西方十五餃西方十六,庚寅,上經十四,季秋豕吉,春凶。

案:豕見十二屬。

15.䷎,根(艮)下巛(坤)上,溓=(溓溓—謙。謙)者,歉也。彖:西方八餃北方十六,癸丑,上經十四〈五〉,馬西北卦吉,蠶時凶。

案:馬見十二屬。蠶時,適宜養蠶的時節。

16.䷏,巛(坤)下晨(震)上,仔=(仔仔—豫。豫)者,喜也。彖:北方二餃西方五,己酉,上經十六,孟冬吉,夏凶。

案:龍第三次出現。

17.[䷐],晨(震)下説(兑)上,䏨=(䏨䏨—隨。隨)者,相䏨(隨)也。彖:東方六餃東方五,辛亥,上經十七,中(仲)春麋(?)吉,秋凶。

案:麋,屬於鹿類。三十六禽有鹿、獐。

18.䷑,巽下根(艮)上,蠱=(蠱。蠱)者,事也。彖:東方七餃南方六,丁巳,上經十八,季春鮫(蛟)吉,秋冬凶。

案:蛟見三十六禽。《廣雅·釋魚》以龍有鱗者爲蛟。

234　海昏簡牘初論

19. ䷒，説（兑）下巛（坤）上，臨_(臨。臨)者，大也。象：南方六餃西方十，乙亥，上經十九，大東南卦吉，九月、十月凶。

案：大東南，與上"大也"相應。

20. [䷓，巛（坤）下巽上]，觀_(觀。觀)者，觀也。象：北方十三餃西方二，癸酉，上經廿，孟夏蜼（蜼）吉，冬凶。

案：蜼，金絲猴。簡文有蜼無猨、猴。

21. ䷔，晨（震）下麗（離）上，[□_□_(□□。□□)]者，□蓋也。象：南方七餃東方六，癸未，上經廿一，爵（雀）中（仲）夏卦吉，冬日凶。

案：麗，原從丽從丙，今爲省便，直接寫成麗，下同。爵，讀雀，屬於鳥類。

22. ䷕，麗（離）下根（艮）上，賁_(賁。賁)者，訪也。象：南方八餃南方十四，辛卯，上經廿〖二〗，季夏鴈吉，冬日凶。

案：鴈見三十六禽。

23. ䷖，巛（坤）下根（艮）上，濮_(濮濮—剝。剝)者，□也。象：南方十四餃西方七，甲子，上經廿三，爵（雀）西南卦吉，十二月、正月凶。

案：雀第二次出現。

24. ䷗，晨（震）下巛（坤）上，復_(復。復)者，反也。象：西方七餃東方八，辛酉，上經廿四，孟秋毋隻（獲）吉，正月、二月凶。（圖一三·1）

25. ䷘，晨（震）下建（乾）上，無_亡_(無亡無亡—無妄。無妄)者，非其事而至者。象：西方六餃東方十，庚戌，上經廿五，中（仲）秋鼠吉，春凶。

案：鼠見十二屬。

26. ䷙，建（乾）下根（艮）上，大_畜_(大畜。大畜)者，大□也。象：西方十二餃北方四，辛丑，上經廿六，季秋狼吉，蠱時凶。

案：狼見三十六禽。

27. ䷚，晨（震）下根（艮）上，頤_(頤。頤)者，□也。象：北方三餃東方十二，丙午，上經廿七，豹西北卦吉，蠱時凶。

案：豹見三十六禽。

28. ䷛，巽下説（兑）上，大_過_(大過。大過)者，大過（禍）也。象：北方四餃東方十三，辛巳，上經廿八，大孟冬卦吉，蠱時凶。

案：大孟冬，與上"大過"相應。

29. [䷜，屯（純）臽_(臽臽—坎。坎)者，臽（陷）]也。象：北方九餃北方九。癸巳戊寅，上經廿九，中（仲）冬大雪吉，夏凶。

第十三章　海昏竹書《易占》初釋　235

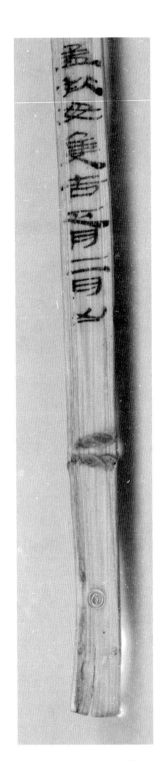  

圖一三·1 卦序 24（右爲整簡，左爲局部放大）

案：大雪見二十四節氣。

30. ䷂，屯（純）麗＝（麗麗—離。離）者，麗（離）也。象：西方九餃南方十，己卯，上經卅，季冬解（蟹）吉，夏凶。

案：解，讀蟹。蟹見三十六禽。

31. ䷞，根（艮）下說（兌）上，咸＝（咸。咸）者，□也。象：□方十四餃南方五，戊午，下經一，□□□□吉，□□凶。

32. ䷟，巽下晨（震）上，[恒＝（恒。恒）者，□也。象：南方十餃南方四，丁未，下經二，季夏解（蟹）吉，冬凶。

案：蟹第二次出現。

33. [䷠，根（艮）下建（乾）上，遯＝（遯。遯）者，□也。象：□方十一餃東方二，己丑，下經三，西南卦吉，耕（耕）時凶。

案：遯，原本可能作豚，今缺，不可考。耕時，適宜耕種的時節。

34. ䷡，建（乾）下晨（震）上，大壯＝（大壯。大壯）者，□也。象：西方五餃北方二，戊戌，下經四，孟秋鼠吉，春凶。

案：鼠第二次出現。

35. ䷢，巛（坤）下麗（離）上，僧＝（僧。僧）者，進也。象：西方四餃南方十六，庚申，下經五，中（仲）秋虎吉，春凶。

案：虎見十二屬。

36. ䷣，麗（離）下巛（坤）上，明夷＝（明夷。明夷）者，明（萌）萸也。象：西方十三餃南方九，壬寅，下經六，鷄季秋卦吉，蠱時凶。（圖一三・2）

案：萌萸，即萌芽。鷄第二次出現。

37. ䷤，麗（離）下巽上，家人＝（家人。家人）者，□人也。象：北方五餃南方九，乙巳，下經七，老垎（窖）西北卦吉，四月、五月凶。

案：老垎，疑讀老窖。

38. [䷥，說（兌）下麗（離）]上，癸＝（癸癸—睽。睽）者，□也。象：□方六餃西方八，丙寅，下經八，孟冬夷俞吉，夏凶。

案：夷俞，疑讀羬羭，指山羊中的母羊，羬是家養山羊中的母羊，羭是野生山羊中的母羊。另一讀法，可讀蚭蝓。夷是喻母脂部字，蚭是喻母支部字，兩漢之際，支、脂通押開始流行，古音相近。蚭蝓即蝸牛。

39. ䷦，根（艮）下呂（坎）上，蹇＝（蹇。蹇）者，難也。北方七餃東方四，庚辰，下經九，中（仲）冬鼠吉，夏凶。

案：鼠第三次出現。

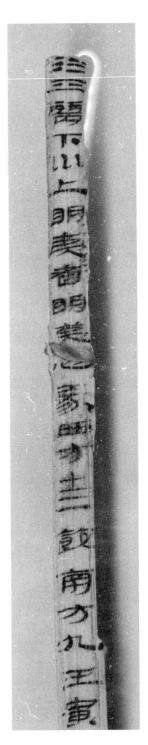

圖一三·2 卦序36(右爲整簡,左爲局部放大)

40. ䷧，臽(坎)下晨(震)上，解=(解。解)者，解也。彖：北方八餃北方十一，辛未，下經十，季冬鴛吉，六月、七月凶。

案：鴛，古書亦作狂。《爾雅·釋鳥》："狂，茅鴟、怪鴟。""狂，瘴鳥。"指貓頭鷹。《山海經·大荒西經》："有五彩之鳥，有冠，名曰狂鳥。"狂與凰音近可通，或説即鳳凰之一種。

41. ䷨，説(兑)下根(艮)上，損=(損。損)者，損也。北方十五餃西方十四，丁丑，下經十一，魚東北卦吉，六月、七月凶。

案：魚見三十六禽。

42. ䷩，晨(震)下巽上，益=(益。益)者，益之也。彖：北方十四餃東方七，乙未，下經十二，孟春卦吉，秋凶。

43. ䷪，建(乾)下説(兑)上，決=(決決一夬。夬)者，決之也。彖：東方九餃西方十五，壬子，下經十三，中(仲)春㷍吉，秋大凶。

案：㷍，虎紋赤黑，見《集韻》。

44. ䷫，巽下建(乾)上，笱=(笱笱一姤。姤)者，笱(姤)也。彖：東方十餃東方三，乙酉，下經十四，季春角吉，秋凶。

案：簡尾有筆畫，似壬字。

45. ䷬，巛(坤)下説(兑)上，萃=(萃。萃)者，取(聚)也。彖：東方十一餃南方十，丁亥，下經十五，號(鴞)東南卦吉，九月、十月凶。

案：鴞，貓頭鷹。

46. ䷭，巽下巛(坤)上，升=(升。升)者，尚(上)也。彖：南方十三餃南方十，甲申，下經十六，孟春膽(蟾)諸(蜍)吉，冬凶。

案：蟾蜍，古人以爲可以避兵。

47. ䷮，臽(坎)下説(兑)上，困=(困。困)者，削(?)也。彖：西方三餃北方二，壬辰，下經十七，虎中(仲)秋卦吉，春日凶。

案：虎第二次出現。

48. ䷯，〔巽下臽(坎)上，井=(井。井)者，□也。彖：□方□餃□方□，□□〕，下經〔十八〕，□□夏吉，冬〔凶〕。

案：簡文殘泐較甚。

49. ䷰，麗(離)下説(兑)上，〔革=(革。革)者，革〕也。彖：西方十六餃南方七，甲寅，下經十九，舩與西北卦吉，蠱時凶。

案：舩，或爲舩(即今船字)的訛寫。

50. ䷱，巽下麗(離)上，鼎=(鼎。鼎)者，□也。彖：北方十餃東方十四,壬午,下經廿,孟冬餕吉,夏凶。

案:鼎爲食器。餕,左爲食旁,疑與進食有關。餕,《玉篇》以爲餕祭之名,餕與餕古音相近,疑即餕字異文。

51. ䷲,屯(純)晨(震)。侲(震)者,恐懼也。象:東方八餃東方九,壬申,下經廿一,中(仲)冬肭吉,夏大凶。(圖一三·3)

案:肭見上經一,疑即虯龍。

52. ䷳,屯(純)根₌(根根—艮。艮)者,止也。象:東[方□]餃東方一,癸甲丙辰庚戌,下經廿二,季冬卦吉,夏日大凶。

53. [䷴,根(艮)]下巽上,漸₌(漸。漸)者,進也。象:西方十八餃北方十五,己巳,下經廿三,東北卦吉,六月、七月凶。

案:簡尾有二字,看不清。

54-1. ䷵,說(兑)下晨(震)上,未₌酉₌(未酉未酉—未遒。未遒),行未□也。象:西方二餃北方六,甲辰,下經廿四,孟秋、夏吉,正月、二月凶。

案:此卦相當歸妹,但卦名不同,別爲一義。未酉,讀未遒。遒有終、盡之義。行未□也,第三字可能是到。

54-2. ䷵,[說(兑)下晨(震)上,□₌□₌(□□。□□)]者,□一家□□。象:東方十二餃西方十六,己亥,下經廿四,□孟春吉,[□□凶]。

案:簡文殘泐較甚。

55. ䷶,麗(離)下晨(震)上,豐₌(豐。豐)者,大也。象:東方十三餃南方十,甲午、辛未,下經廿五,季夏麋吉,秋凶。

案:麋,鹿類。三十六禽有鹿、獐。

56. ䷷,根(艮)下麗(離)上,旅₌(旅。旅)者,□也。象:西方十七餃北方十四,癸卯,下經廿六,醋季春卦吉,秋凶。

57. ䷸,屯(純)巽。{屯(純)}巽者,孫(遜)也。象:南方一餃南方二,丙乙辛丑未,下經廿七,節(蝍)且(蛆)東南卦吉,十月、十一月凶。(圖一三·4)

案:節且,讀蝍蛆。《廣雅·釋蟲》:"蝍蛆,吳公。"吳公即蜈蚣。

58. ䷹,屯(純)說₌(說說—兑。兑)者,說(悦)也。象:西方十餃西方七,戊未丁亥,下經廿八,孟夏未□吉,冬日凶。

59. [䷺,臽(坎)下巽]上,奐₌(奐。奐)者,推(?)也。象:南方十二餃北方七,庚午,下經廿九,雖中(仲)夏卦吉,冬凶。

案:奐有盛義。推(?),左半不清,似爲手旁,右半爲隹。《詩·小雅·

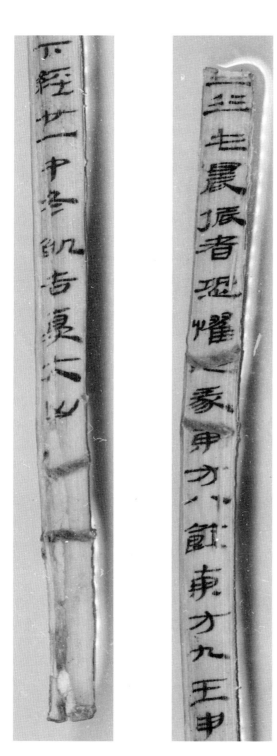

圖一三·3　卦序51(右爲整簡,左爲局部放大)

圖一三・4　卦序 57（右爲整簡，左爲局部放大）

采芑》"嘽嘽焞焞",《漢書·韋賢傳》作"嘽嘽推推"。推與焞爲通假字。焞亦有盛義。雖正與推相應。這是第二次出現。

60. ䷻,説(兑)下臽(坎)上,節₌(節。節)者,節之也。彖:南方五餃西方十三,乙卯,下經卅,鳫季夏卦吉,冬凶。

案:鳫,同鴈。

61. [䷼,説(兑)下巽上,中₌俘₌(中俘中俘—中孚。中孚)]者,中俘(孚)。彖:西方十九餃西方九,癸亥,下經卅一,貳東北卦吉,六月、七月凶。

案:貳第二次出現。

62. ䷽,根(艮)下晨(震)上,小₌過₌(小過。小過)者,有小過(禍)也。彖:北方十二餃東方三,丙子,下經廿〈卅〉二,孟春虎吉,秋凶。(圖一三·5)

案:虎第三次出現。

63. ䷾,麗(離)下臽(坎)上,氣₌濟₌(氣濟氣濟—既濟。既濟)濟者,已也。彖:南方十六餃南方十三,丙辰,下經卅三,躱西南卦吉,十二月、正月凶。

案:躱,不詳。

64. ䷿,臽(坎)下麗(離)上,□未濟□。彖:西方□餃南方□□,庚申,下經卅四,中(仲)秋虎吉,春凶。

案:虎第四次出現。

圖一三・5　卦序 62（右爲整簡，左爲局部放大）

第十四章　海昏竹書《卜姓》《去邑》初釋

　　海昏侯墓出土的竹書中,有 5 枚簡文爲八卦卜姓的内容,因首簡"·"之下有"卜姓"二字,故取名爲《卜姓》;另有 2 枚竹簡簡文爲八卦卜距的内容,取篇首二字,擬名爲《去邑》。

　　八卦卜姓,也即八卦類姓,是用八卦類象各姓氏,各姓氏通過八卦類象的方式納入到八卦系統,便於各種術數的演繹、推算,如"☰爲李是(氏),史是(氏),昆是(氏),丁是(氏),梁是(氏),脱是(氏),朱……"等等。

　　八卦卜距,也即八卦類距,或稱八卦卜里、八卦類里,是用八卦類象與邑距離里數,通過八卦卜距,各種距離里數亦被納入到八卦系統中,便於各種術數的演繹、推算,如"☰去邑五里,十里,卅里"等等。這類八卦卜姓、八卦卜距的内容在出土的簡牘中尚屬首次發現。下面將八卦卜姓卜距簡文作初步釋讀,以供讀者參考。

一、《卜姓》《去邑》簡文初釋

　　《卜姓》簡共有五枚,竹簡出土編號爲 934IV 區 122、123、124、125、128。八個卦一起作爲一個獨立的段落,起頭的一枚簡天頭上有首符"·",之後每個卦結束後,下一卦開始時均用"·"標記,八個卦寫完後,其下多餘部分留白不書。簡文内容如下:

　　IV 區 124:·卜姓:☰爲載(戴)是(氏),高是(氏),董是(氏),任是(氏),衛是(氏);肴(爻)爲於是(氏),範是(氏),石是(氏),吕是(氏)。·☱爲張是(氏),王是(氏),宗是(氏);肴(爻)爲趙是(氏)(圖一四·1)

　　IV 區 125:馬是(氏),成是(氏)。☲爲郭是(氏),左是(氏),張是(氏),任是(氏),樊是(氏),莊是(氏),山丘是(氏),□李是(氏)。·☳爲

李是（氏），史是（氏），昆是（氏），丁是（氏），梁是（氏），脱是（氏），朱（圖一四·2）

　　IV區123：是（氏）；肴（爻）爲周是（氏）。・☷爲隻虛丘是（氏），□是（氏），林是（氏），郭是（氏），垣是（氏）；肴（爻）程是（氏），井完田是（氏），韓是（氏），陳是（氏）。・☵爲蘇是（氏），馮是（氏）；肴（爻）爲（圖一四·3）

　　IV區122：□□□□馬是（氏），夏侯是（氏），魏是（氏），桑是（氏）。・☳爲陳是（氏），程公孫是（氏），田是（氏），任桑是（氏）；肴（爻）爲貴是（氏），榮是（氏），公孫是（氏）（圖一四·4）

　　IV區128：□載（戴）是（氏），婁是（氏），□是（氏）。・☴爲淳于是（氏），射是（氏），□是（氏）；肴（爻）爲陳是（氏），吳是（氏），虞是（氏）。（圖一四·5）

　　《去邑》共有兩枚簡，竹簡出土編號爲IV區126、145。八個卦一起作爲一個段落，起頭的一枚簡天頭上有首符"・"，八個卦寫完後，其下多餘部分留白不書。簡文內容如下：

　　IV區126：・☰去邑五里，七里，卅里。☷去邑四里，廿里。☶去邑五里，七里，卅里。☱去邑四里，卌里。☵去邑五里，五十里。☲去邑二里，六十里。☳去邑四里（圖一四·6）

　　IV區145：七十里。☴去邑三里，五里，八十里。（圖一四·7）

二、《卜姓》《去邑》與馬王堆帛書《周易》卦序初論

　　《卜姓》《去邑》簡文連貫，八卦卦序清晰，明確反映了海昏竹書《卜姓》《去邑》中八經卦的卦序，即：建、川、根、説、臽、離、辰、筭，也即"乾、坤、艮、兌、坎、離、震、巽"。這個卦序正是馬王堆帛書《周易》八經卦的卦序。

　　馬王堆帛書《周易》六十四卦中，上卦的卦序爲"乾、艮、坎、震、坤、兌、離、巽"，上卦的卦序是"以陽馭陰"，如分八卦爲四組，則乾坤爲天地相對，乾爲天，坤爲地，也即"天地定位"；艮兌爲山澤相對，艮爲山，兌爲澤，也即"山澤通氣"；坎離爲水火相對，坎爲水，離爲火，也即"火水相射"；震巽爲雷風相對，震爲雷，巽爲風，也即"雷風相榑"。如八卦按四組陽陰依次排列，則還原爲"乾、坤、艮、兌、坎、離、震、巽"。

　　馬王堆帛書《周易》六十四卦中，下卦的卦序爲"乾、坤、艮、兌、坎、離、震、巽"，也即八卦按四組陽陰依次排列的結果。

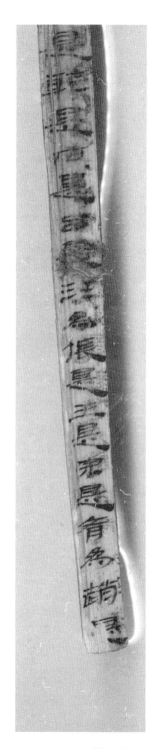 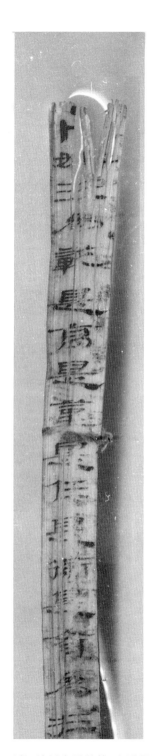 

圖一四·1　Ⅳ區124:(乾、坤)(右爲整簡,左爲局部放大)

圖一四・2　IV 區 125：(艮、兌)(右爲整簡,左爲局部放大)

圖一四·3　IV 區 123：（坎、離）（右爲整簡，左爲局部放大）

圖一四·4　IV 區 122:（震）（右爲整簡，左爲局部放大）

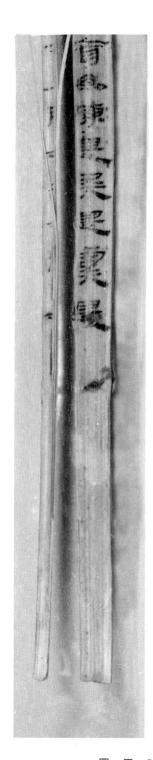 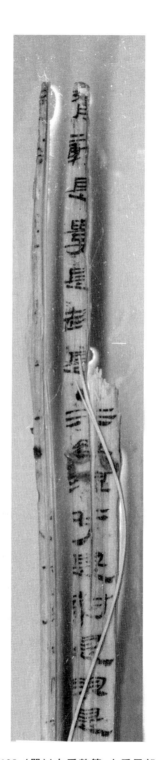 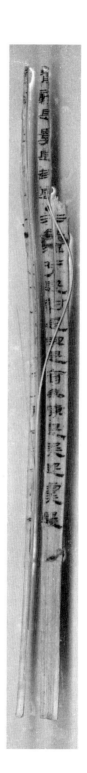

圖一四·5　IV區128:(巽)(右爲整簡,左爲局部放大)

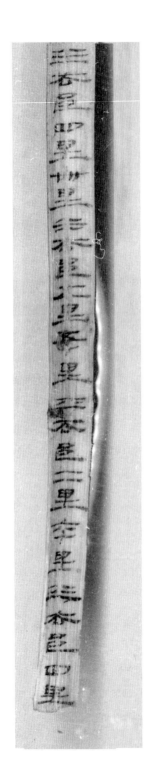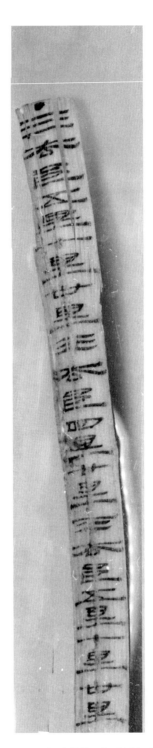

圖一四·6　IV 區 126（右爲整簡，左爲局部放大）

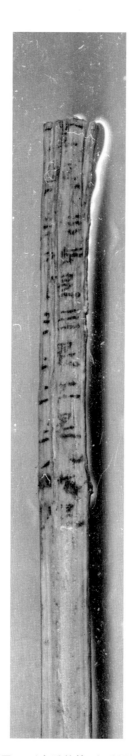

圖一四·7　Ⅳ區 145（右爲整簡，左爲局部放大）

綜上所述，馬王堆帛書《周易》六十四卦卦序是源自於帛書八經卦的卦序，即"乾、坤、艮、兑、坎、離、震、巽"。六十四卦的上卦根據八經卦卦序，按照"以陽馭陰"規則排列；下卦則直接沿用八經卦的卦序，也即按四組陽陰依次排列。從《卜姓》《去邑》中八經卦的卦序與馬王堆帛書《周易》八經卦的卦序相同的現象分析，西漢早中期這種八經卦的卦序應較爲流行，這種卦序既用於馬王堆帛書《周易》，又用於坊間常用的《易占》術數類，如《卜姓》《去邑》，這種卦序可能是當時廣泛使用的一種八經卦卦序。

除此以外，海昏竹書六十四卦中還存在另一種卦序。海昏竹書六十四卦的卦序與馬王堆帛書六十四卦的卦序不一致，與傳本《周易》六十四卦卦序則完全一樣，這是迄今爲止發現的完整的年代最早的與傳本《周易》卦序相一致的考古材料，對於傳本《周易》的源流研究有著重要的價值。傳本《周易》六十四卦卦序源自於傳本《周易》八經卦的卦序，這種八經卦的卦序是按照《説卦》形成的"乾、坤、震、巽、坎、離、艮、兑"卦序。從傳本《周易》八經卦卦序到傳本《周易》六十四卦卦序的構建、完善，以李尚信先生爲代表，①前賢做了大量工作，并取得了重大突破，兹不贅述。

這種傳本《周易》八經卦的卦序，不僅是傳本《周易》六十四卦卦序的源頭，也是京房八宫卦卦序的原型。京房八宫卦的卦序實際上是遵照傳本《周易》八經卦的卦序，按"以陽馭陰"排列形成，即遵照"乾、坤、震、巽、坎、離、艮、兑"卦序，按"乾、震、坎、艮、坤、巽、離、兑"排列形成八宫卦，在此基礎上，每宫各領七卦，前五卦稱"一世"至"五世"，第六卦稱爲"游魂"，第七卦稱爲"歸魂"，按照這個規則對六十四卦進行重新排序，形成京房六十四卦卦序。

海昏竹書《易》類文獻中，同時發現馬王堆帛書《周易》八經卦卦序和傳本《周易》六十四卦卦序，從傳本《周易》六十四卦卦序中又隱含著與京房八宫卦卦序一致的傳本《周易》八經卦卦序，這批材料對西漢易學發展的源流與特徵研究應有較大價值。

---

① 李尚信：《卦序與解卦理路》，成都：巴蜀書社，2008年。

第十五章　海昏竹書"祠祝"簡初論

　　海昏侯墓漢簡中存有數十枚與祝禱、祭祀相關的竹簡，可暫稱之爲"祠祝簡"。這類簡的核心内容是對神祈祝，以求福報。其中部分竹簡保存情况不佳，簡序也尚無法完全確定。下文據目前所知的情况，對文本的格式、性質和流傳做一些初步介紹。

一、祠祝簡的内容與性質

　　本章介紹的祠祝類簡册，相當一部分可歸入劉賀爲昌邑王時期，還有部分屬於劉賀爲海昏侯時期。

　　先談祠祝簡的文本性質。這類竹簡很可能是祝官實際使用的文本。首先，簡文中多見"臣祝""祝再拜謝""祝贊曰"等語，"祝"應即海昏侯或昌邑王的祝官。這些文本有的屬於劉賀爲昌邑王時期，如簡文中有"昌邑王使臣敢奉清酒博脯"等語；有的則應歸於劉賀爲海昏侯時期，如簡文中有"海昏侯敬致其所客，臣祝御吏敬再拜"。從上引兩條祝禱用語，可見祝禱人分别爲昌邑王與海昏侯的祝官，他們應該是儀式的主持者和文本的使用、保存者。分屬兩個時期的祠祝類文本的使用方式、性質應大致相同，只是使用者身份不同而已。考慮到文中提及昌邑王及其祝官，有理由相信，這些文本並非專爲葬禮製作或書寫，而是曾經實際使用過的文本，始終保存在劉賀的祝官手中。通過清理這一部分竹簡，就有可能對漢代諸侯王國的祠祝活動有所了解。

　　在過去發現的出土文獻中，有兩類與祭祀或神祇直接相關。一類是官方祭祀記録，如里耶秦簡祠先農校券、郴州晉簡祠先農祝文。另一類則爲散見於各種文獻類型的祝禱辭。與海昏侯漢墓祠祝簡的祭祀對象和級別比較相近的,是里耶祠先農校券。① 不過,里耶祠先農簡僅記錄地方先農祭祀之後,剩餘的祭品如何發賣,並不記錄祭祀活動本身。郴州蘇仙橋晉簡中,也有與先農祭祀相關的内容,除祭品之外,還存有"祠先農祝文",其中有"松柏爲主,白茅爲籍,柜鬯爲酒"(1—18)等祝語。② 雖然時代較晚,但似乎可以推想,地方的先農及其他祭祀中,均應有相應祝禱文。海昏侯漢墓祠祝簡的文本主體是禱辭本身,而不是祭祀記録。③ 因此,歸之於"祠祝"類更爲合宜。

再談文本的格式。簡文中的套語與已見的秦漢祠祝類文本十分相近。首先,祠祝簡中不少祝禱辭先以發語詞"皋"開始,再以"敢謁(某神)"點出求禱對象。如與五帝祭祀相關的祝禱辭有"皋,敢謁東方青帝""皋,敢謁西方白帝"等等。這種開篇形式多見於秦漢祠祝類文書,如周家臺秦簡《病方及其他》中"病心者"方:

　　•病心者:禹步三,曰:"皋! 敢告泰山:泰山高也,人【居之】。□□之孟也,人席之。不智(知)$_{335}$而心疾,不智(知)而咸戩。"即令病心者南首臥,而左足踐之二七。$_{337}$④

相似的例子還有不少,此不贅舉。⑤ 呼唤神明後,即請神下臨。再者,簡文多見的"(某神)下廷(庭)次席"之語,也見於睡虎地秦簡《日書》甲種馬禖、北大秦簡《祠祝之道》等篇目。⑥ 如馬禖篇中的祝禱辭云:

　　　　大夫先㱿次席,今日良日,肥豚清酒美白粱,到主君所。一五七背

"次席"即"至席""即席",指通過祭禱請神下臨至祭祀之所,享用酒食。最後爲祝頌求禱與許諾之辭。海昏侯漢墓祠祝簡所見祝辭常爲四字韻文,祝禱目的有求雨,祈求豐收、長壽、子孫蕃昌等,其中以祈雨和爲劉賀祈福

---

① 湖南省文物考古研究所:《里耶發掘報告》,長沙:嶽麓書社,2007年,第194—195頁。
② 簡1—16簡文云"右正月祠先農祝文",應是此篇篇題。參見湖南省文物考古研究所、郴州市文物處:《湖南郴州蘇仙橋遺址發掘簡報》,《湖南考古輯刊》第8集,長沙:嶽麓書社,2009年,第99頁。
③ 楊華曾總結出土文獻中"祭祀""禱祠"等詞彙的用法,可以參看。楊華:《出土簡牘所見"祭祀"與"禱祠"》,《四川大學學報(哲學社會科學版)》2018年第2期。
④ 按本章秦簡引文,如無特殊説明,均引自陳偉主編:《秦簡牘合集》,武漢:武漢大學出版社,2014年。下文不再逐一注明出處。
⑤ 陳斯鵬對出土文獻中的祝禱文獻有系統總結,可參陳斯鵬:《戰國秦漢簡帛中的祝禱文》,《簡帛文獻與文學考論》,廣州:中山大學出版社,2007年,第110—131頁。
⑥ 田天:《北大藏秦簡〈祠祝之道〉初探》,《北京大學學報(哲學社會科學版)》2015年第2期。

壽者最爲常見。如：

> 今獨不雨，五穀不實，毋以爲君資……
>
> □之水泉分別，各有所期。旁人從官，各賜一杯，臣祝敬拜，延壽千秋萬歲。（圖一五·1）

總之，海昏侯漢墓祠祝簡的套語和基本格式，和之前發現的秦漢祝禱類文獻一脈相承。不過，周家臺《病方及其他》、睡虎地《日書》甲種等書籍，多發現於中小型墓葬。其中的祝禱辭或是爲治療疾病，或是爲特定目的祈求神祇護佑的"雜祝"。① 而且，它們都零散地雜抄在不同類型的文獻中，少見單獨成篇者。② 海昏侯墓發現的祠祝簡，則屬於諸侯王（列侯）祝官使用的常規或非常規祝禱文本。雖然編連和分篇情況尚不明確，但這些文本顯然被有意收集在一起，並統一由祝官保存。海昏侯墓祠祝簡與其他秦漢祝禱類文獻的祭禱目的不同，使用人群身份有別，但格式甚至祭祀對象都有相似之處。這一現象至少可以從兩個方面理解。其一，秦到西漢中前期，書寫的能力和書的流傳都局限在一個特定的階層中，祝禱文本的書寫者和使用者的身份或背景或有重合。從傳世與出土文獻所能呈現的文本入手，學者討論的都是一個較小群體中的祠祝與信仰情況。其二，秦漢以來，祝禱類文本從格式到套語都有不少相似之處，似乎有理由相信，秦到西漢中前期所流傳的祝禱類文本的總量不會太大。③

秦漢國家祭祀的對象及其實施方式，記錄在《史記·封禪書》《漢書·郊祀志》等傳世文獻中。隨著里耶、嶽麓秦簡的發現，學者逐漸開始了解地方祭祀的實施細節。至於西漢諸侯王國的祭祀、禱祠和諸侯王祝官的職掌，則鮮有史料記錄。海昏侯漢墓所發現的祠祝簡，可以完善學界對秦漢時代不同層級的祭祀的認識，增加對秦漢以來祠祝文本的格式、書寫和流傳的認識。

---

① 如周家臺"祠先農"簡，即通過許諾在祭祀中"先農恒先泰父食"，祈求先農保佑自己成爲邑中"最富者"。

② 北大秦簡《祠祝之道》《雜祝方》等篇目屬相似的祝禱辭連抄成篇。

③ 秦漢時代的病方類文獻可以作爲旁證，目前發現的出土於不同等級墓葬的病方，以及出土於遺址的病方之間，頗有重複、近似的情況存在。這似乎也能夠說明，流傳的病方總體數量並不太多。參見田天：《出土文獻與秦漢的信仰世界》，待刊。

圖一五・1　祠祝圖一（右爲整簡，左爲局部放大）

二、作爲祠祭對象的五帝

海昏侯漢墓中祠祝類文本所涉及的神祇也値得略作介紹。目前較爲明確的祭祀對象有兩類，一爲先農，二爲五帝。先農是秦以來重要的官方祭祀對象，地方先農祭祀具有相當的連續性。① 海昏侯漢墓所出的祠先農簡，應爲海昏侯或昌邑王之祝官以他的名義爲地方祈求福佑，也佐證了秦漢先農祭祀的廣泛性。

本章將著重討論的，是祠祝簡中提及的"五帝"。簡文中的五帝，與五方、五色等元素相配伍，如：

睪，敢謁西方白帝，次就君常山，乘白龍，載白蓋，素衣高（縞）常（裳）。……（圖一五・2）

此外，還有"東方靑帝""中央黃帝""北方黑帝"等，均伴有相似的描述。與方、色配伍的五帝在先秦文獻中就已出現，漢代國家祭祀中有五帝祭祀，但傳世文獻中並未詳載祭祀細節。明確以五方帝爲禱祠對象的文本，出土文獻中於此應爲首見。爲了釐清海昏侯五帝祭祀的來源，有必要先對五帝的發展略作回顧。

從來源看，先秦時代的五帝系統，大致可以分爲兩類。一類爲古史傳説中的上古帝王，另一類則爲與五行系統相配的五帝。戰國晚期起，後者逐漸發達，並將五人帝納入其中，成爲最流行的五帝説。

（一）五人帝

由上古帝王組成的"五人帝"系統，最有影響的有兩説。② 其一爲黃帝、

---

① 參見田天：《先農與靈星：秦漢地方農神祭祀叢考》，《中國國家博物館館刊》2013年第8期。秦代的先農祭祀相關文獻也可參沈剛：《秦代祠先農制度及其流變》，《出土文獻研究》（第十二輯），上海：中西書局，2013年。

② 呂思勉《三皇五帝考》（呂思勉、童書業編著：《古史辨》第七册（中），上海：上海古籍出版社，1982年，第338頁）總結五帝之説有三，兩種爲本章正文所討論者，第三説爲鄭玄在《尚書中侯》注中所提出的以黃帝、少昊、顓頊、帝嚳、堯、舜六人爲五帝，鄭玄對五帝的總結有其特殊的理論依據，此不取。劉起釪總結之五帝有七説（參劉起釪：《幾次組合紛紜錯雜的"三皇五帝"》，《古史續辨》，北京：中國社會科學出版社，1991年，第92—119頁）劉文總結的七種五帝組合，後三種時代較晚，不在本文的討論範圍中，第二種引《戰國策・趙策》及《易・繋辭》，以庖犧、神農、黃帝、堯、舜爲五帝，但這兩種文獻的原文皆未明確提出這五位上古帝王合稱"五帝"，至《資治通鑒外紀》等晚期文獻方以之爲五帝，亦可置而不論。

圖一五・2　祠祝圖二（右爲整簡，左爲局部放大）

顓頊、帝嚳、堯、舜；其二爲少皥、①顓頊、帝嚳、堯、舜。這類五帝名單揀選上古帝王組合而成。古書中有"五人帝"的成説，爲簡明計，這類僅由上古帝王組成的五帝系統，可依舊注稱爲"五人帝"。②

第一説以《大戴禮記·五帝德》爲代表，③《史記·五帝本紀》及《世本》秦嘉謨輯本皆與其相同。④ 第二種五人帝系統見於《尚書序》：

> 伏犧、神農、黄帝之書謂之三墳，言大道也。少昊、顓頊、高辛、唐、虞之書謂之五典，言常道也。⑤

皇甫謐《帝王世紀》及《世本》王謨輯本中"五帝世系"均與之相同。⑥《史記·五帝本紀》正義對上引兩種五人帝名單有一總結：

> 案太史公依《世本》《大戴禮》，以黄帝、顓頊、帝嚳、唐堯、虞舜爲五帝。譙周、應劭、宋均皆同。而孔安國《尚書序》，皇甫謐《帝王世紀》、孫氏注《世本》，並以伏犧、神農、黄帝爲三皇，少昊、顓頊、高辛、唐、虞爲五帝。⑦

要言之，第二套五人帝系統將黄帝升格至"三皇"，遂與第一種相別。以上兩種五人帝説的内容雖微有差别，但目的皆爲敘説世系、排比古史年代，與五行系統無涉。"五人帝"名單的具體出現時間，難得確證。從上引文獻看來，至晚到戰國中期，這類説法已經相當成熟了。

秦漢時代，作爲上古帝王的五帝即"五人帝"之説流佈甚廣，常作爲成

---

① "昊"與"皥"通，引用時皆從原文，餘不一一注明。
② "五人帝"之説，東漢即有。《禮記·郊特牲》正義云："賈逵、馬融、王肅之等，以五帝非天，唯用《家語》之文，謂《大傳》炎帝、黄帝'五人帝'之屬，其義非也。"《禮記正義》卷二五《郊特牲》，《十三經注疏》（清嘉慶刊本），北京：中華書局 2009 年影印本，第 3129 頁。
③ 《大戴禮記·五帝德》記録宰予與孔子關於"五帝"的問答，宰予所問之五帝爲"黄帝、顓頊、帝嚳、堯、舜"。《五帝德》下篇《帝系》追述上古帝王，被呼爲"帝"者也是黄帝、帝嚳、帝堯、帝顓頊、帝舜，與《五帝德》相同。〔清〕王聘珍：《大戴禮記解詁》卷七《五帝德》，王文錦點校，北京：中華書局，1983 年，第 117—125 頁；卷七《帝系》，第 126 頁。
④ 《史記》卷一《五帝本紀》，北京：中華書局，1959 年，第 1—48 頁。〔漢〕宋衷注、〔清〕秦嘉謨等輯：《世本八種》《秦嘉謨輯補本》卷二，北京：中華書局，2008 年，第 17 頁。
⑤ 《尚書正義》卷一《尚書序》，《十三經注疏》（清嘉慶刊本），第 236 頁。
⑥ 王謨與秦嘉謨同輯《世本》，但五帝名單不同，是由於輯佚者的個人判斷不同。王謨採用《世本》孫氏注："孫氏曰：少昊、顓頊、高辛、唐、虞爲五帝。"（《世本八種》《王謨輯本》，第 4 頁）秦嘉謨則採信司馬遷及《大戴禮記》之説："今雜采傳注所引者，據《大戴禮·帝系》之文，連綴比附，用存其舊。其闕而不見諸書者，則仍以《大戴禮》本篇補之。"（《世本八種》《秦嘉謨輯補本》卷一，第 11 頁。）
⑦ 《史記》卷一《五帝本紀》，第 1 頁。

說見於時人言論。如《史記·秦始皇本紀》載琅琊刻石有"功蓋五帝,澤及牛馬",①又載群臣所奏曰"自上古以來未嘗有,五帝所不及"。② 其例甚多,不必贅舉。

(二)月令系統中的五帝

戰國晚期,五帝與五行系統相結合,形成一套配數配物系統,包含五行、五帝、五官、五音等等元素。這套配伍系統最早見於《吕氏春秋》的十二《紀》,爲討論方便,可先表列如下:

表一

	五行	天干	五帝	五官	蟲	五音	律中	配數	味	臭	祀	五臟	配色
孟春	木	甲乙	大皞	句芒	鱗	角	大蔟	八	酸	羶	户	脾	青
仲春							夾鐘						
季春							姑洗						
孟夏	火	丙丁	炎帝	祝融	羽	徵	中吕	七	苦	焦	灶	肺	朱、赤
仲夏							蕤賓						
季夏							林鐘						
	中央土	戊己	黄帝	后土	倮	宫	黄鐘之宫	五	甘	香	中霤	心	黄
孟秋	金	庚辛	少皞	蓐收	毛	商	夷則	九	辛	腥	門	肝	白
仲秋							南吕						
季秋							無射						
孟冬	水	壬癸	顓頊	玄冥	介	羽	應鐘	六	鹹	朽	行	腎	玄
仲冬							黄鐘						
季冬							大吕						

《禮記·月令》所載幾乎全同。這一結構以四時十二月爲綱,再配合五行,即學者所言的月令系統。③ 其中的五帝是黄帝、炎帝、太皞等,既與"五人

---

① 《史記》卷六《秦始皇本紀》,第 245 頁。
② 《史記》卷六《秦始皇本紀》,第 236 頁。
③ "月令"系統與《管子》所代表的"四時五行令"系統有別。參見李零:《〈管子〉三十時節與二十四節氣——再談〈玄宫〉和〈玄宫圖〉》,《管子學刊》1988 年第 2 期。

帝"系統不同,也不是僅以顏色命名的黑、赤、黃、白、青五帝。此外,《周禮》中也多見"五帝"一詞出現。不過,《周禮》中所見五帝,都僅有"五帝"之名,而無具體名單。①

先秦古書中還存在一些零散的五帝與五色、五方相配的記載。如《國語·晉語二》:

> 虢公夢在廟,有神人面白毛虎爪,執鉞立於西阿,公懼而走。神曰:"無走!帝命曰:'使晉襲於爾門。'"公拜稽首,覺,召史嚚占之,對曰:"如君之言,則蓐收也,天之刑神也,天事官成。"②

《國語》雖未明言蓐收爲"金正之官",但已將它與西方(西阿)、白色(白毛)等元素關聯在一起。與之相類的還有《墨子·明鬼下》:

> 昔者鄭穆公當晝日中處乎廟,有神入門而左,鳥身,素服三絶,面狀正方。鄭穆公見之,乃恐懼,犇。神曰:"無懼。帝享女明德,使予錫女壽十年有九。使若國家蕃昌,子孫茂,毋失。"鄭穆公再拜稽首,曰:"敢問神名?"曰:"予爲句芒。"③

上引文中,句芒神"入門而左",則亦處於東方。④ 上引兩例敘述模式近似,皆有天神下降、對國君預言、揭示神名幾個元素。需要注意的是,以上兩條引文中,進入五行系統的是蓐收、句芒等"五官",太皞、炎帝等上古帝王之名没有出現。只有《吕氏春秋》《禮記》兩種文獻將"五官"與上古帝王相配,此時"人帝"之名纔進入五行系統。可見,有繁複配伍的五方帝系統的最後形成,應已至戰國末年。

除此之外,還有一種明確將五帝與方、色緊密關聯的做法。這種稱呼出現略晚於前幾種,最早應見於緯書,如《周禮·天官·大宰》"祭五帝"疏:"五帝者,東方青帝靈威仰,南方赤帝赤熛怒,中央黄帝含樞紐,西方白

---

① 楊天宇認爲:"《周禮》中五帝皆統稱,還不曾分別命名。但從《周禮》全書看,作者已有方帝和色帝的觀念。"(楊天宇:《〈周禮〉之天帝觀考析》,《經學探研録》,上海:上海古籍出版社,2004年,第214頁)楊氏的結論比較謹慎。《周禮》中對"五帝"的論述,應以與五行相配的五帝爲背景。
② 《國語》卷八《晉語二》,上海師範大學古籍整理組校點,上海:上海古籍出版社,1978年,第295頁。
③ 孫詒讓:《墨子閒詁》卷八《明鬼下》,北京:中華書局,2001年,第227—228頁。
④ 孫詒讓《墨子閒詁》認爲"三絶"不見於古書,當爲"玄純"之誤,則句芒神服色爲玄(孫詒讓:《墨子閒詁》,第227頁),楊天宇從之(參《〈周禮〉之天帝觀考析》,第220—221頁)。但孫説無版本根據,姑備一説。

帝白招拒,北方黑帝汁光紀。"①《春秋公羊傳》宣公三年《疏》則言:"其五方之帝,東方青帝靈威仰之屬是其五帝之名,《春秋》緯《文耀鉤》具有其文。"②鄭玄在《禮記·大傳》注中也曾採此説。③

　　文獻中所載與五行系統相配的五帝,大致如上所述。雖然它們有一些共同的元素,但敘述的中心有細微差別,其中以月令系統最爲整齊。與方、色相配伍的五帝,古書中並無統一的稱呼。禮書中有襲鄭玄稱之爲"五天帝"者,王肅則稱之爲"五行帝",④時賢有稱之爲"五色帝"者。政書、禮書或又將後代郊壇上所祭五帝稱爲"五方帝"者。⑤ 上述諸説皆有不同的語境,爲了避免概念上的混淆,本章暫採用較爲繁複的"五方五色帝"來稱呼如海昏侯漢簡中提及的"西方白帝""東方青帝"之説。

　　綜上所述,先秦的"五帝"之説可以區分爲"五人帝"以及與五行相配的五帝兩個系統。前者是從上古帝王中揀選而成的名單,戰國晚期開始,也常與"三皇"並提。後者的特徵是將五帝置於五行之中,輔以配數配物。這套系統早期核心爲"五官"與方、色相配。到戰國晚期,人帝之名纔進入其中,"五官"變爲與人帝相配的神。時代稍晚的文獻中,又出現了五方五色帝。在秦漢文獻中,時人所論之"五帝",仍多指上古帝王。配以五行的五方帝在相當長一段時間中,都只存在於文獻的構擬中。這套系統真正進入祭祀,要到西漢文帝時期。

---

① 《周禮注疏》卷二《天官·大宰》,《十三經注疏》(清嘉慶刊本),第1398頁。
② 《春秋公羊傳注疏》卷一五宣公三年,《十三經注疏》(清嘉慶刊本),第4947頁。
③ 《初學記》引劉向《五經通義》云:"天神之大者曰昊天上帝(即耀魄寶也,亦曰天皇大帝,亦曰太一),其佐曰五帝(東方蒼帝靈威仰,南方赤帝赤熛怒,西方白帝白招拒,北方黑帝葉光紀,中央黃帝含樞紐)。"〔唐〕徐堅等:《初學記》卷一《天第一》,北京:中華書局,1962年,第2頁。
④ 這兩種説法,本來所指内容相差不大,皆與《周禮》中祀於四郊的"五帝"相關。《禮書通故》卷一五《明堂禮通故》:"唐《禮儀志》云:'明堂大饗古禮,鄭玄議祀五天帝,王肅議祀五行帝。……'以周案:五行帝即五天帝,明堂祀五帝,鄭、王初無異辭。"(〔清〕黃以周:《禮書通故》,王文錦點校,北京:中華書局,2007年,第715頁)但因鄭玄的五帝説格外複雜,還包含了"靈威仰、赤熛怒"等天神,以及與之相配的太皞、炎帝等五帝。爲免混淆,本章儘量避免用"天帝"之名稱呼五帝。王肅所擬"五行帝"之稱較爲簡明直接,但此説是針對鄭玄之"五天帝"説而來,爲避免冗餘的概念辨析,本章亦不取此稱。
⑤ 如《通典》卷四三《禮三》:"(大唐武德初,定令:)上帝及配帝各用蒼犢各一,五方帝及日月用方色犢各一,内官以下加羊豕各九。"〔唐〕杜佑:《通典》,北京:中華書局,1984年,第1192頁。

(三)作爲祭祀對象的五帝

"五帝"是西漢時代國家祭祀的對象。按《史記·封禪書》的記載，秦國的雍四時祭祀對象，爲黄、白、青、赤四色帝，漢高祖時又增添了黑帝。①史籍中所載對象清晰的五帝祭祀，則從文帝時代開始。除了雍五時祭祀外，文帝還另立了渭陽五帝廟。《史記·封禪書》載文帝前元十五年（前165）：

> 趙人新垣平以望氣見上，言"長安東北有神氣，成五采，若人冠絻焉。或曰東北神明之舍，西方神明之墓也。天瑞下，宜立祠上帝，以合符應"。於是作渭陽五帝廟，同宇，帝一殿，面各五門，各如其帝色。祠所用及儀亦如雍五時。②

所謂"同宇，帝一殿，面各五門，各如其帝色"，即言五帝同處一殿，各開一門。門的顔色，與五行配伍中的五帝之色相符，唯未提及方位。元鼎五年（前112），武帝建立甘泉泰時，設有五帝壇：

> 祠壇放薄忌太一壇。壇三垓。五帝壇環居其下，各如其方，黄帝西南，除八通鬼道。……太一祝宰則衣紫及繡。五帝各如其色，日赤，月白。③

太一壇上的五帝，明言"各如其方""各如其色"，則其基礎即爲五方五色帝。黄帝配土行，本應居於正中，因中有太一，纔置於西南。將黄帝置於西南，並非一定之規，元封五年（前106）武帝設立泰山明堂，其中黄帝就與赤帝同置於南方。④

王莽改革國家祭祀之前，西漢的五帝祭祀大致如上所引。從此可見，西漢中前期，國家祭祀中五帝與五方、五色相配伍已非常普遍。要説明的是，在《封禪書》《郊祀志》等傳世文獻中凡言及這一時期的五帝祭祀，多泛泛概言"五帝"，不但少見顔色、方位的記載，更不見句芒、蓐收等"五官"配享。五帝的身份如何，是否人格化的天神，都没有足够的材料能够證明。

---

① 詳參田天：《秦漢國家祭祀史稿》第一章第一節《前帝國時期的秦人祭祀》，北京：生活·讀書·新知三聯書店，2015年，第13—33頁。
② 《史記》卷二八《封禪書》，第1382頁。
③ 《史記》卷二八《封禪書》，第1394頁。
④ "而泰山下祠五帝，各如其方，黄帝並赤帝，而有司侍祠焉。"《史記》卷二八《封禪書》，第1401頁。

昭宣以來，國家祭祀中的五帝祭祀沿用武帝以來的成規，環列於郊壇之上，配享上帝。對國家祭祀中的五帝祭祀的性質與方式作出根本改革的，是王莽。平帝元始五年（5），王莽上書提出了"元始儀"的設想。他用《周禮·小宗伯》之記載，"分群神以類相從爲五部"，分立五時：

> 謹與太師光、大司徒宮、羲和歆等八十九人議，皆曰："……分羣神以類相從爲五部，兆天墬之別神：中央帝黃靈后土畤及日廟、北辰、北斗、填星、中宿中宮於長安城之未墬兆；東方帝太昊青靈勾芒畤及雷公、風伯廟、歲星、東宿東宮於東郊兆；南方炎帝赤靈祝融畤及熒惑星、南宿南宮於南郊兆；西方帝少皞白靈蓐收畤及太白星、西宿西宮於西郊兆；北方帝顓頊黑靈玄冥畤及月廟、雨師廟、辰星、北宿北宮於北郊兆。"奏可，於是長安旁諸廟兆畤甚盛矣。①

王莽的五畤遵從《小宗伯》"兆五帝於四郊"的都城規劃，五帝被分置於長安城四郊，黃帝置於長安西南方。以月令系統中的五帝爲核心，配以五色、五官，並有風伯、雨師等天象和四方星象祭祀配享。除了前引《吕氏春秋》以外，與之最爲相近的是《周禮·春官·大宗伯》"以玉禮天帝"條鄭注：

> 禮東方以立春，謂蒼精之帝，而太昊、句芒食焉。禮南方以立夏，謂赤精之帝，而炎帝、祝融食焉。禮西方以立秋，謂白精之帝，而少昊、蓐收食焉。禮北方以立冬，謂黑精之帝，而顓頊、玄冥食焉。②

從五色、五人帝、五官的配比來看，鄭注與元始儀十分相近。但不同的是，鄭注中的五帝爲"蒼精""白精之帝"等，太昊等月令系統五帝只是配享。而元始儀的設計中，月令系統的五帝被提前，與五方相配。

從上述梳理可見，從傳世文獻出發，直到西漢末年，國家祭祀中纔明確出現配以五官、五人帝的五方帝。海昏侯漢墓的祠祝簡則刷新了這一認識，從目前能見的材料中，可以得出幾個初步的結論，首先，海昏侯漢墓祠祝簡所禱祠的五帝，是具有人格的神祇。如前引"西方白帝，乘白龍、載（戴）白蓋，素衣高（縞）常（裳）"，再如祝官延請五帝下臨，都明確地指向人格化的神。值得注意的是，海昏侯漢簡所祠五帝，僅有五方、五色之名，而無月令系統的五帝，更近於西漢中前期國家祭祀中的傳統。其次，簡文中

---

① 《漢書》卷二五下《郊祀志下》，北京：中華書局，1962年，第1268頁。
② 《周禮注疏》卷一八《春官·大宗伯》，《十三經注疏》（清嘉慶刊本），第1644—1645頁。

出現了"辱（蓐）收在旁"之語，目前祝禱辭中"五官"之名僅見此一例，但已可説明五官與五帝同時出現，這是不同於西漢中前期的情況。

五帝、五方配伍，在西漢中期的記載中時有出現。① 學者也早已注意到西漢中期以來，月令逐漸深入現實政治的情況。② 海昏侯漢墓祠祝簡中所顯示的五方帝系統進入實際的祭祀中，則還是首見。目前還無法確定這是當時普遍的祝禱方式，還是諸侯王國特有。這類禱祠活動，與漢代國家五帝祭祀的關係，也有待於進一步探究。不過，海昏侯漢墓中對象爲五帝的祠祝文獻，從時代和祭祀層級上都補充了西漢五帝祭祀發展的缺環，豐富了學者的認識。王莽所主持的"元始儀"改革很可能不僅源出《周禮》，同時也受到西漢中期以來祭祀實踐和月令政治發展的大背景影響。

海昏侯漢墓祠祝與前述禮儀簡册的整理都還在初步階段，簡序、篇目等具體情況尚不完全清楚，以上討論，難免疏誤，希望能在下一步的整理研究中細化與修正。

---

① 如《漢書·魏相傳》魏相的上奏常見於學者引用："……東方之神太昊，乘震執規司春；南方之神炎帝，乘離執衡司夏；西方之神少昊，乘兑執矩司秋；北方之神顓頊，乘坎執權司冬；中央之神黄帝，乘坤艮執繩司下土。兹五帝所司，各有時也。"《漢書》卷七四《魏相丙吉傳》，第3139頁。

② 可參邢義田：《月令與西漢政治》，《治國安邦：法制、行政與軍事》，北京：中華書局，2011年，第168—179頁。薛夢瀟：《早期中國的月令與"政治時間"》第五章《漢代的"行縣"與"行春"》，上海：上海古籍出版社，2018年，第156—181頁。

第十六章　海昏竹書"房中"書初識[①]

　　海昏侯墓出土的萬餘件文物中，公認學術價值最高的是五千餘枚竹簡和近百版木牘，包括衆多重要珍貴典籍和歷史性文書檔案，是我國學術史上的一次重大發現。墓葬發掘簡報與相關公開展覽圖録中，[②]已經對簡牘中包含的醫書有初步介紹；2018年《文物》第11期又有進一步的系統概述，[③]這裏僅就醫書中保存相對完好的"房中"簡再談些初步認識。

　　"房中"書共約60枚竹簡，簡文多殘斷，完簡字迹亦基本殘泐，字數在37—39字之間。與《禮記·中庸》《曲禮》《論語·述而》以及"祠祝""悼亡賦""六博"和《易占》等同出於一個漆箱。相較而言，其與"祠祝"《易占》和"六博"相鄰放置，與《易占》和"六博"存在疊壓關係。前已介紹，"六博"多見三五枚竹簡散見於《詩經》《禮記》類、祠祝禮儀類、《春秋》《論語》《孝經》類及詩賦、數術、方技等多類文獻之中，姑且擱置再論。"祠祝"與《漢書·藝文志》中《數術略·雜占》的"禱祠書"有關；《易占》則似可歸入《漢志》中《數術略·蓍龜》中著録的《周易》，同屬數術易。[④] "房中"書在《漢志》中收入《方技略》。《方技略》中把方技分爲四類，即醫經、經方、房中、神仙。前兩類是醫術，後兩類是養生。房中在西漢時期和醫術關係較大。李零

[①] 本章精簡版曾以《西漢海昏侯劉賀墓出土"房中"簡初識》爲題原刊於《文物》2020年第6期。
[②] 江西省文物考古研究所、南昌市博物館、南昌市新建區博物館：《南昌市西漢海昏侯墓》，《考古》2016年第7期；江西省文物考古研究所、首都博物館編：《五色炫曜：南昌漢代海昏侯國考古成果》，南昌：江西人民出版社，2016年。
[③] 江西省文物考古研究院、北京大學出土文獻研究所、荆州文物保護中心：《江西南昌西漢海昏侯劉賀墓出土簡牘》，《文物》2018年第11期。
[④] 李零：《蘭臺萬卷：讀〈漢書·藝文志〉》（修訂版），北京：生活·讀書·新知三聯書店，2011年，第189—194頁。

先生説,數術和天地有關,方技和人體有關,二者的研究對象都是"自然科學"。① 海昏簡牘中這種相近性質文獻相鄰置放的問題,似可與北大藏秦簡的堆疊情況合觀,②有助於探究戰國至秦漢時人對文獻分類的"主位"認知。③

一

據目前釋讀情況,"房中"書的内容多可與馬王堆漢墓簡帛《天下至道談》《合陰陽》等相對應,"至道"一詞見於《漢書·藝文志》,其云"房中者,情性之極,至道之際",可見這類書均是主要講房中術的養生書。海昏簡文格式齊整,分別講到"八益""七損""十勢""十修"與"十道"等。

《天下至道談》的"八益""七損":"氣有八益,又有七孫(損)。不能用八益、去七孫(損),則行年卅而陰氣自半也,五十而起居衰,六十而耳目不蔥(聰)明,七十下枯上涗(脱),陰氣不用,㴰泣留(流)出。令之復壯有道,去七孫(損)以振其病,用八益以貳其氣,是故老者復壯,壯〖者〗不衰。"④海昏簡文與之類似,相關内容如表一所示,簡文用"容成曰"的形式講"不智(知)用八益,不智(知)去七損,行年卅陰氣自半,五十而衰,六十耳目不[充](聰)明,下[苦]上[涗](脱)",相鄰的另一隻簡亦可辨"[㴰]泣留(流)出,今尚可,合(何)復壯,必去七損,以振其病,即用八益以實其氣,耳目充(聰)明……"二者存在細微差别,如《天下至道談》講"七十下枯上涗(脱)",簡文不見"七十";《天下至道談》"用八益以貳其氣",簡文作"實其氣"等。

細微差别之外,值得注意的是簡文與《天下至道談》在章節敘述次序與敘述内容上均有不同。上引《天下至道談》簡文之後"君子居処(處)安樂,歓(飲)食次(恣)欲,皮奏(腠)曼密,氣血充贏……"段,海昏簡文以分章符號"·五"將其隔在第五章,而"不智(知)用八益,不智(知)去七損"則同樣以分章符號"·八"落在第八章。

---

① 李零:《蘭臺萬卷:讀〈漢書·藝文志〉》(修訂版),第173頁。
② 楊博:《北大藏秦簡〈田書〉初識》,《北京大學學報(哲學社會科學版)》2017年第5期。
③ 楊博:《戰國楚竹書史學價值探研》,上海:上海古籍出版社,2019年,第43—45頁。
④ 湖南省博物館、復旦大學出土文獻與古文字研究中心編,裘錫圭主編:《長沙馬王堆漢墓簡帛集成》(第六册),北京:中華書局,2014年,第165頁。

表一 "七損""八益"相關記述比較

海昏簡	馬王堆《天下至道談》	《素問·陰陽應象大論》
不智（知）用八益，不智（知）去七損	氣有八益，有（又）有七孫（損）。不能用八益、去七孫（損）	能知七損，八益，則兩者可調，不知用此，則早衰之節也
行年卅陰氣自半	則行年卅而陰氣自半也	年四十，而陰氣自半也，起居衰矣
五十而衰	五十而起居衰	年五十，體重，耳目不聰明矣
六十耳目不[充]（聰）明	六十而耳目不蔥（聰）明	年六十，陰痿，氣大衰，九竅不利，下虛上實，涕泣俱出矣
下[苦]上[洸]（脱），[裸]泣留（流）出……	七十下枯上洸（脱），陰氣不用，裸泣留（流）出	
今尚可，合（何）復壯，必去七損，以振其病，即用八益以實其氣，耳目充（聰）明……	令之復壯有道，去七孫（損）以振其病，用八益以貳其氣，是故老者復壯，壯[者]不衰	

又如"八益"的敘述次序，如表二所示，《天下至道談》是"一曰治氣，二曰致沫，三曰智（知）時，四曰畜（蓄）氣，五曰和沫，六曰竊氣，七曰寺贏，八曰定頃（傾）。"①海昏簡文中却是"智（知）時"第四，"和治"第六。捎帶一提的是"寺贏"，周一謀、蕭佐桃二先生曾指出，寺當作待或持講。贏，盈也。即等待盈滿或保持盈滿之意。②王志平先生曾據《國語·越語下》《越絶書》中"持盈、定傾"連用的文例，指出此處亦當爲"持盈"，③是説得到了海昏簡本的驗證（圖一六·1）。

---

① 湖南省博物館、復旦大學出土文獻與古文字研究中心編，裘錫圭主編：《長沙馬王堆漢墓簡帛集成》（第六册），第166頁。
② 周一謀、蕭佐桃主編：《馬王堆醫書考注》，天津：天津科學技術出版社，1988年，第425頁。
③ 王志平：《簡帛叢劄二則》，中國社會科學院簡帛研究中心編輯：《簡帛研究》（第三輯），南寧：廣西教育出版社，第131—132頁。

表二 "八益"相關記述比較

次序	來源			
	海昏簡"八益"	《天下至道談》"八益"	《養生方》"四益"	《天下至道談》"十脩"
一	治[氣]	治氣	定味	致氣
二	致沫	致沫	致氣	定味
三		智(知)時	勞實	治節
四	智(知)時	畜氣	時(侍)節	勞實
五	道(導)之	和沫		必時
六	和治	竊氣		通才
七	持盈	寺贏(盈)		微動
八	定傾	定頃(傾)		待盈
九				齊生
十				息形

如表三、表四，海昏簡文與《天下至道談》中的"十勢""十修"，在敘述順序上亦有差別。如簡文"十勢"中的"七曰青(蜻)令(蛉)，八曰膽(詹)諸"勢、"十修"中的"五曰微動，六曰勞實，七曰治節"等；《天下至道談》中的"十勢"相應則是"七曰瞻(詹)諸，八曰兔務(鶩)，九曰青(蜻)靈(蛉)"，"十修"相應爲"三曰治節、四曰勞實……七曰微動。"①

表三 "十勢"相關記述比較

來源	次序									
	一	二	三	四	五	六	七	八	九	十
海昏"十勢"	虎遊	蟬付			蝗柘(磔)	爰(猿)據	青(蜻)令(蛉)	膽(詹)諸	魚[嚼]	
《天下至道談》十勢	虎流	蟬伏(附)	尺扞(蠖)	困(麕)暴(角)	黃(蝗)柘(磔)	爰(猨)居	瞻(蟾)諸	兔務(鶩)	青(蜻)靈(蛉)	
《合陰陽》十節	虎游	蟬柎(附)	斥(尺)蠖	困(麕)桶(角)	蝗磔	爰(猨)捕(搏)	瞻(蟾)諸	兔鶩	青(蜻)令(蛉)	魚嚼
《養生方》	巋(麋)觚(角)	爰(猨)據	蟬傅	蟾者(諸)	魚察(嚼)	蜻□				

---

① 湖南省博物館、復旦大學出土文獻與古文字研究中心編，裘錫圭主編：《長沙馬王堆漢墓簡帛集成》（第六册），第168頁。

第十六章 海昏竹書"房中"書初識 271

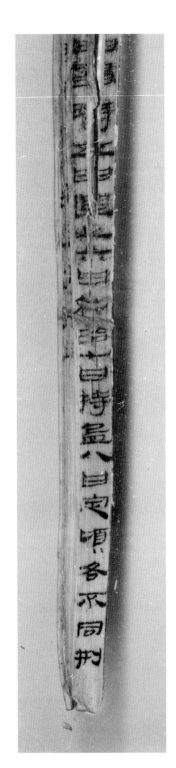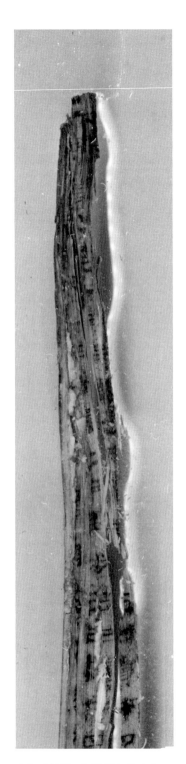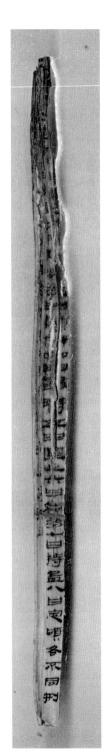

圖一六・1（右爲整簡，左爲局部放大）

表四 "十修"相關記述比較

海昏簡	《天下至道談》
一曰[致]氣	一曰致氣
二曰必時	二曰定味
三曰定[味]	三曰治節
[四曰]□□	四曰劳（勞）實
[五曰]微動	五曰必時
六曰劳（勞）實	六曰通才
七曰治節	七曰微瘇（動）
八曰[持]盈	八曰侍盈
九曰齊[青]（精）	九曰齊生
十曰[思（息）刑]	十曰息刑（形）

　　墓葬發掘簡報與簡牘概述中均已介紹過，海昏簡文的"青（請）言十道：一曰高之，二曰下之，三曰左之，四曰右之，五曰深之，六曰淺之，七曰疾之，八曰徐之，九曰實之，十曰虛之"，與《天下至道談》的"八道"明顯不同。值得留意的是，上述"十勢""十道"，馬王堆漢墓竹簡《合陰陽》分别名之爲"十節""十脩"，所述順序、内容同樣與簡文存在一些差别，如《合陰陽》中的"十脩"則作"一曰上之，二曰下之，三曰左之，四曰右之，五曰疾之，六曰徐之，七曰希之，八曰數之，九曰淺之，十曰深之。"①

表五 "十道"相關記述比較

來源	次序									
	一	二	三	四	五	六	七	八	九	十
海昏十道	高	下	左	右	深	淺	疾	徐	實	虛
《合陰陽》十脩	上	下	左	右	疾	徐	希	數	淺	深
《天下至道談》八道	高	下	左	右	深	淺	疾	徐		
《養生方》	高	下	左	右	深	淺	兔葤（鶩）			

---

① 湖南省博物館、復旦大學出土文獻與古文字研究中心編，裘錫圭主編：《長沙馬王堆漢墓簡帛集成》（第六册），第155頁。

相較馬王堆《天下至道談》《合陰陽》諸篇,海昏簡文在提出"八益""七損""十勢""十脩"與"十道"等概念之後,另可見其各自以"何胃(謂)治氣""何胃(謂)泄""何胃(謂)蟬付""何胃(謂)必時"及"何胃(謂)高下"的設問語式來分別解釋上述概念的具體涵義,此即對研究相關概念名稱、内涵意義重大。簡文的發現,證明了《天下至道談》並非孤本,特别是爲有關"七損八益"問題的討論,提供了新的寶貴資料。

二

馬王堆帛書《養生方》《雜療方》兩種、竹簡《十問》《合陰陽》《天下至道談》三種,其内容皆以房中術爲主體。《十問》中有黄帝問於天師、大成、容成、曹熬,堯問於舜,王子巧父問彭祖,帝盤庚問於耇老等,大抵抄録諸家"陰道"而成,而《養生方》《雜療方》則似與《養陽方》《有子方》有關。重要的是,海昏簡文是以黄帝、容成君臣問答的形式來闡述上述内容的,如"七損八益",簡文是以"容成曰"的形式展開的,"容成曰:不智(知)用八益,不智(知)去七損。""容成曰:貴人居處安樂,飲食次(恣)欲,……"(圖一六·2)馬王堆漢墓竹簡《十問》亦有"黄帝問于容成曰",但與簡文内容相關者不多。① 《天下至道談》則是以"黄帝問于左神曰"的形式闡述的。②

《漢書·藝文志》記有《容成陰道》二十六卷。李零先生指出,"陰道"是"合陰陽"之道,即男女交接之術。漢代房中家有專門傳授容成術的一派,魏晉道教的《房中七經》中就有《容成經》,可惜均已失傳。③《後漢書》記有東漢時傳授容成術的一派房中家,《方術列傳下》云:"泠壽光、唐虞、魯女生三人者,皆與華佗同時。壽光年可百五六十歲,行容成公御婦人法。"李賢等注引《列仙傳》:"'容成公者,能善補導之事,取精于玄牝。其要谷神不死,守生養氣者也。發白復黑,齒落復生。'御婦人之術,謂握固

---

① 湖南省博物館、復旦大學出土文獻與古文字研究中心編,裘錫圭主編:《長沙馬王堆漢墓簡帛集成》(第六册),第143頁。
② 湖南省博物館、復旦大學出土文獻與古文字研究中心編,裘錫圭主編:《長沙馬王堆漢墓簡帛集成》(第六册),第163頁。
③ 湖南省博物館、復旦大學出土文獻與古文字研究中心編,裘錫圭主編:《長沙馬王堆漢墓簡帛集成》(第六册),第208頁。

圖一六·2（右爲整簡，左爲局部放大）

第十六章　海昏竹書"房中"書初識

不瀉，還精補腦也。""甘始、東郭延年、封君達三人者，皆方士也。率能行容成御婦人術。"①王應麟《漢藝文志考證》亦以冷壽光、姚振宗《漢書藝文志條理》以甘始、東郭延年、封君達三人，行容成"御婦人"術。②《博物志·卷五·辨方士》所引魏文帝曹丕《典論》引"王仲統云"提到還有左慈："王仲統云：甘始、左元放、東郭延年，行容成禦婦人法。"③相較而言，西漢時期的情況則有些晦暗不明，《漢武故事》中倒是見有："上好容成道，信陰陽書。時宮女數千人，皆以次幸。"④但其"所言亦多與《史記》《漢書》相出入，而雜以妖妄之語"，⑤不足憑信。

海昏簡牘的發現，提供了西漢時期"容成經"的可能面貌，對於明確馬王堆漢墓竹簡《天下至道談》等與"容成陰道"這類書的聯繫，研究馬王堆漢墓簡帛"房中"書的學派性質，均有著不可替代的重要價值。

---

① 《後漢書》卷八二《方術列傳下》，北京：中華書局，1965年，第2740—2741、2750頁。
② 陳國慶編：《漢書藝文志注釋彙編》，北京：中華書局，1983年，第230頁。
③ 〔晉〕張華：《博物志》卷五《辨方士》，王根林等校點，上海：上海古籍出版社，2012年，第26頁。
④ 〔漢〕班固：《漢武故事》，"叢書集成初編"，北京：中華書局，1991年，第2頁。
⑤ 〔清〕永瑢等：《四庫全書總目》卷一四二《子部·小說家類三》，北京：中華書局，1965年，第1206頁。

下編

海昏木牘與孔子衣鏡初論

第十七章 《海昏侯國除詔書》初探

海昏木牘中發現有關於劉賀去世後海昏侯國存廢的詔書,殘牘曾在概述中有簡要介紹,如可辨文字有"今賀淫""天子少""列土封""乙巳死"和"葬謹議"等。① 這是繼居延簡《永始三年詔書》《元康五年詔書》後,考古發掘出土的第三件內容較爲完整的漢代詔書實物,因其內容記述劉賀去世後海昏侯國除的史事,故可稱之爲《海昏侯國除詔書》。

劉賀墓主槨室分爲東、西兩室,東室放置棺槨,西室放置床榻及孔子衣鏡等。《國除詔書》與奏牘即分别出在主槨室西室最西側的兩個漆箱内。漆箱在出土位置上緊鄰西藏槨的文書檔案庫,由此推測或由於槨室塌毁造成漆箱位移,這也可能是造成漆箱内詔書散亂殘損的原因之一。

由於漆箱朽爛較重,也有若干木牘的碎片散佈於西室。盒内存木牘十版,形製保存較完整;盒外木牘殘損嚴重,碎片大小不等,文字剥落嚴重。將木牘碎片的出土位置、材質形製、書法字體、文書等信息與漆箱内的木牘對比繫聯,可基本確定爲同一文書。較完整的十塊木牘形製、大小相近,長度均 23 釐米上下,約爲漢代一尺;文字工整,墨寫隸書,兩行書寫,應爲職業刀筆吏所書。《漢制度》載"三公以罪免亦賜策,而以隸書,用尺一木兩行",②比之木牘,可證不虛。

漆箱内木牘背面自書有序號(二、三、六、七、九、十一、十二、十九、廿四、侯家),最大的數字爲"廿四",其後尚見有一版"侯家",據此可知原本應不少於二十五版,目前可拼綴 23 版,第 18、23 號與現有殘片之關係仍需進一步探究。漆箱内的十塊木牘形製雖然較完整,但牘面仍有一些剥

---

① 江西省文物考古研究院、北京大學出土文獻研究所、荆州文物保護中心:《江西南昌西漢海昏侯劉賀墓出土簡牘》,《文物》2018 年第 11 期。
② 《後漢書》卷一《光武帝紀》李賢注引《漢制度》,北京:中華書局,1965 年,第 24 頁。

落，文字也有相當部分殘泐漫漶；漆箱外的木牘碎片因殘損較重，僅部分保存有文字。雖有約十五塊木牘現已殘損，但根據保存較好的十塊木牘上的文字，仍能大體構建出全文格式與内容。下面據初步整理情況分別予以簡要介紹。

一、詔書的内容與結構

《漢書·武五子傳》"豫章太守廖奏言：'舜封象於有鼻，死不爲置後，以爲暴亂之人不宜爲太祖。海昏侯賀死，上當爲後者子充國；充國死，復上弟奉親；奉親復死，是天絶之也。陛下聖仁，於賀甚厚，雖舜於象無以加也。宜以禮絶賀，以奉天意。願下有司議。'議皆以爲不宜爲立嗣，國除。"①豫章太守廖這封"奏"於《全漢文》中稱《奏絶昌邑王後》，其内容多見於詔書中。

詔書中未見明確紀年，惟牘"廿四"有"十月甲申豫章大守廖……"，牘"侯家"有"十月丙戌海昏侯國守相宜春長千秋守丞建……"。劉賀死期及《奏絶昌邑王後》的寫作時間均在神爵三年（前59），是年九月有乙巳日（當月八日），十月有甲申（十七日）、丙戌日（十九日），與《詔書》中干支紀日情況相符。《詔書》中官員的職位、名字也與《漢書·百官公卿表》中神爵三年的任職情況相符，因此可以斷定，《除國詔書》作於神爵三年（前59）。若據《元康五年詔書》②《永始三年詔書》③的命名方式，海昏侯墓出土詔書亦可稱爲《神爵三年詔書》。

《海昏侯國除詔書》現存四部分内容。第一部分，即1—6號木牘是參與奏議的官員職名。漢制，上書時"公卿校尉諸將不言姓"，④故詔書上僅見官員之名字而無姓氏。但同封公文上寫有十數位官員名號，較爲鮮見，《漢書》中僅《廢昌邑王奏》中的百官職名與之相似，詔書與《廢昌邑王奏》應有一定關聯。《除國詔書》時代清晰、官職明確，其上列名之百官地位較

---

① 《漢書》卷六三《武五子傳》，北京：中華書局，1962年，第2770頁。
② ［日］大庭脩：《元康五年詔書册的復原》，《秦漢法制史研究》，徐世虹譯，上海：中西書局，2017年，第163—171頁。
③ 甘肅省文物工作隊居延簡整理組：《居延簡〈永始三年詔書〉册釋文》，《敦煌學輯刊》1984年第2期。
④ 《後漢書》卷二九《鮑昱傳》注引，第1022頁。

高,部分見於史載,可以比勘。

詔書中現存有 19 名官員,對照史籍,能詳知姓名者 9 人,於史有記而無姓氏者 2 人,全無可考者 8 人。這些官員職名不僅代表了其參與朝廷議奏的客觀事實,還代表了他們贊同將海昏侯國除國的政治態度。宣帝曾將十一位有輔佐之功的大臣繪像於麒麟閣,史稱"麒麟閣十一功臣",他們均是宣帝朝的名卿重臣,能夠代表宣帝朝高級官員的政治態度,其參與劉賀廢立、除國情況如下表。

表一

姓名	《廢昌邑王奏》	原因	《海昏侯國除詔書》	原因
霍光	是		否	已歿
張安世	是		否	已歿
韓增	是		疑爲是	時任大司馬車騎將軍
趙充國	是		疑爲否	時領軍擊羌
魏相	否	外任河南太守	否	已歿
丙吉	是		疑爲是	時任丞相
杜延年	是		疑爲否	時外任西河太守
劉德	是		是	
梁丘賀	是		是	
蕭望之	是		是	
蘇武	是		否	已歿

上表可見,麒麟閣十一功臣中的十位曾參與劉賀的廢立;在廢立事件十五年之後,在世諸人又不同程度地參與了劉賀的除國(丙吉時任丞相,韓增任大司馬大將軍,應當參與會議,其姓名似應書於第一塊木牘上,現已不存),代表宣帝朝股肱之臣對劉賀的政治態度。除麒麟閣十一功臣外,詔書中所見其餘確知名姓的官員還有于定國、王禹、張敞、陳萬年、馮奉世、楊譚等人,其中不乏因與昌邑王劉賀政見不合而在廢立事件後得到升遷的,如于定國、張敞;亦有與廢立事件當事人關係密切的,如前丞相楊敞之子楊譚、曾爲韓增帳下武將的馮奉世等。

漢代郡國並行,諸侯國衆多,其中不乏各種原因除國者,如漢武帝元鼎五年九月,"列侯坐獻黃金酎祭宗廟不如法奪爵者百六人",[1]將百餘位

---

[1] 《漢書》卷六《武帝紀》,第 187 頁。

諸侯直接除國,由皇帝直接下詔,並不需奏議。但海昏侯國的除國,不僅經過群臣奏議,還要由朝廷百官列名,這與西漢時期一般的除國事件顯有很大不同。

其一,作爲廢立事件最大受益人,漢宣帝不便直接出面決定廢帝劉賀的除國之事,經群臣奏議討論,由公卿百官一致同意除國之事,不僅撇清自己獨斷專行、打擊報復的責任,還能將除國做成"鐵案",一舉兩得。

其二,從列名百官的資歷來看,多有因廢立事件而受益者,或是事件參與者的家屬與臣僚。他們贊同將海昏侯國除國,是對廢立事件合法性的重申,也是對漢宣帝的政治效忠,有利無害。

因此,海昏侯國的除國,既是對廢立事件的呼應,也是朝廷上下的共識,符合漢宣帝及公卿百官的政治利益與現實需要。

詔書第二部分,即序號7—15的木牘,是引述豫章太守廖(其姓氏未載)的奏文,其中"十一""十二"兩塊木牘的部分內容,對應了《武五子傳》中所載豫章太守廖的奏文:

暴亂廢絶之人不宜爲大祖

陛下恩德宜獨施於賀身而已不[當嗣後賀……](M1:1506-4、牘背"十一")

數水旱多災害國前上當爲後者大鴻臚初上子充=國=疾死復上

子奉=親=復疾死是天絶之也傳曰義主於仁而制仁者義也故(M1:1506-3、牘背"十二")

漢代列侯以"所食縣爲侯國",①海昏侯以海昏縣爲侯國,隸屬豫章郡管轄。劉賀作爲廢帝,身份特殊,其死亡與承嗣,更需要豫章太守上書朝廷,請求處置辦法。《文心雕龍·奏啟》以爲"秦漢之輔,上書稱奏。陳政事,獻典儀,上急變,劾愆謬,總謂之奏。奏者,進也。言敷於下,情進於上也。"②豫章太守廖所上奏疏的要旨,實因劉賀兩次喪子"是天絶之也",建議朝廷絶劉賀後嗣、除海昏侯國,屬"上急變"之奏。③

---

① 《後漢書》志二八《百官五·列侯》,第3630頁。
② 《文心雕龍》卷五《奏啓》,〔南朝梁〕劉勰著,黃叔琳注,李詳補注,楊明照校注拾遺:《增訂文心雕龍校注》,北京:中華書局,2012年,第313頁。
③ 史載"急變"之奏,如《史記·梁孝王世家》:"反知國陰事,乃上變事,具告知王(梁平王)大母(李太后)爭樽狀。"此"變事"指梁平王對李太后的不孝之事。海昏侯劉賀,兩次喪子,"是天絶之也",與一般情況不同,亦應屬"變事"。

第三部分是詔書本文，爲皇帝對豫章太守奏文的批示語"制曰下［丞］相［御史］中二千石、博士臣吉臣望之臣昌……"，即 15 號木牘的左列。其中所指官員，據《百官公卿表》，應是時任丞相丙吉、御史大夫蕭望之與太常蘇昌。

第四部分是丞相等官員的奏文，即僅存殘片的 16—22 號木牘，僅存"今賀淫""天子少""列土封""九月乙巳死"和"葬謹議"等文字。"九月乙巳死"指明劉賀去世日期在神爵三年九月乙巳（八日）。

蔡邕《獨斷》較詳細地記載了兩漢公文制度，據此，漢代公文大致可依據往來傳遞方向，分爲"上行公文"與"下行公文"兩大類。"凡群臣上書於天子者，有四名：一曰章、二曰奏、三曰表、四曰駁議"，①同墓另箱所出上奏給皇帝、皇太后的奏牘，即屬上行公文。"漢天子正號曰皇帝……其命令：一曰策書、二曰制書、三曰詔書、四曰戒書"，②"廿四""侯家"兩塊行下之辭中均自名爲"詔書"，意指此文書是皇帝下達給豫章郡與海昏侯國的，故屬下行公文。

勞榦先生《居延漢簡考證》中對漢代詔書文本進行過解構："漢世詔書應有三部分，最前爲奏，次爲詔書本文，最後爲詔書下行內外官署之文。"③汪桂海先生則指出漢代詔書中惟有專名爲詔書者，其一種情形乃由臣民奏文與皇帝的批示語即詔書本文構成，公卿群吏爲向下逐級傳達詔書而附於其後的行下之辭無論是怎樣的文字，畢竟不是皇帝所發詔書，不應視爲詔書的一部分"。④"廿四""侯家"的行下之辭中將此公文名之爲"詔書"，故此文書當屬"專名詔書"。"廿四""侯家"兩塊行下之辭雖與詔書正文同出土於漆箱內，但其寫作格式與正文有一定區別，可見是將其視爲詔書之附件一同隨葬的。

目前暫不見詔書中第五部分即皇帝對丞相等官員議奏的批示語。正文之外的行下之辭，亦僅存"廿四""侯家"兩塊，依據《元康五年詔書》《永始三年詔書》來看，詔書中的行下之辭應該還有一塊由朝廷下達至豫章郡的。

---

① 〔漢〕蔡邕：《獨斷》卷上，《漢禮器制度及其他五種》，王雲五主編："叢書集成初編"，上海：商務印書館，1939 年，第 4 頁。
② 〔漢〕蔡邕：《獨斷》卷上，《漢禮器制度及其他五種》，王雲五主編："叢書集成初編"，第 1 頁。
③ 勞榦：《居延漢簡考證》，《居延漢簡考釋之部》，臺北：中研院史語所，1960 年，第 7—9 頁。
④ 汪桂海：《漢代官文書制度》，南寧：廣西教育出版社，1999 年，第 32—35 頁。

海昏木牘中的奏牘與詔書，構成了完整的漢代官文書上傳、下達體系，與《永始三年詔書》《元康五年詔書》互爲補正。其結構可如下表：

表二

類别	元康五年詔書	永始三年詔書	海昏侯國除詔書	現存木牘
正文	官員職名	官員職名	議奏百官職名	二、三、六，碎片
	御史大夫丙吉奏文	丞相翟方進、御史大夫孔光奏文	豫章太守廖奏文	七、九、十一、十二、十九，碎片
	詔書本文（皇帝批示語）	詔書本文	詔書本文（皇帝對豫章太守奏文的批示語）	碎片
			丞相奏文	碎片
			詔書本文（皇帝對丞相奏文的批示語）	待拼綴
附件	行下之辭	行下之辭	行下之辭	廿四、侯家

詔書所見的大致公文時間處理流程是：
1. 劉賀去世；
2. 豫章太守廖上奏，建議"除國"；
3. 皇帝"制曰"，將此事發付群臣會議；
4. 群臣會議討論，在會後奏疏上列名，讚同太守廖的建議；
5. 皇帝"制曰可"，奏疏性質轉爲詔書。
6. 詔書逐級下發，海昏侯國除國。

二、劉賀、劉充國父子的死期與下葬

前述第十二號木牘記有太守廖的奏言（圖一七·1），其云："數水旱，多災害。國前上當爲後者大鴻臚，初上子充國，充國疾死，復上子奉親，奉親復疾死，是天絶之也。傳曰：'義主於仁，而制仁者，義也'故……"

海昏侯墓園 M5 的墓主人確定爲海昏侯劉賀的嗣子劉充國，關於劉充國的死期，《漢書·武五子傳》中僅記載"海昏侯賀死，上當爲後者子充

國;充國死,復上弟奉親;奉親復死,是天絕之也",[1] 並未明言具體年月,

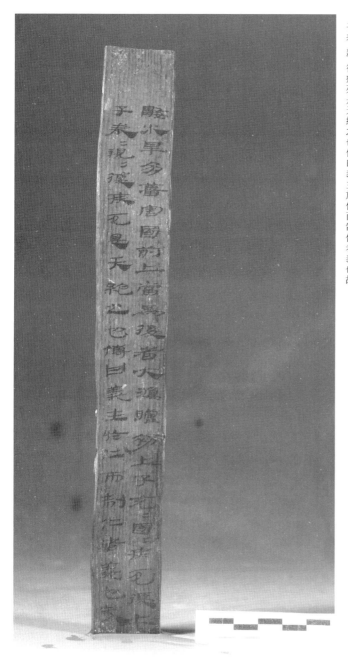

數水旱多舊唐國前上當爲後者大鴻臚初上子充＝國＝疾死復上
子奉＝親＝復疾死是天絕之也傳曰義主於仁而制仁者義也故

圖一七・1　詔書牘十二(右为摹本)

---

[1] 《漢書》卷六三《武五子傳》,第 2770 頁。

以至於有理解充國、奉親甚或有先後短暫繼承爵位之可能，如此則劉充國死於其父劉賀之後。第十二號木牘所見與劉充國有關的信息較《武五子傳》的記載更爲豐富。《武五子傳》僅載"當爲後者子充國"，而木牘載"國前上當爲後者大鴻臚初上子充國"。該句如何理解是需要討論的重點。

一方面，若以現代人的理解習慣來斷句，則似可爲"國前上當爲後者，大鴻臚初上子充國……"，照此理解，則木牘上多了時間狀語"前"與向朝廷推薦海昏侯嗣子的人物"大鴻臚"。

木牘出土於劉賀墓中，其上所記事件的年代不會晚於劉賀入葬之時，則充國、奉親均死於劉賀入葬前。是説也可以得到劉充國墓中隨葬馬蹄金、韘形佩等文物的佐證。關於麟趾金、馬蹄金的來源，《漢書·武帝紀》"（太始二年，前95）三月，詔曰：'有司議曰，往者朕郊見上帝，西登隴首，獲白麟以饋宗廟，渥洼水出天馬，泰山見黄金，宜改故名。今更黄金爲麟趾褭蹏以協瑞焉。'因以班賜諸侯王。"①西漢朝廷造麟趾金、馬蹄金的記載，史書僅載此一處。漢律"盜鑄錢及佐者，棄市"，②即使貴爲諸侯也不能私鑄"以協瑞焉"的紀念幣，③劉充國的兩枚馬蹄金只可能源於太始二年的朝廷賜金。劉賀死後"議皆以爲不宜爲立嗣，國除"，④其王侯等級的財物，如馬蹄金、韘形佩等，均應隨葬劉賀墓，不會見於死於劉賀之後的海昏侯家屬墓中。由此來看，劉充國的下葬確應在其父劉賀之前。

重要的是木牘"前上當爲後者"之"前"，亦有可能指劉賀死亡之前。

大鴻臚的職責，《後漢書·百官志》載："大鴻臚，卿一人，中二千石……皇子拜王，贊授印綬。及拜諸侯、諸侯嗣子及四方夷狄封者，臺下鴻臚召拜之。"⑤此處之嗣子，當與木牘和《武五子傳》中的"爲後者"義同，指其父於生前指認的繼承人，如宣帝五鳳元年"賜列侯嗣子爵五大夫，男

---

① 《漢書》卷六《武帝紀》，第206頁。
② 張家山二四七號漢墓竹簡整理小組編著：《張家山漢墓竹簡〔二四七號墓〕》（釋文修訂本），北京：文物出版社，2006年，第35頁。
③ 如《漢書·楚元王傳》"（劉德）子向坐鑄僞黄金，當伏法，德上書訟罪。"顔師古注引如淳語"律，鑄僞黄金棄市也"。參見《漢書》卷三六《楚元王傳》，第1928頁。
④ 《漢書》卷六三《武五子傳》，第2770頁。
⑤ 《後漢書》志二五《百官志二》，第3583頁。

子爲父後者爵一級"。①

漢代諸侯王與列侯,有臨終前選定繼承人的,如扶陽侯韋賢,"初,玄成兄弘爲太常丞,職奉宗廟,典諸陵邑,煩劇多罪過。父賢以弘當爲嗣,故敕令自免。弘懷謙,不去官。及賢病篤,弘竟坐宗廟事繫獄,罪未決。室家問賢當爲後者,賢恚恨不肯言。於是賢門下生博士義倩等與宗家計議,共矯賢令,使家丞上書言大行,以大河都尉玄成爲後"。② 一般而言,列侯應由嫡子襲爵,韋賢長子早死,即當由次子韋弘襲爵,因宗家等不願以待罪之人襲爵,所以共議立素有賢名的少子韋玄成襲爵。

韋玄成作爲韋賢的繼承人是臨終前決定的,但是"父賢以弘當爲嗣"也顯示出列侯在生前很早時間是有指定繼承人的需要的,這些繼承人或稱"太子",《漢書·文帝紀》"其令列侯之國,爲吏及詔所止者,遣太子",③《史記·孝文本紀》文帝前六年(前174)淮南王長"與棘蒲侯太子奇謀反",④均屬其例。這些繼承人身份地位較列侯他子更高,也會得到皇帝的賞賜,如前引五鳳元年(前57)"賜列侯嗣子爵五大夫,男子爲父後者爵一級"。《漢書·武五子傳》載昭帝元鳳元年(前80),燕剌王劉旦因罪自殺後"天子加恩,赦王太子建爲庶人,賜旦諡曰剌王"。⑤ 後於宣帝本始元年(前73)"秋七月,詔立燕剌王太子建爲廣陽王"。⑥ 可見在昭宣之際,諸侯王仍需確立"王太子"作爲法定繼承人。諸侯當亦如是,如《漢書·王莽傳》"諸侯立太夫人、夫人、世子"。⑦ 此"世子",當即嗣子,是諸侯在世時指定的繼承人。劉賀受封海昏侯後,也有封拜嗣子以爲繼承人的可能,大鴻臚或許是在這一階段,接連向朝廷推薦充國、奉親兄弟爲海昏侯嗣子的。值得留意的是,充國、奉親乃至其後在元帝初元三年(前46)紹封的代宗,這些名字均帶有繼承人的意味。⑧

---

① 《漢書》卷八《宣帝紀》,第265頁。
② 《漢書》卷七三《韋玄成傳》,第3108頁。
③ 《漢書》卷四《文帝紀》,第115頁。
④ 《史記》卷一〇《孝文本紀》,北京:中華書局,1959年,第426頁。
⑤ 《漢書》卷六三《武五子傳》,第2759頁。
⑥ 《漢書》卷八《宣帝紀》,第242頁。
⑦ 《漢書》卷九九中《王莽傳》,第4104頁。
⑧ 學者或認爲這些名字被確定爲嗣子後由朝廷重新命名的,並由此推論漢代王侯繼承人可能存在被朝廷重新賜名的慣例。由《國除詔書》中廖奏文可知,上奏時已有充國、奉親之名,賜名之説似不確。參見晉文:《海昏侯劉賀的家族與家庭》,《常州大學學報(社會科學版)》2017年第6期。

張家山漢簡《二年律令·置後律》規定："徹侯後子爲徹侯,其毋適（嫡）子,以孺子□□子。"據整理者釋讀,簡文所殘字應爲"子、良人",即"以孺子子、良人子",①明確了徹侯的繼承順序爲：嫡子、孺子子、良人子。即無論嫡庶,都有資格承嗣列侯爵位。

一般來說,嫡（長）子自然成爲"後子",前任列侯死後,自動繼承爵位。問題在於,孺子子、良人子這樣的庶子,是否能繼承列侯爵位。孺子子、良人子等庶子是有資格成爲"後子"的。但是並不是說他們就一定能成爲"後子"（在沒有嫡子的情況下）。他們能否成爲"後子",還要看能否得到西漢政府的認可。只有得到認可,他們纔能成爲"後子",繼而承嗣列侯爵位。故而西漢時期有因"非正"而除國者,如汝昌侯傅昌是上一代汝昌侯商"兄子",以"非正"而免爵除國,即他的"後子"身份沒有得到西漢政府的認可。②

"列侯更屬大鴻臚"③"大鴻臚掌封拜諸侯及其嗣"。④ 大鴻臚的職責之一即是向朝廷推薦諸侯嗣子,如："曹相國後容城侯無嗣……大鴻臚求近親宜爲嗣者。"⑤而諸侯薨逝後,朝廷派遣來參與諸侯（列侯）葬禮、主持嗣子繼位儀式的官員是太中大夫,非大鴻臚,《漢書·景帝紀》："王薨,遣光禄大夫吊襚祠賵,視喪事,因立嗣子。列侯薨,遣大中大夫吊祠,視喪事,因立嗣。"⑥依此詔書中提到的大鴻臚兩次向朝廷推薦海昏侯嗣子之事,可能發生在劉賀生前。照此理解則充國死時,劉賀尚在人世。

再聯繫上述詔書處理的時間順序,從九月乙巳劉賀去世到十月丙戌詔書下至海昏侯國的時間僅四十餘日,且充國、奉親在豫章太守上書前均已去世,這一時間點應距劉賀薨逝日期較近。

詔書中廖的奏文另有"賀常與諸妻子飲酒……無恐懼之心,陛下仁恩不忍加誅,削邑户三千,賀不悔過,毋須臾間自責,妻子死未葬,常飲酒醉……"。《武五子傳》解釋了"削户三千"是由於揚州刺史柯上奏其與孫萬世交通受到的懲罰。奏文中言受處罰後,劉賀仍"不悔過,毋須臾間自

---

① 張家山二四七號漢墓竹簡整理小組：《張家山漢墓竹簡〔二四七號墓〕》,第 59 頁。
② 《漢書》卷一八《外戚恩澤侯表》,第 712—713 頁。
③ 《漢書》卷一九上《百官公卿表上》,第 736 頁。
④ 《後漢書》卷四《孝和孝殤帝紀》注引《續漢志》,第 173 頁。
⑤ 《後漢書》卷四《孝和孝殤帝紀》,第 172 頁。
⑥ 《漢書》卷五《景帝紀》,第 145 頁。

責",最大的惡劣表現就是"妻子死未葬,常飲酒醉……"。《左傳》昭公十五年記六月乙丑王大子壽卒,秋八月戊寅,王穆后崩。叔向曰:"王一歲而有三年之喪二焉,……雖貴遂服。禮也。"大子壽,杜預注:"周景王子。"穆后,杜注:"大子壽之母也。"①故楊伯峻注"三年之喪二"爲"太子壽卒與穆后死","遂服"謂"如禮服喪三年"。② 王爲太子服喪三年,《儀禮·喪服》有明文,爲其妻,《喪服》:"《傳》曰:爲妻何以期也? 妻,至親也。"③期,指服喪一年,據此則禮制要求妻喪後需要服喪一年。無論服喪一年還是三年,④居喪之禮,飲酒食肉作樂近婦人均在禁止之列。⑤

"妻子",《詩經·小雅·常棣》"妻子好合,如鼓瑟琴",⑥其意僅是指妻,但戰國秦漢時期文獻中的"妻子"多是"妻"與"子"並指,如《孟子·梁惠王上》"必使仰足以事父母,俯足以畜妻子",⑦《後漢書·吳祐傳》"祐問長有妻子乎? 對曰:'有妻未有子也。'"⑧《漢書·賈誼傳》"以承祖廟,以奉六親,至孝也",應劭曰:"六親,父母兄弟妻子也。"⑨《武帝紀》征和三年(前90)"六月,丞相屈氂下獄要斬,妻(子)梟首",同書《劉屈氂傳》"屈氂厨車以徇,要斬東市,妻子梟首華陽街。貳師將軍妻子亦收。貳師聞之,降匈奴,宗族遂滅",⑩校勘記云:"妻(子)梟首。景祐本無'子'字。王念孫説'子'字乃後人依屈氂傳加之也。"⑪由出於劉賀墓中的其妻"妾待"上書皇太后的奏牘可知,"妾待"的去世與下葬均應在劉賀之前。如此,文中妻應指"妾待",子似指"充國""奉親"。

另一方面,上述理解的首要窒礙之處,即《漢書·武五子傳》明記"海

---

① 《春秋左傳正義》卷四七昭公十五年,《十三經注疏》(清嘉慶刊本),北京:中華書局,2009年影印本,第4511頁。
② 楊伯峻編著:《春秋左傳注》(修訂本),北京:中華書局,2009年,第1374頁。
③ 《儀禮注疏》卷三〇《喪服》,《十三經注疏》(清嘉慶刊本),第2389頁。
④ 《墨子·節葬下》《非儒下》《公孟》篇也有夫爲妻服喪三年的記述,顧頡剛先生曾疏解此矛盾云:"《喪服》一經當有二本,甲本如《墨子》及《左傳》作者之所見,乙本則漢以來誦習者也。"參見顧頡剛:《顧頡剛讀書筆記》卷一六《史林雜識初編》,《顧頡剛全集》,北京:中華書局,2011年,第346頁。
⑤ 楊樹達:《漢代婚喪禮俗考》,上海:上海古籍出版社,2013年,第219—223頁。
⑥ 《毛詩正義》卷九·二《小雅·常棣》,《十三經注疏》(清嘉慶刊本),第872頁。
⑦ 《孟子注疏》卷一下《梁惠王章句上》,《十三經注疏》(清嘉慶刊本),第5810頁。
⑧ 《後漢書》卷六四《吳祐傳》,第2101頁。
⑨ 《漢書》卷四八《賈誼傳》,第2231—2232頁。
⑩ 《漢書》卷六六《劉屈氂傳》,第2883頁。
⑪ 《漢書》卷六《武帝紀》,第210、215頁。

昏侯賀死,上當爲後者子充國;充國死,復上弟奉親;奉親復死,是天絶之也",“上當爲後者"有一明確前提"海昏侯賀死"。由此,“爲後者"並非選嗣子,而是選擇可以襲爵的繼承人。充國、奉親可以被選擇,似說明劉賀死時二子均尚在世。

由此,則"國前上當爲後者大鴻臚初上子充國"句斷爲"國前上當爲後者大鴻臚,初上子充國……"亦不無可能。前述韋玄成襲爵事,“使家丞上書言大行,以大河都尉玄成爲後"。“大行"爲鴻臚屬官。諸王列侯薨逝,大鴻臚還負責評定與上奏諡號。應劭曰"皇帝延諸侯王,賓諸侯王,皆屬大鴻臚。故其薨,奏其行迹,賜與諡及哀策誄文也。"“列侯薨及諸侯太傅初除之官,大行奏諡、誄、策。……列侯薨,遣大中大夫弔祠,視喪事,因立嗣。"①諸王列侯的喪事由大鴻臚及其屬官大行等負責,顏師古注:“事之尊重者遣大鴻臚,而輕賤者遣大行。"②

與扶陽侯治喪、襲爵事一致,劉賀死後,因事關重大,豫章太守廖按制上書大鴻臚建議襲爵人選(當然人選的確立需要海昏侯宗家同意,亦不排除劉賀臨終指定的可能),建議由劉充國襲爵,書未至,充國死,又上奉親,奉親復死。二子在短時間内相繼去世,廖在奏議中提到"數水旱,多災害",也即是氣候環境惡劣。正因爲接連喪失繼承人,廖引《傳》曰"義主於仁,而制仁者,義也",其意即延續海昏侯國祚是"仁",亦即《漢書》所述"陛下聖仁,於賀甚厚",但"仁"爲"義"所制,“天絶之"是大義,即"宜以禮絶賀,以奉天意",是故上書建議除國。

這樣看,這四十天中廖可能向長安發送了三封文書,最後的除國奏議是第三封,也是應二子接連急喪而"上急變"之奏,中央政府最終針對最後這第三封奏議形成了詔書下發。③《武五子傳》記"徵王,乘七乘傳詣長安邸",④王子今先生曾論定"其日中,賀發,晡時至定陶"的時速應爲 18.7 公里或至 28.1 公里,⑤"乘七乘傳"是史籍所見規格最高的交通等級。

---

① 《漢書》卷五《景帝紀》,第 145 頁。
② 《漢書》卷五《景帝紀》,第 145 頁。
③ 秦簡中亦見下級向上級上書時,在前次上書基礎上,再次上書針對出現的問題、情況進行補救的現象。參見黃浩波:《秦代文書的"謁除"與"更上"》,“秦史青年學者論壇(2020)",西安,西北大學,2020 年 11 月 26—28 日。
④ 《漢書》卷六三《武五子傳》,第 2764 頁。
⑤ 王子今:《劉賀昌邑——長安行程考》,《南都學壇(人文社會科學學報)》2018 年第 1 期。

《漢舊儀》:"奉璽書使者乘馳傳。其驛騎也,三騎行,晝夜行千里爲程。"①若依 1 漢里爲 414 米計算,1000 漢里即 414 千米。除以 24 小時,時速約 17 公里,應該可以符合馬的速度。由此從當時的交通速度與時間上看是大致吻合的,也更符合對"上急變"的理解。

海昏墓園的考古發掘,特別是 M5 劉充國墓的規制,則有助於對上述問題的理解。發掘中發現 M5 的祠堂緊鄰 M1,②即劉賀墓的封土,M5 缺失爲拜祭所用的廣場,也就是說劉賀墓的封土佔據了原本 M5 規劃的廣場。前引《漢書·景帝紀》"令……列侯薨及諸侯太傅初除之官,大行奏謚、誄、策。……列侯薨,遣大中大夫吊祠,視喪事,因立嗣"。③侯國官員將列侯去世的消息上報朝廷後,由大行奏定死去列侯的謚號和誄文。再由朝廷派遣大中大夫前往侯國弔唁,監督喪事的辦理,並對嗣侯進行查驗。喪事結束後,列侯嗣子方能正式成爲新的列侯,即所謂"既葬,當襲爵"。④詔書中也見有"葬謹議"等相關內容。

由上述,列侯下葬須遵循一定程序,應耗時不短。楊樹達先生指出,兩漢自始死至葬,其間最短者七日,最長者有"遲至四百三十三日始葬者"。⑤由詔書看,劉賀葬期在四十餘日以上,劉充國並未襲爵,所以他的下葬應該在劉賀之前,這也解釋了爲何其墓中會有馬蹄金、韘形佩等文物。由於劉充國下葬時間倉促,而劉賀的下葬需要朝廷批准和大中大夫的監督。這兩件事之間似乎存在時間差,即充國下葬時,朝中商議劉賀墓規制時沒有考慮到 M5 的問題,以至於下發的需要大中大夫監督實施的劉賀墓葬製侵佔了劉充國墓的範圍。

至於"妻子死未葬"等語,目前並未有確切證據證明"子"即"充國"或"奉親"。一來因《武五子傳》記載劉賀有"妻十六人,子二十二人,其十一

---

① 〔漢〕衛宏撰、〔清〕孫星衍校:《漢舊儀》卷上,《漢禮器制度及其他五種》,王雲五主編:"叢書集成初編",第 1—2 頁。
② 趙化成、焦南峰等先生認爲 M5 的祠堂應爲寢,西漢時墓前是否均有祠堂仍需要討論。相關問題的討論又可參見張聞捷:《西漢陵廟與陵寢建制考——兼論海昏侯墓墓園中的祠堂與寢》,《故宮博物院院刊》2019 年第 4 期;劉尊志:《西漢列侯墓葬墓園及相關問題》,《文物》2020 年第 1 期等。
③ 《漢書》卷五《景帝紀》,第 145 頁。
④ 《漢書》卷七三《韋玄成傳》,第 3108 頁。
⑤ 楊樹達:《漢代婚喪禮俗考》,第 108—120 頁。

人男,十一人女"。① 二者史載豫章地方官員與劉賀關係不睦,亦不排除其上疏時有移花接木、誇大渲染之可能,且舉證劉賀惡行,子未葬時飲樂是否逾禮,亦有可商之處。

重要的是,《後漢書·班固傳》記班固可得"典校秘書","顯宗甚奇之,召詣校書部,除蘭臺令史……遷爲郎,典校秘書"。② 詔書所見廖之奏文與《武五子傳》所記内容基本相同,印證了班固撰作《漢書》時可以參閱中央秘藏檔案、公文的史實。因此我們有理由相信,《武五子傳》相關内容撰述時,班固是可以見到這部詔書的,其中"海昏侯賀死,上當爲後者子充國"云云,班固是有根據或者裁斷理由的。

以上是目前所見材料推斷之兩種可能,無論哪種可能,解決的一個基本問題是劉賀父子三人在很短的時間内接連去世,時間最大上限在削户三千之後,下限在神爵三年九月乙巳至十月甲申之前,劉充國、劉奉親均未能襲爵即先後去世。

《海昏侯國除詔書》的整理還在初步階段,排序、闕文等具體情況尚待最後確定,以上討論,難免疏誤,對上述問題的理解亦有待進一步深化。僅就目前所見,《國除詔書》是保存較好的漢代高等級公文實物,反映了漢代官文書制度。詔書木牘形製爲漢一尺、書寫格式爲兩行、書寫文字爲隸書,是標準的"罷免"詔策。《海昏侯國除詔書》的流程爲"地方官員提議→中央官員會議→皇帝同意後成爲最高意志→向地方逐級傳達",有著清晰的成文過程與確切的轉發記録,基本構建出較爲完整的漢代高等級文書成文流程與傳達體系。

《海昏侯國除詔書》是漢代公卿會議的詳實資料,也是西漢中晚期朝廷政治狀態的體現。結合《漢書》中的有關記載,宣帝一朝的兩場公卿會議——劉賀的廢立與除國,均與《海昏侯國除詔書》相關,詔書不僅涉及了當時朝廷的大部分高官,還隱含了漢宣帝的政治權謀,是宣帝一朝政治生態的實況體現。

《海昏侯國除詔書》提供了劉賀與其家族的史實、昌邑王國與海昏侯國的基本狀況。劉賀"九月乙巳死"、昌邑王國"合六縣以爲國"、海昏侯國"數水旱,多災害"等,均爲史之未載,可補《漢書》記載之缺佚。詔書中印

---

① 《漢書》卷六三《武五子傳》,第 2768 頁。
② 《後漢書》卷四〇上《班固傳》,第 1334 頁。

證了《漢書》《後漢書》中關於班固作《漢書》時擔任"蘭臺令史""遷爲郎,典校秘書",能够參閱朝廷秘藏公文的史實,亦有助於對《漢書》撰述史料來源的理解。

相信隨著清理拼綴工作的進一步開展,有關劉賀家族與海昏侯國的史實、漢代官文書制度與漢代諸王列侯制度等問題,當會有更多的發現。

第十八章　海昏奏牘初讀[①]

南昌西漢海昏侯劉賀墓出土了一萬餘件（套）文物，其中受到世人矚目的包括江西地區首次發現的簡牘等出土文獻資料。在這批出土文獻中包括數十版木牘，爲海昏侯劉賀及其夫人向皇帝及太后的上書，涉及朝獻、酎金、秋請等內容，對研究當時的朝請制度和劉賀被封爲海昏侯前後的歷史有重大意義，現將這些木牘內容公佈於衆，以方便大家研究。

一、奏牘出土情況

奏牘出土於海昏侯劉賀墓的墓室內西回廊北部，與其他簡牘在一個區域。奏牘被單獨放在一個漆箱內，漆箱大部已經腐朽。將奏牘和其他簡牘打包到實驗室清理時，發現這些奏牘外部可能有絲織物包裹，但絲織物已經完全腐朽祇剩下痕迹。這些奏牘從漆箱取出後分區進行分離，編爲58個號，其中49版外形基本完整，9版殘碎。

這些奏牘的大小接近，一般長約23釐米，厚約0.7釐米（圖一八·1）；寬度大多數爲6.6釐米，少數幾版寬度約爲3釐米（圖一八·2），可能與奏牘書寫內容多少有關。大部分奏牘外形保持完整，但書寫面都有木材組織剥落現象。

[①] 本章曾以《海昏侯劉賀墓出土的奏牘》爲題原刊於《南方文物》2017年第1期，本書收入時作了部分修訂。

圖一八·1　奏牘形製

37號　　　　38號

圖一八·2　奏牘寬度

二、奏牘文字釋讀

雖然奏牘外形大都看起來較完整,但幾乎每塊奏牘牘面都有腐蝕剥落,奏牘上的墨書也多有渙散,所以奏牘的文字保存不是很完整。58 版奏牘可以辨識出有文字的爲三十四版,奏牘上的文字都是隸書,書寫工整。現將釋讀的有字奏牘內容公佈如下,由於破損造成缺文或漫漶不清無法辨識的文字用□代替,殘損文字用……表示,每列(欄)之間用/分隔。由於每個奏牘編號都是出土器物號 M1:499 下的編號,下面釋讀編號都是省略 M1:499 後的編號。

1. 海昏侯夫人/妾待……/再拜/上書/太后陛下(圖一八・3,1號;文字不清楚,釋讀多是根據字形推測)

3. 再拜/上書(圖一八・4,3號)

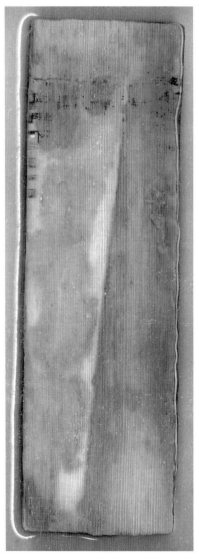

圖一八・3(1號)

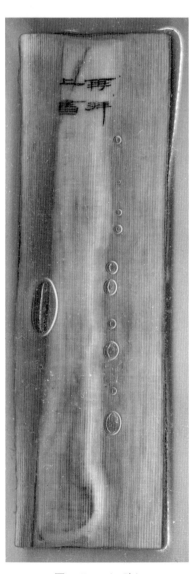

圖一八・4(3號)

4. ……賀正□……/太后陛下陪臣行□□事……妾待□□□□以聞/……/元康四年十月癸酉上(圖一八・5,4號)

7. ……□□拜謹使陪臣行家□事僕□/……年酎黃金□□兩/中庶子□□□臣饒□……/……/元康四年(圖一八・6,7號)

 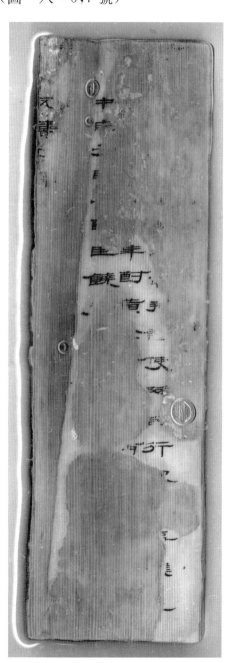

圖一八・5(4號)　　　　　　　　圖一八・6(7號)

9. 以詔書不上/元康五年二月臣賀□□……（圖一八·7,9號）

10. ……書昧……/……臣賀昧死再□□……/元康四年……（圖一八·8,10號）

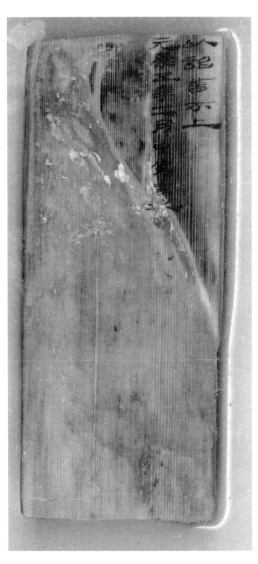

圖一八·7(9號)

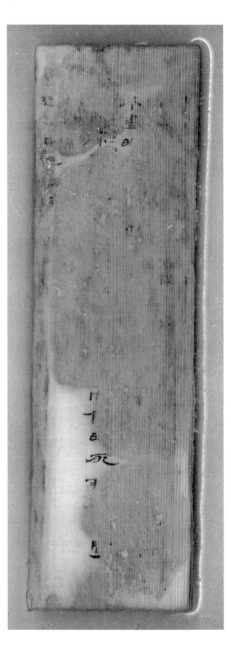

圖一八·8(10號)

13. ……臣賀□/□拜/上書/帝陛下（圖一八・9,13號）

17. …… 再拜上書……/…… 行家丞事行人□忠□□臣賀書□□□□/……奉□臣賀□□幸再□□臣賀昧死……/……再拜□陪臣行行人……霸□/臣賀……（圖一八・10,17號）

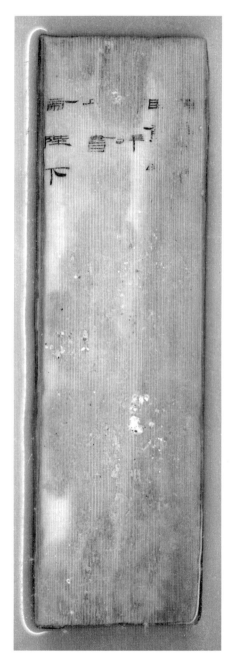

圖一八・9(13號)

圖一八・10(17號)

18. 海昏……
21. ……以□(嘉?)其(末尾淡墨書章草,應該是對奏牘的回復)(圖一八·11、圖一八·12,21號)

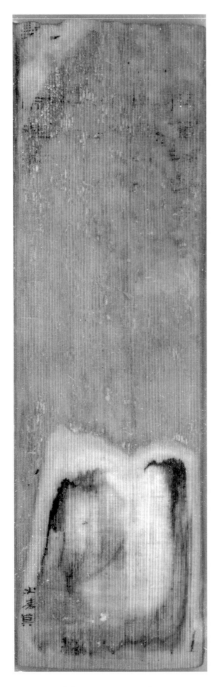 

圖一八·11(21號)　　　　　　圖一八·12(21號局部放大)

22. □□海昏侯……陛下
24. 南藩海昏侯……/元康四年十月（圖一八·13,24號）
25. 南藩海昏侯/臣賀昧死/再拜/上書……
26. 南藩海昏侯/臣賀昧死/再拜/上書……
27. 南藩海昏侯臣賀昧死□□書言/……帝陛下陛下使海昏侯……/臣賀昧死……/再拜上……/……陛……/元康四年（圖一八·14,27號）

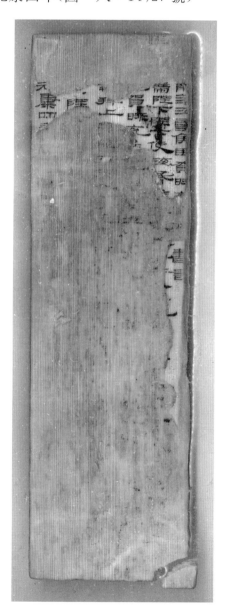

圖一八·13（24號）　　　　　圖一八·14（27號）

28. 南藩海昏侯/臣賀昧死/再拜/上書……

30. 南藩海昏侯臣賀昧死……/太后陛下臣賀昧死再拜……/……/太后陛下陪臣……/太后陛下/……（圖一八・15,30號）

32. ……書言/……賀再拜謹使陪臣行家丞事僕臣饒居奉書……/……再拜□以請/皇……/皇……（圖一八・16,32號）

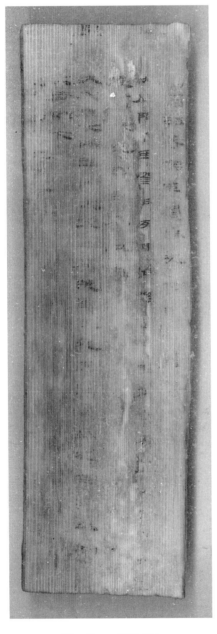
圖一八・15(30號)

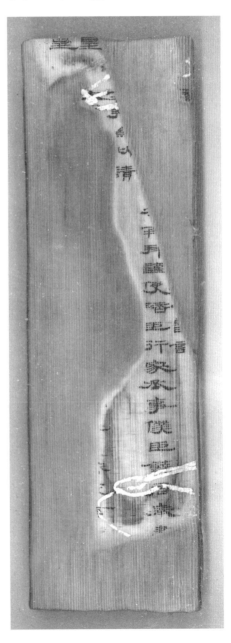
圖一八・16(32號)

35. 南藩海昏侯/臣賀昧死/再拜/上書/皇帝陛下（圖一八・17,35號）
38. 海昏侯夫……/太后……/奉……/太后陛下陪臣行……/太后陛下/……（圖一八・18,38號）

圖一八・17(35號)

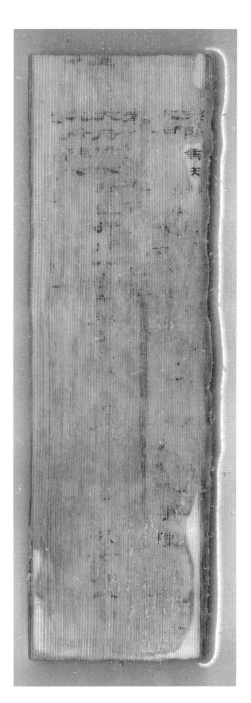

圖一八・18(38號)

39. ……/帝陛下臣賀昧死再拜謹使陪臣行家丞事僕臣饒居奉元康/
……/……陛下……/[元]康四年……（圖一八・19,39號）

41. 海昏侯夫人/妾待昧死（圖一八・20,41號）

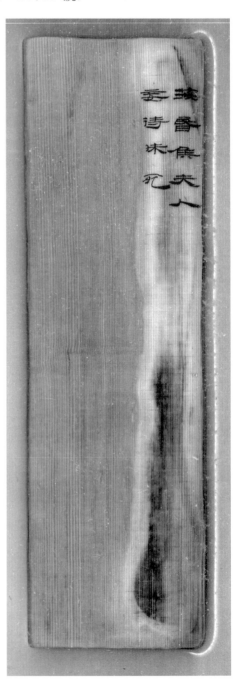

圖一八・19(39號)　　　　　　　　　圖一八・20(41號)

42. 南藩……/臣賀/再……/上書/帝陛……（圖一八・21, 42號）
43. 海昏侯夫人妾待昧死……/太后陛下……（圖一八・22, 43號）

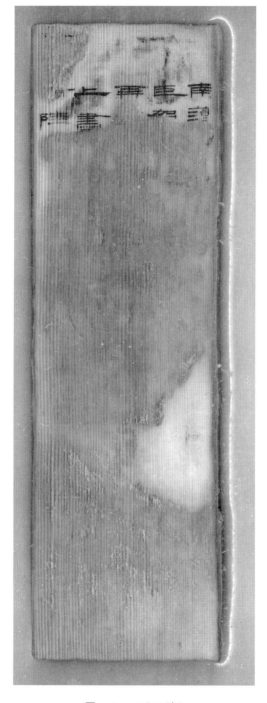

圖一八・21(42號)

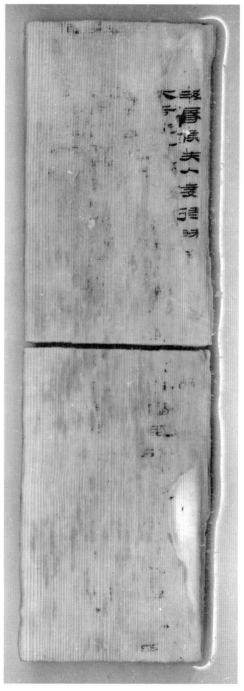

圖一八・22(43號)

45. ……/臣賀昧……/再拜/上書/皇帝陛下(圖一八·23,45號)

46. ……/……居奉/……/[太]后陛下……昧死再拜以聞/[太]后陛[下]/[元]康三年十(或七)月庚辰上　·元康四年二月丙子門大夫□□□□……(圖一八·24,46號;最後一句爲奏牘正文之後用淡墨書寫内容)

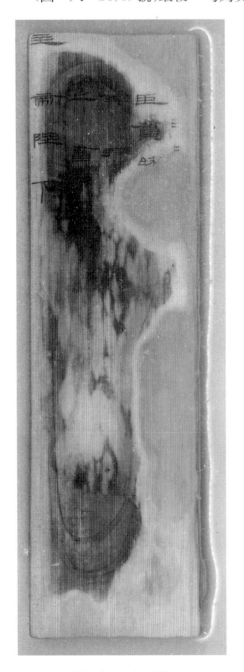

圖一八·23(45號)　　　　　圖一八·24(46號)

47. ……/再拜/上書/帝陛下（圖一八・25,47號）

48. 南藩海昏侯臣賀昧死再拜上書言/□□□臣賀昧死再拜謹使陪□□□事僕臣饒居奉書昧死/再拜爲秋請/[皇]帝陛下陪臣行行人事中庶……臣賀昧死……/[皇]帝陛下/……康四年……（圖一八・26,48號）

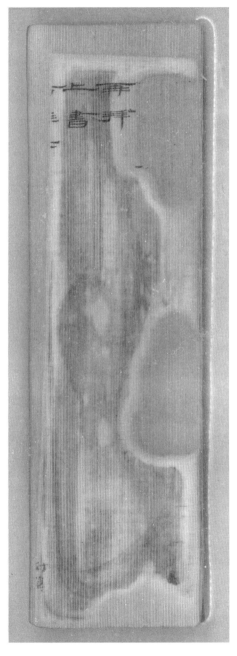 

圖一八・25(47號)　　　　　　　圖一八・26(48號)

49. 謁者幸賜……（圖一八・27,49號）
50. ……臣賀昧死／……僕臣饒居□（圖一八・28,50號）

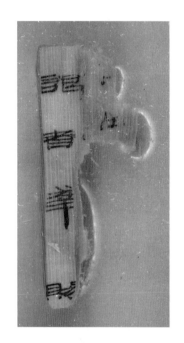
圖一八・27(49號)

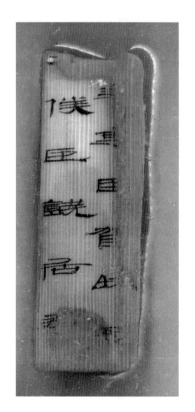
圖一八・28(50號)

51. 詔臣賀□躬銜（率）意于道□□賀謹再拜（圖一八・29,51號）
52. ……/妾待昧死/再拜/上書/呈太后陛下（圖一八・30,52號）

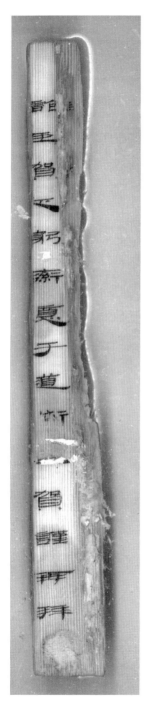

圖一八・29(51號)

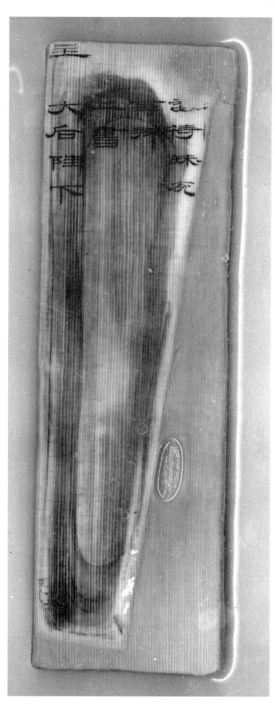

圖一八・30(52號)

55. 再拜謹使陪臣行家丞……（圖一八·31,55號）

56. 元康四年六月□未上　元康四年九月□□□□□□□（淡墨書寫）（圖一八·32,56號）

圖一八·31(55號)　　　　　圖一八·32(56號)

三、奏牘的行文格式與内容

海昏侯劉賀墓所出奏牘皆單面書寫,分列(欄)直書,以列(欄)間空白爲間隔,每個奏牘的書寫列(欄)數不等。奏牘的正文用隸書書寫;奏牘末尾如果有收録記録或回復文字則用淡墨章草書寫。

奏牘大致分爲兩類,一類没有實際内容,只有上書者和上書對象;另一類則在奏牘中會有簡短的内容。不管哪一類奏牘,其行文格式基本一致。篇首爲上書人的頭銜及名字即海昏侯劉賀或其夫人待;中間部分奏牘只有昧死再拜上書等套話,有的有上書陳述的事情;末尾爲上書呈獻的對象即皇帝陛下或太后陛下以及上書時間。部分奏牘在上書内容之後記録有對奏牘的回復或對奏牘收録處理的時間和進行處理的人物。

這些奏牘往復涉及的年份包括元康三年、元康四年和元康五年;涉及的月份,有元康三年十月,元康四年的二月、六月和九月、十月,元康五年的二月。奏牘内容雖然大都不全,但可以看到,除了元康五年二月的奏牘外,其餘奏牘内容都是關於海昏侯或其夫人朝請的,其中的關鍵字有"酎黄金""秋請""請"等。

四、西漢的列侯朝請制度及海昏侯劉賀的朝請活動

諸侯的朝覲制度是漢代禮制中非常重要的組成部分,王侯等高級貴族在享受政治、經濟等方面的特權的同時必須承擔一定的義務。諸侯王、列侯封於各地,但他們要定期朝拜天子、述職貢納,這是表達對中央朝廷效忠的重要方式,也是天子對各地諸侯加強控制,鞏固與加強中央集權,促進和增強統治和社會的穩定,同時通過諸侯朝獻改善中央財政,分割諸侯的經濟利益。"諸侯朝請是其履行政治、經濟義務的重要途徑與方式,也是其臣服皇帝的象徵,是分封制不可或缺的内容之一。"[①]

朝請制度是在漢高祖時期形成的,漢高祖於十一年二月下詔書:"今獻未有程,吏或多賦以爲獻,而諸侯王尤多,民疾之。令諸侯王、通侯常以

---

① 李俊方:《漢代諸侯朝請考述》,《社會科學》2008 年第 2 期。

十月朝獻,及郡各以其口數率,人歲六十三錢,以給獻費。"①漢高祖之後,諸侯朝覲的禮制開始規範,並改爲正月朝覲。《史記·梁孝王世家》:"又諸侯王朝見天子,漢法凡當四見耳。始到,入小見;到正月朔旦,奉皮薦璧玉賀正月,法見;後三日,爲王置酒,賜金錢財物;後二日,復入小見,辭去。凡留長安不過二十日。"漢代曆法最初以十月爲歲首,所以,正月朝覲天子實際上就是十月朝覲;漢武帝以後採用"太初曆",年歲合一,以一月爲正月,即朝覲改爲一月。漢初到漢武帝,諸侯朝賀天子是五年一朝,武帝中期以後到西漢晚期大致爲三年一朝。② 諸侯在朝覲天子時,需要貢納"獻費"。獻費的數量即漢高祖十一年詔書裏提到的"以其口數率,人歲六十三錢"。獻費的性質學術界有不同看法,有認爲是算賦或算賦的一部分,也有認爲是單獨征收的一個稅目。③ 不管獻費是不是算賦的一部分,這對西漢中央政府都是一筆巨大的收入,對郡國的百姓而言却是一個沉重的負擔。

除了獻費,正月朔旦的"奉皮薦璧"對列侯也是一個大負擔。"奉皮薦璧"本是古禮,但漢武帝之後的皮薦却大有不同。"(元狩)四年冬,有司言……用度不足,請收銀錫造白金及皮幣以足用。"④皮幣古已有之,但漢武帝"以白鹿皮方尺,緣以藻繢,爲皮幣,直四十萬。王侯宗室朝覲聘享,必以皮幣薦璧,然後得行"。⑤ 一塊繪有紋飾的白鹿皮要價四十萬錢,不僅遠超獻費,甚至可能是一個千户侯兩年左右的租稅收入,"千户之君則二十萬,朝覲聘享出其中"。⑥ 當時的大司農顔異評價説:"今王侯朝賀以倉璧,直數千,而其皮薦反四十萬,本末不相稱。"有的列侯因爲負擔不起竟然到上林苑去偷獵白鹿,自己製作皮幣,安丘侯張拾,"元鼎四年,坐入上林謀盜鹿,又搏揜,完爲城旦"。⑦ 皮幣作爲價值昂貴的貨幣不知何時廢除,但皮幣薦璧一直延續到曹魏年間。

列侯除了五年或三年一次的親自上京朝覲外,每年正月還要派使者

---

① 《漢書》卷一《高帝紀》,北京:中華書局,1962年,第70頁。
② 郭傑青:《西漢諸侯王的朝請制度》,碩士學位論文,長春:吉林大學文學院,2007年。
③ 秦鐵柱:《兩漢列侯問題研究》,博士學位論文,天津:南開大學歷史學院,2014年。
④ 《漢書》卷六《武帝紀》,第178頁。
⑤ 《史記》卷三〇《平準書》,北京:中華書局,1959年,第1426頁。
⑥ 《漢書》卷九一《貨殖傳》,第3686頁。
⑦ 《漢書》卷一六《高惠高后文功臣表》,第592頁。

入京助祭。"丞相臣嘉等奏曰:'……天子宜世世獻祖宗之廟,郡國諸侯宜各爲孝文皇帝立太宗之廟。諸侯王列侯使者侍祠天子所獻祖宗之廟。請宣布天下。'制曰:'可。'"① 張晏曰:"王及列侯歲時遣使詣京師侍祠助祭。"

　　除了正月的朝會和祭祀,諸侯還必須"秋請"。《史記·竇嬰傳》:"不得入朝請。"《集解》:"律,諸侯春朝天子曰朝,秋曰請。"《漢書·荆燕吳傳》:"及後使人爲秋請。"注引孟康曰:"律,春曰朝,秋曰請,如古諸侯朝聘也。"似乎朝與請的區別在於春秋季節上的差別。但實際上,前面提過列侯朝覲多在冬十月,未必在春季。據學者研究,朝與請的區別還在於諸侯是否必須親自前往,朝必須親自去,而請可以使人代往。② 與秋請聯繫在一起的還有飲酎。飲酎起初只是一種純粹的祭祀活動,"元年冬十月,詔曰:'……高廟酎,奏《武德》《文始》《五行》之舞。孝惠廟酎,奏《文始》《五行》之舞。……'"③ 張晏注曰:"正月旦做酒,八月成,名曰酎。"列侯在每年秋請飲酎活動中,有獻納黃金的義務。《後漢書》注引丁孚《漢儀》:"《酎金律》,文帝所加,以正月旦作酒,八月成,名酎酒。因令諸侯助祭貢金。"④ 因爲在飲酎日貢金助祭,故稱之爲酎金。酎金在成色、數量上都有嚴格的規定,《漢儀注》:"侯歲以户口酎黃金於漢廟,皇帝臨受獻金以助祭。……金少不如斤兩,色惡,王削縣,侯免國。"⑤ 具體的酎金數量,《漢律·金布令》曰:"率千口奉金四兩,奇不滿千口至五百口亦四兩。"⑥

　　列侯參與朝請是強制性的,是必須完成的政治任務,否則會受到嚴厲的懲處。"東莞侯吉,城陽共王子,(元光二年)五月甲戌封,(元朔)五年,瘖病不任朝,免。"⑦ 元狩六年,建成侯拾"坐不朝,不敬,國除"。⑧ "重侯擔,河間獻王子,四月甲午封,四年,元狩二年,坐不使人爲秋請免。"⑨ 酎金的成色重量不足,也會受到重罰。"(元鼎五年)九月,列侯坐獻黃金酎

---

① 《漢書》卷五《景帝紀》,第138頁。
② 李俊方:《漢代諸侯朝請考述》,《社會科學》2008年第2期。
③ 《漢書》卷五《景帝紀》,第137頁。
④ 《後漢書》志第四《禮儀上》,北京:中華書局,1965年,第3103頁。
⑤ 《史記》卷三〇《平準書》,《集解》引如淳曰,第1439頁。
⑥ 《後漢書》志第四《禮儀上》注引,第3103頁。
⑦ 《漢書》卷一五上《王子侯表上》,第443頁。
⑧ 《史記》卷二一《建元以來王子侯年表》,第1096頁。
⑨ 《漢書》卷一五上《王子侯表上》,第468頁。

祭宗廟不如法奪爵者百六人,丞相趙周下獄死。"①漢宣帝時,"朝節侯義,趙敬肅王子,(孫)侯固城嗣,五鳳四年,坐酎金少四兩免"。②

元康三年(前63)春,漢宣帝下詔:"蓋聞象有罪,舜封之,骨肉之親,析而不殊。其封故昌邑王賀爲海昏侯,食邑四千户。"但侍中衛尉金安上上書言:"賀,天之所棄,陛下至仁,復封爲列侯。賀嚚頑放廢之人,不宜得奉宗廟朝聘之禮。"③奏可。賀就國豫章。劉賀雖被封爲海昏侯,但不被允許入京朝賀及參加宗廟祭祀等活動。

是否禁止劉賀派人秋請及正月祭祀和納貢,詔書没有提及,劉賀本人顯然認爲是可以的。首先劉賀是武帝子孫,本人雖然"不宜得奉宗廟朝聘之禮",但他並没有被削去宗籍,派人參加祭祀是他的義務也是他的權力;其次,列侯未派人秋請或助祭而被免的事例讓劉賀不敢不朝請。

據《資治通鑑》,劉賀被封爲海昏侯是元康三年三月,當年劉賀是否派人秋請,由於帶有"秋請"字樣的奏牘没有發現上奏時間,不能確定。第46號奏牘由於有殘損,無法判斷是元康三年十月還是七月呈給太后的,如果是當年十月的,則應是劉賀派遣參與元康四年正月朝祭的;如果是七月的,則說明劉賀到了海昏之後,立刻派人出發去參與八月的秋請。元康四年的奏牘,其内容即包括第7號奏牘的"酎黄金□□兩",以及第48號奏牘的"再拜爲秋請",也有時間爲"元康四年十月"的,因此元康四年劉賀即派人"秋請",也派人參與了祭祀。

在海昏侯劉賀墓的發掘過程中,在其墓中出土了478件金器,包括金餅、馬蹄金、麟趾金和金板。其中馬蹄金和麟趾金應該是皇帝賞賜,金板和金餅的用途應該用於秋請的"酎金"。其中一塊金餅上有墨書"南藩海昏侯臣賀元康三年酎金一斤",説明了這批金餅的作用和分量。《酎金律》規定列侯酎金按每千人四兩,不足千人也按千人計;海昏侯劉賀食邑四千户,如果每户爲五人,則總共兩萬人,每年需要酎金八十兩,漢代一斤爲十六兩,也就是每年酎金五斤,合五塊金餅。海昏侯劉賀墓出土金餅近400枚,每枚重量爲漢制一斤,加上金板,足夠劉賀五十年的酎金所用黄金,遠遠超出劉賀需要酎金的數量,可見劉賀準備的充分。劉賀墓中還出土了

---

① 《漢書》卷六《武帝紀》,第187頁。
② 《漢書》卷一五上《王子侯表上》,第445頁。
③ 《漢書》卷六三《武五子傳》,第2769頁。

五銖錢近十噸，估算約爲兩百多萬近三百萬枚。這批五銖錢應該和劉賀墓中金餅一樣，本來是爲朝請準備的獻費和助祭。劉賀食邑四千户，如果每户爲五人，按規定獻費"人歲六十三錢"，就是一百多萬錢，加上助祭時皮幣薦璧所需的費用，按照《史記·孝武本紀》司馬貞《索隱》引《漢律》"鹿皮方尺，直金一斤"，時價黄金一斤值萬錢，即漢武帝之後，皮幣的價格減爲萬錢左右，①這筆五銖錢數量也超過兩次朝獻的費用。

劉賀爲了朝請準備了數量巨大的黄金和五銖錢，在於他朝獻的對象不僅是皇帝，還包括太后，出土的奏牘中有至少七八份都是呈給太后的，如第4號奏牘是元康四年十月呈給太后的，第46號奏牘是元康三年呈給太后的。朝獻者除了劉賀本人，還有海昏侯夫人。海昏侯夫人是否向皇帝進行朝獻不得而知，但從第43號和第52號奏牘中可知，她向太后進行過上書。

雖然劉賀殷勤備至，但皇帝顯然不領情。從劉賀墓出土金餅和五銖錢推測，皇帝並没有接受他助祭的錢物和秋請的酎金。第21號奏牘的最後有"以嘉其"類似對奏牘進行批復的文字，第49號奏牘上也有"謁者幸賜"的内容，但這類讚賞之類表態並不能改變皇帝對劉賀的實際態度。第9號奏牘是元康五年二月劉賀的上書，雖然具體内容由於奏牘保存不完整不得而知，但保留下來的"以詔書不上"這短短幾個字還是透露了一些信息。劉賀元康三年被封爲海昏侯，當年未被批准參與"奉宗廟朝聘之禮"，到元康五年又到了三年一朝的期限，由於連續兩年的朝獻助祭的錢物和酎金甚至奏牘都被退回，劉賀可能在這個時候上書試探皇帝。不過最後的結果還是讓劉賀失望的。奏牘中没有發現時間比元康五年二月更晚的，劉賀墓中出土器物也没有發現其他記録有晚於元康四年的。劉賀應該是接受了現實，在元康五年後不再有對朝廷的朝請。

五、奏牘所反映的其他信息

1. 奏牘出土時曾被認爲是海昏侯保留的副本，但從釋讀文字内容看應該至少有部分是正本。在部分奏牘的最後，可以看到有用較爲潦草的

---

① 尤佳、吴照魁：《"本末不相稱"與"輕重之相得"：漢代皮幣薦璧制度新論》，《中國社會經濟史研究》2010年第4期。

筆迹書寫的内容，如第 21 號奏牘的"以嘉其"，第 46 號奏牘最後的"元康四年二月丙子門大夫……"，第 56 號奏牘最後的"元康四年九月□□□□□□"等。這些内容似乎包括朝廷對奏牘的回復，或者海昏侯府接受退回來的奏牘的時間以及接受人員等信息，這些信息應該不會記錄在副本上。

2. 海昏侯夫人的奏牘上自稱"妾待"，可知她名"待"。據《漢書·武五子傳》，劉賀妻爲嚴延年女，名叫嚴羅紨，此處自名"待"，不知道是否同一人。

3. 劉賀於元康三年和元康四年派遣往朝廷上書的人有"饒居"和"□忠"，其職務分别是僕臣和行人。而據第 46 號奏牘後面的章草文字，接收處理送回來的奏牘的是"門大夫"。

《漢書·百官公卿表》記載："改所食國令長名相，又有家丞、門大夫、庶子。"①據《後漢書·百官志》記載："其家臣，置家丞、庶子各一人。本注曰：主侍侯，使理家事。列侯舊有行人、洗馬、門大夫，凡五官。中興以來，食邑千户以上置家丞、庶子各一人，不滿千户不置家丞，又悉省行人、洗馬、門大夫。"②可見，西漢時列侯的家臣有家丞、庶子、行人、洗馬、門大夫等。家丞爲侯國家吏的最高長官，實際相當於列侯家的總管；庶子是僅次於家丞的家吏，但西漢中後期，庶子似乎取消了，而出現了中庶子；行人，《史記集解》服虔曰"行人，掌國賓客之禮籍，以待四方之使"，③列侯府的行人應該是列侯家主禮儀的家吏；門大夫，爲列侯侍從武官，原爲太子東宫司門之官，職比郎將，又掌通牋表及宫門禁防，列侯的門大夫應該也是有類似的職能；洗馬，《後漢書·百官志》記載太子官屬有洗馬，其職責是"太子出，則當直者在前導威儀"，列侯家中的洗馬職責應該同於太子洗馬，也是在列侯出行時，在前面"導威儀"的。這幾種列侯家臣，品秩在百石到三百石之間，在漢初由列侯自置，但西漢中後期時，由於中央對列侯控制加强，都由中央任免。除了這幾種列侯家臣，列侯家臣可能還有僕、謁者、舍人、家監等，在西漢中後期，列侯家臣還出現了中庶子一職。僕掌列侯的車馬出行，地位在家丞之下，與行人、門大夫並列。中庶子其地位

---

① 《漢書》卷一九上《百官公卿表上》，第 740 頁。
② 《後漢書》志二八《百官五》，第 3631 頁。
③ 《史記》卷三一《吴太伯世家》，第 1448 頁。

比較低下，但由於是列侯的隨身宿衛侍從，而且可以由列侯自行任免，故其與列侯的關係都比較親密。

按照列侯家臣的職責，代替列侯前往朝廷秋請獻金的應該是掌禮儀的"行人"，如《漢書》記載："元鼎二年，建成侯拾，坐使行人奉璧皮薦，賀元年十月不會，免。"①作爲海昏侯劉賀派往朝廷的使者似乎並不固定，既有"僕""饒居"，也有"行人""□忠"。他們出使到朝廷都掛一個"行家丞事"的頭銜，可能海昏侯劉賀初封，其家丞還未任命，於是劉賀從其他地位較高的家臣中選擇合適人選代理家丞替劉賀出使朝廷，以顯示劉賀的重視。但在奏牘中也出現了"行行人事"和職位更低的"中庶子"，不知道是不是由於中庶子等人作爲劉賀的親信，更能嚮皇帝表達劉賀的意思。

從第 46 號奏牘可知，奏牘退回海昏侯府時是由海昏侯府門大夫接收和記録。列侯的文書檔案應由列侯家丞管理，但由於門大夫負有門禁保衛職責，因此物質與文書可能需要門大夫的檢查和録入。

4. 第 46 號奏牘和第 56 號奏牘最後都記録有奏牘回到海昏侯府的時間。第 46 號奏牘爲元康三年十月庚辰上，第 56 號奏牘爲元康四年六月□未上，而退回到海昏侯府的時間分別是元康四年二月和元康四年九月，可以據此推算除去公文處理的時間，當時從長安到海昏國的行程大約需要一個多月接近兩個月的時間。

六、結語

漢宣帝即位後，出於政治考慮，"章中興之德"，②對功臣之後"詔復家"，對霍光當政時被除國免爵的武帝子孫恢復爵位，但對於曾經當過皇帝的劉賀則始終心存忌憚。先是在封劉賀爲海昏侯前，暗示山陽太守張敞對劉賀進行觀察，以確定劉賀不會再對他造成威脅；在封劉賀爲海昏侯後，依然對他進行嚴密監視，而且剥奪了劉賀朝覲天子和祭祀宗廟的資格，對劉賀派人貢納助祭的錢物和酎金也拒不接受原樣退回。劉賀仍然固執地連續兩年派人上京朝請，可能他對宣帝還有所期待。原來被除國的燕王旦的太子建被封爲廣陽王，劉賀也和別人議論過封爲豫章王的可

---

① 《漢書》卷一五《王子侯表上》，第 458 頁。
② 《漢書》卷一六《高惠高后文功臣表第四》，第 528 頁。

能,最不濟劉賀也希望皇帝能接受他的獻物和酎金,使他能夠有機會祭祀祖先。但結果讓劉賀心灰意冷,他朝貢的物品未被接受,連奏牘都被退回,鬱鬱寡歡的劉賀只做了四年海昏侯就黯然離世。劉賀雖然十分無奈,但心中也有些許不甘。劉賀墓中出土了一枚玉印,印文爲"大劉記印",另外還出土了一套銅環權,其中最大的一枚上有鑄造銘文"大劉一斤"。就像王仁湘先生在《圍觀海昏侯》中所説,劉賀通過自稱"大劉"這樣一個特殊稱謂,表達自己仍是劉姓皇族的特殊一員。

第十九章　海昏木楬初論

漢代記載標識隨葬物品的木楬，目前所見出土數量不多。海昏侯墓出土木楬計 109 枚，能與之相比者僅漁陽墓出土的百餘件木楬及簽牌，再者如馬王堆一號墓出土 49 枚、三號墓出土 52 枚；其他皆爲零星出土。海昏侯墓出土木楬數量大、内容信息豐富，研究價值高，以下就木楬形製、行文格式與記述内容分别討論。

一、海昏侯墓出土木楬楬首形製

海昏侯墓出土簽牌的形製皆爲上部呈半圓之長方牌形木牘，此種特殊形製之木牘，可稱作"楬"。《説文·木部》："楬，楬櫫也。"《周禮·秋官·職金》"辨其物之媺惡與其數量，楬而璽之"，鄭玄注："既楬書揃其數量，又以印封之，今時之書有所表識，謂之楬櫫。"由於"楬"的稱法更貼近漢時人的生活語境，故統一將標識物品、數量之半圓長方形木牌稱作"木楬"。

依楬首半圓形部分著墨的變化，可分成以下六種形式：

1. 半圓形部分墨色塗黑：計 67 枚。

此種形式可向前溯源至秦代，如里耶古井出土木楬。西漢時期繼續使用，並延續至西漢中晚期，如文景時期馬王堆一號墓、三號墓與漁陽墓出土木楬（圖一九·1.1），武宣時期平山漢墓、邗江胡場 5 號墓出土木楬。[1]

---

[1] 陳偉主編：《里耶秦簡牘校釋》（第一卷），武漢：武漢大學出版社，2012 年。湖南省博物館、中國科學院考古研究所編：《長沙馬王堆一號漢墓》（上集），第 112—118 頁；湖南省博物館、湖南省文物考古研究所編著，何介鈞主編：《長沙馬王堆二、三號漢墓》，北京：文物出版社，2004 年，第 187—202 頁；長沙市文物考古研究所、長沙簡牘博物館：《湖南長沙望城坡西漢漁陽墓發掘簡報》，《文物》2010 年第 4 期；揚州博物館：《揚州平山養殖場漢墓清理簡報》，《文物》1987 年第 1 期；揚州博物館、邗江縣圖書館：《江蘇邗江胡場五號漢墓》，《文物》1981 年第 11 期。

2. 半圓形部分以一橫線區隔:計 13 枚。

3. 半圓形部分以墨色繪網格狀:計 3 枚。

此種形式亦見於同時代宣帝時期居延遺址出土的木楬（圖一九‧1.2）。

4. 半圓形部分未作區隔:計 7 枚。

東漢東牌樓出土的木楬，可見類似的形式（圖一九‧1.3）。

1. 漁陽漢墓出土木楬　　2. 居延遺址出土木楬（174.34）　　3. 長沙東牌樓出土木楬（J1②:1013 正）

圖一九‧1　楬首各異的塗墨形式

5. 半圓形部分隨意塗墨:計 1 枚。

6. 半圓形部分殘缺難以判斷:計 18 枚。

以上所見海昏侯墓出土六種形製的楬首，基本大部承續秦漢舊制，部分反映同時代趨勢，部分開啟東漢新制，具有承先啟後之地位。木楬半圓形首部多鑽有一孔，以利繫懸於裝盛所述物品之笥奩上，強調其醒目檢核的視覺實用功能。

二、海昏侯墓出土木楬行文格式

海昏侯墓出土木楬約半數以上正、反兩面皆書載文字。以序號書寫位置分類，可分成以下幾種：

（一）以序號為標題:標題下記載物品品項、數量。其下又可細分成：

1. 一欄文字:每行記述一類物品、數量。

（1）各行僅記述一種品項、數量完畢，末行標識盛裝容器名稱，末行文

字略大於描述品項文字,各行首齊頭,如圖一九・2.1所載:

    青綸復屬一
    絳練復袍一
 第廿七 白丸復絝一兩
    筒布復絝一兩
    緣笥

(2)各行僅載一行品項,詳細描述衣物顏色、質地、數量,各行首齊頭,從右至左,平均分成6行,文字略小於序號。

    涓繫復屬一領白丸緣綸絮捄(裝)一斤
    纆綺復屬一領白丸緣綸絮捄(裝)一斤
 第十七 青綺復袍一領留黃丸緣綸絮一斤
    青綺復袍一領白丸緣綸絮一斤①
    絳練上衣一
    □□上□□□

(3)內容單一,僅載一行品項,從右開始書寫,文字小於序號,如圖一九・2.2所載:

 第卅三 細練絝三兩

(4)物品總稱,居中書寫,文字與序號同大,如圖一九・2.3所載:

 第廿五 絝…

2. 二欄文字:分上下二欄,每行記述一類物品、數量,各行齊頭。

    纆丸中單二   白丸中單二
    纆丸中單四   白丸中單三
 第十八 纆丸中單一   白丸中單二
    霜丸中單三   細綺中單一
    霜細練中單一 解文中單二
    纆丸中單一   紐中單一

3. 不分欄:

(1)不分行,天地頂格連續書寫品名數量。

   □一隻長鍼(鍼)一銀銧一銅刀一
   絳編秩象肓尺一象肓銧

---

① 此處綸絮後雖未寫"捄(裝)",應是省略未寫,其意同於上兩句"綸絮捄(裝)"。

第卅四　一九鐡(鍼)具一玉鐔一絳編袟
　　　　　　毒冒刻(?)一絳編袟一絳繢緣
　　　　　　大米藥果一絳編席二
(2)分行,每行連續書寫兩種品名數量。
　　　　　涓縠復屬一領白丸緣綸絮捄一斤
　　　　　纁綺復屬一領白丸緣綸絮捄一斤
　　第十七　青綺復袍一領留黃丸緣綸絮一斤
　　　　　　青綺復袍一領白丸緣綸絮一斤
　　　　　　絳練上衣一……
　　　　　　□□上□□□
(二)以序號爲標題:品名數量書於右側,略低於標題,如圖一九·2.4所載:

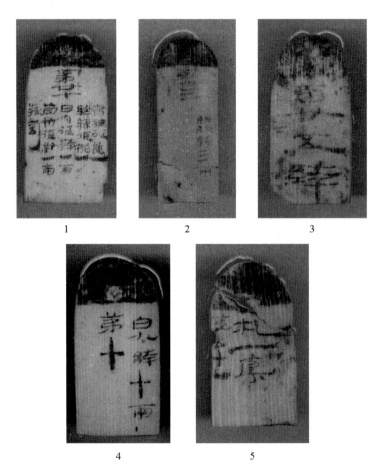

1　　　　　　2　　　　　　3

4　　　　　　5

圖一九·2　海昏侯墓出土木楬行文格式舉隅

白丸絝十兩
　　第十
（三）無標題
（1）物品總稱數量居中書寫，序號書於左側，字體小於物品總稱，如圖一九·2.5所載：
　　札一廩
　　第五十一
（2）先分行書寫品名數量，在下方空白處書寫序號。
　　青縠復屬一　　　　第廿六
　　絳練復袍一
　　細練復絝一兩
　　筒布絑（絑）一兩
　　緣篋

海昏侯墓出土木楬行文格式多元，顯示書手或不只一人，甚至非一時寫就完成，故能在一定程度上展現不同的書寫習慣與風貌。

三、海昏侯墓出土木楬内容

海昏侯墓出土木楬内容約可分成衣服布匹類、書簡類、盛裝器具類與雜什類，而以衣服布匹類爲大宗。分別敍述整理如下：

（一）衣服布匹類

依目前初步整理所見衣服布匹類中又可再分成衣裳、布匹、寢具、盥洗具等四種：

1. 衣裳

（1）長衣：有合袍、複袍、合屬、復屬、單屬等。

"袍"，《說文》："袍，襺也。"段玉裁注："古者袍必有表，後代爲外衣之偁。《釋名》曰：袍，丈夫箸，下至跗者也。"故"袍"是男子所穿長至腳踝之衣。

"屬"，襜也。《釋名·釋衣服》："襜，屬也。衣裳上下相連屬也。"

"合"同"袷"；"複"與"復"同。《急就篇》卷二"襜褕袷複褶袴襌"，顔師古注："衣裳施裏曰袷，褚之以綿曰複。"故"合"爲夾衣，"複（復）"爲綿衣。

"單"同"襌",爲無裏的單層衣。《釋名·釋衣服》:"有裏曰複,無裏曰襌。"

合袍、複袍、合屬、復屬、單屬的單位爲"領"。

(2)短衣:上衣、肩衣等。

上衣的單位爲"領"。

(3)褻衣:中單衣、中單。

"中"或作"衷",《説文·衣部》:"衷,裏褻衣。從衣,中聲。""中單衣"即"中單"所指爲内衣。

(4)下著:絝、袜、采履等。

"絝"讀作"袴"。《説文·衣部》"絝,脛衣也",即褲子。海昏侯墓出土木楬記述絝的種類有"白丸絝""絳練絝""筒布復絝""復絳(絝)"等。絝有時寫成"綌",類似之例見《侍其繇衣物疏》與徐家灣 401 號墓出土簽牌。① 其中"筒布"見於《太平御覽》布:"《梁書》曰:蕭恢爲郢州刺史,境内大寧。時有進筒中布者,恢以奇貨異服,即命焚之,於是百姓仰德。"② 筒布疑即筒中布,應是一種價格不菲的舶來品。"筒布復絝"應指外爲筒布内有襯裏的褲子。

"袜",《類篇》"足衣也",即襪子。木楬記述除"袜"外,尚有"筒布袜",爲使用筒布做成的襪子。

"履",《説文》"足所依也",即鞋子。木楬記述有"采履",《漢書·嚴助傳》"樂失而淫,禮失而采",顔師古注:"如淳曰:采,飾也。采者,文過其實。""采履"應指裝飾華麗的鞋子。

絝、袜、履的單位均爲"兩"。

2. 布匹:有練、綺、縠、紬、綸、丸、素、縣絮、綸絮等。

"練",《急就篇》"緹絡縑練素帛蟬",顔師古注:"練者,煮縑而熟之也。"《説文·糸部》"練,湅繒也",即練製過的熟絹。

"綺",《説文·糸部》:"綺,文繒也。"段玉裁注:"謂繒之有文者也。文者,錯畫也。"

"縠",《説文·糸部》:"細縛也。"段玉裁注:"縠與縐絺正一類也。今之縐紗,古之縠也。"

---

① 趙寧:《散見漢晉簡牘的蒐集與整理》,碩士學位論文,長春:吉林大學古籍所,2014 年,第 172 頁。

② 〔宋〕李昉等:《太平御覽》,北京:中華書局,1960 年影印本,第 3649 頁。

"紬",《説文·糸部》"紬,大絲繒也",所指應爲粗綢。

"綸",《説文·糸部》"青絲綬也",又《後漢·輿服志》:"百石青紺綸,一采宛轉繆織,長丈二尺。"則綸應指絲織品。

"丸",通紈,《説文·糸部》:"素也。"段玉裁注:"言其滑易也。"《釋名·釋采帛》:"紈,焕也,細澤有光,焕焕然也。"《急就篇》"縹綵綠紈皁紫硾",顏師古注:"紈即素之輕者。"

"素",《説文·糸部》:"素,白致繒也。"《禮記·襍記》"純以素",鄭玄注:"素,生帛也。"《禮記·檀弓》"有哀素之心也",鄭玄注:"凡物無飾曰素。"故素可能指生帛,或爲素面無紋之繒,與綺相對舉。

各種絲綢繒帛等的單位爲"匹"或"端。《説文·匸部》:"匹,四丈也。"《周禮·春官·大宗伯》"孤執皮帛",鄭玄注"皮帛者,束帛而表以皮爲之",賈公彦疏:"束者十端,每端丈八尺,皆兩端合卷,總爲五匹,故云束帛也。"

"縣絮五十斤。"《釋名》:"縣,懸也,懸係于郡也。"《漢書·文帝紀》:"九十以上賜帛,人二疋,絮三斤。"顏師古注:"絮,綿也。"《説文》"絮,敝綿也",所指應爲一種粗綿。又《太平廣記·水族二》:"水母,……腸下有物如懸絮,俗謂之足。"而《集韻》"絮,冒絮,頭上巾也",馬怡認爲指男子頭衣。① "縣絮"的單位爲"斤",《廣韻·上平聲·欣·斤》"斤,十六兩也",多達五十斤,則不太可能爲頭巾。故"縣絮"即"懸絮",指一種粗綿,其形爲條狀飄動貌。

"綸絮挭(裝)一斤。"《後漢書·章帝紀》"吹綸絮",李賢注:"綸似絮而細,吹者,言吹嘘可成,亦紗也。"綸絮所指或爲紗絮。"挭"爲"裝"的草寫,②《説文·衣部》:"裝,裏也,從衣壯聲",段玉裁注:"束其外曰裝,故著絮於衣曰裝。""綸絮裝一斤"應指填裝紗絮一斤之意。③

3. 寢具:被、枕衣。

"被",《説文·衣部》:"寢衣長一身有半。"尹灣漢墓出土的《君兄衣物

---

① 中國簡牘集成編輯委員會編:《中國簡牘集成》第19册,蘭州:敦煌文藝出版社,2005年,第2020頁。馬怡:《尹灣漢墓遣策札記》,《簡帛研究》(二〇〇二、二〇〇三),桂林:廣西師範大學出版社,2005年,第267頁。

② 李洪財:《漢簡草字整理與研究》,長春:吉林大學古籍所,吉林大學博士學位論文,2014年,第385頁。

③ 蔡偉先生指出"挭"即"裝"的俗字,見抱小:《釋海昏木楬之"挭"字》,復旦大學出土文獻與古文字研究中心網站,2021年1月26日,http://www.gwz.fudan.edu.cn/Web/Show/4757。

疏》中亦有被,當指被子。① 海昏侯墓出土木楬記載被的紋飾較特別的有"宜子孫合被""臧山合被",從尼雅8號墓出土的"宜子孫錦"、②諾顔烏拉出土的"新神靈廣成壽萬年錦""仙境錦"以及羅布卓爾出土的"長樂明光錦""望四海貴富壽爲國慶錦"等例來看,③應是指織有"宜子孫""臧山"等吉語字樣的夾被。

"枕衣",應指枕頭的罩布。

被的單位爲"幅"。《漢書·食貨志下》:"布帛廣二尺二寸爲幅,長四丈爲匹。"

4. 盥洗具:有沐縷、洒絮。

"沐縷"應是洗髮用的布。《説文·水部》"沐,濯髮也",《説文·糸部》"縷,綫也",又《論衡·異虚》:"絲成帛,縷成布。"

"洒絮"應是指清潔用的粗綿。《説文·水部》:"洒,滌也。"

描述衣物布匹的顔色,目前整理所見有白、皂、纆、黄、絳、桂、青、緑、紺、秈、紫、縹、緺、霜、栗、相、留黄、烝栗、厄黄、春草等。

皂,指黑色。《玉篇》:"皂,色黑也。"

纆,指墨色。《類篇》:"纆,或從墨作纆。"

黄,《説文·黄部》:"黄,地之色也。"

絳,《説文·糸部》:"絳,大赤也。"

桂,指赤色。《漢書·五行志》:"桂,赤色。"

青,指藍緑色。《説文·青部》:"青,東方色也。"

緑,指黄緑色。《説文·糸部》:"緑,帛青黄色也。"

紺,《説文·糸部》:"紺:帛深青揚赤色。"

秈,讀作稊,麥莖青色。《説文·禾部》:"稊,麥莖也。"

紫,《説文·糸部》:"紫,帛青赤色。"

縹,讀作縹。《説文·糸部》:"縹,帛青白色也。"

緺,指緑色。其寫法亦見於馬王堆一號墓遣策,整理者認爲是"鼈"

---

① 張顯成、周群麗:《尹灣漢墓簡牘校理》,天津:天津古籍出版社,2011年,第105頁。

② 新疆文物考古研究所:《新疆民豐縣尼雅遺址95MNI號墓地M8發掘簡報》,《文物》2000年第1期。羅小華:《海昏侯墓出土遣策札記》,簡帛網,2018年12月4日。

③ [日]梅原末治:《蒙古ノイン·ウラ發見の遺物》圖版35,東京:東洋文庫,1960年。吳淑生、田自秉:《中國染織史》,上海:上海人民出版社,1986年,第80頁。新疆維吾爾自治區社會科學院考古研究所編:《新疆古代民族文物》,北京:文物出版社,1985年,圖版202。

之省。《漢書·百官公卿表上》"諸侯王,高帝初置,金璽盭綬",顏師古注:"盭,草名。出琅邪平昌縣,似艾,可染綠,因以爲綬名也。"

霜,讀作縹,淡黃色。《字説》:"帛如初生桑葉之色曰縹。"

栗,栗殼的顏色。

緗,讀作緗,指淺黃色。《説文·糸部》:"緗:帛淺黃色也。"

留黃,指黑黃色。《後漢書·志·禮儀下》:"服留黃,冠常冠。近臣及二千石以下皆服留黃冠。"

烝栗,指蒸熟栗子的黃色。《説文·火部》:"烝,火氣上行也。"《詩·大雅》"烝之浮浮",孔穎達疏:"炊之於甑,饡而烝之。"《急就篇》:"烝栗絹紺縳紅燃。"《釋名》卷四《釋采帛》:"蒸栗,染紺使黃色如蒸栗然也。"

巵黃,指梔子染成的黃色。巵通梔,《廣韻·上平聲·支》:"梔,梔子木實可染黃。"

春草,指翠綠色。《爾雅·釋草》"葌,春草",郭璞注:"蘭草,一名芒草。"在馬王堆三號墓遣策與海曲 M130-03 衣物疏中亦見其例。

(二)書簡類

目前整理發現海昏侯墓出土木楬中載有《燕禮》《薌飲酒》《樂記》《昏禮》等屬於小戴禮記的篇名,但與今本略有不同,如《燕禮》今本作《燕義》,《薌飲酒》今本作《鄉飲酒義》,《昏禮》今本作《昏義》,顯示當時禮記尚處於單篇流傳的形式。

(三)盛裝器具類

目前發現簽牌上記述盛裝器具形式有二:一是描述篋笥本身特徵,如"緣笥""緣篋""絳繡笥盛""廬陵篋"等;二是以内裝物品命名,如"乾薑匧"等。

"緣笥",或爲邊緣有裝飾的方形竹器。羅泊灣一號墓出土《從器志》中有"一笥,繒緣"是指以繒飾竹笥邊緣。《説文·竹部》:"笥,飯及衣之器也。"又《禮記·曲禮》"苞苴箪笥",鄭玄注:"圓曰箪,方曰笥。"

"緣篋"或爲邊緣有裝飾的長方形箱。《廣韻·入聲·怗·愜》:"篋,箱篋。"《儀禮·士冠禮》"皮弁笄,爵弁笄,緇組紘,纁邊,同篋",鄭玄注"隋方曰篋",賈公彥疏:"隋,謂狹而長也。"

"絳繡笥盛"即裝飾有縫紩圖案的絳色織品之方形竹器。

"廬陵篋"的"廬陵"爲地名，西漢時廬陵屬豫章郡，今江西吉安；海昏侯國亦屬豫章郡，今江西永修。故"廬陵篋"或指用廬陵地區生產的竹子所編成的篋。

上述海昏侯墓出土木楬所載盛裝衣物之篋、笥，與馬王堆一號墓、三號墓出土簽牌所載"素繒笥""炙雞笥""熬陰鶉笥"等皆爲記述笥中盛裝物品性質不同，而是以描述篋、笥本身特點來命名。

"乾薑匧"，即藏放乾薑藥味之篋。《說文·匚部》："匧：藏也。"《集韻》："詰葉切，與篋同。"劉賀生前患有風濕關節炎的疾病，乾薑是治療祛濕不可或缺的一味藥材，墓中隨葬生前常使用的乾薑，反映事死如事生的觀念。

（四）雜什類

目前整理發現木楬上記載的雜什類有羚羊角、傿人（舞人）、長安木什槃（盤）、長安木小槃（盤）、長安小桮、于（杅）、札、象育尺、象育鐯、鍼具、玉鐘、毒冒刻、銅刀等。

"羚羊角一"，海昏侯墓中或隨葬有羚羊角一件，南越王墓西耳室中可見隨葬羚羊角置於銅盆內之例。《太平廣記·豪俠四·傅奕》："吾聞金剛石至堅，物莫能敵，唯羚羊角破之。"《玉篇》："麢羊也，角入藥。"由上可知，羚羊角具有無堅不摧與癒療藥性之特點，漢代墓中隨葬羚羊角或與道教辟邪壓勝思想有關。

"傿人"讀作"舞人"，在海昏侯墓西藏椁娛樂用具庫內出土一玉舞人，白玉質地，[①]疑即此。

長安木什槃（盤）、長安木小槃（盤）、長安小桮。"什"，《史記·五帝本紀》"舜耕歷山，漁雷澤，陶河濱，作什器於壽丘，就時於負夏"，裴駰注："什物謂常用者，其數非一，故云什。""木什槃"即指各種各樣的木盤。"桮"，《集韻》："晡枚切，音杯。義同。""小桮"應是小杯。"長安"所指應即西漢京城，即劉賀短暫爲帝所待之地。特將"長安"冠於木什槃、木小槃、小桮前，應是對劉賀具有特殊紀念意義的餐具。將地名冠於用具名前，在海昏侯墓出土木楬所載已二見，似乎是劉賀特有的偏好與習慣。

---

① 江西省文物考古研究所、南昌市博物館、南昌市新建區博物館：《南昌市西漢海昏侯墓》，《考古》2016年第7期。

"于",通"杅"。《儀禮‧既夕禮》:"用器弓矢、耒耜、兩敦、兩杅、槃匜。"鄭玄注:"此皆常用之器也。杅盛湯漿。"

"札",《説文‧木部》:"札,牒也。"《爾雅‧釋器》疏:"古未有紙,載文於簡,謂之簡札"。"稟"本作㐭,《説文》:"穀所振入,宗廟粢盛,倉黄㐭而取之,故謂之㐭。""札一稟",此處所指的"札"應是尚未使用書寫的空白竹木片,單位爲"稟",可想所藏簡札數量龐大。

"象肎尺""象肎獣"的"肎"字首見。"肎"或即"肯",《説文‧肉部》:"从肉,从冎省。一曰骨無肉也。""獣"字亦是初見,或通"獸",爲一種守護神獸,則"象肎獣"爲象骨所做之守護獸,而"象肎尺"則爲象骨做成的尺。

"鍼具",《説文‧金部》:"鍼,所以縫也。"鍼具即指針具。

"玉鐻","鐻"字過去未見,或通"輂",《説文‧車部》:"輂,輓車也。"玉鐻或即指玉製的輓車。

"毒冒",《漢書‧地理志》"多犀象毒冒",顏師古注:"毒,音代;冒,莫内反。通作玳瑁。""毒冒刻"應是利用玳瑁雕刻之工藝品。

海昏侯墓出土木楬爲目前發現數量最多者,其記述形式多元,不僅行文格式多樣、楬首變化各異,且同一字在不同的木楬上會出現不同的寫法,如"第"寫作" "或" ",顯示書手不止一人。另此時文字書寫似尚未完全固定,偏旁可以隨意替换,如"衣"旁可寫成"巾"旁、"亻"旁等,常見的字有"復"與"複","衱"與"袚"等,字形近似亦可互通,如"皮"與"反""絳"與"絝""緑"與"緣"等。而一般遣策或衣物疏中常見的鈎校符號,在海昏侯墓出土木楬中僅一見。

海昏侯墓出土木楬形式變化多樣、記述内容包羅萬象,在視覺形式上具承先啓後的地位,其承載文本不僅向我們展示了漢代衣物織品的瑰麗世界,隨葬用品與書簡篇章等亦進一步反映了西漢中晚期道教思想與儒家文化的深刻内涵。

第二十章　孔子衣鏡初讀[①]

　　南昌海昏侯劉賀墓考古發掘是 2015 年一次重大的考古發現，不僅揭示了現存保存最完整的西漢列侯墓墓園結構和墓葬形製，發現了江南地區唯一的陪葬真車馬的車馬坑，而且出土了上萬件（套）文物。其中有一件方形衣鏡的外框由於繪有孔子形象及記載其傳記，得到了廣泛的關注。爲了滿足大家研究需要，現將衣鏡及上面的孔子形象等內容公佈於衆，並初步釋讀研究，以期抛磚引玉。爲避免歧義，我們統稱"孔子衣鏡"。

一、器物簡介

　　衣鏡在海昏侯墓中的位置位於主槨室的西室。主槨室分爲東西兩室，東室放置棺柩、床榻及大量的青銅鼎、壺等禮器；西室用隔板和主槨室的其他部分分隔開來，在西室中主要放置了床榻、漆器如耳杯、漆案、漆盤等，在西室中部還出土了二百餘枚金餅、馬蹄金等。這面衣鏡位於主槨室西室中部靠近西壁的位置（圖二〇·1），倒伏在地，斷裂爲數塊，裝金餅的漆箱就壓於衣鏡的下部。

　　將衣鏡提取至實驗室清理拼合，並對鏡框上的文字進行釋讀後確認爲衣鏡，並對其形製進行了復原。孔子衣鏡由三部分構成，即鏡掩（蓋）、青銅鏡和鏡框。衣鏡爲青銅質，矩形，出土時從中間斷裂爲上下兩塊，可復原，長 70.3、寬 46.5、厚 1.3、鏡緣厚 1.2 釐米，銅鏡背面爲素面，有五個長 3.8、寬 2、高 1.8 釐米的半環狀鈕用於固定在鏡框上（圖二〇·2）。

[①] 本章精簡版曾以《海昏侯劉賀墓出土孔子衣鏡》爲題原刊於《南方文物》2016 年第 3 期，本書收入時作了部分修訂。

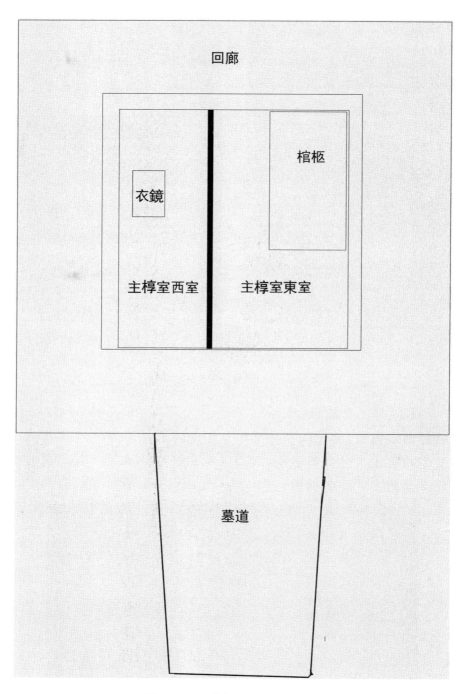

圖二〇·1　衣鏡出土位置示意圖

1978年在山東淄博市臨淄區窩托村發掘的西漢早期某代齊王墓的五號陪葬坑中出土了一面類似的矩形銅鏡（圖二〇·3），長115.1釐米，

 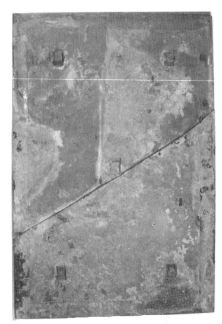

銅鏡正面　　　　　　　　　　　銅鏡背面

圖二〇·2　劉賀墓出土矩形銅鏡

寬57.5釐米,厚1.2釐米,重56.5公斤。[1]背部也有五個半環狀鈕,但鏡背有淺浮雕連弧紋、柿蒂紋和夔龍紋。出土時未見鏡架和鏡框,但報告上說可見上面有土黄色顔料痕迹,認爲可能是絲織品,不過也有可能是鏡架腐爛後上面的漆的顔色殘留。

圖二〇·3　齊王墓銅鏡

---

[1] 賈振國:《西漢齊王墓隨葬器物坑》,《考古學報》1985年第2期。

整個衣鏡鏡框爲木質髹漆,由鏡掩(蓋)和框通過左側的兩個銅合頁連接(圖二〇·4),可開合。鏡框頂端有兩個類似銅釘狀物的殘留,應該起將鏡框固定在鏡框上端的橫木上的作用;在框的下部兩側有兩個銅環,據衣鏡賦內容,可能套在以猛獸爲底座的立柱支架上;在內框內還保留有一個銅制插銷,可能是穿在鏡鈕內以固定銅鏡所用。發掘現場未發現固定衣鏡的橫木或鏡架等。

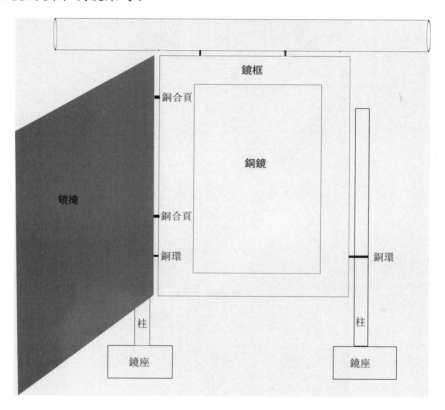

圖二〇·4　衣鏡結構復原示意圖

鏡掩(蓋)殘損嚴重,破損爲數十塊,且大部分圖案文字都不清楚,只有較大的兩塊還能辨識。蓋正反兩面都有彩繪和墨書文字,正面的墨書文字部分,暫命名爲"衣鏡賦",對衣鏡的功能及上面的圖案內容進行了描述;彩繪圖案有仙鶴(朱雀)等(圖二〇·5)。反面從殘存的文字和圖像判斷爲孔子弟子圖像和傳記,有子張和曾子。

孔子形象繪於鏡框背板。鏡框長方形,由四周的厚方木和背板圍成,出土時已破裂爲七塊,左下角被壓扁且有缺失。拼合後殘存部分外框長96、寬68、厚6釐米,內框四周方木厚11.8釐米,內框鑲嵌銅鏡。鏡框表

圖二〇·5　衣鏡掩正面彩繪仙鶴高光譜掃描圖

面髹漆,漆爲紅色。鏡框內框四周邊框正面繪有一圈神獸和仙人圖案(圖二〇·6),上方中間是神鳥(朱雀)兩側爲仙人(東王公、西王母),左側爲白虎,右側爲青龍,下方圖案不是很清楚。

上方邊框的朱雀與東王公西王母

右側邊框上的青龍

左側邊框上的白虎

鏡框下方圖像

圖二〇·6　鏡框邊框彩繪圖案高光譜掃描圖

　　背板以黃色粗綫在四周繪有方框,在方框內有兩條黃色粗綫將衣鏡分割爲大小一致的上下三部分。每個部分的格局基本一致,中間彩繪相向而立的兩個人像,人像頭部後上方標有人物姓名作爲榜題;在兩側用墨書該人物有生平和言行的短傳記(圖二〇·7)。

圖二〇·7　繪有孔子徒人圖傳的鏡框背板拼合圖

最上面一欄的人物爲孔子和顔回。孔子(圖二〇·8)位於左側,畫像與其他人略有不同,其他人都是綫描身體輪廓,而孔子畫像是滿繪,身上服飾用粉彩。畫像中孔子像高約 28.8 釐米,寬約 8.4 釐米,面向顔回拱手而立,背微前傾。孔子頭戴小冠,由於水漬,面目不是很清楚,但可以看到有長須,身材消瘦;孔子身穿深衣長袍,腰部有束帶,脚上穿翹頭履。

顔回像(圖二〇·9)位於孔子像右側,像高約 27 釐米,寬 8.8 釐米。顔回頭戴小冠,面目清秀無須,身穿深衣長袍,面向孔子,雙手合抱於身前,向孔子躬身行禮。

圖二〇·8　孔子圖像

圖二〇·9 顏回圖像

中間一欄人物爲子贛(貢)與子路(圖二〇·10)。子贛像在左,像高約 26.5 釐米,寬約 8.5 釐米。子贛側身向右而立。子贛頭戴小冠,臉上有短須短髯,身穿寬袖深衣長袍。子贛面向子路,右手在胸前似乎手中拿筆,左手被擋具體姿勢不清。子路像在右,像高約 26.2 釐米,寬約 16.1 釐米。子路正面朝外,由於水漬和裂痕,其髮型和面目不是很清楚,子路身穿襦,腰間紮腰帶,腰帶兩端下擺飄動,兩腳跨立,兩小腿露在外面,腳穿圓頭鞋。子路雙手向下,兩臂外張,手心向後,手中似乎握有武器,兩袖飄動,整個人顯得孔武有力。

圖二〇·10　子贛與子路圖像

下面一欄爲堂駘子羽和子夏(圖二〇·11)。子夏位於右側,子羽位於左側。子夏像高約 26.3 釐米,寬約 11.4 釐米。子夏頭戴小冠,身穿深衣長袍,身體微微傾向左側,雙手持一册打開的竹簡,正低頭專心看竹簡。由於左下角缺失,子羽像的下半部分受損不清楚,上半部分也不是很清晰,但可以看到子羽背向外,頭扭向右側,似乎在看子夏手中的竹簡。

第二十章　孔子衣鏡初讀　339

圖二〇·11　堂駘子羽與子夏圖像

二、文字內容釋讀

　　衣鏡蓋大部已殘,正反面都保留部分文字;鏡框背面中部爲孔子及其五個弟子的圖像,圖像兩側爲墨書記載該人物生平及言行的傳記,其中堂駘子羽像左側傳記爲子羽和宰予的合傳。

　　文字爲分欄式縱向排列,左側三人傳記每列文字間用墨綫分割,右側三人傳記每列文字則没有墨綫分割。在每篇介紹的起始用黑圓點爲篇首,除了孔子篇外,其他五個人的篇尾(最右側)都用單獨一列寫篇名。

　　文字均爲漢隸;每篇的文字字數不一,每一列的文字字數也不一樣,前後文有重文用"="代表。現將釋讀文字列於下,由於破損造成缺文或漫漶不清無法辨識的文字用□代替,殘損文字用……表示,()內字爲其通行正字,[]內的字爲根據上下文和現存文獻推測的文字內容。

（一）鏡框蓋板

正面可辨部分（圖二〇·12）主要是墨書文字，彩繪不清晰，文字釋讀如下：

圖二〇·12　衣鏡掩正面衣鏡賦

□	□	□	□	臨	之	□	左	福	西	下	右	傀	據	猛	恰	幸	質	●
□	□	□	氣	觀	徒	□	右	憙	王	有	白	偉	兩	獸	容	得	直	新
□	□	□	和	其	顏	聖	尚	所	母	玄	虎	奇	蠪	鷙	侍	条	見	就
□	□	歲	平	意	回	人	之	歸	兮	鶴	兮	物	廉	蟲	側	（降）	請	衣
□	□	兮	兮	兮	卜	兮	兮	兮	東	兮	左	兮	兮	兮	兮	靈	兮	鏡
□	皆	樂	順	不	商	孔	日	淳	王	上	倉	除	囧	囧	守	兮	政	兮
□	蒙	未	陰	亦		子	益	意	公	鳳	龍	不	煥	煥	戶	奉	以	佳
□	慶	央	陽	康			昌	藏		凰		詳			房	景	方	以
□																光		明

鏡框正面的這篇賦，從內容上看，前面是說衣鏡的功能；中間描述鏡框上所繪的圖案，有猛獸鷙蟲、蠪廉等傀偉奇物除不祥，有白虎蒼龍玄鶴鳳凰以及西王母和東王公淳恩藏，還有聖人孔子和聖人之徒顏回卜商等可以臨觀其意；最後爲祝詞，希望氣和平、順陰陽、樂未央、皆蒙慶等。

背面損毀嚴重（圖二〇·13），只能模糊等看到中間有兩個人物的頭頸部，左側人物有榜題，似乎爲"子張"，右側人物榜題可以看清爲"曾子"。左側人物傳記殘存可辨部分的文字釋讀如下：

圖二〇·13　子張篇高光譜掃描圖

……不能我之大賢與於人何不容我之不賢與人將距我若之何其距人也……	……子張（子張子張）曰子夏曰何對曰子夏曰可者與之不可者距之子張曰異乎吾所聞君子尊賢而……	……慎言其餘則寡尤多見闕殆慎行其餘則寡悔言寡尤行寡悔祿在其中矣子……	孔子弟子曰顓孫師陳人字子張少孔子□八歲子張問干祿孔子曰多聞闕……

右側曾子傳記文字基本無法辨識。

第二十章　孔子衣鏡初讀　343

(二)鏡框背板

第一欄左側人物爲孔子,其傳記文字(圖二〇·14)釋讀如下:

圖二〇·14　孔子圖傳

● 孔子生魯昌平鄉聚邑其先[宋人]也曰房=叔（房叔房叔）生伯=夏（伯夏伯夏）生叔梁紇=（紇紇）與顏氏女壄居而生孔子疇於尼丘

魯襄公廿二年孔子生〈生生〉而首上汙頂[故]名丘云字中尼姓孔子氏孔子為兒僖戲常陳俎豆設

[容]禮人皆偉（？）之孔子年十七諸矦□稱其賢也魯昭公六年孔子盖卅矣孔子長九尺有六寸人

皆謂之長人異之孔子行禮樂仁義□久天下聞其聖自遠方多來學焉孔子弟子顏回子贛之徒士（七十）有七人

皆異能之士孔（？）子（？）遊（？）諸矦毋所遇困於陳（？）蔡（？）之間魯哀公六年孔子六十三當此之時周室威王道壞禮樂廢

盛德衰上毋天子下毋方伯臣詑君子□必四面起矣強者爲右南夷與北夷交中國不絕弟縷耳孔子

退監於史記說上世之成敗古今之□□始於隱公終於哀公列十二公事是非二百卌年之中弒（？）君（？）

卅一亡國又十二刺幾得失以爲天下[儀表]子曰吾慾載之空言不如見行事深切著明也故作春秋上

明三王之道下辯人事經紀決（？）嫌（？）疑（？）□□惡舉賢材廢不宵賞有功誅桀暴長善苴惡以備王

道論必稱師而不敢專已追迹三代之禮序書傳上紀唐虞之際下至秦繆編次其事約其文辭

詩書禮樂雅頌之音自此可得而述也以成六藝孔子年十（七十）三魯哀公十六年四月己丑卒天下君王

至于賢人衆矣當時則榮殁則已焉孔子布衣傳十餘世至于今不絕學者宗之自王矦中國

言六蓺者折中於夫子可胃至聖矣

第一欄右側人物爲顏回,傳記文字(圖二〇・15)釋讀如下:

圖二〇・15　顏回圖傳

● 孔子弟子曰顏[回魯人]字子淵少孔子卅歲顏回問仁子曰克己

復禮爲仁一日□[克(?)己]復禮天下歸仁焉爲仁由己而

由人乎哉顏淵[曰請]問其目子曰非禮勿視非禮勿

聽非禮勿言非禮勿動顏淵曰回雖不敏也請事

此語也顏回謂然嘆(?)之(?)曰仰之彌高攢之彌堅瞻之

在前忽焉在後夫子循〝循循〞然善誘人博我以文約我

以禮欲罷不能既(?)竭(?)吾(?)才(?)如(?)有(?)所(?)立(?)卓(?)爾(?)雖(?)欲(?)從(?)

之無由也已孔子曰顏回爲淳仁直(?)子謂

顏回曰用之則行舍之則藏唯我與爾有是夫孔子

曰自我得回也門人日益親

● 右顏淵

第二欄左側人物爲子贛，傳記文字（圖二〇·16）釋讀如下：

圖二〇·16　子贛圖傳

●孔子弟子曰端沐賜衛人也字子贛少孔子卅一歲子贛爲人
結駟（？）騣（？）財□□□接既已受業問曰有一言可終身行之者乎孔子曰
其恕乎己所不欲勿佗於人陳子禽問子贛曰子爲恭也中尼豈
賢於子乎子贛曰君子一言以爲知一言以爲不知不可不慎也夫
子之不可及猶夫（天）之不可陛而升也夫子得國家者可胃立之斯立道之
斯行餒之斯來動之斯和其生也榮其死也哀如之何其可及也
●右子贛

第二欄右側人物傳記文字（圖二〇·17）釋讀如下：

圖二〇·17　子路圖傳

●右子路	小人效（？）則爲盗孔子曰自我得由也惡言不聞吾耳	曰君子好勇乎孔子曰君子義之爲比君子好勇無義則亂	□藝稍誘子"路"（子路子路）後服委質因門人請爲孔子弟子既已受業問	勇力伉直冠雄雞佩豭（猳）豚陵暴孔［子］□□□□孔子教設	●孔子弟子曰中由卞人字子路［少孔子九歲子路性］鄙好

第二十章　孔子衣鏡初讀　349

第三欄左側文字爲子羽和子我傳記（圖二〇・18），釋讀如下：

圖二〇・18　子羽圖傳

| ●右堂駘子羽 | 失之子羽以言取人失之宰予 | 臨菑大夫與田常□亂死…… | 其稿不可滫也宰予問五帝之德…… | 以爲可教既已受業修於學…… | 曰甚乎哉丘之言取人也宰予字…… | 子三百人設去就取予□□□以…… | 已受業退而脩行〈行行〉不由徑非公事不見…… | 甚惡欲事孔"子"（孔子孔子）以爲材薄曰然烏得揚…… | ●孔子弟子曰堂駘威明武城人字子羽…… |

第三欄右側人物位子夏,傳記文字(圖二〇·19)釋讀如下:

圖二〇·19　子夏圖傳

● 孔子弟子曰卜商字子夏少孔子廿四歲子夏問巧笑倩
分美目盼兮素以爲絢兮何胃也孔子曰貴事後素曰禮
厚乎孔子曰起予商也始可與言詩已子夏曰賢〈賢賢〉易色事
父母能竭其力事君能致其身其友交言而有信雖曰未學
吾必胃之學矣子夏曰博學而孰記切問而近思仁在
其中矣孔子歿而子夏居西河致爲文矦師(師)
● 右子夏

鏡框蓋板和背板上關於孔子及其弟子生平事迹與言行的傳記與《史記·孔子世家》《史記·仲尼弟子列傳》《史記·太史公自序》及《論語》中的記載基本一致，只有部分内容略有出入：

1. 鏡框上的孔子傳記記載曰："叔梁紇與顔氏女野居而生孔子。"《史記·孔子世家》："紇與顔氏女野合而生孔子。"野居與野合一字之差，意思則大有區別。野合，司馬貞《索隱》："今此云'野合'者，蓋謂梁紇老而徵在少，非當壯室初笄之禮，故云野合，謂不合禮儀。"據《索隱》《正義》解釋，叔梁紇與孔子母顔徵在成婚時已超過六十四歲，而顔徵在歲數尚小，二人年齡懸殊，此種婚姻在當時不合禮法，故謂野合。而野居中的"野"則明顯有不同的含義，是相對於"國"字而言。"野"字《説文解字》云"郊外也"，段玉裁《説文解字注》：邑外謂之郊，郊外謂之野。如《周禮》"體國經野"，唐賈公彦《疏》："國，謂城中也；……野，謂二百里以外，三等采地之中。"指周代王畿内的特定地區。周制王城外百里曰"郊"，郊外至五百里疆域中又分"甸、稍、縣、都"，各百里。孔子父叔梁紇與其母"禱於尼丘得孔子"，孔子父母可能因爲在尼山祈禱而在尼山附近結廬而居，據張守節《史記正義》，尼山在聚邑城外十里，故而爲"野居"。

2. 鏡框孔子傳記記載："魯昭公六年，孔子蓋卅矣。"而《孔子世家》記載："魯昭公二十年，孔子蓋年三十矣。"兩處記載相差了十四年，而關於孔子的生卒年，屏風和孔子世家載是一致的，故此處必有一個是錯誤的。根據《史記·魯周公世家》和《春秋公羊傳》記載，魯襄公在位三十一年，魯昭公爲魯襄公兒子，雖然中間有魯襄公太子姬野短暫繼位，但僅有幾個月，據此推算，孔子生魯襄公二十二年，孔子三十歲時，應該是魯昭公二十年，所以鏡框上的文字可能是抄寫錯誤。

3. 鏡框孔子傳記曰："孔子弟子顔回子贛之徒七十有七人，皆異能之士。"孔子弟子有多少人已不可考，所以史記也用"弟子蓋三千人"這樣一個虛數來概括，而孔子弟子中有多少是有傑出成就的，各種文獻也有不同表述。《史記·孔子世家》記載：孔子以詩書禮樂教，弟子蓋三千焉，身通六藝者七十有二人；而《史記·仲尼弟子列傳》：孔子曰"受業身通者七十有七人"，皆異能之士也。屏風記載與《史記·仲尼弟子列傳》一致。《孔子家語·七十二弟子解》中列名七十六人，其中琴牢、陳亢、縣爲《史記》未記載，而《史記》中的奉冉、公伯寮、單、顔何爲《孔子家語》無。所以孔子傑出弟子到底有多少人、是誰，並没有統一的説法，其中大部分人只有名字而没有具體事迹,真正爲世人熟知的也只有十幾人。

三、兩漢時期孔子圖像及其解讀

孔子形象,在孔子生活的當時及之後的戰國秦漢的典籍中有大量的出現,在《論語》《莊子·外物》《荀子》《史記·孔子世家》《孔子家語》以及西漢晚期的一些緯書中都有孔子相貌的描述和記載。《漢書·藝文志》中的"六藝略"有"孔子徒人圖法"二卷,應該就是最早的孔子及其弟子畫像的粉本。張彥遠的《歷代名畫記》記載"魯國廟堂東西廂圖畫"有"孔子弟子圖",由於缺乏資料,我們無法判斷這裏的魯國是春秋戰國時期的魯國還是西漢時期的諸侯國魯國,但不管是春秋戰國還是西漢,理論上都是有可能存在的。

《孔子世家》記載:"故所居堂弟子内,後世因廟藏孔子衣冠琴車書,至於漢二百餘年不絶。"按照秦漢時期在廟堂往往繪有壁畫,所以孔廟也有可能繪有孔子和弟子圖像的壁畫。

戰國時期的有關孔子的圖像還没有發現,漢代是目前考古發現有確切年代可考的孔子圖像出現的最早時代,除了海昏侯劉賀墓有孔子形象的鏡框,主要是墓葬壁畫和畫像石。

目前已發表資料的有孔子圖像内容的壁畫墓有六座,分别是:1957年發掘的洛陽燒溝61號墓,時代爲西漢晚期元帝到成帝間(圖二〇·20);[1] 2008年陝西靖邊縣楊橋畔楊一村老墳梁漢墓M42,時代爲西漢晚期到新莽(圖二〇·21);[2] 2009年陝西省靖邊縣楊橋畔鎮渠樹壕漢墓(圖二〇·22),時代爲新莽;[3] 2005年陝西省靖邊縣楊橋畔楊一村東漢墓;[4] 2007年山東東平縣物資局一號漢墓,時代爲東漢早期;[5] 1972年和1973年發掘的内蒙古和林格爾新店子漢墓,時代爲東漢晚期的一個護烏桓校

---

[1] 河南省文化局文物工作隊:《洛陽西漢壁畫墓發掘報告》,《考古學報》1964年第2期。
[2] 陝西省考古研究院:《2008年陝西省考古研究院考古調查發掘新收穫》,《考古與文物》2009年第2期。
[3] 《中國出土壁畫全集》第六册《陝西》上,北京:科學出版社,2012年,第42頁。
[4] 《中國出土壁畫全集》第六册《陝西》上,北京:科學出版社,2012年,第71頁。
[5] 《中國出土壁畫全集》第四册《山東》卷,北京:科學出版社,2012年,第1頁。

尉墓（圖二〇·23）。①

圖二〇·20　洛陽燒溝 61 號漢墓壁畫

圖二〇·21　老墳梁漢墓壁畫（M42 壁畫局部）

---

① 《中國出土壁畫全集》第三册《内蒙古》卷，北京：科學出版社，2012 年，第 58 頁。

圖二〇·22　陝西省靖邊縣楊橋畔鎮渠樹壕漢墓

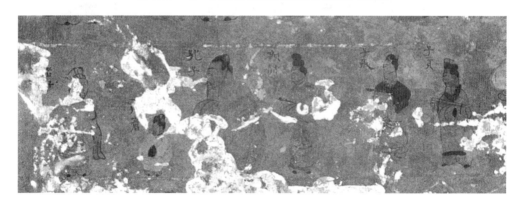

圖二〇·23　內蒙古和林格爾壁畫墓"孔子見老子"圖（局部）

畫像石上出現的孔子形象，其題材也主要爲"孔子禮老子"。據研究者統計，目前已出土"孔子禮老子"内容的畫像石五十餘塊，[①]出土的地點有山東、陝西、河南、江蘇、四川等，但大部分集中在山東地區，如山東安丘

---

① 趙莎莎：《漢畫像石"孔子見老子"圖像學研究》，碩士學位論文，杭州：杭州師範大學美術學院，2013年。

董家莊出土的《孔子見老子圖》(圖二〇·24)①和山東省嘉祥縣齊山村出土的"孔子禮老子圖"畫像石(圖二〇·25)。② 目前已知最早的"孔子見老子"題材的畫像石是山東微山縣微山島溝南村出土的西漢墓中的畫像石(圖二〇·26),時代約在元帝時期。③

圖二〇·24　安丘漢墓畫像石中的"孔子見老子"圖(局部)

圖二〇·25　嘉祥齊山漢墓畫像石"孔子禮老子"圖(局部)

---

① 中國畫像石全集編輯委員會編:《中國畫像石全集》第 2 卷,濟南:山東美術出版社,鄭州:河南美術出版社,2000 年,第 103 頁。
② 中國美術全集編輯委員會編:《中國美術全集·繪畫篇》第 18 卷,上海人民美術出版社,1988 年,第 6 頁。
③ 中國畫像石全集編輯委員會編:《中國畫像石全集》第 2 卷,第 47 頁。

圖二〇·26　微山島溝南村漢墓畫像石"孔子見老子"圖

據李强先生研究,[①]"孔子見老子圖"構圖大致可以分爲三種情況:一是畫面上僅有孔子與老子二人相向而立,這類構圖比較少見;二是在孔子與老子之間,出現了一個小童,手推雙輪小車,小童一般認爲是項橐;三是除了孔子、老子、項橐外,還出現了孔子的弟子,這類構圖所占比例最高。

除了常見的"孔子禮老子"故事外,1871年嘉祥武氏家族墓還出土了一塊"荷簣"題材的畫像石,畫面中榜題作"孔子"的人作擊磬狀(圖二〇·27)。[②] 這一題材畫像石其他地區没有出現。

這些壁畫與畫像石表現的題材都是"孔子禮(或見)老子",其畫面佈局、故事情節與人物細節(如服飾、動作等)十分接近,可以認定它們在當

---

① 李强:《漢畫像石〈孔子見老子圖〉考述》,《華夏考古》2009年第2期。
② 邢千里:《中國歷代孔子圖像演變研究》,博士學位論文,濟南:山東大學考古系,2010年。

圖二〇·27 "孔子荷簀"圖

時一定有固定粉本。對"孔子見老子"的意義,學者作了不同的闡釋。李衛星認爲它表達了儒學的好學精神;①邢千里也認爲它表現的是孔子"好學謙恭,不耻下問"的品質,顯示出對儒學"高度重視"的風氣;繆哲認爲"孔子見老子"圖像是"本於漢代王者必有師"説的經義與實踐;②赤銀中認爲孔老相會是兩種學説的相互交流,預示著儒道兩家學説在對立和統一的矛盾關係之前提下共同發展進步;③姜生認爲它表現的是漢代道教墓葬儀式,符合死者在冥界升仙的儀式邏輯,孔子向老子所求之禮即爲"升仙之道"。④

四、海昏侯劉賀所出孔子形象解讀

劉賀墓所出孔子形象與漢代其他孔子形象除了都表現了孔子外,其不同是主要的,表現在以下幾點:

1. 時間不同。劉賀死於漢宣帝神爵三年(前59),而其他孔子形象最

---

① 李衛星:《略談儒家思想對山東漢畫像石的影響》,《漢畫學術文集》,鄭州:河南美術出版社,1996年,第170頁。
② 繆哲:《孔子師老子》,《古代墓葬美術研究》(第一輯),北京:文物出版社,2011年。
③ 赤銀中:《老子會見孔子漢畫像的文化意藴》,《中國道教》2002年第4期。
④ 姜生:《漢畫孔子見老子與漢代道教儀式》,《文史哲》2011年第2期。

早爲元帝時期的微山縣畫像石墓。

2. 内容和表現形式不同。劉賀墓中的孔子與弟子是以肖像畫和傳記的形式出現,而其他的孔子形象是以壁畫和浮雕或淺浮雕的故事畫形式表現。

3. 載體不同。劉賀墓中的孔子出現在衣鏡的鏡框上,是死者生前喜愛之常用物品,死後隨葬在墓葬主椁室内的重要位置。其他的孔子形象都是出現在墓葬壁畫或畫像石上,是構成墓葬本體的一部分。

4. 所有者不同。劉賀曾是西漢的第七位皇帝,也曾位列諸侯王和列侯,地位尊崇高貴。而其他出土孔子形象的墓主人目前所知地位最高者爲内蒙古和林格爾的護烏桓校尉,是兩千石的官吏,其他人也都是中下層的官吏和貴族。

以上幾點不同是解讀劉賀墓中孔子形象的關鍵。根據《漢書·藝文志》等文獻記載,在戰國及西漢早期出現的孔子形象都是孔子或孔子與弟子圖,而到了元帝之後出現的孔子形象却變成了"孔子禮老子圖",這一轉變是儒家學說和孔子在漢代所處地位及其本身内涵變化的結果。西漢立國之後一直到文景期間,爲了休養生息,一直依靠"黄老之學"作爲治國理念,儒家學說只是在民間流行而未上升到國家精神層面。漢武帝爲了加强中央集權,維護大一統的統治,而接受董仲舒"罷黜百家、表彰六經"的獨尊儒術思想,儒家學說終於走上統治階級意識形態的頂端。但統治者接受儒家學說是爲其加强思想統治服務的,在最高統治階層,並不真正信任儒家學說。漢宣帝曾與時爲太子的漢元帝有過一段著名的對話。"(漢元帝)柔仁好儒,見宣帝所用多文法吏,以刑名繩下,大臣楊惲、(蓋)寬饒坐刺譏辭語爲罪而誅,嘗侍燕從容言:'陛下持刑太深,宜用儒生。'宣帝作色曰:'漢家自有制度,本以霸王道雜之,奈何純(任)德教,用周政乎!且俗儒不達時宜,好是古非今,使人眩於名實,不知所守,何足委任!'"並説:"亂我家者,太子也!"差點用"明察好法"的淮陽王劉欽取代元帝太子位。① 這充分説明漢武帝後到漢宣帝時所謂獨尊儒術只是利用儒家學說作爲加强統治的一種包裝,最高階層對儒家學説是明褒暗貶。

但已經取得官學地位的儒家學說在宣元時期已經不可避免地擴大了其影響力。宣帝召開的"石渠閣會議",增"五經七博士"爲"五經十二博

---

① 《漢書》卷九《元帝紀》,北京:中華書局,1962年,第277頁。

士",不僅極大地提高了經學和儒家學説的地位,也極大地擴大和加强了儒家禮儀制度對社會的控制力量。

在這種情形下,即使皇帝並不宣導,皇室子弟却越來越接受儒家思想。與海昏侯劉賀墓時代接近的中山懷王劉修墓中出土了大量的竹簡,包括《論語》《儒家者言》《哀公問五義》《保傅傳》等八種,其内容多屬於儒家學説,[1]可以從側面説明這一趨勢。元帝自身受儒學影響極深,即位後爲了緩和社會矛盾,"純任德教",尊崇儒學,重用經學之士,處理國事和政事也以經義爲本。由此傳授、研習儒家經學成爲社會的普遍現象,自武帝"罷黜百家,表彰六經"以來,到了元帝時期,經學纔真正昌盛起來。

儒家學説的内容爲了適應形勢,發生了巨大的變化。由於今文經學佔據統治地位,對經文穿鑿附會的解釋,使得儒家學説有濃厚的神學宇宙論及宗教政治學的色彩,儒學幾乎變成了儒教,儒家學説漸漸方士化,而這也是造成元帝之後讖緯之説流行的關鍵。隨著儒家思想地位的上升,儒家學説内容的變化,孔子的形象也不斷變化。在孔子生前及其死後相當長時間,孔子一直是被作爲"聖人"看待,但並没有獲得什麽官方的認可。但以董仲舒爲首的今文經學家們十分尊崇孔子,把孔子抬到相當高的地位,認爲他是受命的素王。[2] 漢元帝即位當年就下詔:"其令師褒成君關内侯霸以所食邑八百户祀孔子焉。"[3]這是以皇帝名義奉祀孔子的重大舉措。漢平帝元始元年(1),又封孔子爲褒成宣尼公,這是歷代皇帝封號孔子的開始。而在當時流行的緯書中,孔子已經從體貌特徵、生活經歷到才能禀賦都被人爲地神話了。[4] 這一趨勢一致延續到整個東漢。

這一時代背景的變化解釋了爲何元帝之後漢代孔子形象都以"孔子見老子"這一有某種道教含義的儀式化圖像出現,而劉賀墓中的孔子形象還是人物肖像畫。

劉賀在史書上留下了荒誕無道的記載,但關於其個人素質的記載極

---

[1] 國家文物局古文獻研究室、河北省博物館、河北省文物研究所定縣漢墓竹簡整理組:《定縣40號漢墓出土竹簡簡介》,《文物》1981年第8期。

[2] 董仲舒在《天人三策》明確的尊孔子爲素王:"孔子作〈春秋〉,先正王而繫萬事,見素王之文焉。"

[3] 《漢書》卷八一《孔光傳》,第3364—3365頁。

[4] 邢千里:《中國歷代孔子圖像演變研究》,博士學位論文,濟南:山東大學考古系,2010年。

少。但通過對現有材料分析,仍然可以獲知一二。劉賀自小生活在其封國昌邑,昌邑國在春秋戰國爲魯地,儒學傳統濃厚。劉賀老師王式爲西漢大儒,通《詩》;劉賀父劉髆的太傅夏侯始昌及其族子夏侯勝都是通《尚書》的大儒,且都在昌邑國任職;昌邑中尉王吉和昌邑郎中令龔遂都以明經爲官。劉賀身邊的人都是通經大儒,劉賀本人不可能不受此影響。《漢書·霍光傳》記載了在劉賀被廢之時的一個細節,尚書令讀罷霍光等人廢劉賀的奏章,皇太后下詔批准,霍光令王起拜受詔,王曰:"聞天子有爭臣七人,雖無道不失天下。"這句話原文出自《孝經·諫諍章第十五》,爲儒家十三經之一。劉賀在廢立之時說出這種話妄圖挽回局勢祇能説明他的幼稚,但至少説明劉賀對儒家經典的熟悉,也説明他對儒家學説的信任,他以爲在標榜"獨尊儒術"的朝堂上的權臣們也會按照儒家禮儀來行事。南昌海昏侯劉賀墓出土了大量的竹簡,目前對已清理的竹簡的初步釋讀,這些竹簡記載的內容,除了日書、醫書、部分祭祀禮儀等場合所用歌賦等內容,所出典籍有《論語》《禮記》《孝經》等,幾乎全部爲儒家學説經典,這從一個側面説明了劉賀的儒家背景。

劉賀墓出土的衣鏡上繪有西王母、東王公、白虎蒼龍、玄鶴鳳凰等,這些都是當時流行的元素,此類圖像幾乎大部分相關器物上都會有,而衣鏡上主題是聖人孔子及其弟子顏回卜商等。

衣鏡上的孔子,儒雅、內斂、謙恭,以布衣形象示人,傳記記載孔子因"王道壞、禮樂廢、盛德衰,上無天子、下無方伯",而作春秋、成六藝,是歷來爲人所知的聖人形象。孔子弟子形象極具個性,傳記上的他們各有成就但都崇拜孔子。孔子及其弟子形象刻畫真實而生動,並不像"孔子禮老子圖"固定而刻板。人物的呈現以肖像畫的形式表現,綫條簡練,人物寫實,比較同時期的繪畫,如各種墓葬壁畫或馬王堆漢墓所出帛畫,風格大不一樣,而且技藝也十分高超,顯然不是一般的匠人所繪。其載體也較爲特殊,爲衣鏡的鏡框,爲劉賀生前實用器,劉賀幾乎天天都要面對這些聖賢,與漢代其他孔子形象出現的墓葬壁畫或畫像石大相徑庭,其表達的內涵肯定也不一樣,是劉賀生前的生活行爲的表現,而不是死後希望達到的效果。

聖人與弟子出現在衣鏡上的作用,衣鏡賦已作了很好的解答:"臨觀其意兮不亦康,□氣和平兮順陰陽。"也許,劉賀在被廢除帝位之後,通過閱讀儒家典籍,時常瞻仰衣鏡上的孔子像,學習其偶像孔子在逆境中的修爲纔能得到内心的平静。

五、餘論

　　劉賀墓中出土衣鏡上出現的孔子形象,是目前已知最早的孔子形象,它在劉賀墓中出現是當時獨尊儒術的社會思想的體現,但更多的是劉賀個人傾向的選擇。

　　海昏侯劉賀墓中出土了上百板的木牘,内容大部分是木楬和奏牘,但有一板木牘的内容十分特殊,是抄寫的《論語》(圖二〇·28)。墓中出土竹簡上的儒家經典抄寫大都十分規整拘束,應該是專門抄手抄寫的,這一板木牘的書寫則十分率性隨意,文字接近章草,與其他竹簡和木牘文字不同,如果猜測不錯,這是劉賀本人所書寫,應該是劉賀讀書時隨手做的筆記。劉賀被監視居住,無以自娱,只能讀寫儒家經典打發時間。這也從一個側面可以作爲劉賀的個人注解。

　　海昏侯劉賀墓的發掘在社會上引起了極大的關注,已有相當多的文章對劉賀墓、劉賀本人及劉賀墓所出孔子形象進行了研究,對史書上記載的劉賀形象是否正確有較大爭議,有學者認爲不能輕易否定史書上關於劉賀的記載;對劉賀墓中出土的孔子形象也有各種解讀,有學者認爲是儒家思想作爲社會統治思想意識的文物標誌,也有人認爲是劉賀自保的手段,還有人認爲是劉賀"圖史自鏡"。① 我們也認爲利用考古材料來判斷歷史事件和歷史人物需要謹慎,需要詳加論證。海昏侯劉賀墓中出土的大量文物雖然還没有發現可以直接與帝位廢立相關的材料,但通過研究它們可以更真實地還原劉賀本人。《漢書·武五子列傳》記載劉賀被封爲海昏侯後,曾與故太守卒史孫萬世交通,並交流廢立之時政策失誤及可能王豫章等事,結果被"削户三千";《水經注·贛水》條也記載:"昔漢昌邑王

---

① 參見王子今:《海昏侯墓發掘的意義》,《光明日報》2015年12月16日第14版;王子今:《"海昏"名義考》,《中國史研究動態》2016年第2期;邵鴻:《也談海昏侯墓孔子屏風》,復旦大學出土文獻與古文字研究中心網站,2016年2月24日,http://www.gwz.fudan.edu.cn/Web/Show/2745;王楚寧《海昏侯墓"孔子立鏡(孔子屏風)"再釋》,復旦大學出土文獻與古文字研究中心網站,2016年4月25日,http://www.gwz.fudan.edu.cn/Web/Show/2782。

圖二〇·28 劉賀墓出土書牘

之封海昏也,每乘流東望,輒憤慨而還,世因名之慨口。"①從劉賀的這些行事作風看,並不像一個被軟禁監視居住應該小心謹慎的廢帝,可見劉賀所爲都是出於其本心和個人的性格修爲,劉賀墓及其隨葬物是其真實生活狀態的體現。

劉賀墓出土衣鏡上的孔子像是最早的孔子像,也是唯一的一份早期孔子肖像,除其本身具有極其重要的文物價值和文獻價值外,還爲繪畫史和工藝史研究、孔子和儒學研究、西漢中期的歷史、政治、思想等各個方面研究都提供了重要的素材。

---

① 〔北魏〕酈道元著,陳橋驛校證:《水經注校證》卷三九《贛水》,北京:中華書局,2007年,第922頁。

參考文獻

一、傳世典籍

（一）經書

〔清〕陳喬樅:《魯詩遺說攷十六》,《清經解續編》卷一一三三,南菁書院刻本。
程樹德:《論語集釋》,北京:中華書局,1990年。
〔漢〕韓嬰撰,許維遹校釋:《韓詩外傳集釋》,北京:中華書局,1980年。
胡平生譯注:《孝經譯注》,北京:中華書局,1996年。
〔南朝梁〕皇侃:《論語義疏》,高尚榘校點,北京:中華書局,2013年。
黃懷信主撰:《大戴禮記彙校集注》,西安:三秦出版社,2005年。
〔清〕黃以周:《禮書通故》,王文錦點校,北京:中華書局,2007年。
〔清〕孔廣森:《大戴禮記補注》,王豐先點校,北京:中華書局,2013年。
馬衡:《漢石經集存》,北京:科學出版社,1957年。
〔清〕馬瑞辰:《毛詩傳箋通釋》,陳金生點校,北京:中華書局,1989年。
〔清〕阮元校刻:《十三經注疏》(清嘉慶刊本),北京:中華書局,2009年影印本。
〔清〕孫詒讓:《大戴禮記斠補》,雪克點校,濟南:齊魯書社,1988年。
〔清〕王聘珍:《大戴禮記解詁》,王文錦點校,北京:中華書局,1983年。
〔清〕王先謙:《詩三家義集疏》,吳格點校,北京:中華書局,1987年。
楊伯峻編著:《春秋左傳注》(修訂本),北京:中華書局,2009年。

（二）史著

〔漢〕班固:《漢武故事》,《叢書集成初編》,北京:中華書局,1991年。
〔漢〕班固編撰,顧實講疏:《漢書藝文志講疏》,上海:上海古籍出版社,1987年。
〔漢〕班固撰,〔清〕王先謙補注:《漢書補注》,上海師範大學古籍整理研究所整理,上海:上海古籍出版社,2008年。

〔漢〕班固撰,〔唐〕顔師古注:《漢書》,北京:中華書局,1962年。
陳國慶編:《漢書藝文志注釋彙編》,北京:中華書局,1983年。
〔晋〕陳壽撰,〔南朝宋〕裴松之注:《三國志》,北京:中華書局,1959年。
〔唐〕杜佑:《通典》,王文錦等校點,北京:中華書局,1988年。
〔南朝宋〕范曄撰,〔唐〕李賢等注:《後漢書》,北京:中華書局,1965年。
〔晋〕葛洪:《西京雜記》,周天游校注,西安:三秦出版社,2006年。
〔明〕焦竑:《國史經籍志》,明徐象橒曼山館刻本,中國國家圖書館藏。
〔北魏〕酈道元著,陳橋驛校證:《水經注校證》,北京:中華書局,2007年。
〔漢〕劉向:《古列女傳》,《四部叢刊初編》影印長沙葉氏觀古堂藏明刊本。
〔漢〕劉向撰,向宗魯校證:《説苑校證》,北京:中華書局,1987年。
上海師範大學古籍整理組校點:《國語》,上海:上海古籍出版社,1978年。
〔清〕沈欽韓:《漢書疏證》,《續修四庫全書》二六六,上海:上海古籍出版社,2002年。
〔漢〕司馬遷撰,〔南朝宋〕裴駰集解,〔唐〕司馬貞索隱,〔唐〕張守節正義:《史記》,北京:中華書局,1959年。
〔漢〕宋衷注、〔清〕秦嘉謨等輯:《世本八種》,北京:中華書局,2008年。
〔宋〕王應麟:《漢制考　漢藝文志考證》,張三夕、楊毅點校,北京:中華書局,2011年。
〔漢〕衛宏撰、〔清〕孫星衍校:《漢舊儀》卷上,王雲五主編:《叢書集成初編:漢禮器制度及其他五種》,上海:商務印書館,1939年。
〔唐〕魏徵等:《隋書》,北京:中華書局,1973年。
〔宋〕徐天麟:《東漢會要》,上海:上海古籍出版社,1978年。
〔清〕姚振宗:《隋書經籍志考證》,王承略、劉心明主編:《二十五史藝文經籍志考補萃編》(第15卷),劉克東、董建國、尹承整理,北京:清華大學出版社,2014年。
〔清〕周壽昌:《後漢書注補正》,《續修四庫全書》二七二,上海:上海古籍出版社,2002年。

(三)諸子

〔清〕陳立:《白虎通疏證》,吳則虞點校,北京:中華書局,1994年。
〔漢〕崔寔撰,石聲漢校注:《四民月令校注》,北京:中華書局,2013年。
〔清〕郭慶藩:《莊子集釋》,王孝魚點校,北京:中華書局,1961年。
黄暉:《論衡校釋(附劉盼遂集解)》,北京:中華書局,1990年。
〔漢〕賈誼撰,閻振益、鍾夏校注:《新書校注》,北京:中華書局,2000年。
〔清〕蘇輿:《春秋繁露義證》,鍾哲點校,北京:中華書局,1992年。

孫人和：《論衡舉正》，上海：上海古籍出版社，1990年。

〔漢〕孫詒讓：《墨子閒詁》，孫啓治點校，北京：中華書局，2001年。

〔漢〕王符著，〔清〕汪繼培箋，彭鐸校正：《潛夫論箋校正》，北京：中華書局，1985年。

〔清〕王先謙：《荀子集解》，沈嘯寰、王星賢點校，北京：中華書局，1988年。

許維遹：《吕氏春秋集釋》，梁運華整理，北京：中華書局，2009年。

楊朝明、宋立林主編：《孔子家語通解》，濟南：齊魯書社，2013年。

〔漢〕應劭撰，王利器校注：《風俗通義校注》，北京：中華書局，2010年。

〔宋〕朱熹：《四書章句集注》，北京：中華書局，1983年。

（四）其他

〔漢〕蔡邕：《獨斷》，王雲五主編：《叢書集成初編：漢禮器制度及其他五種》，上海：商務印書館，1939年。

〔宋〕晁公武撰，孫猛校證：《郡齋讀書誌校證》，上海：上海古籍出版社，1990年。

〔清〕陳澧：《東塾讀書記（外一種）》，北京：生活·讀書·新知三聯書店，1998年。

〔宋〕程顥、程頤：《二程遺書》，《二程集》，王孝魚點校，北京：中華書局，2004年。

〔宋〕洪興祖：《楚辭補注》，白化文等點校，北京：中華書局，1983年。

〔清〕蔣驥：《山帶閣注楚辭》，于淑娟點校，上海：上海古籍出版社，2019年。

〔宋〕李昉等：《太平御覽》，北京：中華書局，1960年影印本。

〔南朝梁〕劉勰著，黃叔琳注，李詳補注，楊明照校注拾遺：《增訂文心雕龍校注》，北京：中華書局，2012年。

〔唐〕陸德明：《經典釋文》，上海：上海古籍出版社，1985年影印本。

〔清〕馬國翰：《玉函山房輯佚書》，光緒九年（1883）長沙嫏嬛館補校刻本。

任莉莉：《七録輯證》，上海：上海古籍出版社，2011年。

〔唐〕魏徵等：《群書治要》，王雲五主編：《叢書集成初編》，上海：商務印書館，1936年。

〔唐〕陸德明撰，吳承仕疏證：《經典釋文序録疏證》，張力偉點校，北京：中華書局，2008年。

〔唐〕徐堅等：《初學記》，北京：中華書局，1962年。

〔唐〕許敬宗編，羅國威整理：《日藏弘仁本文館詞林校證》，北京：中華書局，2001年。

〔漢〕許慎撰，〔清〕段玉裁注：《説文解字注》，上海：上海古籍出版社，1988年。

〔清〕永瑢等：《四庫全書總目》，北京：中華書局，1965年。

〔晉〕張華：《博物志》，王根林等校點，上海：上海古籍出版社，2012年。
〔清〕章學誠著，葉瑛校注：《文史通義校注》，北京：中華書局，1985年。
〔清〕趙翼：《陔餘叢考》，北京：中華書局，1963年。

二、考古發掘簡報與報告

安徽省文物工作隊、阜陽地區博物館、阜陽縣文化局：《阜陽雙古堆西漢汝陰侯墓發掘簡報》，《文物》1978年第8期。

長沙市文物考古研究所、長沙簡牘博物館：《湖南長沙望城坡西漢漁陽墓發掘簡報》，《文物》2010年第4期。

傅舉有、陳松長：《馬王堆漢墓文物》，長沙：湖南出版社，1992年。

管理等：《江西南昌西漢海昏侯墓出土竹簡的現場及室内清理保護》，《江漢考古》2019年第S1期。

河南省文化局文物工作隊：《洛陽西漢壁畫墓發掘報告》，《考古學報》1964年第2期。

胡東波、常懷穎：《簡牘發掘方法淺説——以北京大學藏秦簡牘室内發掘爲例》，《文物》2012年第6期。

湖北省荆州地區博物館：《江陵雨臺山楚墓》，北京：文物出版社，1984年。

湖北省文物考古研究所、雲夢縣博物館：《湖北雲夢睡虎地M77發掘簡報》，《江漢考古》2008年第4期。

湖南省博物館、湖南省文物考古研究所編著，何介鈞主編：《長沙馬王堆二、三號漢墓》，北京：文物出版社，2004年。

湖南省博物館、中國科學院考古研究所編：《長沙馬王堆一號漢墓》上集，北京：文物出版社，1973年。

湖南省文物考古研究所：《里耶發掘報告》，長沙：嶽麓書社，2007年。

湖南省文物考古研究所、郴州市文物處：《湖南郴州蘇仙橋遺址發掘簡報》，《湖南考古輯刊》（第8集），長沙：嶽麓書社，2009年。

賈振國：《西漢齊王墓隨葬器物坑》，《考古學報》1985年第2期。

江西省文物考古研究所、南昌市博物館、南昌市新建區博物館：《南昌市西漢海昏侯墓》，《考古》2016年第7期。

江西省文物考古研究所、首都博物館編：《五色炫曜：南昌漢代海昏侯國考古成果》，南昌：江西人民出版社，2016年。

梁柱、陳文學、田桂平：《湖北荆州紀城一、二號楚墓發掘簡報》，《文物》1999年第4期。

陝西省考古研究院:《2008年陝西省考古研究院考古調查發掘新收穫》,《考古與文物》2009年第2期。

田勇、王明欽:《湖北荆州劉家臺與夏家臺墓地發現大批戰國墓葬》,《中國文物報》2016年4月8日第8版。

吴昊、陳子繁等:《出土飽水竹簡失水乾縮的復形研究——以海昏侯墓葬出土竹簡等爲例》,《文物保護與考古科學》2016年第3期。

新疆維吾爾自治區社會科學院考古研究所編:《新疆古代民族文物》,北京:文物出版社,1985年。

新疆文物考古研究所:《新疆民豐縣尼雅遺址95MNI號墓地M8發掘簡報》,《文物》2000年第1期。

徐光冀等主編:《中國出土壁畫全集》,北京:科學出版社,2012年。

揚州博物館、邗江縣圖書館:《江蘇邗江胡場五號漢墓》,《文物》1981年第11期。

揚州博物館:《揚州平山養殖場漢墓清理簡報》,《文物》1987年第1期。

中國畫像石全集編輯委員會編:《中國畫像石全集》,濟南:山東美術出版社,鄭州:河南美術出版社,2000年。

中國美術全集編輯委員會編:《中國美術全集·繪畫篇》,上海:上海人民美術出版社,1988年。

三、出土文獻著録與集釋

北京大學出土文獻研究所編:《北京大學藏西漢竹書(伍)》,上海:上海古籍出版社,2014年。

陳松長:《馬王堆簡帛文字編》,北京:文物出版社,2001年。

陳偉主編:《里耶秦簡牘校釋》(第1卷),武漢:武漢大學出版社,2012年。

武漢大學簡帛研究中心、湖北省文物考古研究院、四川省文物考古研究院編,陳偉主編:《秦簡牘合集》,武漢:武漢大學出版社,2014年。

甘肅簡牘博物館等編:《肩水金關漢簡(叁)》,上海:中西書局,2014年。

甘肅省文物工作隊居延簡整理組:《居延簡〈永始三年詔書〉册釋文》,《敦煌學輯刊》1984年第2期。

國家文物局古文獻研究室、河北省博物館、河北省文物研究所定縣漢墓竹簡整理組:《定縣40號漢墓出土竹簡簡介》,《文物》1981年第8期。

國家文物局古文獻研究室、河北省博物館、河北省文物研究所定縣漢墓竹簡整理組:《〈儒家者言〉釋文》,《文物》1981年第8期。

河北省文物研究所定州漢墓竹簡整理小組:《定州漢墓竹簡〈論語〉》,北京:文物出版社,1997年。

河北省文物研究所定州漢墓竹簡整理小組:《定州西漢中山懷王墓竹簡〈論語〉介紹》,《文物》1997年第5期。

河北省文物研究所定州漢墓竹簡整理小組:《定州西漢中山懷王墓竹簡〈論語〉釋文選》,《文物》1997年第5期。

胡平生、韓自強:《阜陽漢簡詩經研究》,上海:上海古籍出版社,1988年。

湖南省博物館、復旦大學出土文獻與古文字研究中心編,裘錫圭主編:《長沙馬王堆漢墓簡帛集成》,北京:中華書局,2014年。

黄德寬:《安徽大學藏戰國竹簡概述》,《文物》2017年第9期。

江西省文物考古研究院、北京大學出土文獻研究所、荆州文物保護中心:《江西南昌西漢海昏侯劉賀墓出土簡牘》,《文物》2018年第11期。

李成市、尹龍九、金慶浩:《平壤貞柏洞364號墓出土竹簡〈論語〉》,《出土文獻研究》(第10輯),北京:中華書局,2011年。

連雲港市博物館、東海縣博物館、中國社會科學院簡帛研究中心、中國文物研究所編:《尹灣漢墓簡牘》,北京:中華書局,1997年。

睡虎地秦墓竹簡整理小組編:《睡虎地秦墓竹簡》,北京:文物出版社,1990年。

張家山二四七號漢墓竹簡整理小組編著:《張家山漢墓竹簡〔二四七號墓〕》(釋文修訂本),北京:文物出版社,2006年。

張顯成、周群麗:《尹灣漢墓簡牘校理》,天津:天津古籍出版社,2011年。

中國簡牘集成編輯委員會編:《中國簡牘集成》第18册,蘭州:敦煌文藝出版社,2005年。

中國簡牘集成編輯委員會編:《中國簡牘集成》第19册,蘭州:敦煌文藝出版社,2005年。

中國科學院考古研究所、甘肅省博物館編:《武威漢簡》,北京:文物出版社,1964年。

周一謀、蕭佐桃主編:《馬王堆醫書考注》,天津:天津科學技術出版社,1988年。

四、研究專著

陳壁生:《孝經學史》,上海:華東師範大學出版社,2015年。

陳斯鵬:《簡帛文獻與文學考論》,廣州:中山大學出版社,2007年。

[日]池田知久:《馬王堆漢墓帛書五行研究》,王啓發譯,北京:綫裝書局、中國社會科學出版社,2005年。

［日］渡辺信一郎：《中國古代的王權與天下秩序——從日中比較史的視角出發》，徐沖譯，北京：中華書局，2008年。

顧頡剛：《顧頡剛讀書筆記》卷一六《史林雜識初編》，北京：中華書局，2011年。

郭永秉：《古文字與古文獻論集》，上海：上海古籍出版社，2011年。

韓玉祥主編：《漢畫學術文集》，鄭州：河南美術出版社，1996年。

勞榦：《居延漢簡考證》，《居延漢簡考釋之部》，臺北：中研院史語所，1960年。

李零：《蘭臺萬卷：讀〈漢書·藝文志〉（修訂版）》，北京：生活·讀書·新知三聯書店，2013年。

李零：《中國方術正考》，北京：中華書局，2006年。

李尚信：《卦序與解卦理路》，成都：巴蜀書社，2008年。

［日］林秀一：《孝經述議復原研究》，喬秀岩、葉純芳、顧遷編譯，武漢：崇文書局，2016年。

劉起釪：《古史續辨》，北京：中國社會科學出版社，1991年。

［日］梅原末治：《蒙古ノイン·ウラ發見の遺物》，東京：東洋文庫，1960年。

錢穆：《兩漢經學今古文平議》，北京：商務印書館，2001年。

錢穆：《論語新解》，北京：九州出版社，2011年。

錢穆：《勸讀論語和論語讀法》，北京：商務印書館，2014年。

饒尚寬編著：《春秋戰國秦漢朔閏表》，北京：商務印書館，2006年。

湯餘惠：《戰國銘文選》，長春：吉林大學出版社，1993年。

田天：《秦漢國家祭祀史稿》，北京：生活·讀書·新知三聯書店，2015年。

汪桂海：《漢代官文書制度》，南寧：廣西教育出版社，1999年。

王素編著：《唐寫本論語鄭氏注及其研究》，北京：文物出版社，1991年。

王志平、孟蓬生、張潔：《出土文獻與先秦兩漢方言地理》，北京：中國社會科學出版社，2014年。

魏建功：《古音系研究》，北京：中華書局，1996年。

吳淑生、田自秉：《中國染織史》，上海：上海人民出版社，1986年。

［日］武内義雄：《論語的新研究》，《武内義雄全集》第一卷《論語》篇，東京：角川書店，1978年。

邢義田：《治國安邦：法制、行政與軍事》，北京：中華書局，2011年。

徐无聞主編：《秦漢魏晉篆隸字形表》，北京：中華書局，2019年。

薛夢瀟：《早期中國的月令與"政治時間"》，上海：上海古籍出版社，2018年。

楊博：《戰國楚竹書史學價值探研》，上海：上海古籍出版社，2019年。

楊寬：《楊寬古史論文選集》，上海：上海人民出版社，2003年。

楊樹達：《漢代婚喪禮俗考》，上海：上海古籍出版社，2013年。

楊天宇：《經學探研錄》，上海：上海古籍出版社，2004年。

虞萬里:《榆枋齋學林》,上海:華東師範大學出版社,2012年。

五、研究論文(含會議論文、學位論文與網絡發表之論文)

陳劍:《據出土文獻説"懸諸日月而不刊"及相關問題》,《嶺南學報》2018年第2期。

赤銀中:《老子會見孔子漢畫像的文化意藴》,《中國道教》2002年第4期。

［日］大庭脩:《元康五年詔書册的復原》,《秦漢法制史研究》,徐世虹譯,上海:中西書局,2017年。

傅舉有:《論秦漢時期的博具、博戲兼及博局紋鏡》,《考古學報》1986年第1期。

高崇文:《西漢海昏侯陵墓建制瑣談》,《南方文物》2017年第1期。

桂志恒:《戰國秦漢六博資料的整理與研究》,吉林大學古籍研究所碩士學位論文,2018年。

郭傑青:《西漢諸侯王的朝請制度》,吉林大學文學院碩士學位論文,2007年。

黄儒宣:《六博棋局的演變》,《中原文物》2010年第1期。

黄浩波:《秦代文書的"謁除"與"更上"》,"秦史青年學者論壇"論文,西安,西北大學,2020年11月26—28日。

姜生:《漢畫孔子見老子與漢代道教儀式》,《文史哲》2011年第2期。

晉文:《海昏侯劉賀的家族與家庭》,《常州大學學報(社會科學版)》2017年第6期。

李家浩:《讀〈郭店楚墓竹簡〉瑣議》,《中國哲學》第20輯《郭店楚簡研究》,瀋陽:遼寧教育出版社,1999年。

李俊方:《漢代諸侯朝請考述》,《社會科學》2008年第2期。

李零:《〈管子〉三十時節與二十四節氣——再談〈玄宫〉和〈玄宫圖〉》,《管子學刊》1988年第2期。

李零:《跋中山王墓出土的六博棋局——與尹灣〈博局占〉的設計比較》,《中國歷史文物》2002年第1期。

李强:《漢畫像石〈孔子見老子圖〉考述》,《華夏考古》2009年第2期。

李學勤:《〈博局占〉與規矩紋》,《文物》1997年第1期。

李學勤:《定縣八角廊漢簡儒書小議》,《簡帛研究》(第1輯),北京:法律出版社,1993年。

劉嬌:《漢簡所見〈孝經〉之傳注或解説初探》,《出土文獻》(第6輯),上海:中西書局,2015年。

劉尊志:《西漢列侯墓葬墓園及相關問題》,《文物》2020年第1期。

羅小華:《海昏侯墓出土遣策札記》,簡帛網,2018年12月4日,http://www.bsm.org.cn/show_article.php?id=3262。

呂思勉:《三皇五帝考》,《古史辨》(第7冊中),上海:上海古籍出版社,1982年。

馬怡:《尹灣漢墓遣策札記》,《簡帛研究》(二〇〇二、二〇〇三),桂林:廣西師範大學出版社,2005年。

繆哲:《孔子師老子》,《古代墓葬美術研究》(第1輯),北京:文物出版社,2011年。

聶溦萌:《中古的儀注文書與禮典編纂》,"社會史視野下的魏晉制度變遷"工作坊會議論文,上海,華東師範大學,2019年5月13日。

彭浩:《讀雲夢睡虎地 M77 漢簡〈葬律〉》,《江漢考古》2009年第4期。

秦鐵柱:《兩漢列侯問題研究》,南開大學歷史學院博士學位論文,2014年。

單承彬:《平壤出土西漢〈論語〉竹簡校勘記》,《文獻》2014年第4期。

邵鴻:《也談海昏侯墓孔子屏風》,復旦大學出土文獻與古文字研究中心網,2016年2月24日,http://www.gwz.fudan.edu.cn/Web/Show/2745。

沈剛:《秦代祠先農制度及其流變》,《出土文獻研究》(第12輯),上海:中西書局,2013年。

蘇成愛:《〈儒家者言〉"未解章"初揭——現存最早經傳合璧的〈孝經〉抄本》,《文獻》2020年第1期。

蘇俊林:《西漢列侯的社會史研究》,湖南大學嶽麓書院碩士學位論文,2010年。

田天:《北大藏秦簡〈祠祝之道〉初探》,《北京大學學報(哲學社會科學版)》2015年第2期。

田天:《先農與靈星:秦漢地方農神祭祀叢考》,《中國國家博物館館刊》2013年第8期。

王楚寧、楊軍:《海昏侯墓竹書〈五色食勝〉爲"六博棋譜"小考》,復旦大學出土文獻與古文字研究中心網,2016年10月27日,http://www.gwz.fudan.edu.cn/Web/Show/2923。

王楚寧、張予正:《肩水金關漢簡〈齊論語〉整理》,《中國文物報》2017年8月11日第6版。

王楚寧:《海昏侯墓"孔子立鏡(孔子屏風)"再釋》,復旦大學出土文獻與古文字研究中心網,2016年4月25日,http://www.gwz.fudan.edu.cn/Web/Show/2782。

王素:《河北定州出土西漢簡本〈論語〉性質新探》,《簡帛研究》(第3輯),南寧:廣西教育出版社,1998年。

王志平:《簡帛叢劄二則》,《簡帛研究》(第3輯),南寧:廣西教育出版社,1998年。

王子今:《"海昏"名義考》,《中國史研究動態》2016 年第 2 期。

王子今:《海昏侯墓發掘的意義》,《光明日報》2015 年 12 月 16 日第 14 版。

王子今:《劉賀昌邑——長安行程考》,《南都學壇(人文社會科學學報)》2018 年第 1 期。

魏宜輝:《漢簡〈論語〉校讀劄記——以定州簡與朝鮮平壤簡〈論語〉爲中心》,《域外漢籍研究集刊》(第 10 輯),北京:中華書局,2014 年。

邢千里:《中國歷代孔子圖像演變研究》,山東大學考古系博士學位論文,2010 年。

楊博:《北大藏秦簡〈田書〉初識》,《北京大學學報(哲學社會科學版)》2017 年第 5 期。

楊博:《給海昏簡牘"治病"》,《人民日報》2019 年 12 月 28 日第 5 版。

楊華:《出土簡牘所見"祭祀"與"禱祠"》,《四川大學學報(哲學社會科學版)》2018 年第 2 期。

楊軍、王楚寧、徐長青:《西漢海昏侯劉賀墓出土〈論語·知道〉簡初探》,《文物》2016 年第 12 期。

尤佳、吳照魁:《"本末不相稱"與"輕重之相得":漢代皮幣薦璧制度新論》,《中國社會經濟史研究》2010 年第 4 期。

曾藍瑩:《尹灣漢墓〈博局占〉木牘試解》,《文物》1999 年第 8 期。

張聞捷:《西漢陵廟與陵寢建制考——兼論海昏侯墓墓園中的祠堂與寢》,《故宮博物院院刊》2019 年第 4 期。

張英梅:《試探〈肩水金關漢簡(叁)〉中所見典籍簡及相關問題》,《敦煌研究》2015 年第 4 期。

趙茂林:《〈魯詩〉〈毛詩〉篇次異同原因考辨》,《孔子研究》2016 年第 1 期。

趙寧:《散見漢晉簡牘的蒐集與整理》,吉林大學古籍所碩士學位論文,2014 年。

趙莎莎:《漢畫像石"孔子見老子"圖像學研究》,杭州師範大學美術學院碩士學位論文,2013 年。

周小鈺:《先秦秦漢六博材料整理及相關問題研究》,復旦大學中國語言文學系碩士學位論文,2018 年。

後　　記

　　距離 2015 年 7 月海昏簡牘的發現，已過去五年多了。五年中，項目組全體同仁爲這批簡牘的修復、保護、整理與釋讀，傾注了大量心血。本書作爲較系統的階段性研究成果，能够順利出版，要衷心感謝以下諸位領導、先生與師友：

　　全國政協副主席邵鴻教授；

　　國家文物局宋新潮副局長，海昏侯墓考古發掘專家組組長信立祥先生，以及專家組成員張仲立、吴順清、王亞蓉、焦南峰、杜金鵬、胡東波等先生。

　　中共江西省委宣傳部、江西省社會科學界聯合會、江西省文化和旅游廳、江西省文物局等單位的領導，江西省文物考古研究院和荆州文物保護中心的領導。

　　上述諸位先生對海昏簡牘的整理、修復與研究工作極爲重視，從多方面給予了具體的指導和幫助。

　　本書的出版得到國家社科基金重大委托項目"海昏侯墓考古發掘與歷史文化資料整理研究"（16@ZH022）子課題"海昏侯墓出土簡牘研究"的支持。項目學術委員會秘書長趙明教授、省社科聯吴峰先生，對項目的順利實施與本書出版出力尤多。

　　簡牘的研究與本書的出版亦得到北京大學中央高校基本科研業務費專項資金"西漢海昏侯墓出土簡牘的整理和研究"的資助。北京大學郝平校長、王博副校長，人文學部申丹主任、王奇生副主任，時任歷史學系主任張帆教授，時任中國古代史研究中心主任榮新江教授，時任考古文博學院院長孫慶偉教授、黨委書記雷興山教授對項目的申報與實施，給予了大力支持。北京大學人文學部建設與實施的"北大人文跨學科研究叢書"制度，爲本書的出版提供了保障。北京大學出版社馬辛民、魏奕元老師以高度負責的精神對書稿編校盡心盡力。

此篇書稿所據是簡牘初步整理時所拍攝的紅外照片,文字能看清與辨識的竹簡只是這批簡中的一部分,還有相當多殘缺或變形的竹簡内容尚有待下一階段的清洗、修復、脱色、彩色與紅外攝影及各種相關數據的採集工作的開展與在此基礎上更深入的研究工作。屆時海昏簡牘的内涵還會有新的發現,對其學術價值也會有更深入的認識。

　　囿於學識,本書會有各種訛誤與認識上的差距,我們誠懇地希望得到學界的批評與指教。